Deutsch

W0194464

Das Buch

Die deutsche Sprache ist bedroht, so heißt es: durch eine Flut an Anglizismen, durch mangelnde Sprachkenntnisse der Migranten, durch das rudimentäre Deutsch der Generation Doof. Wird unsere Muttersprache bald zum Denglisch verkümmern und jämmerlich untergehen?
Karl-Heinz Göttert meint: Nein – entgegen modischen Skandalisierungsversuchen geht es der deutschen Sprache gut. Sie hat im Laufe der Jahrhunderte unter Missbrauch und Schluderei gelitten, aber auch beherzte Verfechter gehabt: clevere Mönche und wagemutige Nonnen, beharrliche Kanzlisten und viele andere. Auch ihnen verdanken wir es, dass die deutsche Sprache ihren Aufgaben in einer sprachlich näher zusammenrückenden Welt durchaus gewachsen ist. Das Deutsche ist nicht nur eine Sprache mit einer großen Vergangenheit und lebendigen Gegenwart, sondern auch mit einer vielversprechenden Zukunft.

Der Autor

Karl-Heinz Göttert, geboren 1943 in Koblenz, war bis 2009 Professor für Germanistik an der Universität zu Köln. Seine Schwerpunkte sind Rhetorik, Stilistik und Konversation. Göttert hat auch einige historische Kriminalromane sowie Standardwerke über Orgelmusik verfasst.

Karl-Heinz Göttert

DEUTSCH

Biografie einer Sprache

Luise Mirow

List Taschenbuch

Besuchen Sie uns im Internet:
www.list-taschenbuch.de

Ungekürzte Ausgabe im List Taschenbuch
List ist ein Verlag der Ullstein Buchverlage GmbH, Berlin.
1. Auflage April 2011
© Ullstein Buchverlage GmbH, Berlin 2010 / Ullstein Verlag
Konzeption: semper smile Werbeagentur GmbH, München
Umschlaggestaltung: bürosüd° GmbH, München
(nach einer Vorlage von Rudolf Linn, Köln)
Titelabbildung: Rudolf Linn, Köln
Satz: Pinkuin Satz und Datentechnik, Berlin
Gesetzt aus der Janson Text
Papier: Munkenprint von Arctic Paper Munkedals AB, Schweden
Druck und Bindearbeiten: CPI – Clausen & Bosse, Leck
Printed in Germany
ISBN 978-3-548-61024-5

INHALT

Eines der besonderen Vergnügen oder auch Ärgernisse,
die sich ein gebildeter Mensch leistet, ist es,
gelegentlich über die Sprache nachzudenken ...

Peter von Polenz

DANKSAGUNG

Das Buch ist fertig und segelt unter der Flagge seines Verfassers. Es gehört zu den guten Sitten, den Helfern zu danken, ohne die das Auslaufen schwierig geworden wäre. Wo anfangen?

Mir kommt als Erster mein Universitätslehrer Fritz Tschirch in den Sinn und seine lang zurückliegende Vorlesung über die Geschichte der deutschen Sprache in einem Wintersemester jeden Montagmorgen um acht. Die Ausbildung war hart, nicht nur der Uhrzeit wegen. Tschirch fütterte uns, ohne viel vom Manuskript aufzublicken, mit Unmengen von Details über die Entwicklung von Vokalen und Konsonanten. Aber auch Anschauliches kam vor. Zum Beispiel erfuhren wir, dass *Rom* etwas mit *Rheuma* zu tun hat, was Griechisch ist und *fließen* bedeutet und auch im Wort *Strom* steckt, so dass Rom schlicht Stadt am Strom heißt. Wenn man sich so etwas über Jahrzehnte hinweg merkt, muss es Eindruck hinterlassen haben. Als ich später selbst Sprachgeschichte unterrichtete, halfen mir Tschirchs kriminalistische Beispiele nicht wenig. Die Erkenntnis, dass im scheinbaren Chaos sprachlicher Vielfalt auch viel Ordnung herrscht, verdanke ich den damals verwünschten frühmorgendlichen Stunden im Hörsaal.

In den Jahren danach kamen weitere Anregungen und eigene Bemühungen hinzu. Bücher zur Geschichte der Rhetorik und Stilistik entstanden. Zuletzt schrieb ich über die Rechtschreibreform und bekam daraufhin eine Einladung von der *Frankfurter Allgemeinen Zeitung*, an einer Diskussion in deren Online-Forum teilzunehmen. Jutta Limbach, ehemalige Präsidentin des Bundesverfassungsgerichts und damals scheidende Präsidentin des Goethe-Instituts, hatte in einer Streitschrift Alarm geschlagen. Sie kritisierte die mangelnde Verwendung des Deutschen in den verschiedenen Gremien der EU, besonders in Brüssel. Mir hat dies nicht eingeleuchtet. Ich kann keine Bedrohung der deutschen Interessen darin sehen, dass Englisch die Verkehrssprache in Europa und der ganzen Welt ist. Ich glaube auch nicht an ein Ende des Deutschen, wie es in dieser Diskussion an die Wand gemalt wurde. Allerdings fand ich im Nachhinein meine damals vorgebrachten Argumente zu knapp, zu wenig auf Fakten gestützt. Mir schwebte vor, als Entgegnung auf Limbachs Buch ein eigenes vorzulegen, in dem zu zeigen wäre, wie sich das Deutsche heute unter den Voraussetzungen der Globalisierung behaupten könne. Genau in dieser Situation kam der Anruf von Julika Jänicke vom Ullstein Verlag in Berlin, ob ich nicht eine Geschichte der deutschen Sprache schreiben wolle. Ich sah darin eine Art höhere Fügung und verfasste sofort ein Exposé, das dann Zustimmung fand.

Für mich bedeutete das Buchprojekt, dass ich mich intensiv in die neuere und neueste Forschung einzuarbeiten hatte, und mir war von Anbeginn klar, dass ich mich auf die Darstellung des Wesentlichen würde beschränken müssen. Denn die deutsche Sprache ist ein sehr gut bestelltes Forschungsfeld. In den von ausgewiesenen Experten verfassten *Handbüchern zur Sprach- und Kommunikationswissenschaft* sind der Sprachgeschichte vier Folianten gewidmet. Peter von Polenz hat in seiner *Deutschen Sprachgeschichte* die Zeit vom Spätmittelalter bis zur Gegenwart in drei starken Bänden bearbeitet. Die Spezialforschung zur Entwicklung der deutschen Sprache vom Mittelalter bis zur Gegenwart ist schlicht unüberblickbar.

Man muss sich also an seine Erfahrung halten und auch ein wenig Glück beim Suchen und Auswählen haben. In einigen Fragen berieten mich meine Kölner Kollegen mit sprachgeschichtlichen Forschungsschwerpunkten, Dietz Bering, Peter-Erich Neuser und Claudia Maria Riehl. Daneben half mir ein unscheinbarer Hinweis einer meiner Studentinnen weiter. Elena Karatsoli brachte mich auf die Spur der Migrationsforschung, in der das Problem der Mehrsprachigkeit im Zentrum steht. Wenn man sich durch die Literatur arbeitet, etwa Utz Maas' umfangreiches Werk *Sprache und Sprachen in der Migrationsgesellschaft* liest, wird klar, dass sich die deutsche Sprache nur in Koexistenz mit ihren Nachbarsprachen wird behaupten können. Eine Einzelsprache lässt sich mit anderen Worten heutzutage nicht länger als autarkes Gebilde darstellen. Die Sprachgeschichte des Deutschen mündet vielmehr in einem mehrsprachigen Deutschland.

Die Konzeption des Buches war die eine, das Schreiben die andere und anstrengendere Aufgabe. Es sollte nicht zu akademisch ausfallen, auf Fußnoten wurde verzichtet, Hinweise auf benutzte Forschung gelangten in den Anhang. Bei der Ideenentwicklug und ersten Fassung stand mir Julika Jänicke mit ihrem Rat zur Seite. Das Lektorat übernahm Uta Rüenauver mit zahllosen stilistischen sowie sachlichen Anregungen und Verbesserungen, die den Text sehr viel lesbarer gemacht haben. Schließlich stammen die Register von meiner Mitarbeiterin Mechthild Greven. Ohne die Unterstützung anderer wäre das Buch also nicht zustande gekommen, die Flagge täuscht ein wenig. Immerhin sind die Helfer nun benannt – ich danke ihnen allen herzlich. Gewidmet aber sei diese Geschichte der deutschen Sprache demjenigen, der mich als Erster darin unterrichtete, der mein Doktorvater wurde und sich nun hoffentlich nicht im Grabe umdreht: Fritz Tschirch.

VORBEMERKUNG

Um die deutsche Sprache ist viel gerungen worden. Man hat sie als schönstes Idiom überhaupt verherrlicht und als Ausdrucksweise von Militaristen beschimpft. Selbst zur Nüchternheit verpflichtete Germanisten waren bis in die jüngste Vergangenheit nicht frei von Emotionen. Bewunderung für ein Wachstum zu klassischer Größe ging mit scharfer Kritik an Veränderungen zusammen, die als Anzeichen drohenden Verfalls gelesen wurden. Dabei hat die deutsche Sprache mit ihren 1200 Jahren nachvollziehbarer Geschichte (und zuvor noch gut zwei Jahrhunderten im schriftlosen Dunkel) mittlerweile ein ansehnliches Alter erreicht. Kindheit und Reife, Wachstumsschübe und Stagnationszeiten folgten aufeinander, eine durchaus turbulente Entwicklung. Kann man die Geschichte der deutschen Sprache als Biografie erzählen? Passt überhaupt dieser Vergleich mit dem menschlichen Leben? Jacob Grimm, Begründer der Germanistik in Zeiten der Romantik, hat angesichts der deutschen Sprache von einem Haus bzw. einer Halle gesprochen, erbaut aus Wörtern. Führt dieser Vergleich weiter?

Vergleiche hinken immer. Grimm wählte das Bild der Halle, um seine Vorstellung eines *Wörterbuchs der deutschen Sprache* zu veranschaulichen. Geht es dagegen um die Darstellung der Sprachentwicklung, greift der Vergleich mit einer Biografie besser. Man wird freilich darauf achten müssen, nicht in Fallen zu tappen, die die Bildlichkeit stellt. Sagen wir es deshalb zu Beginn ganz deutlich: Mit Genen, die das Wachstum festlegen, war die deutsche Sprache so wenig ausgestattet wie nur irgendeine andere auf der Welt. Was sich da entwickelte, ist ein kulturelles, kein biologisches System. Will sagen: Daran formten Kräfte, menschliche Kräfte, die statt für organisches Wachstum durchaus für unvorhergesehene Sprünge sorgten.

Auch ein Körper liegt der Sprache nicht wirklich zugrunde, ein Organismus, der sich von anderen scharf abgrenzt. Das Deutsche gleicht eher einem Archipel mit zahlreichen Inseln, die in Europa und auf der ganzen Welt verteilt sind. In Belgien und Dänemark etwa gibt es Enklaven, wo deutsch gesprochen wird, in Italien gehört Südtirol dazu. In Russland lag die Zahl der Russlanddeutschen (Wolgadeutsche, Krimdeutsche usf.) 2002 bei 800 000. In den USA und Kanada hat sich das *Pennsylvania-Dutch* der frühen Einwanderer bis heute behauptet und wird mit 250 000 Sprechern angegeben. In Afrika zählt Namibia (früher Südwestafrika) zu den Enklaven, in Australien Queensland – um nur die wichtigsten Beispiele zu nennen. Auch lebt bzw. lebte das Deutsche in manchen Regionen Deutschlands selbst ganz selbstverständlich mit anderen Sprachen in der Form von Mehrsprachigkeit zusammen, wie etwa in der Lausitz mit dem Sorbischen, in Schleswig-Holstein mit dem Dänischen und im Elsass noch vor zwei Generationen mit dem Französischen.

Man sollte also gewarnt sein. Dies gilt umso mehr, als die Öffentlichkeit den Biografie-Vergleich nicht nur ganz ungeniert, sondern auch in gezielter Ausbeutung seiner problematischen Seiten benutzt. Die deutsche Sprache wird heute gerne als »verfolgt« dargestellt, mindestens als Zielscheibe unfairer Attacken, wie ein hilfloses oder jedenfalls nicht genügend selbstbewusstes Wesen. Als Übeltäter werden zum Beispiel die allgegenwärtigen Anglizismen angeführt. »Deutsch for sale« hieß es 2006 in einem *Spiegel*-Artikel, der unter der Überschrift stand: »Rettet dem Deutsch. Die Verlotterung der Sprache«. Doppelte Ironie also: beim eingeschmuggelten Anglizismus ebenso wie beim falschen Dativ. Die deutsche Sprache müsse bewahrt werden vor schädlichen Einflüssen von außen wie von innen. Aber hier ist das Bild des Körpers, vor allem des wehrlosen, eher unangemessen. Es spiegelt die Möglichkeit einer reinen, unverfälschten Sprache vor, wo in Wirklichkeit Sprachen immer auf Austausch ausgerichtet und auch angewiesen sind. Schon der Verzicht auf die Vorstellung von »Natürlichkeit« hilft hier weiter, um unvoreingenommen zu urteilen.

Und dennoch zeigt gerade das Beispiel der Anglizismen, dass der Blick zurück in die Vergangenheit, die Perspektive der Entwicklung als solche äußerst hilfreich sein kann. Wie war das eigentlich früher mit dem Einfluss der Nachbarn? Sind die Anglizismen wirklich etwas Neues, oder kann man mit Wissen um die Geschichte abwiegeln? Man kann. Die deutsche Sprache war von Anfang an eine Sprache im Kontakt, nahm nicht nur ein paar Brosamen von hier und da auf, sondern ernährte sich munter von den Tischen der anderen. Es gab schon immer Berührungsängste, mehr oder weniger gut organisierte Gegenwehr, sogar Panikreaktionen, die das heutige *Spiegel*-typische Bedrohungsgebaren in den Schatten stellen. Im 17. Jahrhundert glaubte man erstmalig, das Deutsche werde aussterben, weil die Damen und Herren der höfischen Gesellschaft reden wollten wie im beneideten Versailles. Wer den Alten Fritz kennt, weiß, wovon die Rede ist: Deutsch sprach er nur mit seinen Bediensteten, womit er immerhin mehr für die deutsche Sprache tat als sein Gast Voltaire, der sie allenfalls im Umgang mit Soldaten und Pferden für angemessen befand. Ohne das Bürgertum, das beharrlich an seiner Muttersprache festhielt, wäre es vielleicht wirklich bald vorbei gewesen mit dem Deutschen. Es hat jedenfalls schon brenzligere Situationen gegeben.

Eine solche Art der historischen Betrachtung kann man also mit Gewinn anstellen. Dabei lässt sich selbst das Bild des »Ringens« um bestimmte Ziele ohne Weiteres benutzen. Gemeint ist vor allem das jahrhundertelange Streben nach Einheit. Was heute selbstverständlich erscheint, dass nämlich auf schriftlicher Ebene eine Hochsprache existiert, die in Lexikon und Satzbau feste Normen kennt, hat sich erst um 1800 etabliert. Bis dahin existierten auch in der Schrift Dialekte, mündlich hatte es nie etwas anderes gegeben. Weil aber in Deutschland (im

Gegensatz zu Frankreich mit Paris oder England mit London) ein politisches Zentrum fehlte, wurde kein einzelner Dialekt Grundlage der Hochsprache. Stattdessen entwickelte sich die Hochsprache aus ostmittel- und süddeutscher Schriftlichkeit, deren Aussprache stark norddeutsch geprägt war. Man kann auch sagen: In der Hochsprache steckt viel Luther, einiges an kaiserlicher Kanzlei und eine gute Prise Preußentum – sie ist also ein außerordentlich künstliches Produkt. In dieser Form des sprachlichen Gemischtwarenladens liegt übrigens eine (wenig beachtete) Besonderheit des Deutschen, das sich damit sehr unterscheidet von Sprachen mit einer langen Tradition systematischer Pflege von oben, wie sie einige unserer Nachbarn (vor allem die Franzosen) kennen.

Überhaupt erscheint heute die Geschichte der deutschen Sprache keineswegs als eine logische, zwangsläufige Entwicklung. Schon die früheste Jugend des Deutschen, um im Bild der Biografie zu bleiben, verlief nicht ganz störungsfrei. Wie die anderen europäischen Muttersprachen stand auch das jugendliche Deutsch unter der Fuchtel der Vatersprache Latein, die auch so hieß: *paterna lingua* (der Ausdruck *materna lingua*, also »Muttersprache«, kommt erst um 1100 auf). Wer es zu etwas bringen wollte in der damaligen Zeit, lernte in der Männergesellschaft des Klosters mit dem Lateinischen eine »harte« Sprache, in der die Welt des Glaubens und des Wissens ausdrückbar war, nicht einen dieser »weichen«, chaotischen Dialekte, die man im häuslichen Bereich der Mütter und Ammen buchstäblich aufsog und schon ein paar Kilometer weiter nicht mehr recht verstand.

Erst im 15. Jahrhundert bildete sich die Überzeugung heraus, dass Länder sich durch eine eigene Sprache auszeichnen. Englische Politiker akzeptierten nach dem Hundertjährigen Krieg gegen Frankreich plötzlich keine Eingaben mehr auf Französisch, weil sie, wie heutige EU-Vertreter, sprachliche Fallstricke im fremden Idiom fürchteten. Umgekehrt erließ König Ludwig XI. ein erstes Sprachedikt, nach dem alle Franzosen das

Französische der Île de France zu benutzen hatten. Vergleichbares war in Deutschland bzw. im Heiligen Römischen Reich Deutscher Nation, wie es damals hieß, mangels Autorität nicht möglich. Man leistete sich hier stattdessen zwei Religionen und viel Kleinstaaterei. Die Folgen sind bekannt.

Sie prägten auch die deutsche Sprache, die aussah wie die Landkarte – ein einziger Flickenteppich. Und damit nicht genug: Ständig flutete Wortgut von den Nachbarn herein, und ständig überlegte man, wie man dagegen vorgehen könnte. Humanisten kopierten die lateinische Satzstellung im Deutschen und wurden dafür gescholten. Mitten im Dreißigjährigen Krieg träumte man an einem sächsischen Hof von einem deutschen Wörterbuch nach italienischem Vorbild, um das Französische zurückzudrängen. An lateinduseligen Humanisten und frankophilen Höflingen vorbei entwickelte das Bürgertum sprachliches Selbstbewusstsein, schrieb im Alltag wie in der Poesie ein Deutsch mit zunehmend überregionaler Geltung, das schließlich zur Klassik führte. Allerdings begründete die Dichtersprache von Goethe und Schiller auch einen Mythos, der dazu beitrug, dass über der endlich gewonnenen kulturellen Einheit die mindestens so dringliche politische versäumt wurde.

Wie kaum sonst irgendwo in Europa stand in Deutschland allein die Sprache für die Nation, bis schließlich ein erster Krieg in ihrem Namen geführt wurde und der Sprachnationalismus in einen Chauvinismus übelster Sorte umschlug. Im 19. Jahrhundert folgte mit dem Hass auf den »Erbfeind« die Ahndung jedes französischen »Fremdworts«. Diejenigen, die dabei nicht mitmachten, bezichtigte man der »Würdelosigkeit« oder »Liebedienerei« – die gleiche Polemik hört man auch heute wieder, wenn die Verwendung von Anglizismen kritisiert wird.

Man kann also einiges lernen aus dieser Biografie der deutschen Sprache, sogar Gebrauchsanweisungen für den Umgang mit Ängsten und vielleicht sogar mit denjenigen, die sie schüren. Heute aber kommt etwas in seiner Dimension Neues hinzu. Die deutsche Sprache war zwar in Deutschland nie wirklich allein zu Hause, in Zeiten der Globalisierung ist sie es nun aber weniger denn je. Was weltweit längst eine gängige Erfahrung darstellt, dass Mehrsprachigkeit nämlich das Normale und Einsprachigkeit die Ausnahme ist, hat jetzt auch Deutschland erreicht. Wir leben mittlerweile in einem Land, in dem ein Drittel der Deutschen unter 35 Jahren einen Migrationshintergrund hat, nach Angaben des Statistischen Bundesamtes für das Jahr 2006 waren es gut 15 Millionen Menschen oder knapp zehn Prozent der Gesamtbevölkerung (in den Schulen der Großstädte kommen leicht erheblich höhere Zahlen zustande). Man kann getrost vom schwersten Schock sprechen, den die deutsche Sprache in neueren Zeiten erlitt. Aber nicht die Zeit des Deutschen ist damit vorbei, wie uns übereifrige Journalisten weismachen wollen, sondern die Zeit der Einzelsprachen. Schon jetzt ist nach groben Schätzungen mehr als die Hälfte der Menschheit zweisprachig, und selbst die Amerikaner halten bereits Tagungen über die Kosten ab, die ihnen die bequeme Dominanz ihrer Weltsprache beschert hat (1983 unter dem Titel *A nation at risk*).

Für die deutsche Sprache stellt sich die Frage, wie sie sich im Miteinander der verschiedenen Sprachen und angesichts der dominierenden Verkehrssprache Englisch behauptet. Eines der größten Hemmnisse liegt dabei in der Überzeugung, dass nationale Einheit mit sprachlicher einhergehe und umgekehrt sprachliche Vielfalt die Einheit bedrohe. Irgendwie kann man die Befürchtung verstehen. Als es in der Neuzeit um nationale Einheit ging, stützte man sich auf die sprachliche. Die deutsche Sprache wurde in einem historischen Moment zum Motor der Einheit, zum Klebstoff nationalen Bewusstseins. Doch moderne Staaten gründen sich nicht mehr auf solche ethnisch verstandenen Konstruktionen, deren Gefährlichkeit der europäische Nationalismus erwiesen hat. Moderne Staaten gründen sich vielmehr auf Verfassungen, die das bürgerliche Zusammenleben als Projekt gemeinsamer Anstrengungen verstehen, bei dem es auf Beteiligung ankommt, nicht auf Herkunft. Das macht Vielheit aushaltbar und produktiv, auch im sprachlichen Bereich. Einsprachigkeit wird unter diesen Voraussetzungen allenfalls zur nostalgischen Illusion.

Daraus freilich den Schluss zu ziehen, die deutsche Sprache sei ihrem Ende nahe oder werde in Bedeutungslosigkeit versinken, könnte wieder einem falschen Gebrauch der biografischen Metaphorik entspringen: die Sprache als Patient, das feuilletonistische Bulletin als Nachricht vom ausgelaugten Körper. Es wäre jedenfalls ein seltsam verkürzter Blick auf die Biografie, eigentlich nur auf die allerletzte Etappe. Was sich sonst abgespielt hat in diesem langen Leben, bliebe unbeachtet, der erfolgreiche Umgang mit Herausforderungen wäre vergessen. In dieser reduzierten Anwendung lohnt sich das Bild der Biografie nicht. Genau umgekehrt wird ein Schuh draus. Man sollte sich einmal leisten, die Gegenwart hintanzustellen und die Geschichte im Ganzen zu betrachten. Vielleicht erscheint dann die Gegenwart in neuem Licht. Und mancher Skandalisierungsversuch würde ins Leere laufen.

DER NAME *DEUTSCH*

Die germanischen Eltern

Wer eine klare Frage stellt, hätte auch gerne eine klare Antwort. Und was ist klarer als die Frage, seit wann es die deutsche Sprache gibt? Dennoch kann die Antwort nicht in der gewünschten Klarheit ausfallen; es lässt sich nicht einfach sagen, seit dann und dann. Das liegt ausnahmsweise nicht daran, dass die Wissenschaft dazu neigt, alles kompliziert zu machen. Es liegt vielmehr an der deutschen Sprache selbst.

Gewiss, sie wurde geboren, wie könnte sie sonst heute eine der großen Sprachen der Welt sein, mit mehr als 100 Millionen Sprechern? Wir kennen auch durchaus ihre Verwandtschaft, die Geschwister wie etwa das Englische oder Schwedische. Die Eltern und Großeltern sind ebenfalls nicht unbekannt: Das Deutsche stammt aus dem großen Pool des Germanischen, das selbst wiederum aus einer der ca. 280 Sprachfamilien dieser Erde hervorging: aus dem Indogermanischen, der fruchtbarsten Sprachfamilie überhaupt. Das Lateinische und Griechische sind zum Beispiel seine Abkömmlinge, unsere Onkel oder Tanten. So weit ist der Stammbaum also klar, wir können durchaus sagen, wo wir herkommen. Aber mit Angaben zur Geburt hapert es. Vollzogen hat sie sich, nur eben im Verborgenen. Fast könnte man sagen: Germanische Eltern haben sie durch die Babyklappe geschoben und ihr vermutlich alles Gute gewünscht. Hilfe hat sie auch gefunden. Aber alles Entscheidende musste sie selbst tun. Der schwierigen Geburt folgte eine schwierige Kindheit.

Halten wir uns zunächst an die Eltern, die Germanen (wie die Römer sie nannten, die Bedeutung ist ungeklärt). Wo genau auch immer sie herkamen, sie siedelten in vorhistorischen Zeiten im Nordosten Europas und pflegten Kontakte zu zwei Völkern, deren Sprachen der ihren verwandt sind: den Kelten und den Italikern, den Vorfahren der Römer. Von den Kelten stammen zahlreiche Fluss- und Ortsnamen wie *Tauber* oder *Worms*, aber auch Wörter wie *Amt* oder *Glocke*. Spuren der Italiker finden sich ebenfalls in Fluss- und Ortsnamen, in *Werra* oder *Fulda* zum Beispiel, sowie in speziellen Wortbildungsweisen wie *gemeinsam* oder *Geschlecht*, die *communis* bzw. *cognatio* genau nachgebildet sind.

In historischen Zeiten, als die Römer längst der Schrift kundig waren und die geschichtlichen Ereignisse aufzuschreiben begannen, ließen sich die Kelten im Gebiet des heutigen Frankreich nieder – nicht ohne zuvor unfreundlich in Italien und sogar in Rom (das damals von Gänsen gerettet werden musste) eingefallen zu sein. Die Germanen siedelten im Osten mit einem Schwerpunkt an der Ostseeküste. Als Cäsar zwischen 58 und 51 v. Chr. Gallien eroberte, traf er besonders auf keltischen Widerstand. In der Entscheidungsschlacht bei Alesia (an der heutigen Côte-d'Or) stand ihm der keltische Fürst Vercingetorix gegenüber, der einen gesamtgallischen Aufstand organisiert hatte. Die Kelten wurden bekanntlich haushoch geschlagen (mit Ausnahme natürlich des kleinen gallischen Dorfes von Asterix und Obelix), so dass sie fortan keine selbständige Rolle mehr spielten. Sie wurden romanisiert oder zogen sich nach Britannien und Irland zurück, wo ihre Spuren bis heute in unaussprechbaren Ortsbezeichnungen erhalten sind. Für die Römer gab es jetzt nur noch einen Feind: die Germanen. Zweimal überschritt Cäsar den Rhein und besiegte einige Stämme, von denen er die Ubier unter seine Fittiche nahm und diesseits des Rheins, in Köln, ansiedelte. Sie sollten die Ostgrenze gegen ihre eigenen Verwandten schützen und taten dies tatsächlich.

Es gab also romanisierte Germanen, die in der Provinz Germania lebten, und es gab jede Menge feindliche Germanen am anderen Ufer. Nachdem Rom seine Bürgerkriege unter Cäsar beendet hatte, plante Augustus, der das ganze Reich als Kaiser regierte, die endgültige Befriedung bzw. Unterwerfung im Norden. Römische Truppen schlugen sich unter Varus quer durch germanisches Feindesland und erreichten die Elbe. Mit der Sicherung aber haperte es. Denn diesmal trat dem römischen Heerführer ein germanischer Fürst entgegen, der geschickter vorging als sein keltischer Vetter Vercingetorix: Arminius verriet seine einstigen römischen Bündnispartner und stellte den drei Legionen im Teutoburger Wald eine tödliche Falle. Augustus schritt noch zu Rache und Bestrafung, gab das Unternehmen aber letztlich auf. Seither existierte im Osten die Rheingrenze, auf die im Süden gegenüber Sinzig der Limes traf, der zuletzt bis zur Donau reichte. Jenseits dieser Grenzen also saßen sie, die Germanen, aufgespalten in zahlreiche Stämme wie etwa die Franken und die Alemannen, die Bayern und die Thüringer – widerspenstige Nachbarn aus Sicht der Römer, aber vorerst gut abgeschirmt.

GROSSE INVASION ODER WANDERNDE VÖLKER

Das änderte sich grundlegend. Schon im 2. Jahrhundert überrannten die Germanen die römischen Verteidigungsanlagen und zerstörten Städte diesseits von Rhein und Limes. Es folgten immer neue Angriffe, die die Franzosen auch als *grande invasion* bezeichnen, während sich im Deutschen für den genau gleichen Vorgang der eigenartig verniedlichende Ausdruck »Völkerwanderung« eingebürgert hat.

Schuld an diesem epochalen Ereignis tragen übrigens die Hunnen, die aus dem noch tieferen Osten nach Europa eindrangen und die dort siedelnden Völker regelrecht vor sich her schoben. 375 wurden die Goten überrannt. Wie man aus der *Feuerzangenbowle* weiß, stammten diese aus Südschweden und gründeten einen Staat am Schwarzen Meer. Die Westgoten (man kann sich immer noch an die *Feuerzangenbowle* halten) suchten daraufhin im Süden neue Siedlungsgebiete, zogen durch Griechenland und Italien, wo sie unter ihrem König Alarich 410 Rom plünderten, und erreichten schließlich Südfrankreich und Spanien. Die Ostgoten konnten in Oberitalien während einer kurzen Blütezeit unter Theoderich dem Großen ein Reich gründen, nachdem dieser zuvor den in römischen Diensten stehenden Odoaker besiegt hatte. Den Untergang der Ostgoten gegen das militärisch überlegene Konstantinopel und ihre schlussendliche Rückkehr in die alten Stammesgebiete bei Thule (sagenumwobenes Insel- oder Küstenreich im hohen Norden, wahrscheinlich Norwegen) hat übrigens Felix Dahn in seinem Mammutroman *Ein Kampf um Rom* beschrieben.

Für uns viel wichtiger aber ist das Schicksal der Germanen im Nordosten. Sie gingen im 5. Jahrhundert endgültig über den Rhein, besiegten die römischen Truppen, ließen sich jedoch auch auf Bündnisse mit ihrem »Erbfeind« ein und bekleideten hohe und höchste Posten im endenden römischen Weltreich. In der Entscheidungsschlacht gegen die Hunnen 451 auf den Katalaunischen Feldern südlich von Troyes erfochten Römer und Germanen noch gemeinsam den Sieg. Dann aber erfolgte der unaufhaltsame Aufstieg eines germanischen Stammes unter der Führung einer Sippe: Gemeint sind die Franken unter der Herrschaft der Merowinger. Nach und nach gewannen sie nicht nur die Oberhand im ehemals römischen Germanien, sondern sie schlugen auch alle Konkurrenten im Kampf um die neue Macht. Zu Beginn des 6. Jahrhunderts herrschte Chlodwig über ein Reich, das sich vom Atlantik bis zum Rhein ausdehnte. Selbst nächste Verwandte und treue Mitstreiter in all den Schlachten räumte Chlodwig durch brutalen Mord aus dem Feld. Ein anderer Schachzug dieses genialen Strategen sollte schließlich weiter zur Einheit des Frankenreichs beitragen – auch wenn in den Quellen steht, er sei dem Betteln seiner Frau zu verdanken: Chlodwig ließ sich und seine Gefolgsleute taufen und gab seinem Reich damit die Klammer der christlichen Religion. Ganz nebenbei distanzierte er sich auch noch von seinen germanischen Nachbarn, indem er das Christentum nicht (wie die Goten oder die Langobarden) in der arianischen, sondern der katholischen Form annahm.

Damit zeichnete sich nun die zukünftige Landkarte Europas ab. Es gab mehrere Germanenreiche, die fast in Bismarck'schen Formen ein Gleichgewicht bildeten und zusammen dem jetzt nur noch in Konstantinopel existierenden römischen Kaiserreich gegenüberstanden: das Frankenreich in Frankreich/ Deutschland, die Westgoten in Südfrankreich/Spanien, die Ostgoten in Norditalien. Was sich an den Rändern abspielte, trat vorläufig nicht ins Rampenlicht der Geschichte, zum Beispiel der Einfall der Angeln, Sachsen und Jüten in England.

Von den germanischen Großreichen aber überlebte nur eines die Völkerwanderungszeit: das der Franken mit ihren Verbündeten. Fast vier Jahrhunderte lang blieb es in den Händen der Merowinger, dann setzte sich eine neue Sippe an die Spitze, die Karolinger. Unter ihnen gab es einen weiteren und noch größeren Großen, der als Reichseiner in die Geschichte eingetreten ist: Karl, der die letzten übrig gebliebenen germanischen Konkurrenten bezwang und ins Frankenreich eingliederte: 774 die Langobarden in Oberitalien (als Nachfolger der Ostgoten; die Westgoten wurden von den muslimischen Sarazenen überrannt), 794 die Bayern und 804 die Widerspenstigsten von allen, die Sachsen. Als dieser Karl die Kaiserkrone annahm, war die Welt für einen Augenblick auf sehr überschaubare Weise gegliedert: Es gab wieder das Römische Reich, nur war es in zwei Hälften geteilt, in ein germanisches und ein byzantinisches. Das germanische war das fränkische.

Ein silberner Kodex und ein Wal am Ufer

Und wo bleibt dabei die deutsche Sprache? Deren Geburt hatte sich gerade mehr oder weniger unbemerkt vollzogen. Als die Germanen die Rheingrenze überschritten, besaß jeder Stamm seine eigene Sprache, aber eine mit den anderen so verwandte, dass man von Dialekten sprechen kann. Als Chlodwig seinen Vetter in Köln anstachelte, den eigenen Vater zu ermorden (um anschließend den Mörder zu ermorden und sich Köln anzueignen), konnte er das mit ihm selbst aushandeln. Auch mit den anderen germanischen »Brüdern« war eine Verständigung mit mehr oder weniger großen Schwierigkeiten möglich, also auch etwa mit den Goten. Dabei ist deren Sprache (jedenfalls in ihrer westgotischen Ausprägung) die einzige, die wir aus früher Zeit in verschriftlichter Form kennen.

Dies verdanken wir einem Bischof mit Namen Wulfila – einer Art Luther der Germanen –, der noch vor dem Einfall der Hunnen in der Mitte des 4. Jahrhunderts einem Volksteil nördlich der Donau das Christentum beizubringen versuchte und dafür die Bibel in die Volkssprache übersetzte. Eine Abschrift, die vielleicht für den Ostgotenkönig Theoderich bestimmt war, also noch aus dem frühen 6. Jahrhundert stammt, blieb erhalten: der *Codex argenteus*. Das Pergament ist purpurgefärbt, die Schrift silbern (Teile auch in Gold), daher der Name des Prachtwerks. Aufgefunden wurde es im 16. Jahrhundert im Kloster Werden (heute ein Stadtteil von Essen), von wo aus es durch Kaiser Rudolf II. nach Prag gelangte, um 1648 der Königin Christine von Schweden als Geschenk übergeben zu werden. Heute ist der *Codex argenteus* der größte Schatz der Universitätsbibliothek von Uppsala. Immerhin sind 187 der ehemals 336 Blätter erhalten. Weitere Zeugnisse von Wulfilas Bibel existieren, sind aber viel spärlicher, etwa die vier Blätter des *Codex Carolinus*, die in Wolfenbüttel aufbewahrt werden.

Was ist außer der prächtigen Form an Wulfilas vier Evangelien so aufregend? Antwort: die fast unbegreifliche Leistung, die in der Verschriftlichung liegt. Wulfila hatte in griechischer Sprache schreiben gelernt, für seine gotische Muttersprache brauchte er zunächst einmal Buchstaben, die die heimischen Laute wiedergaben. Dafür erfand er ein eigenes Alphabet mit überwiegend griechischen Buchstaben, aber auch einigen lateinischen und sogar vier Runen. Denn man muss wissen: Die Germanen besaßen durchaus schon eine Schrift, eine Alphabetschrift mit Buchstaben für Laute, die von den Griechen erfunden worden war (im Gegensatz zu den Silbenschriften ohne Vokalbezeichnung in Ägypten oder Mesopotamien). Tacitus hat in seiner im 1. Jahrhundert n. Chr. entstandenen *Germania* berichtet, diese Buchstaben seien zur Weissagung auf Holztäfelchen verwendet worden, also ohne Wörter oder gar Sätze wiederzugeben. Ganz so finster sah es jedoch nicht aus (auch wenn das Wort *Rune* »Geheimnis« bedeutet und mit *raunen* verwandt ist).

Wir kennen heute etwa 200 Zeugnisse von Runenschriften, die ältesten stammen aus der Zeit um 200 n. Chr., die meisten aus Nordeuropa, aber es gibt auch im deutschen Raum etwa 30 Fundstätten. Daher wissen wir, dass Runen zwar nicht gerade in Briefen verwendet wurden, wohl aber als mehr oder weniger informative Botschaften auf Kriegsgeräten oder auch auf Gebrauchs- bzw. Schmuckgegenständen. Auf einem in England gefundenen Kästchen aus Walfischbein steht zum Beispiel dem Sinn nach: *Die Flut hob den Fisch auf die Uferklippe. Der Wal wurde betrübt, als er auf dem steinigen Strand schwamm.* Sehr praktisch war diese Runenschrift nicht, man ritzte oder riss die Buchstaben mit ihren senkrechten Hauptstrichen (daher übrigens unser Wort Buch*stabe*) ins harte Material. So wie es auf einer in Freilaubersheim bei Bad Kreuznach gefundenen Bügelfibel aus dem 6. Jahrhundert heißt: *Boso wraet runo* (»Boso ritzte die Runen«). Im Englischen hat sich dieser Ursprung bis heute im Verb *write* für »schreiben« erhalten. Bei Wulfila heißt »schreiben« übrigens *meljan*, »malen« – er ritzte eben nicht mehr, sondern »malte« mit Farbe. Wir haben das Wort wie so viele andere samt der Technik von den Römern übernommen (nach lateinisch *scribere*).

Leider lassen sich alle diese Zeugnisse heute nur noch schwer verstehen. Man muss schon Glück haben, dass Wörter Laute enthalten, die sich später wenig oder überhaupt nicht verändert haben, wie etwa *horna* als Bezeichnung eines Horns, das man im dänischen Gallehus gefunden hat. Auch Wulfilas Gotisch dürfte einem unvorbereiteten Leser kaum die Verwandtschaft mit der deutschen Sprache anzusehen sein. Vielleicht wenn man weiß, dass es sich um das Weihnachtsevangelium handelt, erahnt man den Sinn der folgenden Wörter:

Warth [th englisch ausgesprochen] than in dagans jainans, urrann gagrefts fram kaisara Agustau, gameljan allana midjungard (...) urrann than jah Iosef us Galeilaia, us baurg Nazaraith in Iudaian, in baurg Daweidis sei haitada Bethlahaim (...).

Es geschah dann in jenen Tagen, es kam ein Gebot vom Kaiser Augustus, aufzuschreiben den ganzen Erdkreis (...). Es kam dann auch Josef aus Galiläa, aus der Burg [Stadt] Nazareth in Judäa, in die Burg Davids, die hieß Bethlehem (...).

Vom Fränkischen kennen wir aus dieser frühen Zeit des 6. Jahrhunderts so gut wie nichts, weil die Franken eben keinen »Luther« hatten und die Runenzeugnisse zu spärlich sind. Frühe germanische Wörter gibt es neben Wulfilas Großtat nur als Zufallsüberlieferung, wenn etwa Cäsar in seinem *Gallischen Krieg* für »Elch« *alces* verwendet, wenn Tacitus in seiner *Germania* »Bernstein« als *glaesum* (Glas) bezeichnet oder der jüngere Plinius in seiner *Naturgeschichte* eine Schminke als *sapo* (mit »Seife« verwandt) erwähnt.

Als die Franken selbst im 5./6. Jahrhundert zu schreiben begannen, taten sie dies auf Latein, wie zum Beispiel bei der Abfassung ihrer eigenen Stammesgesetze. Immerhin existieren etwa zur *Lex salica*, die noch Chlodwig höchstpersönlich für seinen eigenen Stamm anfertigen ließ, sogenannte Glossen, also über die Wörter geschriebene volkssprachliche Entsprechungen, die uns hin und wieder ein Wort überliefern, beispielsweise dass »vor Gericht« *in malobergo* hieß. Rege wird es erst viel später, unter den Karolingern. Genau in die Zeit zwischen Chlodwig und Karl dem Großen aber muss die Geburt der deutschen Sprache gefallen sein. Wulfilas Gotisch und die frühen altenglischen Runenzeugnisse sind *nicht* deutsch. Sie sind germanisch, wie das Deutsche germanisch *war*. Mit all diesen Zeugnissen haben wir ein Riesenglück, denn sie vermitteln uns einen konkreten Eindruck von der germanischen Sprachenvielfalt. Dann folgte ein Ereignis, das einen Neuanfang bewirkte: eine Art Zellteilung, bei der sich ein germanischer Dialekt verselbständigte. Damit war die Geburt der deutschen Sprache vollzogen.

Aus Attila wird Etzel

Dieses Ereignis lag in einer Neuformierung des Konsonantenstandes, die man als Lautverschiebung bezeichnet (genauer: als zweite Lautverschiebung, nachdem sich das Germanische von seinen indogermanischen Vorfahren durch eine erste Lautverschiebung getrennt hatte – darüber später mehr). Ein Teil der germanischen Stämme, und zwar die im Süden siedelnden (die späteren *hoch*deutschen, im Gegensatz zu den im Norden siedelnden *nieder*deutschen), sprachen die stimmlosen Verschlusslaute *p, t, k* im Anlaut und nach Konsonant als merkwürdige Doppelkonsonanten aus: als *pf, tz, kch*. Im Inlaut und nach Vokalen wurden daraus die Reibelaute *f, z (s), h* bzw. in doppelter Form *ff, zz (ss), hh*. Konkret stand nun ein hochdeutscher *pfluoh* einem niederdeutschen *plôg* gegenüber, wie wir auch heute noch den *Pflug* neben englisch *plough* oder niederländisch *ploeg* kennen. Genauso finden wir hochdeutsch *offan* neben niederdeutsch *opan* (vgl. englisch/niederländisch *open*). Und so gehen die Reihen weiter: deutsch *Zunge* oder *setzen* neben englisch *tongue* oder *set*, deutsch *Sache* neben schwedisch *sak*.

Man rätselt bis heute über die Ursache dieser Schieberei. Tatsache ist, dass der Prozess im 6. oder 7. Jahrhundert (meistens am Namen des Hunnenkönigs *Attila* festgemacht, dessen *tt* sich plötzlich zum *tz* in *Etzel* wandelte) irgendwo im Süden

angefangen haben muss, wo er sich am systematischsten durchsetzte und dann nach Norden hin verebbte, bis er zum Erliegen
kam. Die Nordgermanen, zum Beispiel die Angelsachsen, die
um 450 ins keltische England eingefallen waren und dort altenglisch sprachen, wurden nie erreicht. Das Gleiche gilt für
die Norweger oder Schweden. Aber der Riss ging auch quer
durch das Frankenreich. Während die Bayern oder Alemannen
begeisterte Verschieber waren und auch die (Rhein-)Franken
selbst überwiegend mitmachten (*Porz* bei Köln mit unver-
schobenem *p*, aber verschobenem *z* steht neben komplett verschobenem *Pforzheim* in Baden-Württemberg), versagten sich
die (Nieder-)Sachsen und Friesen völlig.

Im Prinzip ist dies bis heute so geblieben, wie jeder weiß,
der entweder selbst Plattdeutsch kann oder es einmal im Hamburger Ohnsorg-Theater gehört hat (und nicht in einer fürs
Fernsehen verhochdeutschten Fassung). Im Merowingerreich
nach Chlodwig, der es noch gut hatte und überall Germanen
vor der zweiten Lautverschiebung antraf, gab es plötzlich erhebliche Dialektunterschiede (also ein Südnordgefälle mit den
Süddeutschen als den Progressiven und den Nordlichtern als
den Konservativen). Karl der Große holte sich mit den Sachsen
nicht nur Heiden, sondern auch Verschiebungsverweigerer in
sein Riesenreich. Und damit nicht genug.

Das Frankenreich war ohnehin von Anfang an ein mehr-
sprachiges Gebiet gewesen. Vor allem im Westen gab es die
unterworfenen Römer, die weiter Latein sprachen. Dieses
Latein wurde später die offizielle Sprache der Urkunden und
Erlasse, besonders nachdem das Christentum Fuß gefasst hatte.
Allmählich verwandelte sich das Latein der Bevölkerung aber
in ein immer mehr von den klassischen Ursprüngen entferntes
»Vulgärlatein«, das später Französisch genannt wurde. Die
fränkische Führungselite sprach dagegen weiter ihren germanischen Dialekt, der in der Heeresversammlung mit den anderen Stammesdialekten konkurrierte. Und dann, im 6./7. Jahrhundert, folgte die Verwandlung eines Teils der germanischen

Dialekte in eine Richtung, die sich deutlich von den Ursprüngen abhob. Nun war das Frankenreich nicht nur drei-, sondern viersprachig: Es gab Latein, Vulgärlatein (Französisch), verschobenes und unverschobenes Germanisch. Klar, dass es in dieser Verschiedenheit Unterschiede gab. Verschobenes und unverschobenes Germanisch unterschieden sich weniger voneinander als diese beiden zusammen von Latein und Vulgärlatein.

Aber nun die entscheidende Frage: Wo war das Deutsche? Die Antwort lautet: Das Deutsche umfasste beide Varianten des Germanischen, besser: umfasste alle germanischen Stammessprachen, die im Frankenreich gesprochen wurden. Denn »deutsch« heißt anfangs nichts anderes als volkssprachlich und steht im Gegensatz zum offiziellen Latein.

Theodiscus, teutonicus, deutsch

Der allererste Beleg stammt aus dem Jahre 786 und gibt das Wort »deutsch« in einer lateinischen Übersetzung wieder: als *theodiscus*. Ein päpstlicher Legat schreibt seinem Chef in Rom, dass auf einer Synode in England die Beschlüsse nicht nur laut verlesen worden seien, sondern auf Latein *und* in der Volkssprache: *tam latine quam theodisce*. In England war diese Volkssprache Altenglisch, also ein unverschobenes Germanisch, anders ausgedrückt: Auch die Engländer sprachen einmal »deutsch« (woran man sie bei passender Gelegenheit erinnern sollte). Zwei Jahre später gab es im Frankenreich ein spektakuläres Gerichtsverfahren: Der Bayernherzog Tassilo hatte Fahnenflucht begangen. Darauf stand die Todesstrafe, und sein Urteil wurde ihm nicht nur auf Latein, sondern auch in seiner Muttersprache vorgelesen, damit er auf jeden Fall verstehe, wofür er hingerichtet werden soll: für ein Vergehen, *quod theodisca lingua harisliz dicitur*, »das volkssprachlich Zerreißung des Heeres heißt«. Diesmal bedeutet »deutsch« also bayrisch.

Danach häufen sich die Belege in ähnlichen Kontexten. 948 ist davon die Rede, dass eine Klageschrift der (immer noch lateinschwachen) Könige wegen volkssprachlich verlesen werde: *propter reges in teutisca lingua*. Eigenartig, dass wir das Wort »deutsch« lange nur auf Latein kennen, ja, sein erstes volkssprachliches Auftreten erst um 1000 nachgewiesen ist: als *diutisch*. Aber die Forschung ist sich sicher, dass es dieses Wort schon lange auch in volkssprachlicher Version gegeben hat. Das *theodiscus* muss eine gelehrte Übersetzung karolingischer Intellektueller gewesen sein, wie die Vokalfolge *eo* belegt, die es so im Lateinischen überhaupt nicht gibt. Und sein Sinn ist klar, Signalisierung von Gleichberechtigung: Wir Franken haben nicht nur unsere eigene Sprache, diese Sprache ist dem Lateinischen ebenbürtig. Ob die mit *theodiscus* bezeichnete Sprache auch als eine Art übergreifende Klammer für die im Heer versammelten Stämme fungierte (und damit Ethnisches hervorhob), ist nicht ganz klar, wäre aber denkbar.

Worauf es jedoch ankommt: Noch gab es keine Deutschen, sondern nur eine als »deutsch« bezeichnete Volkssprache. Dass diese Sprache dann tatsächlich die Deutschen bezeichnen sollte, ist in Europa einzigartig. Überall nennen sich die Völker nach ihren Ländern (die Italiener nach Italien) oder ihrer Herkunft (die Engländer nach den Angeln). Auch die Franken sollten sich nach ihrer Abstammung benennen, aber dies geschah nicht in Deutschland, sondern in Frankreich. Anfangs war diese Bezeichnungsweise auch in Deutschland noch eine Alternative. Mitten im 9. Jahrhundert konnte die deutsche Sprache durchaus einmal als *frankiskon*, also »Sprache der Franken«, benannt werden. Aber diese Bezeichnung wurde uns von den Franzosen weggeschnappt. Witzig: von Franzosen, deren Sprache gerade nicht germanischer Herkunft ist, sondern romanischer.

Das schönste Zeugnis für den germanisch-romanischen Gegensatz besitzen wir aus dem Jahre 842. Als Karl der Große starb, erbte Ludwig der Fromme sein Reich. Nach dessen Tod folgte das, was schon die Merowinger fleißig praktiziert hatten:

die Reichsteilung. Nun aber teilte man nicht mehr so, dass im Prinzip das Ganze erhalten blieb, sondern wirklich in drei Stücke: im Westen das spätere Frankreich, im Osten das spätere Deutschland, dazwischen das eigentliche Hauptreich des ältesten Bruders Lothar, in dem die Hauptstädte Rom und Aachen lagen (also ein ziemlich unförmiger Bandwurm): Lotharingien. Gegen Lothar aber erhoben sich dann die beiden Brüder, Karl der Kahle aus dem Westreich und Ludwig der Deutsche aus dem Ostreich. In Straßburg beeideten sie am 14. Februar 842 ihr Zusammengehen (ehe ein Jahr später dann doch die definitive Dreiteilung zustande kam). Und diese Eide sind in den *Historiarum libri quattuor* von Nidhard, einem Enkel Karls des Großen, erhalten. Ludwig der Deutsche schwor danach in *romana lingua*, Karl der Kahle in *lingua teudisca*.

Man kann auch ohne große Vorkenntnisse den ersten Satz des Eides noch gut verstehen. Auf Französisch (es handelt sich nebenbei bemerkt um den ältesten französisch überlieferten Text überhaupt) lautete er damals in halbem Latein: *Pro deo amor et pro christian poblo et nostro commun saluament*, auf Deutsch: *In Godes minna ind in thes Christianes folches ind unser bedhero gehaltnissi*, also jeweils: »Aus Liebe zu Gott und zu des christlichen Volkes und unser beider Heil.« Dabei war die Szene mehr als theatralisch und ist auf Historiengemälden des späten 19. Jahrhunderts noch theatralischer dargestellt worden. Die beiden Könige standen vor den beiden Heeren und sprachen den Schwur in der Sprache der je anderen Truppe (während sie selbst als Franken natürlich deutsch, genauer: rheinfränkisch, sprachen), um sich dieser gegenüber auf verständliche Weise zu verpflichten.

Jahrhunderte später verschwindet das einigermaßen künstliche lateinische *theodiscus* als Wiedergabe von *theod-isk*, also etwa: »deutsch-isch«, »zum Volk gehörig« (erhalten in *Dietmar*, *Dietlinde* usf.), und wird durch ein neues lateinisches Wort ersetzt: durch *teutonicus*. Diesmal sollte wohl ein wirklich gewachsener Begriff herhalten, indem man – bei vielleicht willkommenem lautlichem Anklang an *theodiscus* – an die germanischen Teutonen anknüpfte, die 113 v. Chr. zusammen mit den Kimbern in Italien eingefallen waren. Interessanterweise verdrängte *teutonicus* tatsächlich *theodiscus*, aber genau in dem Moment, als sich die alte deutsche Version von *theodiscus* als *tiutsch* durchsetzte. Notker der Deutsche, von dem wir noch hören werden, benutzte *diutisk, in diutiscun*, wenn er die deutsche Sprache bezeichnete. Noch einmal gut 100 Jahre später ist im *Annolied*, das einen Kölner Erzbischof aus dem 12. Jahrhundert lobpreist, von *diutischi liuti, diutschi man, diutsche lant*, also von *den* Deutschen und ihrem Land, die Rede (worin der Germanist Hans Eggers die »Geburtsurkunde unserer Sprache« sah).

DIE WENIGER NETTE SICHT DER NACHBARN

Damit ist endlich der Punkt erreicht, der für das Wort *deutsch* so charakteristisch ist: Deutsch bezeichnet die Deutschen, eine Sprache bezeichnet ein Volk. Die ehemals germanischen Stämme, die sich zuerst unter fränkischer Führung zusammenfanden, grenzen sich von anderen germanischen und natürlich erst recht romanischen Völkern ab. Mit ihren ziemlich verschiedenen Dialekten sind sie zusammen doch eines: Deutsche.

Die Nachbarn haben dies keineswegs immer so gesehen, sondern diese Deutschen nach ihren Stämmen benannt, als Alemannen (wie die Franzosen mit *allemands*) oder Sachsen (wie die Finnen mit *saksalainen*) zum Beispiel, um von Schimpfwörtern wie *boche* (Argotwort für »übel beleumdetes Subjekt«) im Französischen oder dem englischen *Hun* abzusehen (noch Queen Mum soll ihren deutschstämmigen Schwiegersohn Philipp als *Hunnen* bezeichnet haben). Interessant ist auch das italienisch-neapolitanische *todisco*, das keineswegs etwas mit *theodiscus* zu tun hat, sondern den »Zechkumpan« benennt, ähnlich wie spanisch-portugiesisch *tudesco* einfach »grob« meint. Die slawische Bezeichnung *nemski* für den Deutschen bedeutet übrigens »stumm« oder »unverständlich«.

Im 16. Jahrhundert, zu Zeiten des Humanismus, gibt es noch einmal ein Zwischenspiel mit dem Aufkommen eines neuen (alten) Wortes für »deutsch« und die »Deutschen«: *germanicus/Germani* (das dann die Engländer als *Germany* und *Germans* übernehmen sollten). Am endgültigen Sieg von *deutsch/Deutschland* war jedoch nicht mehr zu rütteln. Und dieser Sieg ist auch nicht zufällig: Man bezeichnet mit den Deutschsprechern ein Volk, das ansonsten keine eindeutigen Wurzeln hat. Das aber sollte Folgen haben. Wenn es die deutsche Sprache war, die dieses Volk in der Mitte Europas zusammenhielt, dann musste es erhebliche Aufmerksamkeit für seine Sprache aufbringen. Entsprechend wurde an ihr viel herumlaboriert, vor allem in Richtung einer Vereinheitlichung der unübersehbaren bzw. unüberhörbaren Unterschiede bei den Dialekten. Während man im Mittelalter kollektive Identitäten eher auf Religion, Geografie, Lebensführung gründete, entsteht um 1500 die Vorstellung von Nationen, die eine gemeinsame Sprache sprechen. Damit wird aus sprachlicher Vereinheitlichung plötzlich die Frage der Einheit. Die sprachliche Frage entpuppt sich als politische, die Geschichte der Sprache ist gerade in Deutschland von der politischen Geschichte nicht zu trennen.

ALPHABETISIERUNG

MÖNCHE ALS GEBURTSHELFER

Langsam also entstand bei den von den Franken geeinigten (sprich: unterworfenen) Stämmen ein Gefühl der Zusammengehörigkeit. Die Politik machte aus der großen, aber äußerst lockeren Gemeinsamkeit der germanischen Abstammung eine kleinere, aber praktisch greifbare eines »Volkes«. Innerhalb dieses kleineren Zusammenschlusses unterschied man sich, hörte deutlich einen Alemannen im Süden und einen Sachsen im Norden heraus. Aber man sprach auf jeden Fall eine andere Sprache als die westlichen Nachbarn, die Franzosen.

Französisch wurde trotz einiger germanischer Übernahmen in der Zeit der fränkischen Eroberung eine vorwiegend romanische Sprache. England begann sprachlich mit seinen germanischen Wurzeln und war von seinen fränkischen Vettern *nur* politisch getrennt. Dann allerdings folgte im 12. Jahrhundert unter Wilhelm dem (normannischen, also französischen) Eroberer die romanische Auf- oder Umrüstung, die das Englische zu einer germanischen Sprache mit starken romanischen Elementen machte. Auch im hohen Norden entwickelten sich das Schwedische und Norwegische erst allmählich zu eigenständigen Sprachen aus dem gemeinsamen germanischen Pool. Das Niederländische blieb sogar noch länger mit dem Niederdeutschen in enger Tuchfühlung. Um 800, in karolingischen Zeiten, fielen die verschiedenen »Völker« jedenfalls nicht unbedingt aufgrund ihrer Sprache auseinander. Ein niederdeutsch sprechender Händler aus Paderborn konnte sich mit seinem englischen oder schwedischen Kollegen noch einigermaßen verständigen und erlebte eher einen Bayern als fremd.

All dies betrifft die (für uns nur erahnbare) Mündlichkeit.
Romanisierte Westfranken *sprachen* irgendwann französisch,
die verschiedenen Stämme des ostfränkischen Reiches *sprachen*
irgendwann deutsch. Alle Entwicklung, aller Wandel vollzog
sich in der Mündlichkeit. Die aber kennen wir lediglich aus
der Schriftlichkeit. Nur gab es die so gut wie ausschließlich als
lateinische Schriftlichkeit. Entsprechend wiederholte sich das
Problem Wulfilas: Man musste den heimischen Lautstand in
einer im Prinzip fremden Schrift ausdrücken. Mehrere deutsche Laute hat es im Lateinischen nicht gegeben, zum Beispiel existierten keine Umlaute. Welche Buchstaben sollte man
dafür nehmen? Umgekehrt gab es zu lateinischen Buchstaben
wie *x*, *c*, *v* keine deutschen Laute. Man kann sich in die Lage
hineindenken, wenn man versucht, ein paar Sätze im Dialekt zu
schreiben, auf Bayrisch, Sächsisch oder Kölsch. Sofort verlässt
einen die gewohnte Sicherheit. Wie bekommt man die Klänge
in die gewohnten Buchstaben übertragen? Seit dem Ende des
8. Jahrhunderts, also in den Zeiten des großen Karl, beginnt
ein Rennen um die perfekte oder doch akzeptable Lösung. Wir
kennen das früheste Deutsch überhaupt nur aus diesen Alpha-
betisierungsversuchen. Und natürlich waren die Alphabetisierer
die Geburtshelfer der deutschen Sprache, ja die wahren Helden
bei der Geburt unseres ominösen Kindes »deutsche Sprache«.

Es ist völlig klar, wer diese Helden waren: die Mönche in den
Skriptorien der großen Klöster. Genauer muss man sagen: die
Benediktinermönche. In merowingischen Zeiten entstanden
die ersten Mönchsgemeinschaften, aber es handelte sich dabei
oft nur um kleine Zellen mit asketisch lebenden Männern wie
dem heiligen Gallus im von ihm 614 gegründeten St. Gallen.
Der große Wandel kam mit Benedikt von Nursia, der schon
529 in Montecassino ein Kloster eingerichtet hatte, aber erst
von Papst Gregor dem Großen ein Jahrhundert später zum
Vorbild erklärt wurde.

Eine entscheidende Rolle spielte dabei die Regel, die Benedikt seinen Mitstreitern verordnet hatte. Sie enthielt einen

Dienstplan, der mit dem berühmten *ora et labora* Gebet und Arbeit vereinigte, im genau festgelegten Stundenrhythmus nach dem Modell des römischen Militärs. Als die Karolinger ihrem Reich eine effektive Verwaltung geben wollten, griffen sie auf die Organisation des Benediktinerordens zurück. Karlmann machte St. Gallen benediktinisch (indem er den Mönchen ein Exemplar der Benediktinerregel »schenkte«). Bald darauf ist das erste Skriptorium nachweisbar, mit 60 Schreibern am Werk. 744 gründete der Bonifatiusschüler Sturmi Fulda als benediktinisches Musterkloster, das unter Pippin dem Jüngeren (dem Vater Karls des Großen) zur Reichsabtei aufstieg. Karl der Große selbst berief Alcuin zum Leiter seiner Hofschule, die das eigentliche Zentrum der kulturellen Erneuerung werden sollte – mit den Klöstern gewissermaßen als Dependancen in den Regionen. Alcuin setzte zum Beispiel seinen Schüler Hrabanus Maurus als Abt in Fulda ein. Immer wieder zeigt sich, dass diese Klöster die Initiatoren und Multiplikatoren im Prozess der geistigen Aneignung waren.

Nur ist auch klar: In diesen Klöstern herrschte das Latein. Das Frankenreich war ein christliches Reich, und das Christentum bot sich in lateinischer Sprache dar. Das wichtigste Werk dieser Buchreligion ist auf Latein verfasst, die Bibel in Form der Vulgata des Hieronymus. Die Kirche wurde von Rom aus geführt, und Rom schrieb Latein. Dies galt auch für die weltliche Verwaltung, für die Urkunden – überall nur Latein. Eine höchst praktische Sache, wenn man bedenkt, dass auf diese Weise die Rekrutierung von fähigen Leuten (wie dem Angelsachsen Alcuin, den Karl der Große übrigens im italienischen Parma kennengelernt hatte) in ganz Europa erfolgen konnte. Von Schottland nach Sizilien zu reisen, von der bretonischen Küste an die Elbe – darin lag kein Sprachproblem. Europa war in intellektuellen Kreisen komplett zweisprachig: Man beherrschte die Muttersprache plus Latein. Wer etwas werden wollte, lernte Latein, denn Latein war längst keine Muttersprache mehr. Darin liegt der oft hervorgehobene Unterschied ge-

genüber unserer heutigen Situation mit Englisch als Verkehrssprache (worauf noch einzugehen ist).

LIZENZ ZUM VERDEUTSCHEN

Und nun geschah das kleine Wunder: Karl der Große gab die
Losung aus, das religiöse Wissen auch ans Volk weiterzuge-
ben – in dessen Muttersprache, auf »Deutsch« also. In der *Admonitio generalis* von 789 wurde verfügt, dass jeder Priester die
Gebete, die er spricht, auch selbst zu verstehen, und diejenigen,
die die Sakramente empfangen, auch genau zu wissen haben,
was sie von Gott erflehen – ein wenig wie das Zweite Vatika-
nische Konzil in den 60er Jahren des 20. Jahrhunderts. Im 52.
Artikel der Frankfurter Synode von 794 ist zu lesen, niemand
möge glauben, dass Gott nur in den drei »heiligen« Sprachen
(in denen die Inschrift auf dem Kreuz Christi angebracht war:
Hebräisch, Griechisch und Latein) anzubeten sei. In weiteren
Synoden werden die Bischöfe angehalten, in der Volkssprache
zu predigen.

   Seit Jahrhunderten hatte Latein gewissermaßen naturwüch-
sig mit der überlegenen Kultur der Römer aufs Deutsche ein-
gewirkt. Der gesamte Hausbau war lateinisch geprägt: von der
Mauer über *Kalk, Mörtel, Estrich* bis zum *Keller*. Im Obst- und
Gartenbau hatte man die *Rose* und die *Petersilie*, den *Salbei* und
den *Lattich*, das *Pfropfen* und die *Frucht* übernommen. Koch-
und Backkunst waren mit *Brezel* und *Mörser*, mit *Küche* und
Schüssel, die Heilkunst mit *Arzt* und *Lakritze* latinisiert. Für
Handel und Verkehr gab es die *Straße* und die *Meile*, den *Kauf*
und die *Münze*, den *Korb* und den *Schrein*, den *Zoll* und den
Zins. Im Bereich des Rechts wurden *Kaiser* und *Pfalz* einge-
meindet. Seit der Christianisierung aber stellte sich eine ganz
neue Herausforderung: die Aneignung eines letztlich fremden
Weltbilds in der Form des religiösen Wortschatzes.

   Die Lösung erfolgte auf drei Wegen: erstens durch direkte

Entlehnung des fremden Wortes (also Bildung von Latinismen wie heute Anglizismen), zweitens durch Lehnübersetzung als Nachbau des lateinischen Wortes mit deutschen Bestandteilen und drittens durch Lehnübertragung als Aufpfropfung einer neuen Bedeutung auf ein bestehendes deutsches Wort.

Direkte Entlehnung gab es besonders im Bereich der religiösen Sachkultur bzw. des Kultes. »Zelle« und »Kloster« wurden als Fachworte einfach übernommen: als *cella* und *klostar*, wobei es oft vulgärlateinische Wörter waren, die als Vorbild dienten – lateinisch *claustrum* hatte sich schon in ein *clostrum* verwandelt. Auch »Mönch« stammt zwar vom klassischen *monachus*, hat aber die vulgärlateinische Zwischenstufe *monicus* hinter sich.

Lehnübersetzung ist für die Aneignung von Abstraktem typisch. Die *resurrectio*, die Auferstehung Jesu von den Toten, auf die theologisch alles ankam, baute man im Deutschen nach, wobei zwölf verschiedene Versuche bekannt sind: *urrist, urstant, ûferstênde* zum Beispiel. »Gewissen«, *conscientia*, erscheint als *wizzene, wizzende, gewizzende, wizzentheit, gewizzenheit*.

Abstraktes lässt sich aber auch durch Lehnübertragung bezeichnen. Die »Sünde« zum Beispiel, als *suntea* wiedergegeben, war in der germanisch-heidnischen Kultur ein Verhalten, für das man sich zu schämen hatte, weil es gegen Sitte und Recht verstieß. Die »Beichte«, als *bijiht* überliefert, bedeutete ursprünglich eine feierliche Aussage vor Gericht. Die *buozzua* für »Buße« stand für eine Vergütung bzw. den Ersatz für angerichteten Schaden. Oft sind die Ergebnisse überraschend. Als ein Autor einmal das lateinische Wort *desertum*, also »Wüste«, wiedergeben muss, wählt er dafür »Wald«, weil ihm dieser wohl ebenso schrecklich vorkam. Sogar das Kreuz macht Schwierigkeiten und wird der Verständlichkeit halber kurzerhand als »Galgen« übersetzt.

Die Wege, auf denen diese Aneignungen zustande kamen, sind ebenfalls vielfältig. Der wichtigste ist die Glossierung, die Wörterbucharbeit (nach angelsächsischem Vorbild). Etwa zwei Drittel des alten deutschen Wortschatzes kennen wir aus diesen

Glossen, von denen in über 1230 Handschriften etwa 230 000 Einzelbelege zusammenkommen (die wissenschaftliche – nicht vollständige – Ausgabe ist fünfbändig). Glossiert wurde dabei in verschiedensten Formen: als über den Text oder an den Rand geschriebenes Einzelwort, aber auch in Gestalt von ganzen Wörterbüchern, Glossaren. Diese versammeln einzelne, aus ihrem Kontext gerissene Wörter, was oft zu schwachen Lösungen, wenn nicht direkten Fehlübersetzungen führte. Aber Glossare haben etwas Systematisches, sie erschließen ganze Wortfelder.

Das erste überlieferte deutsche Wort ist Demut

Das allererste Buch in deutscher Sprache *ist* ein solches Glossar: der *Abrogans*. Die kürzlich gezeigte Ausstellung *man spricht deutsch* im Bonner Haus der Geschichte hat mit Recht ein Faksimile direkt in den Eingangsbereich platziert. Dabei handelt es sich ursprünglich um ein lateinisches Synonymenwörterbuch, also ein Wörterbuch, das für besonders schwierige lateinische Wörter Varianten angibt. Entstanden ist es im 7. Jahrhundert und hat seinen Namen nach dem ersten Wort, eben *abrogans*, was »demütig« bedeutet. Aber nun kommt erst der Clou:

Dieses Synonymenwörterbuch wurde im bayrischen Kloster Freising um 770 glossiert, will sagen, jemand schrieb neben die lateinischen Wörter deutsche. Das wurde wiederum abgeschrieben. Der *Abrogans* existierte sehr rasch in mehreren Versionen (erhalten ist derjenige aus St. Gallen vom Ende des 8. Jahrhunderts, derjenige aus Reichenau, der zwischen 802 und 817, und derjenige aus Murbach, der zwischen 810 und 817 entstand). 3390 Wörter kommen insgesamt zusammen, wovon 695 einzig im *Abrogans* belegt sind (was auf eine gewisse Künstlichkeit dieser durch Übersetzung zustande gekommenen Wörter schließen lässt). Man kann also der Aneignung des lateinischen Wortschatzes im Deutschen regelrecht zusehen. Dabei wird sehr klar: Jedenfalls auf Wörterbuchebene erscheint das Latein wie eine Übermacht, die das Deutsche zurechtknetet, und zwar nicht nur mit Übernahmen im Sinne von Entlehnungen, sondern sogar vor allem mit Lehnübersetzungen, mit entlehnten Bildern. *Magnanimitas* wäre ein Beispiel: Der Glossator ahmte das Wort im deutschen Material nach als *mihhilmuot*, wobei *mihhel* »groß« bedeutet und *muot* etwas mit der inneren Gesinnung zu tun hat. *Michel* hieß noch im Hochmittelalter »groß« und wurde dann verdrängt. Wir sagen *Großmut* und setzen damit immer noch die Lehnübersetzung fort, denken in dem Bild, das die lateinische Sprache geschaffen und der Glossator nachgebaut hat.

Halten wir uns an weitere Beispiele, an das St. Galler Exemplar, das man im Leseraum des Klosters direkt neben dem berühmten barocken Bibliothekssaal auf Anfrage ausgehändigt bekommt und worin man dann mit weißen Handschuhen blättern darf (im Netz ist eine digitalisierte Fassung zugänglich). Das Buch ist klein, das Pergament schlecht, man sieht ihm an, dass es nicht um Repräsentation, sondern wirklich um Lernen ging. Schlägt man die erste Seite auf, stößt man auf das erste lateinische Wort, eben *abrogans*. Daneben ist eingetragen: *dheomodi*. Das erste schriftlich erhaltene Wort deutscher Sprache lautet also nicht nur seiner Bedeutung, sondern auch seinem Klang nach »demütig« (in einer anderen Handschrift findet sich *aotmot*, was heute viel schlechter verständlich ist). Neben *abrogans* steht das lateinische Synonym *humilis*, wiedergegeben als *samft muoti* – ebenfalls erstaunlich verständlich über all die Jahrhunderte. Nicht immer geht es so glatt zu, aber es fehlt nicht an Volltreffern, wenn man bei der Schreibweise nicht zu empfindlich ist. »Finster« etwa kannte der Glossator, es steht als *finstar* über *tenebrosum*. Weiter wären zu nennen: »Ehre« (*era* für *honorem*), »Zweifel« (*zouuiflon* für *dubium*), »dunkel« (*tunchal* für *obscurum*), »hohl« (*hol* für *ancrum*), »ich helfe« (*hilfu* für *auxiliabor*).

Und so kann man sich nun durch Hunderte von Beispielen arbeiten. Der Germanist Werner Betz hat errechnet, zu wie viel Prozent die verschiedenen Formen der Entlehnung in späteren Zeiten weiterlebten. Man kann daraus also entnehmen, wie stark das Lateinische den deutschen Wortschatz insgesamt bestimmt hat, und kommt insgesamt auf immerhin 19 Prozent. Dabei ist allerdings zu berücksichtigen, dass die übernommenen Wörter zu einem erheblichen Teil außerhalb der Glossen nicht belegt sind, also Eintagsfliegen oder Versuchsballons darstellen dürften. Und weiter: Schon 400 Jahre später lebte von den Lehnübersetzungen und Lehnbildungen des *Abrogans* nur noch ein Sechstel (die direkten Entlehnungen wie *Kloster* oder *Mönch* haben sich am besten erhalten). Man sieht an diesem ersten Fall der »Überflutung« des Deutschen mit fremdem Wortgut also, dass es um die Aneignung neuer kultureller Errungenschaften geht, um Ergänzung, nicht Verdrängung. Es stimmt: Ohne Latein könnten wir uns heute weder über Haus- oder Gartenbau noch über religiöse Fragen unterhalten. Aber es stimmt auch: Die deutsche Sprache eignet sich das Neue auf kreative Weise an, baut Neues in Überkommenes ein. Am Ende ist die deutsche Sprache reicher geworden, ohne ihr eigenes Gepräge aufgegeben zu haben.

Touristenführer und Sprachpurismus

Der *Abrogans* stellt das umfangreichste und auch allgemeinste Wörterbuch dar, andere Wörterbücher fallen sehr speziell aus. Walahfrid Strabo, Schüler von Hrabanus Maurus in Fulda (bei dem er körperliche und seelische Entbehrung erlitten haben will) und dann selbst Abt im Kloster Reichenau, hat sämtliche Körperteile auf Deutsch wiedergegeben. Das »Auge« *(pupilla)* heißt bei ihm *seha*, die »Nase« *(nares) nasa*, der »Mund« *(os) mund*, die »Zähne« *(dentes) zeni*, der »Hals« *(collum) hals*, die »Knie« *(genua) chniu*.

Wieder anders ein Text, der als *Pariser Gesprächsbüchlein* in die Literatur eingegangen ist und offenbar für einen gallischwestfränkischen Touristen im deutschsprachigen (bayrischen) Gebiet erstellt wurde. Es handelt sich also genau um einen solchen Sprachführer, wie ihn heute jeder kauft, wenn er sich im Ausland über die wichtigsten Dinge verständigen will. Zum Beispiel findet man zu *unde uenis, frater?* (»Woher kommst du, Bruder?«) die Übersetzung: *Guane cumet ger, brothro?* Zu *de qua patria?* (»Aus welchem Vaterland?«) heißt es: *Gueliche lande cumen ger?* Zu *Quid fecisti ibi?* (»Was hast du dort getrieben?«): *Guaez ge dar daden?* Auch die praktische Anweisung *mitte sellam* (»Sattle mein Pferd«) ist mit *Guesattilae min ros* wiedergegeben. Den Vogel aber schießt der Eintrag Nr. 101 ab, den man heute schon deshalb nicht mehr versteht, weil er einigermaßen obszön ist (und Wörter für Obszönes sich immer besonders schnell gewandelt haben). *Gauathere, latz mer serte* ist dort zu lesen. Wenn man weiß, was *serden* bedeutet, kommt nichts anderes heraus als die sehr eindeutige Aufforderung: »Schwester, lass uns bumsen.« In allen diesen Fällen ist wohl Verlass darauf, dass wir es mit damals gut verständlichem Deutsch zu tun haben (sogar umgangssprachlichem, wie etwa das *gimer* für »gib mir« belegt). Einer frühen Form des Tourismus verdanken wir ein paar sehr alte deutsche Redewendungen.

Eine andere Möglichkeit der Aneignung des Lateinischen in der Volkssprache bietet die sogenannte Interlinearversion, ein fortlaufender Eintrag der Übersetzung direkt über dem lateinischen Text. Ein Beispiel stellt der ambrosianische Hymnus (ein in der Liturgie verwendeter Lobgesang) dar, der im Benediktinerkloster Murbach im südlichen Elsass aufgezeichnet wurde. Ob man heute noch ohne große Vorbereitung diese Sprache versteht? Nehmen wir die folgende Strophe, die nebenbei das Eindringen des Endreims auch ins Latein belegt:

Mediae noctis tempore
prophetica vox admonet:
dicamus laudes domino
patri semper ac filio (...).

In mitternächtlicher Stunde
mahnt uns die Stimme des Propheten:
lasst uns dem Herrn Lob singen,
dem Vater wie dem Sohn (…).

Der wie immer unbekannte Mönch hat seinen Lesern, vielleicht lateinschwachen Neuankömmlingen im Kloster, zwischen die Zeilen geschrieben:

Mittera nahti zîte
uuîzaclîchiu stimma manôt
chuuedêm lop truhtîne
fatere simbulum ioh sune (…).

In der ersten Zeile entziffert man wohl *mittera nahti* als »Mitternacht«, *zîte* als »Zeit«, in der zweiten *uuîzaclîchiu stimma* als »weissagende Stimme« (des Propheten), *chuuedêm* in der dritten Zeile wird *quedem* gelesen und gehört zum Verb *quedan* für »sprechen«, *truhtîn* war eine der Wiedergaben für »Herr«, was später eben durch *herre* ersetzt wurde, *simbulum* steht für lateinisch *semper*, also »immer«.

Anstrengend, zugegeben, aber auch erstaunlich, dass wir immer noch eine Menge nachvollziehen können von dem, was sich ganz zu Beginn abgespielt hat. Dabei gab es noch andere Gründe als die Aneignung des Fremden um des besseren Verstehens willen. Es war auch schon ein Sprachpurismus am Werke. Karl der Große höchstpersönlich befahl (wie sein Biograf Einhard in der *Vita Karoli Magni*, cap. 29, mitteilt), die Monatsnamen mitsamt den Winden einzudeutschen zu lassen, wie es 1000 Jahre später die Franzosen machten, als sie mit der politischen Revolution auch eine kulturelle verbinden wollten (erinnert man sich noch an den »Nebelmonat« *brumaire*, in dem Napoleon per Staatsstreich Erster Konsul wurde?). Der Januar hieß schlicht *uuintarmânôth* (Wintermonat), der März *lentzinmânôth* (Lenz-, also Frühlingsmonat), der April *ôstarmâ-*

nôth, weil in ihn immer Ostern fällt, der Oktober *uuindume-mânôth* nach lateinisch *vindemia* für »Weinlese«. Hübsch, um noch dieses Beispiel zu erwähnen, der *hornung* für den Februar. *Horn* bedeutet »Winkel«, »Eck« und bezeichnet den nicht im Ehebett, sondern eben in einem Winkel Gezeugten, der dafür in seinen Rechten beschnitten ist – wie der Februar in der Zahl seiner Tage, nämlich auf 28 (wobei man ganz nebenbei mitbekommt, was ein gehörnter Ehemann ist).

EINE BIBEL ZUM VORLESEN

Aber all dies sind natürlich Nebenwege. Der Haupt- oder Königsweg der Aneignung des Lateinischen im Deutschen verlief über die Übersetzung der Bibel. Eigenartigerweise ist sie jedoch nicht komplett erfolgt, nicht einmal wurde das Neue Testament in Gänze übersetzt, so wie es Jahrhunderte zuvor Wulfila für seine Goten getan hatte. Was wir besitzen, ist lediglich die Übersetzung des Matthäusevangeliums. Und ausgerechnet dieser sprachlich besonders gelungene Versuch liegt nur noch in Bruchstücken vor (den sogenannten *Monsee-Wiener Fragmenten*), die zusammen mit weiteren Bruchstücken der Übersetzung einer theologischen Schrift überliefert sind, nämlich einem Traktat des spanischen Lehrers Isidor von Sevilla über die (damals hoch umstrittene) Frage der Wesensgleichheit der göttlichen Personen. Es gibt Indizien, die darauf hindeuten, dass beide Übersetzungen direkt mit der *Admonitio generalis* von Karl dem Großen zusammenhängen: der Aufforderung, Bibel und Predigt in gut verständlichem Deutsch zu bieten.

Diese Aufforderung aber war keine Selbstverständlichkeit. Ein Text, der uns komplett erhalten ist (der umfangreichste deutschsprachige Text aus dieser frühen Zeit überhaupt), führt uns eine völlig andere Art von Übersetzung vor. Um 170 hatte ein Mönch namens Tatianos in syrischer Sprache die vier Evangelien in einem einzigen Text zusammengefasst (die Fachleute sprechen von einer »Evangelienharmonie«), und dieser wurde im 6. Jahrhundert ins Lateinische übertragen. Bonifatius höchstpersönlich soll eine Abschrift besorgt haben, die ins Kloster Fulda gelangte, wo sie noch heute aufbewahrt wird – als wahre Reliquie.

Für die Entstehung des Deutschen ist eine weitere Abschrift bedeutsam, die möglicherweise für Mainz bestimmt war, aber nach St. Gallen kam und dort nach wie vor liegt. Dieser Text nämlich, der nach seinem Verfasser als *Tatian* bezeichnet wird, enthält neben der lateinischen Fassung eine deutsche Übersetzung, stellt also eine sogenannte Bilingue dar. Nur handelt es sich nicht um eine Interlinearversion, sondern um eine Gegenüberstellung: In der linken Spalte ist der lateinische Text eingetragen, direkt daneben in der rechten die Übersetzung, und zwar Zeile für Zeile genau entsprechend. Diese Arbeit war natürlich ein echtes Kunststück und führte zum Beispiel dazu, dass lateinische Partizipialkonstruktionen nachgeahmt wurden, die im Deutschen ganz unüblich sind (*incedentes in omnibus mandatis* etwa als *gangenti in allêm bibotun*, »sich bewegend in allen Geboten«). Noch heute macht der Kodex übrigens einen fast unberührten Eindruck; er zeigt kaum Benutzerspuren, und es scheint, als diente er einst eher der Repräsentation als dem Lernen.

Halten wir uns als Beispiel an die allererste Seite: den Beginn des Johannesevangeliums. Ich gebe die beiden Spalten genau so wieder, wie der Kodex sie darbietet, inklusive der Satzzeichen, die fast unseren heutigen gleichen, und löse nur die Abkürzungen auf, etwa ein haargenau wie noch heute geschwungenes *&* für *et*, also »und« (wie es die römischen Stenografen benutzten):

In principio erat uerbum
et uerbum erat apud deum.
et deus erat verbum,

hoc erat in principio
apud deum, omnia per ipsum
facta sunt. et sine ipso
factum est nihil;

In anaginne uuas uuort
inti thaz uuort uuas mit gote
inti got selbo uuas thaz uuort.
thaz uuas in anaginne
mit gote. alliu thuruh thaz
uuvrdun gitân. inti ûzzan sîn
ni uuas uuiht gitânes;

Man muss es sich noch einmal vor Augen halten: Wo es eben ging, wurde Wort durch Wort ersetzt. In der zweiten Zeile fügt der Übersetzer immerhin zum Substantiv »Wort« *(uerbum/uuort)* den Artikel ein (in der ersten nicht!). In der dritten Zeile bekräftigt er sogar mit der Partikel *selbo* (»Gott selbst«), in der letzten wird die ganze Konstruktion umgestellt, weil im Deutschen die Negation anders funktioniert als im Lateinischen.

Für wen war die Übersetzung gedacht? Zum Lesen sicher nicht, weil Lesekundige damals Latein konnten. Aber sie könnte zum *Vor*lesen gedacht gewesen sein. Man konnte denjenigen die Bibel auf Deutsch nahebringen, die sie auf Latein nicht verstanden hätten. Nur: Warum dann zusätzlich die lateinische Fassung? Die Antwort könnte lauten: Weil man auf jeden Fall sicherstellen wollte, dass es sich um den authentischen Bibeltext handelte, dass er in seiner deutschen Fassung so genau wie möglich dem entsprach, was als Wort Gottes galt. Seitenweise sind der Übersetzung sogenannte Kanontafeln vorangestellt, die jeden Satz im zugehörigen Evangelium verorten. Noch hatte man nicht nur Schwierigkeiten mit der Sprache, sondern auch mit denen, die sehr genau auf den Buchstaben achteten. Bloß nichts Häretisches!

Übersetzen als Obsession

Viel besser Bescheid wissen wir dagegen über das Werk eines St. Galler Mönchs, dem zweihundert Jahre später das Übersetzen ins Deutsche beinahe zur Obsession wurde: Notker Labeo (der Breitlippige) oder auch Notker Teutonicus (der Deutsche). Dieser Notker, geboren um 950, gestorben zweiundsiebzigjährig im Jahre 1022, war Leiter der Bibliothek und Lehrer an der Klosterschule in St. Gallen. Er übersetzte nicht mehr nur die Bibel, obwohl er mit der Übersetzung der Psalmen ein einzigartiges Dokument der Aneignung hinterließ, dessen Kraft noch Gottsched rühmte. Notkers Domäne war die gesamte gelehrte Bildung, wie sie damals in den *Septem artes liberales*, den sieben freien Künsten vermittelt wurde. Grammatik, Logik und Rhetorik gehörten ebenso dazu wie die vier mathematischen Disziplinen von der Arithmetik über die Geometrie bis zur Musik (Intervalle und Tonarten einschließlich der korrekten Abmessung von Orgelpfeifen) und Astronomie (wozu auch die Berechnung des Ostertermins gehörte). Aus all diesen Bereichen hat er wichtige Schultexte übersetzt, unter anderem aus der Feder von Boethius, dessen berühmte *Tröstung der Philosophie (Consolatio philosophiae)* er auf Deutsch gleich mitlieferte.

Gerade dieser Text muss so etwas wie ein Schlüsselerlebnis für Notker gewesen sein. Boethius war nach steiler politischer Karriere von Theoderich ins Gefängnis geworfen worden. In seiner *Consolatio philosophiae* schildert er, wie ihm im Traum die Philosophie als eine Dame in zerfetztem Gewand entgegentritt. Die Fetzen deuten auf die zerstrittenen Schulen hin, aber Notker macht etwas anderes daraus: *iro uuât uuas chleine* (»ihre Kleidung war zerschlissen«) übersetzt er pflichtgemäß, kommentiert aber dann: *iro uuât, taz sind artes liberales*, »die einzelnen Stücke der Kleidung sind die Artes liberales« – womit er bei seinem Thema war. In einem Brief an den zuständigen Bischof von Sitten erklärte er, die notwendigen Bildungsinhalte seien den Schülern besser in ihrer Muttersprache als in Latein beizubringen. Er widme sich dem Mammutunternehmen der Übersetzung aus Liebe zu seinen Schülern.

Und so entsteht ein Werk, in dem die gesamte antike Bildung dem Deutschen einverleibt wird. Überall achtet Notker auf Eindringlichkeit, auf Verständlichkeit, führt Akzente für Längen und Kürzen ein, um die Aussprache der deutschen Wörter zu sichern (wofür ihm heutige Sprachwissenschaftler die Füße küssen). Vor allem aber arbeitet er die lateinischen philosophischen Termini ins Deutsche um, erschafft geradezu ein wissenschaftliches Vokabular in der Volkssprache. Für *consequentia* zum Beispiel wählt er *nôtfolgunga*, für *individuus unspaltîg*. Das Wort *causa* (Grund) ist gar in elf verschiedenen Varianten wiedergegeben, darunter *urhap, urspring, chraft, sculd*. Dabei gehen Übersetzung und Kommentierung Hand in Hand, einem lateinischen Satz (in roter Schrift) folgt die deutsche Übersetzung und dieser wiederum ein oft ausführlicher deutscher Kommentar (beide mit schwarzer Tinte). Die Handschrift sieht wirklich prächtig aus, die weißen Handschuhe zieht man zum Blättern ganz von alleine an.

Dabei profitierte Notker kaum von den karolingischen Anfängen, die er vermutlich allenfalls in Bruchstücken kannte. Sein Werk, von dem zwei Drittel immer noch in St. Gallen liegen, wurde fleißig abgeschrieben. Es existieren 14 vollständige Handschriften, darunter der *Wiener Notker* als Umarbeitung der Psalmen ins Bayrische. Notkers Nachfolger und Biograf, der ebenfalls bedeutende Ekkehard IV., berichtete immerhin, dass Gisela, Gemahlin Kaiser Konrads II., fünf Jahre nach Notkers Tod nach St. Gallen gekommen sei, sich dessen Psalter zeigen und eine Abschrift für ihre persönliche Verwendung habe anfertigen lassen. Die große Kaiserin, Mutter von Heinrich III., war Tochter eines Herzogs von Schwaben, also süddeutsch geprägt und damit für das Alemannische Notkers wohl besonders empfänglich. In ihrer Umgebung wird sie viel Rheinfränkisch gehört haben, denn ihr Ehemann Konrad gehörte der Dynastie der Salier (der salischen Franken) an. Aber an Dialekte und die mit ihnen verbundenen Verständnisschwierigkeiten war jeder Sprecher/Leser in Deutschland gewöhnt. Eine einheitliche deutsche Sprache gab es nicht, noch längst nicht. Die Lektüre jedes Textes war so gesehen eine echte Herausforderung.

Bei Notkers Psalter kann man es gut nachvollziehen. Gisela wird nicht lange gebraucht haben, ehe sie die Zeilen verstand, zum Beispiel die folgenden aus dem 14. Psalm: *Der mán ist sâlig, der in dero argon rât ne gegiêng* (»Der Mann ist selig, der auf der Sünde Rat nicht einging«), worauf Notker die Erklärung anfügt: *So Adâm téta, dô er déro chénaun râtes fólgeta uuíder góte* (»Wie Adam tat, als er der Ehefrau Rat folgte gegen Gott«). Und ein paar Zeilen weiter heute (fast) noch verständlich: *Nube* (aber) *der ist sâlig, tes uuillo* (Wille) *an gótes êo* (Gesetz) *ist, unde der dára ána denchet* (denkt) *tag unde naht*, worauf keine Erläuterung folgt, weil sie überflüssig wäre.

So also las es Gisela, die Kaiserin, und so wurde ihr der Psalter nahegebracht in jener Muttersprache, von der Notker glaubte, dass nur in ihr die christliche und jede sonstige Botschaft verständlich werden könne. Eigenartig, wie dieser durch und durch latinisierte Gelehrte zu einer solchen Auffassung kommen konnte. Er muss es erlebt haben, wie um ihn herum sprachlich geholpert und gestolpert wurde. Und er hat darauf reagiert. Die deutsche Sprache kann alles ausdrücken, auch das ganze lateinische Bildungsgut. Mit Notker ist die Phase der Alphabetisierung (großzügig verstanden) endgültig abgeschlossen.

ERSTE DICHTER

In grauenerregendem Hochdeutsch

Die deutsche Sprache, das Kind, hat also sprechen gelernt beim Übersetzen. Genau genommen ist es nicht Sprechenlernen, es ist Schreibenlernen, mühevolles Schreiben in der Sprache, die man mühelos spricht. Denn sprechen kann das Kind längst, nur können wir dieses Sprechen nicht beobachten. Es ist verhallt, was vorgetragen wurde im Kreis von Vornehmen, die unterhalten werden wollten mit Stoffen aus der Vergangenheit, mit der Verherrlichung ihrer Ahnen und dem Lob auf sie selbst. In den Alltag ist erst recht nicht mehr hineinzuhören, in den vielstimmigen, von dem man so gerne wüsste, mit welchem Erstaunen Bayern auf Franken oder gar (Nieder-)Sachsen reagiert haben, wenn sie sich auf Reisen trafen.

Und doch ging nicht alles unter. Der große Zeuge des Formulierens in der Muttersprache ist die Literatur. Nur wirkt gerade dieses Wort so irreführend. Am Anfang stand ja nicht das in Lettern *(litterae)* Fixierte, sondern das mündlich Vorgetragene, das wider seine wirkliche Natur aufgeschrieben werden musste, um zu uns zu gelangen. Dies aber ist geschehen. Wir kennen die deutsche Sprache in ihrer literarischen Geformtheit sogar aus ihrer frühesten Zeit. Eines jener Heldenlieder, die die Taten in den heroischen Zeiten der Völkerwanderung besangen, blieb erhalten. Es ist kein großes Gedicht, wie es die Engländer mit ihrem *Beowulf* besitzen, der Lobpreisung des gotischen Königs mit diesem Namen, der im 6. Jahrhundert das Meerungeheuer Grendel besiegte und dann dem feuerspeienden Drachen erliegt – in 3183 Langzeilen. Es ist das *Hildebrandslied* mit 68 Langzeilen, dem Stoff nach ebenfalls dem 6. Jahrhundert entstammend.

Aber es ist wirklich ein eigener Stoff, nichts Lateinisches im heimischen Gewand. Es vertritt wohl Dutzende seiner Art, die es gegeben haben wird, und muss nun alle Fragen beantworten, die wir haben. Wie steht es mit dem Deutschen, wenn man es handhaben darf, wie man will? Wie lässt sich mit dieser jungen Sprache, die eben erst das Licht der Welt erblickt hat, dichten?

Der Inhalt des *Hildebrandslieds* ist denkbar schlicht: Zwei Heere treffen aufeinander. Um eine Schlacht zu vermeiden, treten die Anführer vor und wollen stellvertretend kämpfen. Zuvor aber unterhalten sie sich, wollen wissen, mit wem sie es zu tun haben. Da ergibt sich das Unglaubliche. Hildebrand, der Ältere, hört, dass ihm sein eigener Sohn gegenübersteht, den er samt der Mutter vor 30 Jahren verließ. Er sagt es dem Sohn, aber der hält es für einen Trick. So ist der Kampf unvermeidlich. Der fehlende Schluss kann nur die Tötung des eigenen Sohns zum Inhalt gehabt haben – das wissen wir aus späteren Überlieferungen des gleichen Stoffs.

Ein heroisches Lied also über einen unlösbaren Konflikt, wie er in Völkerwanderungszeiten wohl wirklich vorgekommen sein mag. Germanische Heerführer verdingten sich bei den kämpfenden Parteien, und mehr als einmal werden Verwandte gegeneinander angetreten sein. Hier kommen Personen ins Spiel, die in den meisten dieser Dichtungen eine Rolle spielen. Hildebrand ist ein Gefolgsmann Dietrichs von Bern, des historischen Theoderich, also des Ostgotenkönigs in Ravenna (der auch im *Nibelungenlied* noch auftritt). Hadubrand ist ein Gefolgsmann Odoakers, den Theoderich eigenhändig ermordete. Die Sage hat die historischen Ereignisse durcheinandergeschüttelt und die bekannten Namen lediglich benutzt, um große Konflikte darzustellen.

Genau dies tut das *Hildebrandslied* auch, indem es die Handlung ganz ins Gespräch auflöst. Wort folgt auf Wort, Bösartigkeit auf Bösartigkeit. »Diesen Streich hat dich ein Weib gelehrt«, will sagen: Das war eine besonders abgefeimte Finte, bringt Hildebrand hervor, bevor er wissentlich den eigenen

Sohn Hadubrand erschlägt. Und schön formulieren die Kontrahenten ihre Gemeinheiten, in Langzeilen, die durch den heimischen Stabreim rhythmisiert sind. Meist dreimal pro Zeile
beginnen Wörter mit einem Vokal oder dem je gleichen Konsonanten – man darf sich an Wagner erinnert fühlen. *Hiltibrant
enti Hadubrant untar heriun tuen* (»Hildebrand und Hadubrand
unter ihren beiden Heeren«) lautet die dritte Zeile, die wie jede
in der Mitte eine Zäsur besitzt und so für scharfe Kontraste
sorgt. Eine der wichtigsten Zeilen lautet: *Welaga nu, waltant
got, wewurt skihit* (»Wohlan nun, waltender Gott, Unheil geschieht«).

Zunächst: So ähnlich haben sie wohl alle ausgesehen, diese Lieder aus »barbarischen und ältesten Zeiten« *(barbara et
antiquissmima carmina)*. Wir wissen, dass Karl der Große den
Auftrag gegeben hat, sie zu sammeln, was vermutlich sogar
geschehen ist, wenn man einen Eintrag im Katalog verlorener
Bücherbestände des Klosters Reichenau richtig deutet. Das
Hildebrandslied scheint aus dem Lombardischen (der Westgoten, die erst später romanisiert wurden und dann italienisch
sprachen) zu stammen, wie die Sprache zeigt. Es ist um 830 in
Fulda aufgeschrieben worden, offenbar von einem niederdeut-
schen Schreiber, der Hochdeutsch nur in »grauenerregender
Weise« beherrschte, wie ein moderner Kommentator meinte.
Das *Ik gehorta dat seggen* der allerersten Zeile zeigt es deutlich,
wo niederdeutsch *ik* und *dat* für hochdeutsch *ich* und *daz* stehen.
Aber wieso hat ausgerechnet dieses Lied überlebt?

Die Antwort trägt Züge eines Krimis (womit nicht die Ver-
schleppung der beiden Blätter in die USA nach dem Zweiten
Weltkrieg gemeint ist, die ins Happy End der Rückkehr mündete). In den letzten Jahrzehnten des 8. Jahrhunderts entstand
im Kloster ein Kodex, der auf den Gebrauch für die Heiden-
mission spezialisiert war. Fulda lag selbst im ehemalig heid-
nischen Sachsen und war verantwortlich für die immer noch
nötige weitere Mission. Der Kodex enthielt Texte, die dafür
sehr geeignet waren: Weisheitsliteratur aus dem Alten Testa-

ment, Lernstoff für Einsteiger sozusagen, weiterhin, offenbar ganz zuletzt nachgetragen, eine Messe, die speziell auf die Missionsarbeit bezogen war. Und dann nach Fertigstellung auch noch etwas auf der Vorder- bzw. Rückseite der Deckblätter – das »germanische« *Hildebrandslied.*

Aber warum dieses Lied in diesem Kodex? Dafür hat man die schon zitierte Zeile als Schlüssel genommen: Sollte der Anruf an Gott zeigen, dass aus christlicher Sicht der ganze Konflikt einen Wahnsinn darstellte, mit dem für alle Zeiten Schluss gemacht werden muss (schon vorher war von *irmingot ... obana ab heuane*, vom »Gott oben im Himmel«, die Rede)? Oder hat ein moderner Interpret recht, der sagte, hinter dem verstockten Hadubrand, der seinem eigenen Vater nicht glaubt, stehe der verstockte Sachse, der seinem fränkischen Glücksbringer nicht vertraue, so dass das Ganze ein moralisches Exempel für richtiges und falsches politisches Handeln darstelle?

GROSSEPOS VON EINEM MANN AUS SACHSEN

Uns interessiert hier weniger die Interpretation als die Sprache, die Möglichkeit des Hineinhörenkönnens in orale Zeiten, in den Schwung einer stabreimenden Langzeile. Außer diesem einen Beispiel gibt es auch die Übertragung auf religiöse Stoffe, das christliche Stabreimgedicht, etwa über die Erschaffung der Welt (das *Wessobrunner Schöpfungsgedicht*) und über deren einstigen Untergang (das *Muspilli*, von einem »Schmierfinken«, wie gesagt wurde, auf die unteren Ränder einer Handschrift eingetragen), beide aus dem 9. Jahrhundert. Aber das sind nur kurze Gedichte. Den Clou der Stabreimdichtung bildet ein Großepos, das seinen Titel nach dem verherrlichten »Helden« trägt: der *Heliand* (mit fast 8000 Langzeilen). Es enthält nichts anderes als die Darstellung des Lebens Jesu (des »Heilands«) von der Geburt bis zu Tod, Auferstehung und Himmelfahrt.

Die in Fulda entstandene lateinische Vorrede, die vielleicht

von Hrabanus Maurus persönlich stammt, gibt an, den Impuls
habe König Ludwig gegeben, wobei man früher glaubte, Ludwig der Fromme (der Sohn Karls des Großen) sei gemeint,
heute aber eher auf Ludwig den Deutschen tippt, was statt einer
Entstehung nach 812 eine nach 850 wahrscheinlicher macht.
Der Dichter war auf jeden Fall ein Mann *de gente Saxonum*,
ein Sachse also, der das biblische Geschehen *in Germanicam
linguam poetice* übersetzt habe, in poetisches Deutsch. Tatsächlich ist die Sprache niederdeutsch, wobei der älteste Kodex aus
dem Kloster Corvey (heute Stadt Höxter in Nordrhein-West-
falen) aus der Mitte des 9. Jahrhunderts bereits eine Mischung
mit fränkischen Elementen enthält. Wir haben also nicht das
Original und erst recht keine gesprochene Sprache vor uns. Es
handelt sich vielmehr um die geformte Schreibsprache eines
auf Ausgleich verschiedener Dialekte setzenden Skriptoriums
oder auch von Schreibern, die wie so oft aus andern Regionen
kamen und ihren eigenen Dialekt mitbrachten.

Dafür ist diese Sprache völlig frei von Latinismen, obwohl
der gesamte Text auf der lateinischen Evangelienharmonie des
Tatian beruht. Aber es handelt sich um keine Übersetzung oder
gar Interlinearversion mehr, sondern um eine völlig freie Neu-
fassung, die sich souverän in Langzeilen ergießt, die ständig
über die Zeilenenden hinausschießen (Hakenstil), wie der Beginn des Weihnachtsevangeliums bezeugen mag:

Thô uuard fon Rûmuburg rîkes mannes
obar alla thesa irminthiod Octauiânas
ban endi bodskepi odar thea is brêdon giuuald
cuman fon them kêsure cuningo gihuilicun,
hêmsitteandiun, so uuîdo sô is heritogon
odar al that landskepi liudio giuueldun.

Da war von Romaburg des reichen Herrschers
über all dies Erdenvolk, Oktavians
Bann und Botschaft über sein breites Reich

gekommen, von dem Kaiser zu den Königen allen,
die da herrschten in der Heimat, soweit seine Herzöge
dort über die Lande alle der Leute walteten.

Die Wirkung war groß. Zwei vollständige Handschriften und zwei Bruchstücke stammen noch aus dem Frühmittelalter, aber die Erinnerung blieb auch später gewahrt. Selbst Luther soll noch eine Handschrift konsultiert haben als Zeugnis dafür, dass man auch schon in den ältesten Zeiten die Bibel wortkräftig übersetzen konnte. Denn tatsächlich gab es auch noch im hohen Mittelalter kaum Versuche der Eindeutschung dieses Buchs aller Bücher, das Alte Testament wurde überhaupt erst im 14. Jahrhundert übertragen. Die lateinische Vulgata war eben beherrschend, für alle weiteren Zwecke bediente man sich der freien dichterischen Fassung, die schon im 4. Jahrhundert in lateinischen Hexametern begonnen hatte.

Ende nicht am Kreuz, sondern am Galgen

Was macht nun die *Heliand*-Sprache aus? Die Antwort lautet: die Wucht, die Bildkraft, das Erzählerische. Man höre nur die Darstellung der Kreuzigung:

Thuo sia thar an griete galgon rihtun,
an dem felde uppan folc ludeono,
bôm an berege, endi thar an that barn godes
quelidun an crûcie: slôgun cald îsarn,
niuua naglos nîdon scarpa
hardo mid hamuron thuru is hendi endi thuru is fuoti,
bittra bendi: is blôd ran an erda,
drôr fan ûsan drohtine (…).

Nun richteten sie auf dem Grieß einen Galgen dort auf,
auf dem Felde oben, das Volk der Juden,

einen Baum auf dem Berge; und den Geborenen Gottes
quälten sie an dem Kreuz Sie schlugen kaltes Eisen,
neue Nägel, genau gespitzt,
hart mit Hämmern ihm durch die Hände und Füße,
bittere Bande. Sein Blut rann zur Erde,
troff von unserem Herrn (...).

Gewisse rhetorische Elemente sind unverkennbar, auch wenn
man dabei nicht an die klassische Rhetorik denken darf. Aber es
gibt als durchgehendes Merkmal die Wiederholung mit Variation: *auf dem Grieß (...) auf dem Felde oben*. Ansonsten hat man
immer die Hypotaxe hervorgehoben, das in viele Nebensätze
verzweigte Satzgeflecht, mit dem der Dichter wenigstens in
Buchform die Erreichung eines Standards belegt, den man sonst
erst in viel späteren Zeiten erreicht glaubt. Auch die Füllung
bzw. Dehnung der einzelnen Langzeilen mit viel Wortmaterial
(Schwellverse) trägt zum breiten Schwingen bei: *durch Hände*
hätte eigentlich genügt, aber es ist hinzugefügt: *und Füße*.

Etwas anderes ist die sprachliche Angleichung an die Welt
des Germanentums, die man in nationalistischen Zeiten selbstverständlich freudig, aber auch mit wenig Ahnung begrüßte.
So viel stimmt jedoch: Christus ist der *kuning*, also der »Volks-
könig«, auch bezeichnet als *drohtin*, »Gefolgsherr«, der seine
Jünger führt wie Gefolgsleute, die auch so heißen wie im auf
Heroisch getrimmten *Nibelungenlied*: die *degene* (heute noch erhalten in »Haudegen«). Diese Gefolgsleute sind *treuhafta man*,
durch Treueid verbundene Männer, und die Versammlung von
Christus mit seinen Jüngern wird als *thing* bezeichnet, als Rats-
oder Gerichtsversammlung. Auch sonst ist die Umgebung des
Geschehens »modernisiert« wie in Krippenbildern, in denen
immer die eigene Umwelt gezeigt wurde: Die Hirten hüten
keine Schafe, sondern Pferde. Die Szene, in der Petrus dem
Söldnerführer Malchus das Ohr abhaut, als dieser Jesus gefangen nehmen will, ist als eine kleine Militäraktion ausgemalt
(unnachahmlich wiedergegeben von Felix Genzmer):

Nicht war im Herzen ihm Furcht,
nicht Zweifel noch Zagen. Sondern er zog die Klinge,
das Schwert aus der Scheide und schlug auf ihn ein,
auf den vordersten Feind, mit seiner Faust Gewalt,
dass da Malchus gezeichnet ward von des Mutigen Stahl
an der rechten Seite, versehrt von der Schneide:
Zerhauen ward ihm das Ohr; er ward am Haupte wund,
dass ihm waffenblutig Wange und Ohr
in Todeswunde barst. Das Blut sprang hervor;
es wallte aus der Wunde. Die Wange war zerklafft
dem vordersten Feinde; da wich das Volk zurück:
sie scheuten den Schwertbiss (…).

Aber man darf sich von dem martialischen Zwischenfall nicht täuschen lassen. Einer der ausführlichsten Berichte (mit mehr als 700 Langzeilen) dieses Werkes aus der Mitte des 9. Jahrhunderts bezieht sich auf die Bergpredigt und hebt den Gewaltverzicht hervor, der für das Christentum entscheidend ist.

WARUM DER AUTOR DIESES BUCH IN DER VOLKSSPRACHE VERFASST HAT

Der *Heliand* wirkt wie ein Paukenschlag: der Bibelstoff als Großepos, präsentiert im Gewand der mündlichen Dichtung eigener Tradition, ein deutscher *Beowulf* als Biografie nicht eines germanischen Helden, sondern des Gottessohnes. Und dies in der paradoxen Form einer Schriftlichkeit, zu der die Voraussetzungen eben erst mühsam geschaffen waren. Doch der *Heliand* steht nicht allein, es folgte der zweite Paukenschlag.

Ein weiteres Großepos mit biblischem Stoff (diesmal in 7106 Langzeilen) entstand, aber nun ist alles Entscheidende anders: kein Stabreim, kein Heldenlied, sondern Anschluss an die spätantike lateinische Tradition, an den Endreim, wie er beispielsweise den ambrosianischen Hymnen zugrunde liegt. Der klassischen Antike war dieser Schmuck noch fremd, Cicero warnte förmlich vor dem Geklingel des Homoioteleuton, der gleichklingenden Silben am Satzende. Lateinische Wörter bestehen aus langen und kurzen Silben, entwickeln »Form« aus der geregelten Folge dieser Längen und Kürzen, wie beim Hexameter. Man braucht keinen Reim, um das Gefühl von Poesie zu haben. Und dann kommt diese deutsche Sprache, die ganz anders gebaut ist, ihre Wörter aus betonten und unbetonten Silben zusammensetzt. Das passt sehr gut zum Stabreim, aber es passt auch sehr gut zu Versen, die dem etwas eintönigen Auf und Ab der Hebungen und Senkungen am Ende des Verses diese Art von Schmuck geben. Dem Endreim gehörte jedenfalls die Zukunft. In den nordischen Literaturen hat man noch länger den heimischen Stabreim benutzt, mit Otfrid kam der Umschwung.

Hat man bemerkt, dass ein Name gefallen ist, ein Dichtername? Auch das ist anders als beim *Heliand*, der in vorgespiegelter Tradition wie bei allen Heldenliedern keinen Verfasser nennt. Otfrids *Evangelienbuch*, der *Liber evangeliorum*, wie er es selbst nennt (der Titel *Heliand* stammt dagegen von seinem ersten Herausgeber im 19. Jahrhundert), tritt geradezu programmatisch als Buch auf: Es ist eben nichts Mündliches, das aus unerfindlichen Gründen auf Pergament geraten ist. »Warum der Autor dieses Buch in der Volkssprache verfasst hat« *(Cur scriptor hunc librum theotisce dictaverit)* lautet die lateinische Überschrift zur Vorbemerkung.

Und dies ist bereits die vierte Vorbemerkung. Die erste enthält eine Widmung an König Ludwig, diesmal eindeutig den Deutschen, dem der Autor nach alter römischer Tradition Heil wünscht *(Luthouuico orientalium regnorum regi sit salus aeterna)*. Dieser Wunsch ist nicht nur als Überschrift gegeben, sondern kunstvoll in den Text verwoben. Die Anfangsbuchstaben von zwei Langzeilen ergeben von oben nach unten gelesen ebenso diesen Wortlaut wie deren Endbuchstaben – ein perfektes Akrostichon und ein perfektes Telestichon also, wie es die Poetik lehrt. Und das auch noch auf Latein im ansonsten deutschen Text. Otfrid spricht also zwei Sprachen zugleich, *die* zwei Sprachen, um die sich alles dreht. Denn das ist der Inhalt der vierten Vorbemerkung, die Begründung für die Präsentation der lateinischen Bibel im deutschen Sprachkleid: Ja, es gibt diese herausragenden Sprachen des Hebräischen, Griechischen, Lateinischen, die *edilzungen* (Edelzungen), in denen die Bibel bislang daherkam. Aber wir – sagt Otfrid seinen Lesern – leben in Deutschland und wollen die Bibel auf Deutsch lesen.

Genau genommen sagt er all dies etwas anders. Er sagt nicht »deutsch«, sondern »fränkisch«, *in frenkisgon* oder *in frenkisga zungun*. Er sagt nicht Deutschland, sondern spricht von *Frankono thiote*, dem »Volk der Franken«. Und er sagt nicht, dass es ums Lesen geht, sondern darum, in der eigenen Sprache Gott zu loben. Vielleicht versteht man den Wortlaut im Original (zur Vorsicht ist die Übersetzung hinzugefügt):

Nu fréwen sih es álle, so wer so wóla wolle,
joh so wér si hold in múate Fránkono thíote,
Thaz wir Kríste sungun in únsera zungun,
joh wír ouh thaz gilébetun, in frénkisgon nan lóbotun!

Nun freuen sich darüber alle, und jedem möge es gefallen,
wer in seinem Herzen hold ist dem fränkischen Volk,
dass wir Christ besangen in unserer Zunge,
und noch erlebten, dass wir ihn fränkisch loben!

Auf jeden Fall sieht man, wie diese Verse gebaut sind, wie diese frühe deutsche Sprache in gereimter Form klingt. Immer noch sind es Langzeilen, aber ihr Charakteristikum ist eben der Reim, der die Halbverse mit ihren je zwei Hebungen verbindet. Die Zukunft im Epos wird dem paarweise gereimten Vierheber gehören, hier haben wir es mit seinem direkten Vorläufer zu tun, der noch etwas Rumpelndes hat. Von Geschmeidigkeit kann jedenfalls kaum die Rede sein, beim lauten Lesen klingen die viel freieren *Heliand*-Verse schlicht besser.

Aber man muss es sich ins Gedächtnis rufen: Hier wird Pionierarbeit verrichtet, ein Anfang gesetzt, wo der *Heliand*-Dichter die große Summe aus der Vergangenheit zog. Beim *Heliand* ist Deutsch (nicht der Verschriftlichung, aber dem »Klang« nach) Erwachsenensprache, bei Otfrid wird sie wieder zum Kind. Keiner hat es besser gewusst als Otfrid selbst.

Nichtsnutziges Zeug und anstössiges Gesinge

Denn dieser Mönch aus Weißenburg, von dem heute leider fast gar nichts übrig geblieben ist außer der schönen Kleinstadt im Norden des Elsass, hat uns auf für mittelalterliche Verhältnisse einzigartige Weise Einblick nehmen lassen in jeden Schritt, den er tat. Am aufschlussreichsten ist die lange (lateinische) Zuschrift an Erzbischof Liutbert von Mainz, zu dessen Diözese das Kloster gehörte. Hier fällt das Wort, das wohl der Wahrheit entsprach: das Wort von der barbarischen Sprache, ungehobelt und undiszipliniert, an keine Regel gewöhnt, von Grammatik keinen Schimmer *(Huius enim linguae barbaries, ut est inculta et indisciplinabilis, atque insueta capi regulari, freno grammaticae artis).* Gemeint ist selbstverständlich Deutsch, die Sprache der Franken, die Otfrid liebte wie keine andere, aber die er auch kannte in ihrer ganzen Ungebärdigkeit, wenn man sie mit der *edilzunge* Latein vergleicht. Welch merkwürdiges Paradox, begreifbar nur als die Liebe zum Kind, zum eigenen selbstverständlich.

Und so zählt Otfrid seinem Erzbischof auf, womit er gekämpft hat und was alles zu berücksichtigen ist, wenn man das Ergebnis prüft. Drei *u* hintereinander zwingt einem diese Sprache auf, worüber jeder Lateiner den Kopf schütteln muss: zwei für den Konsonanten (unser *w*), eines für den Vokal – wer soll das lesen? Und dann all die fehlenden Buchstaben für die Laute dieses germanischen Dialekts, für Vokale, die das Lateinische überhaupt nicht kennt (wie gewisse *i*-Laute, für die Otfrid dann ein *y* nimmt), oder das deutsche *k* und *z*, von dem lateinische Grammatiker behaupteten, sie seien überflüssig. Auch war das vokalische vom konsonantischen *i* zu trennen (also *i* und *j*). Weiter galt es, an der Syntax zu arbeiten, zum Beispiel die doppelte Negation der Umgangssprache zu benutzen, wo im Lateinischen eine Bejahung herauskäme. Außerdem bedurfte es der Akzente, um den Leser recht zu leiten. Hart musste er also rackern, um mit all dem klarzukommen, die bäurische Sprache *(lingua agrestis)* handhabbar zu machen. Aber es ging. Es ist ein Buch geworden, ein ordentliches.

Und ein dringend nötiges. Denn dies ist das wichtigste Argument überhaupt: Es sollte ein Gegengewicht geschaffen werden gegen andere Bücher, die mit ihrem nichtsnutzigen Zeug die Ohren vortrefflicher Männer beleidigten und mit ihrem anstößigen Gesinge *(cantus obscenus laicorum)* die Laien in ihrer frommen Gesinnung beunruhigten. Man hat gemutmaßt, dass Otfrid damit auf die Heldenlieder anspielte, die Karl der Große noch sammeln ließ. Aber es könnte sich auch um heidnische Autoren wie Vergil oder gar Ovid handeln, die damals wie Platzhirsche die Lektüre beherrschten. *Das* also war der eigentliche Schreibgrund. Im Benediktinerkloster zu Weißenburg saßen Mönche mit schlechtem Geschmack und nebenbei mangelhaften Lateinkenntnissen. Sie hörten lieber etwas von Ovids schlüpfrigen Liebesgedichten oder gar den blutrünstigen Heldenliedern um Dietrich von Bern als von Christus mit seiner Leidensgeschichte und verstanden die Bibel, wie sie ihnen täglich in den Gebetsstunden und Gottesdiensten begegnete, offenbar unvollkommen. Daher also das Übersetzungswerk Otfrids, das wie beim *Heliand* nicht so ganz Übersetzung sein sollte, sondern eher Paraphrasierung. Der wirkliche Bibeltext blieb eben doch an die *edilzunge* gebunden, die Bibel war nach wie vor die lateinische Bibel.

Deshalb zeigt sich Otfrid vorsichtig: Die vier Evangelien erzählte er in fünf Büchern, um allein schon mit dieser weltlichen Zahl die Unterlegenheit gegenüber dem Original zuzugeben.

Aber man konnte etwas dafür tun, dass die Zuhörer gerne zuhörten, wenn beispielsweise beim gemeinsamen Mahl im Kloster aus dem *Evangelienbuch* vorgelesen wurde. Man konnte Verse bauen, so wie sie in Hymnen erklingen, die zum Großartigsten gehören, was die Liturgie zu bieten hat. Was erst, wenn die Zuhörer einen solchen Hymnus auch noch wirklich verstanden! Wenn diese Bauernsöhne, die als sogenannte Konversen erst spät zum Kloster gefunden und kein rechtes Latein mehr gelernt hatten, die Heilsgeschichte in ihrer Sprache vorgetragen hörten!

Und Otfrid war gut vorbereitet. In seinem Widmungsschreiben an Bischof Salomon von Konstanz (*Salomoni episcopo Otfridus*, wieder als Überschrift sowie als Akrostichon und Telestichon eingearbeitet) bezeichnet er diesen wichtigen Geistlichen, der mit der königlichen Hofschule in enger Verbindung stand, als seinen Lehrer. Weiter nennt er als Anreger zwei St. Galler Mönche sowie eine Dame namens Judith, hinter der die Forschung natürlich besonders eifrig, aber auch ergebnislos herspioniert hat. Die Mönche kannte er aus Fulda – wieder einmal Fulda. Auch Otfrid stammte also aus dieser Gelehrtenschmiede, hatte vielleicht noch selbst bei Hrabanus Maurus gelernt, der wiederum der Schüler Alcuins war, also die Verbindung zum Gelehrtenkreis am Hof Karls des Großen bildete. Und Kodices hat Otfrid zu sehen bekommen – in großer Menge und höchster Qualität. Das muss ihn beeindruckt und zur Nachahmung angeregt haben, so dass er sie nicht nur wie üblich abschrieb, sondern selbst den Text verfasste.

Die Wiener Handschrift des *Evangelienbuchs* stellt eine dieser völligen Ausnahmen mittelalterlicher Überlieferung dar: Sie ist nicht nur eine prächtige Handschrift (mit vier großen Illustrationen), sondern tatsächlich ein Original. Otfrid hat eigenhändig zwar nur 116 Verse geschrieben, aber in die von fremden Händen erstellte Reinschrift selbst kräftig hineinkorrigiert: mit ca. 3500 Einträgen, wovon allerdings die Hälfte phonetische und musikalische Akzente sind. Es sollte eben nichts dem Zufall

überlassen werden. Wenn schon ein Kampf mit diesem störri-
schen Deutsch, dann ein erfolgreicher. Es ging um ein perfektes
Buch, perfekt geeignet für einen Vortrag daraus, fürs Vorlesen
oder Vorsingen. Denn auch dies ist in (anderen) Handschriften
des *Evangelienbuchs* überliefert: Bezeichnungen für Töne, nach
denen eine Art psalmodierender Vortrag möglich war, bei der
schönen Verkündigungsszene sogar Noten, freilich nur sogenannte Neumen, die aussehen wie Krakeleien (ohne Noten-
linien) und an die Handbewegung beim Dirigieren erinnern.

Daneben gibt es einen Beleg, dass das Buch durchaus auch
fürs einsame Lesen gedacht war, sogar einen spektakulären
Beleg. Am unteren Rand eines Pergamentblattes findet sich der
Eintrag: *Kicila diu scona min filo las*, »Gisela, die Edle, hat viel in
mir gelesen«. Man tippt wie schon bei Notkers Psalmen darauf,
dass Kaiserin Gisela gemeint ist, die damit bestbelegte Leserin
des frühen Mittelalters.

Nachfolge, aber in engen Grenzen

Überhaupt ist Otfrids Werk offenbar rasch berühmt geworden.
Obwohl uns nicht nur so viele, sondern ausgesprochen gefahr-
volle Jahrhunderte vom Frühmittelalter trennen, sind zwei vollständige Handschriften aus dem 9. Jahrhundert (darunter das
»Original«) erhalten und eine weitere, die um 900 offenbar in
St. Gallen ins Bayrische umgeschrieben wurde. Noch ein ganzes
Jahrhundert später hat man in Fulda eine Kopie erstellt, die allerdings als *codex discissus*, als »zerschnittener Kodex« überliefert
wurde (mit 26 Blättern), dafür in höchster Werktreue, worin sich
die Wertschätzung des Originals auch noch zu dieser Zeit ausdrückt. Vor allem hat Otfrid Nachfolger gefunden. Eine ganze
Reihe von kleineren Bibelerzählungen nahm sich seine Verskunst
zum Muster, etwa *Christus und die Samariterin* in 31 Langzeilen,
im 10. Jahrhundert auf eine leere Seite der Lorscher Annalen
geschrieben, die eine wichtige Quelle zur Reichsgeschichte

darstellen. Auch Heiligenlieder sind wenigstens in Fragmenten erhalten, die nach dem Vorbild Otfrids den heiligen Gallus (als Gründer von St. Gallen), Georg oder Petrus besingen.

Dann allerdings reißt die Überlieferung zunächst einmal ab. Dem großen Aufschwung in karolingischen Zeiten folgte Stagnation. Bis zur Mitte des 12. Jahrhunderts hat man insgesamt ca. 240 deutschsprachige Handschriften ermittelt, ins 13. Jahrhundert allein fallen über 800. Immer noch lag ein Schwergewicht beim Glossieren lateinischer Texte, als traute man sich die Kraft eines *Heliand*-Dichters oder eines Otfrid nicht (mehr) zu. Die Nonne Hrotsvith von Gandersheim hat im 10. Jahrhundert lateinisch gedichtet, als sie sich über die lasziven römischen Poeten aufregte und ihnen garantiert sexfreie Komödien entgegenstellte. Woran der Umschwung lag? Das 10. Jahrhundert war das Jahrhundert der Ottonen, der Sachsen, kein dunkles Jahrhundert, sondern das der Erneuerung des Kaisertums durch Otto I. den Großen. Der anschließende Kaiserkult führte zur Ehe Ottos II. mit der byzantinischen Prinzessin Theophanu, deren Sohn Otto III. hochgebildet war. Mehr als die Volkssprache (die die ottonischen Kaiser in ihrer niederdeutschen Variante sprachen, wofür sie gelegentlich gehänselt wurden) blühte Latein – man könnte durchaus von einer Renaissance sprechen.

Im Übrigen hat die Kunst während dieser Zeit andere Betätigungsfelder gefunden: in der Architektur, in der Bildhauerei, in der Buchmalerei. 965 wurde mit dem Bau des Halberstädter Doms begonnen, auf ca. 975 datiert man das Gerokreuz im Kölner Dom, um 1030 entstand der berühmte *Codex aureus* aus Echternach: Höchstleistung folgte auf Höchstleistung. Die deutsche Sprache musste warten. Aber es gab sie, wie wir von der großen Ausnahme Notkers des Deutschen wissen, sie hat im (fast) Verborgenen Fortschritte gemacht. Als in der Mitte des 12. Jahrhunderts der Anschluss an den ersten Aufschwung deutschsprachigen Dichtens in karolingischen Zeiten zustande kam, ging alles viel schneller voran als zuvor. Statt einzelner Werke traten ganze literarische Gattungen in Erscheinung.

RITTERTUM

Vorbild im Westen

In der Mitte des 12. Jahrhunderts, der Staufer Friedrich Barbarossa wurde König und gleich danach Kaiser des Römischen Reiches, vollzog sich eine kulturelle Revolution. Eine neue Leitfigur trat auf den Plan, die bislang nur als berittener und gepanzerter Krieger im königlichen Heer eine bescheidene Rolle gespielt hatte: der Ritter. Vom einfachen Adligen, sogar vom nicht-adligen Gefolgsmann (Ministerialen) bis zum König und Kaiser persönlich wollten nun alle kleinen und großen Herren plötzlich Ritter sein. Die Kirche propagierte den christlichen Ritter *(miles christianus)* der Kreuzzüge, um Zweitgeborene ohne eigenes Land von ihren Raubzügen abzuhalten. Der Adel funktionierte die alte Zeremonie der Wehrhaftmachung Jugendlicher durch Umgürtung mit dem Schwert zur theatralischen Schwertleite um, die als großes Fest der Ritterwerdung gefeiert wurde. Die Literatur entwarf das Bild des »ritterlichen« Helden, der sich für Schwache einsetzt und Frauen dient. Mit Heinrich VI. schrieb ein Kaiser höchstpersönlich Minnelieder und präsentierte sich darin als ritterlicher Werber um Frauengunst.

Er war allerdings die große Ausnahme. Denn Ritter waren nach den Maßstäben der Vergangenheit in der Regel ungebildet, konnten kein Latein und beherrschten auch nicht Lesen und Schreiben. Aber die hohen Herren unter ihnen holten sich Experten an den Hof, um ihr enormes Bedürfnis nach Repräsentation und Unterhaltung zu befriedigen. Denn im Gegensatz zu den früheren Zeiten, als die Könige noch von Residenz zu Residenz zogen, bildeten sich nun feste Stützpunkte, von

denen aus Herzöge und Grafen ihre Landesherrschaft organisierten. Dazu aber gehörten Kanzleien, und in Kanzleien
arbeiteten Schreiber, denen man Aufträge erteilen konnte.
Heinrich der Löwe, Herzog in Sachsen und Bayern, ließ in
seiner Braunschweiger Kanzlei eine frühe Fassung der Liebes-
geschichte von Tristan und Isolde auf Deutsch verfassen (den
Tristrant des Eilhart von Oberge). In Regensburg entstand auf
seine Kosten das *Rolandslied* mit Karl dem Großen im Zentrum,
womit der Welfe den staufischen Konkurrenten ganz nebenbei
an seine eigene Abstammung aus kaiserlichem Hause erinnerte.
Am Babenberghof in Wien engagierte man einen Walther von
der Vogelweide als Vorträger von Minneliedern und politischer
Spruchdichtung.

Literatur entstand jedenfalls als Ausmalung einer Welt ritterlichen Denkens und Handelns, mit Wiedergabe von Turnieren
und Festen, auf denen sich der Adel selbst feierte. Das Vorbild lag im Westen, in Frankreich. Von hier war 1097 der erste
Kreuzzug ausgegangen, auf dem Jerusalem erobert wurde und
die Kreuzfahrerstaaten entstanden. Auch der zweite Kreuzzug,
für den Bernhard von Clairvaux die Werbetrommel rührte,
startete in Frankreich. Aus ganz Europa aber kam Anschluss,
Zuzug zum Ritterheer. Man lernte sich also kennen, tauschte
Erfahrungen aus, wovon besonders die deutschen Ritter profi-
tierten. Denn Frankreich besaß vor Deutschland große Höfe,
an denen ritterliches Leben gepflegt wurde, an denen Trouvers
(im Norden) und Trobadors (im Süden) die Liebe der Ritter zu
den Damen der Gesellschaft besangen. Auch die Turniere mit
dem Wettstreit gegnerischer Parteien, die teils als Gruppen-,
teils als Einzelkämpfe ausgetragen wurden, waren in Frankreich erfunden worden. Mit den Traditionen aber kamen die
Wörter. Die lange Zeit der Imprägnierung des Deutschen mit
dem Lateinischen wurde abgelöst durch eine neue und nicht
minder kräftige Beeinflussungswelle. In die deutsche Sprache
zog die ritterlich-höfische Welt Frankreichs ein.

Gewänder, die auch für Ostern gereicht hätten

Dies wird deutlich, wenn man das erste Werk betrachtet, das in diesem Geist gedichtet wurde: den *Eneasroman* von Heinrich von Veldeke aus dem Maasländischen, also dem französisch-deutschen Grenzraum. Dieses Versepos gibt die Vergil'sche *Äneis* wieder, ein im Mittelalter hochangesehenes Werk, das bereits in einer französischen Version kursierte. Vom großen Rahmen ist viel erhalten. Äneas flieht aus dem brennenden Troja, begegnet Dido, die ihn mit ihrer Liebe vergeblich an sich zu binden versucht, zieht weiter nach Italien, um auf Götterbefehl hin Rom zu gründen. Tatsächlich verlässt Heinrich hier die lateinische Quelle, verwandelt die Romgründung in eine neuerliche, diesmal aber erfolgreiche Lovestory mit Lavinia. Das führt erstens zu ritterlichen Kämpfen mit einem Mitbewerber, zweitens zu einem Fest, einem Hochzeitsfest. Und dabei merkt man nun, was es heißt, sich an Frankreich zu orientieren.

Der Bräutigam Eneas tritt also auf, mit Gewändern, *die auch für Ostern gereicht hätten*, und 50 Rittern im Gefolge, alle best-ausgestattet: in Seide nach neuestem Schnitt, viel roter, purpurfarbener und grüner Samt darunter, darauf lauter funkelnde Edelsteine. Der Einzug im Palast erfolgt unter Pfeifenspiel, Gesang, Trommeln und Klängen von Saiteninstrumenten. Der Schwiegervater führt ihm die Tochter zu, die Eneas nun küssen darf. Liebes- und sonstige Schwüre werden ausgetauscht. Dann ist von großer Freude die Rede, der Palast hallt wider von Musik. Viele geladene Ritter, darunter mächtige Fürsten, plaudern fröhlich mit ihren Damen, ehe sie auf einer Besichtigungstour die Burg bestaunen. Eneas steckt seiner Braut einen goldenen Ring an den Finger und beschenkt auch die Gäste mit Ringen und Armreifen, obwohl sie ohnehin schon prächtig in samtene und seidene Gewänder voller Goldfäden und Edelsteine gekleidet sind.

Dann folgt das eigentliche Fest. Es dauert einen Monat und zahlreiche weitere Verse. Diesen aber folgt ein unscheinbarer

Nachtrag, der uns überaus wertvoll erscheint: Heinrich, der Dichter, schaltet sich ein und berichtet, er könne nur ein einziges Fest nennen, das genauso prächtig gewesen sei wie Eneas' Hochzeit. Er habe es selbst erlebt, nämlich die Rittererhebung, die Kaiser Friedrich für seine beiden Söhne in Mainz ausgerichtet habe. Da ist sie nun, die Realität, Pfingsten 1184. In Deutschland hat sich etwas getan. Es ist eine höfische Welt entstanden, die einen Glanz erzeugt, wie man ihn bislang nicht kannte. Das Rittertum hatte sich in Nordfrankreich etabliert, im städtereichen Gebiet, und griff auch auf deutsche Territorien über, auf das Maasländische, das als Niederlothringen zum Erzbistum Köln gehörte. Der zweisprachige Veldeke leistete den Transfer und konnte mit seinem Roman auf großes Interesse zählen, denn er berichtete von der Welt des Rittertums, von ritterlichen Werten wie Tapferkeit und Treue, von ritterlich geführten Kriegen und auch vom letzten Schrei der Mode, die reich geschmückte Damen und Herren auf Festen zur Schau stellten.

Erec fil de roi Lac

Wieder also saugte sie sich voll, die deutsche Sprache: diesmal mit französischem Vokabular als dem einzigen, das die neue Welt ausdrückte – man rechnet mit 2000 Wörtern. Es trat teils in Entlehnungen, teils in Lehnübersetzungen oder in Lehnbedeutungen ins Deutsche ein. Entlehnt ist beispielsweise der »Palast« *(palais)*, den Eneas aufsucht, natürlich auch die meisten Stoffbezeichnungen. Die Ritter, die ihn dabei umgeben, sind keine »Reiter« (wie das ältere *rîter* es war), sondern die Übernahme des französischen *chevalier* (der später übrigens noch zum »Kavalier« mutieren wird). Aber auch Wörter wie »Freude« *(fröude)* oder »Minne«, der Eneas verfällt, versteht man nur vor dem Hintergrund dieser neuen Welt. Und damit war erst der Anfang gemacht.

In den nächsten Jahrzehnten entwickelte sich ein ganzes Genre, das den Kosmos des Rittertums ins Deutsche transferierte: der Artus-Roman, der sich statt an ein römisches Vorbild an ein heimisches hielt, an die in keltische Frühzeit zurückreichende Sage eines Königs, der Ritter in einer Runde versammelte, die in der Welt Gutes taten. Chrétien de Troyes war es, der den Artus-Stoff aufgriff und in fünf Romanen wiedergab, die in Deutschland sofort nacherzählt wurden: Hartmann von Aue schrieb den *Erec* und den *Iwein*, Wolfram von Eschenbach den *Parzival*, Konrad Fleck den (nicht erhaltenen) *Cligès*, Ulrich von Zatzikhoven den *Lancelot*, bei dem er freilich den peinlichen Ehebruch von Artus' Gattin Ginover mit dem Titelhelden mehr als abschwächte (man muss ihn an einer Nebenbemerkung förmlich erraten). Nur zu Gottfrieds *Tristan* hatte nicht Chrétien die Vorlage geliefert, sondern ein anonymer Franzose.

Nehmen wir lediglich die berühmtesten Autoren: Hartmann, Wolfram und Gottfried – alle sind sie bei ihrer Aufnahme französischer Vorlagen auch der französischen Sprache verfallen, sonnen sich geradezu in ihrem Glanz, geben ganze Passagen in der Fremdsprache wieder. Von seinem Erec spricht Hartmann als dem *fil de roi Lac*, was Studenten immer stolz als »Sohn des Königs Lac« übersetzen, womit natürlich die Pointe verdorben ist. Nein, Hartmann spricht eben mitten im Deutschen französisch, schwelgt in den Entlehnungen, wenn die Rede ist vom *banier* (Banner), vom *panzier* (Panzer), vom *schapel* (Haarschmuck der Frauen), weiter vom Artushof, wo man *turniert* oder sich *zimiert* (schmückt) – 71 solcher Ausdrücke sind in seinem *Erec* gezählt worden.

Wolfram »französisierte« noch stärker, was man ihm als »barock« vorgehalten hat: Allein 400 Entlehnungen finden sich im *Parzival*. Mitten in der spannendsten Handlung muss erst einmal die ritterliche Rüstung samt Einsatz auf Französisch durchexerziert werden: vom *collier* (Koller) über die *zimierde* (Helmschmuck) bis zum *poinder* (Anritt) im *walap* (Galopp). Natürlich gibt es zig Ausdrücke für das ritterliche Wesen. Darunter fallen neben *kurteis* bzw. *kurtôsiê* (*courtois* bzw. *courtoisie*) als Wiedergabe von »höfisch« und »Höfischkeit« viele Wörter für Kleidung und Kleiderschmuck, für das Hauswesen, etwa *matraz* (Matratze) und *phlûmît* (Federkissen), und für Nahrungsmittel, wie zum Beispiel *vînaeger* (Weinessig) oder *castâne* (Kastanie). Immer noch reichlich bediente sich auch Gottfried beim Nachbarn. Hier sind es speziell Fachausdrücke aus Dichtung und Musik wie *pasturêle* oder *melodîe*, auch Vokabular aus dem Bereich der Jagd bis hin zu Details der fachmännischen Zerlegung eines Hirschs, mit der sich Tristan in der Fremde erst einmal als perfekter Hofmann ausweist.

Nur darf man aus diesen Übernahmen keine falschen Schlüsse ziehen. Das deutsche Selbstbewusstsein litt nicht unter ihnen, es bildete sich in dieser Zeit überhaupt erst. Walther von der Vogelweide dichtete wahrscheinlich auf die Polemik eines provenzalischen Trobadors hin einen Text, den man als »Deutschlandlied« bezeichnet hat und den noch Hoffmann von Fallersleben 1841 beim Verfassen der späteren Nationalhymne vor Augen hatte. Verflucht wolle er, Walther, sein, wenn er an *frömder site* (fremder Sitte) Gefallen fände, wo doch nichts über *tiutschiu zuht* (deutsche Zucht) gehe. Von der Elbe bis zum Rhein und von dort bis Ungarn lebten die besten Menschen der Welt, heißt es, die *wîp* (Frauen) seien hier attraktiver als anderswo, die *vrouwen* (Damen) glichen wahren Engeln. Allerdings heißt es durchaus ironisch, einer dieser Engel habe ihn tödlich verwundet, was den drohenden Chauvinismus elegant auffängt.

Und auch sprachlich sind es nicht die tatsächlich zahlreichen französischen Übernahmen, die allein das Neue darstellen. Sämtliche Autoren experimentieren mit der deutschen Sprache, zum Beispiel mit der Bildung von Zusammensetzungen. Bei Hartmann von Aue findet man *goltknopf, hornschal, minnekraft, edelarm*. Mit dem *aschman* ist sogar das männliche Pendant zum »Aschenbrödel« benannt, und nicht zuletzt lesen wir bei ihm (erstmalig?) *gemüetlich*. Gottfried von Straßburg kennt die *lastermaere* und das *vogelgedoene*, Wolfram von Eschenbach den *jâmerstric* und den *nebeltac*. Selbst das *Nibelungenlied*, das eher altes Wortgut bewahrt und seine Helden weiter *degen*, *recke*, *wîgant* und vor allem *helt* nennt, steuert bei den Komposita die *wazzerstrâze* oder den *pfingstmorgen* bei. Aus dem Minnesang ließe sich der *âbentsunnenschîn* oder der *wolkenguss* nachtragen.

Reine Reime als reines Kunststück

Noch Spektakuläreres geschah auf anderem Gebiet. Die deutsche Sprache arbeitete an sich, nachdem schon in den vergangenen Jahrhunderten manches einfacher geworden war, sich etwa die früher noch vokalschweren Endsilben abgeschwächt hatten (aus *haltan* wurde *halten*) und die Umlaute weiter durchdrangen (aus *mahtic* wurde *mächtic*). Auch die Nebensätze nahmen zu, es gab mehr Konjunktionen und damit mehr Unterordnung statt bloßer Nebenordnung. Aber ein altes Problem blieb bestehen, die Dialekte. Deutsch war (mindestens) eine Drillingsgeburt, mit besonderer Berücksichtigung des einen Drillings, der arg anders aussah: des niederdeutschen (neben dem ober- und mitteldeutschen, zusammen dem hochdeutschen). Von Anfang an gab es ein Ringen um Einheit, um Anpassung, häufig nicht anders zu bewerkstelligen als durch Verzicht. Der (von Heinrich dem Löwen bestellte) erste Tristan-Roman stammt von einem Niederdeutschen, der aber hochdeutsch schrieb. Die ritterliche Welt Deutschlands war eben hochdeutsch dominiert, und Dichter wie Auftraggeber zogen daraus die Konsequenzen.

Auf besonders komplizierte Weise tat dies Heinrich von Veldeke. Der *Eneasroman* entstand für den Zuhörerkreis des gräflichen Hauses von Loon-Rieneck (mit der Gräfin als eigentlicher Gönnerin), dessen Machtbereich vom Maasland bis

Thüringen reichte. Heinrich zog daraus die Konsequenz, nur solche Reime zu verwenden, die sowohl im (niederdeutsch geprägten) maasländischen wie im (hoch- bzw. genauer: mitteldeutsch geprägten) thüringischen Raum rein klangen – ein unerhörtes Kunststück, das eine unglaubliche Selbstbeschränkung verlangte. *Zeit* durfte also nicht auf *weiß* treffen, *schelten* nicht auf *melden*, obwohl es im Niederdeutschen wundervoll passte (*zît* auf *wît* bzw. *schelden* auf *melden*). Eine wieder andere Form der Selbstzensur wählten Hartmann von Aue, Wolfram von Eschenbach und die anderen Dichter der hochhöfischen Zeit. Sie bevorzugten ein Hochdeutsch in rheinfränkisch-schwäbischer Gestalt, mieden also das Bayrische, auch wenn zum Beispiel Wolfram von Eschenbach waschechter Bayer war. Zu ihrer Zeit lag der Schwerpunkt der höfischen Kultur eben in Franken und Schwaben, das dortige Publikum sollte keine unnötigen Schwierigkeiten beim Verstehen haben.

Man hat aufgrund dieser Ausgleichsversuche von einer »höfischen Dichtersprache« gesprochen und damit den Eindruck einer frühen Einheitssprache erweckt. Verstärkt wurde dies dadurch, dass Karl Lachmann im 19. Jahrhundert bei seiner Edition der Klassiker deren Sprache »normalisierte«, also künstlich vereinheitlichte. Gerade aus der Sicht der Sprachgeschichte muss man gegen ein solches Vorgehen jedoch Einspruch erheben. Heinrich von Veldeke hat mit seinem akrobatischen Verzicht auf Unmengen möglicher Reime die Einheitssprache eher verhindert, jedenfalls die Probleme hinausgeschoben. Auch die anderen Dichter richteten sich lediglich nach dem Geschmack ihrer Auftraggeber bzw. ihres Publikums, glichen eben nicht wirklich im Hinblick auf eine deutsche Gemeinsprache aus. Was man anstrebte, war keine einheitliche, sondern eine *unanstößige* Sprache, übrigens auch in dem Sinne, dass kein Schimpfwort fiel, nichts Obszönes vorkam. Fast der wichtigste Ausdruck neben »höfisch« ist sein Gegenteil: *dörperlich*, »bäurisch«. Die Ritter hatten wohl kaum klare Vorstellungen, wie Bauern lebten, aber sie wollten nichts zu tun haben mit der unkultivierten Welt jenseits des Hofes, behaupteten ihre Exklusivität geradezu als Gegensatz zu körperlicher Arbeit und kümmerlicher Existenz.

Beschreibung nach Mass

Es kommt noch etwas hinzu, was diese Exklusivität literarisch zum Ausdruck brachte: die Rhetorik, eine der sieben freien Künste. Wer ihre Schule durchlaufen hatte, kannte die Mittel sprachlicher »Verschönerung«. Wiederum in Frankreich, an der Domschule in Paris, hatte man die antiken Vorgaben direkt für den dichterischen Gebrauch zurechtgezimmert. In Lateinisch geschriebenen Poetiken konnte man lesen, wie man Verse macht, wie man eine Geschichte mit perfekten Beschreibungen von Personen oder Landschaften ausstaffiert. Dass zu gehobener Sprache Schmuck gehört, Metaphern genauso wie Wortspiele oder auf Symmetrie gezirkelte Sätze – alles gab es in Anweisungen und Vorbildern. Man kann deren Spuren in den volkssprachlichen Dichtungen deutlich erkennen.

In Deutschland war es vor allem Gottfried von Straßburg, der Bescheid wusste. Er rühmte die rhetorische Finesse schon an dem, den er als seinen Vorgänger würdigte, Hartmann von Aue. Der habe mit Worten und Gedanken formal wie inhaltlich seine Geschichten ausgeschmückt und verziert, formvollendet die Gedanken ausgedrückt, klar und durchsichtig mit seinen kristallenen Worten – so die Paraphrase der berühmten Passage, die man nun wohl auch im Original versteht:

Hartman der Ouwaere,
âhî, wie der diu maere
beide ûzen unde innen
mit worten und mit sinnen
durchverwet und durchzieret!
wie er mit rede figieret

der âventiure meine!
wie lûter und wie reine
sîniu cristallînen wortelîn
beidiu sind und iermer müezuen sîn!

Gottfried selbst hat die Regeln der Rhetorik erst recht be-
herzigt. Beschreibungen, so sagten es die Poetiken, sollen der
Charakterisierung dienen, die späteren Ereignisse erklären,
die Taten motivieren. Im *Tristan* gibt es 23 Personenbeschrei-
bungen, und alle halten sich geradezu schulmäßig an diese
Vorgabe. Bei Tristan wird die Bildung hervorgehoben, die
den Erfolg am Hof erklärt, bei Isolde die Schönheit, deren
Wirkung sich niemand entziehen kann und die König Markes
»Entzücken« hervorruft. Wichtig auch etwa die schmückenden Beiwörter, die Epitheta, die nach dem Rat der Poetiken
den Figuren Unverwechselbarkeit verleihen. Gottfried ist
berühmt für diese Beiwörter: Auf Tristan entfallen 117, auf
Isolde 80.

Natürlich kennt sich Gottfried auch mit den Kunstmitteln
im Kleinen aus, zum Beispiel mit der Metapher (die Poetiken
sprechen von *colores*, von Farben). Abstraktes erscheint so
in konkreten Bildern, etwa die Entstehung der Liebe als ein
Feuer, das Tristans Herz entzündet *(daz viur, dâ von sîn herze
enbran)*. Wenn es der Steigerung bedarf, greift Gottfried zur
Verbindung von Widersprüchlichem, um das Unfassbare auszudrücken, zum Oxymoron:

Daz ist diu wernde herzeclage,
in der ich alle mîne tage
mit lebendem lîbe sterben muoz.

Das ist der dauernde Schmerz,
an dem ich zeit meines Lebens
lebendig sterben muss.

Figur für Figur könnte man so aufzählen: Alle dienen dem einen Ziel, der Erzählung Glanz zu verleihen. Und warum? Weil große Gedanken eben solchen Glanzes bedürfen, weil ein Hörer einem Erzähler Unerhörtes nur in dieser unerhörten Form abnimmt. Unerhört sind sie ja alle, diese Geschichten, am unerhörtesten die von der unbändigen Liebe, auf die Gottfried seine Leser/Hörer in einem Prolog einstimmt, der die kunstvolle Erzählung durch noch größere Kunst vorbereitet. Dass er mit einem Sprichwort beginnt, entspricht genau der Forderung der Poetiken.

Aber man muss den Prolog einmal lesen in seiner Geschmeidigkeit und wortspielerischen Eleganz, die die wortwörtliche Übersetzung natürlich nicht recht transportiert:

> Gedaehte mans ze guote niht,
> von dem der werlde guot geschiht,
> sô waere ez allez also niht,
> swaz guotes in der werlde geschiht.

> Gedächte man dessen nicht im Guten,
> von dem der Welt Gutes geschieht,
> so wäre alles entsprechend nichts,
> was Gutes in der Welt geschieht.

Dem folgt die Ansprache des Publikums, eine Bitte um Wohlwollen *(captatio benevolentiae)* angesichts der unerhörten Ehebruchsgeschichte, die nur für wirkliche Kenner wahrer Liebe bestimmt ist – Brot für die edlen Herzen in geradezu blasphemischer Anspielung auf das Brot in der Liturgie:

> ir leben, ir tôt sint unser brôt.
> sus lebet ir leben, sus lebet ir tôt.
> sus lebent si noch und sind doch tôt
> und ist ir tôt der lebenden brôt.

Ihr Leben und ihr Tod sind unser Brot.
Also lebt ihr Leben, lebt weiter ihr Tod.
Also leben auch sie noch und sind doch tot,
und ihr Tod ist für die Lebenden Brot.

Unerhörte Worte in einer unerhörten Sprache, 244 Zeilen Feuerwerk, zu dem auch noch ein Akrostichon gehört, durch den die Anfangsbuchstaben der Zeilen die Namen Tristan und Isolde ergeben.

EINE ANDERE ART VON VERSAGEN IM BETT

Glanz also für die deutsche Sprache, sofern sie Dichtung wird. Aber der Glanz war nicht alles, was sie sich in dieser klassischen Phase aneignete. Sie wurde fit gemacht für die Wiedergabe der Grundprobleme menschlicher Existenz. Ritter und ihre Damen waren Menschen, die fühlten und (manchmal falsch) handelten. Nicht nach religiösen Maßstäben, die bislang die einzigen waren, die man kannte, sondern nach weltlichen. Das Rittertum wurde sich mit anderen Worten auch selbst zum Problem. Alle Artus-Epen sprechen davon, die Heldenepik und die Lyrik tun es auch. Man konnte seither über Liebe und Leid sprechen, über das Werden von Persönlichkeiten und das Versagen von Angebern und sonstigen Nichtsnutzen.

Vor allem kam die Frau in den Blick und mit ihr die Liebe. Obwohl die wahre Realität völlig anders aussah, Ehen ausschließlich nach dynastischen Gesichtspunkten geschlossen wurden und Frauen ihren Männern ausgeliefert waren, stellt die Literatur die Verhältnisse auf den Kopf: Männer dienen Frauen, akzeptieren vergebliches Bemühen, beziehen aber auch Kraft aus gewährter Neigung. Kein Roman, kein Gedicht, das nicht von diesem Thema handelte. Auch der Artus-Roman ist voll davon, stets ziehen Ritter aus, um Land und Frau zu gewinnen: Herrschaft und Liebe. Alle laufen sich die Nase blutig dabei, und alle erreichen sie zum Schluss ihr Ziel, feiern am Artushof das Happy End mit einem großen Fest als Triumph höfischen Wesens.

Aber dies wäre nicht der Rede wert, wenn sich dazwischen nicht die Abgründe auftäten, die tief in die Seele blicken lassen, die Konflikte geschildert würden, die unter der Oberfläche lauern, die das Höfische als hauchdünne Eisdecke erkennen lassen, auf dem die Figuren ihre Pirouetten drehen. Erec findet zwar die schönste Frau der Welt, aber aus Versehen. Er heiratet sie, weil er sonst keine Ausrüstung erhalten hätte, um sich auf einem Turnier an einem Beleidiger zu rächen. Und dann versagt er im Bett: nicht weil er impotent ist, sondern ganz im Gegenteil, weil er aus dem Bett nicht mehr herauswill und sich dadurch am eigenen Hof lächerlich macht. Die große Rehabilitierungstour anschließend bringt es mit Mühe ins Lot. Hätte er nicht seine Enite, die ihm auch noch die Treue hält, als er längst für tot gehalten wird, wäre es nichts mit dem Happy End geworden. Iwein macht ganz ähnliche Dummheiten: Frisch verheiratet mit einer Frau, deren Ehemann er gerade umgebracht hat, nimmt er für ein Jahr Turnierurlaub, bekommt aber selbst in dieser Zeit den Hals nicht voll und erhält von seiner Frau prompt den Stuhl vor die Türe gesetzt. Der große Ritter verfällt erst einmal dem Wahnsinn, rappelt sich wieder auf, bewährt sich und erlangt die Gnade seiner Ehefrau zurück – dank eines Tricks freilich, den sich die Zofe ausdenkt.

Erec und Iwein sind allerdings Waisenknaben gegenüber Parzival. Schon vor der Geburt verliert er den Vater, der auf einer seiner amourösen Turnierfahrten erschlagen wird. Die Mutter sucht dem Sohn dieses männliche Schicksal zu ersparen und versteckt ihn im Wald – natürlich vergeblich. Parzival wird Artusritter, gewinnt eine Frau, die er liebt und die ihn liebt: Die Beziehung ist das einzige stabile Element in den Turbulenzen, die der Roman ausbreitet. Der Gralskönig Amfortas muss von einer Krankheit erlöst werden, die er seinem Fremdgehen verdankt, und hat lange auf die Bezeugung des Mitleids zu warten, mit der nur Parzival ihn erlösen kann. Der Zauberer Klinschor, ein anderer Fremdgeher, ist zur Strafe entmannt worden und rächt sich, indem er auf seinem Zauberschloss Frauen gefangen hält und aller Liebe entzieht. Er wird besiegt, worauf ein Freudenfest gefeiert wird, auf dem gleich mehrere Paare das Glück mit ihrer Hochzeit besiegeln. Andere sind weniger glücklich. Eine Frau hat ihren Mann unwillentlich in den Tod getrieben und versucht ihm nachzufolgen. Ein Ritter liebt eine Frau, die ihn immer aufs Neue brutal zurückweist, bis er endlich erhört wird und dann auch erfährt, worauf ihre Ablehnung beruhte: Sie hat schon einmal einen Geliebten verloren, der das typische Ritterschicksal erlitten hatte und im Kampf gefallen war. Nicht noch einmal soll ihr dieses Leid widerfahren. Ohne Liebe geht nichts in diesen ritterlichen Biografien, und Wolfram von Eschenbach flicht wiederholt Exkurse ein, in denen er die Gefährdung durch die Liebe zum Thema macht. Sein Rezept ist unbedingte Treue, die Stabilität bringt in ein Leben voller Gefahren.

All dies ist also ausdrückbar geworden, wird ausgedrückt in riesigen Werken, die meist eine reiche Überlieferung zeigen. Vom *Parzival* sind über 80 Handschriften erhalten, darunter 16 vollständige. Von Hartmanns *Iwein* gibt es 23 Textzeugen, 15 vollständige. Zwei Freskenzyklen, die Iweins Taten verherrlichen, wurden sogar gefunden: einer auf der Südtiroler Burg Rodeneck bei Brixen und einer im Hessenhof von Schmalkalden. Nur der *Erec* ist lediglich ein einziges Mal überliefert, und das erst zu Beginn des 16. Jahrhunderts. Die höfische Gesellschaft hat sich diese Geschichten von Liebe und Treue angehört und in Einzelfällen auch gelesen. Als Bildungsgut sickerten sie ein in eine Realität, die zweifellos von anderen Problemen beherrscht war. Im Jahre 1197 war der Stauferkaiser Heinrich VI. gestorben, danach hatte es die verhängnisvolle Doppelwahl von Philipp dem Staufer und Otto dem Welfen gegeben, die sich postwendend bekriegten. Während Deutschland zum Schlachtfeld wurde, Fürsten von ihren Herren abfielen, ließ sich die höfische Gesellschaft die höfischen Ideale von Liebe und Treue nahebringen. Die deutsche Sprache profitierte davon. Sie eroberte sich alle Feinheiten psychologischen Denkens. Dazu aber gehörte auch die Feinheit des Ausdrucks. Dies war die Spezialität der Lyrik.

Schäferstündchen mit fester Silbenzahl

Auch hier war Frankreich in den wichtigsten Punkten vorausgegangen. Doch ist es in diesem Fall nicht der Wortschatz, der vom Französischen geprägt ist. Die Lyrik dieser Zeit ist sogar auffällig frei von Entlehnungen. Dichter, die Episches *und* Lyrisches ablieferten, zeigten in der Lyrik eine deutliche Abstinenz gegenüber Fremdwörtern, als wollte man hier ohne sie auskommen, wo sie sonst doch so willkommen waren.

Es ist diesmal die literarische Formenwelt, die das Vorbild abgibt, der strenge Aufbau eines Lieds in einer möglichst nur für dieses geschaffenen Strophenform (Ton), die dann mehrfach wiederholt werden kann. Lyrik ist noch mehr als Epik Formkunst und wurde über alles Inhaltliche hinaus als solche beachtet und bewertet. Die deutsche Sprache musste sich daran gewöhnen. Wort für Wort, Silbe für Silbe wurden in das Schema strenger Alternation (Folge von Hebung und Senkung wie bei »Abend«) oder auch der im Französischen beliebten Daktylen (Hebung und doppelte Senkung wie bei »Abende«) gegossen. Selbst der Auftakt ist genau festgelegt, keine Silbe ist frei verwendbar. Jedes Gedicht musste erst einmal diese Anforderung erfüllen: auf kunstvolle Weise gebaut, nach festen Regeln einmalig. Dabei wurden diese Lieder gesungen, wie wir vor allem von den französischen Vorbildern wissen, zu denen auch Noten gehörten, die in Deutschland fast gänzlich fehlen. Die berühmte Manesse-Handschrift bietet zu jedem Autor ein ganzseitiges Porträt, aber keine einzige Note. Zur Zeit der Sammlung im frühen 14. Jahrhundert wurde Lyrik zur Lesekunst, nachdem sie all die Jahrhunderte zuvor Vortragskunst gewesen war.

Nehmen wir als Beispiel Walther von der Vogelweide, den größten Spezialisten sowohl in der Minnelyrik als auch in der Spruchdichtung, die Politik und Moral zum Thema hat. Und nehmen wir eines seiner bekanntesten Gedichte, das »Lindenlied«, in dem ein Mädchen ihre Liebesvereinigung mit einem Ritter schildert. Hier die erste Strophe, die den Ton vorgibt:

Under der linden
an der heide,
dâ unser zweier bette was,
dâ mugent ir vinden
schône beide
gebrochen bluomen unde gras.
vor dem walde in einem tal,
tandaradai,
schône sanc diu nahtegal.

Unter der Linde
auf der Heide,
wo unser beider Bett war,
da könnt ihr
schön ausgebreitet finden
gepflückte Blumen und Gras.
Vor dem Wald in einem Tal,
tandaradei,
sang schön die Nachtigall.

Man darf nicht nur auf den Inhalt blicken. Die Kunst liegt in den Silben. Fünf in der ersten Zeile, vier in der zweiten, acht in der dritten – zusammen ergibt das den ersten sogenannten Stollen. Dem folgt der zweite in fast genauer Entsprechung, ehe dann der Abgesang in einem neuen Schema erklingt: acht, vier, sieben Silben, die erste und dritte streng alternierend mit

Hebung und Senkung, keine Daktylen mehr. Die deutsche Sprache muss sich in diese Formensprache hineinfinden, und zwar so, dass man nirgends Zwang bemerkt, nur Fließen, natürliches Auf und Ab, immer neu, immer anders. Kunst ist Können, Umgehenkönnen mit Sprache. Der Inhalt kommt hinzu, auch wenn er uns heute am meisten interessiert, vor allem die Pointe, als das Mädchen das Schäferstündchen ausplaudert, sagt, dass er bei ihr lag, aber niemand anderes es erfahren wird (und dann dieses Lied!) als einzig er und sie und vielleicht ein *kleinez vogellîn*, das – *tandaradei* – aber wohl treulich den Mund halten wird.

Ein typisches Thema war es nicht, diese erfüllte (und deshalb leicht kitschige) Liebe. Minnelyrik ist ganz überwiegend Minneklage, Klage über das Nichterhörtwerden oder Scheidenmüssen, Klage über all die vergeblichen Mühen (Heinrich von Morungen, der in dieser Hinsicht Größte, wurde als »Scholastiker der unglücklichen Liebe« bezeichnet, despektierlich könnte man auch sagen: »Heulboje des Mittelalters«). Wirkliche Liebe ist nur in Ausnahmefällen geglückte Liebe. Wirkliche Liebe bemisst sich eher am Nichtglücken, wie es (seit der Antike) immer war und auch in der europäischen Literatur bleiben wird – siehe Petrarcas *Sonette* oder Shakespeares *Romeo und Julia*. Die Feinheiten der leidenden Seele, die Paradoxien eines Dienstes ohne Aussicht auf Lohn sind es, die besungen werden. Als »revolutionär« wurde es bewertet, dass gerade Walther nur teilweise diesem Konzept der »hohen« im Sinne der unerfüllten Minne folgt, dass er stattdessen wechselseitige Liebe fordert und ihr Gelingen bejubelt: Einseitige Liebe sei nichts *(minne entouc niht eine)*, sagt er, sie müsse gemeinsam sein, so gemeinsam, dass sie zwei Herzen vereinige. Aber nicht dies ist die Pointe, sondern der winzige (witzige) Nachsatz: und kein weiteres Herz mehr.

So kann man wie in der Epik die psychologischen Feinheiten verfolgen: dass man mit süßen Worten falsch um Liebe bitten kann, dass diejenigen, die Frauen betrügen, sich auch an den Männern vergehen, dass die Frauen zu wenig zwischen richtigen und falschen Liebhabern unterscheiden und diese Gleichmacherei die Liebe zerstört. Und was soll das gespreizte Gerede von den Damen *(vrouwen)*? Alle sind sie doch Frauen *(wîp)*, die die Liebe noch schöner macht. Schließlich die entwaffnende Frage des vermutlich reifen Walther: »Kann mir jemand erklären, was Liebe ist?« Er wisse gerne mehr darüber – ausgerechnet er.

Walther und die großen Epiker Hartmann von Aue, Wolfram von Eschenbach oder Gottfried von Straßburg brachten es zu großem Ruhm, der sogar bis heute nicht völlig verblasst ist. Die deutsche Sprache erlebte damals einen Höhepunkt an Ausdrucksfähigkeit. Der Aufschwung des Rittertums brachte auch der deutschen Sprache einen Aufschwung. Wenig später aber wurden die Zeiten schwieriger. Als das Kaisertum schwächelte und die Reichsidee an Kraft verlor, brach die Tradition der Artus-Romane und der Minnelyrik ab. Mit dem Niedergang des Rittertums fehlte es der Literatur an Vorbildern. Kleinepik mit Szenen aus dem häuslichen Milieu und schulmäßiger Meistersang traten an die Stelle, keine günstigen Voraussetzungen für sprachliche Innovationen. Die Entwicklung der deutschen Sprache brach damit jedoch nicht ab. Sie sollte sich nun auf anderen als literarischen Feldern vollziehen.

PROSA

WISSEN AUF DEUTSCH

Noch während der Blüte höfischer Dichtung zeichnete sich ein neues Thema ab, das auf eher unspektakuläre Weise den Weg in die Schrift fand: im weitesten Sinne das Wissen der Zeit. Schon das 12. Jahrhundert kannte kleine Enzyklopädien auf Deutsch, die sich am Schöpfungswerk der Bibel orientierten und ausführten, wie die Welt zu dem wurde, was sie ist. Aber nun waren die Voraussetzungen besser geworden. Schulen hatten sich entwickelt, die Stoffe der Antike waren weiter aufbereitet, der Austausch in Europa wurde leichter. Davon profitierte zunächst einmal die Ausarbeitung der Morallehre.

Ein Provenzale mit dem Namen Thomasin von Zerclaere vermittelte 1214/15 im östlichsten Zipfel Oberitaliens dem dort ansässigen deutschen Adel die wahren Tugenden ritterlicher Existenz. In 14 752 Versen sprach er über *mâze* (Maß) und *staete* (Beständigkeit), *reht* (Gerechtigkeit) und *milte* (Billigkeit) und über die vielen anderen Werte, die sich Ritter hinter die Ohren schreiben sollten, statt eine Welt aus Mord und Totschlag herbeizuführen. Ein anderer Autor namens Freidank hat um die gleiche Zeit das Wissen in Reimsprüchen gesammelt. Und fügen wir noch den Dritten hinzu, diesmal einen Lehrer aus Bamberg, der Hugo von Trimberg hieß und genau im Jahre 1300 ein Riesenwerk von knapp 25 000 Versen vollendete. Hierin bestimmen die Todsünden die Gliederung, was nichts Gutes erwarten lässt. Hugo polemisiert gegen Adel, Klerus und Bauern, die alle gleich schlecht wegkommen, das Wort »Bürger« reimt er gar auf »Würger«. An Wissen mangelt es dabei nicht, es ist im Deutschen angekommen, lässt sich in beachtlicher Differenzierung ausdrücken. Das wirklich Neue aber sollte nicht im Inhalt liegen, sondern in der Form. Die Zukunft hieß: Prosa.

Man kann es sich heute nicht mehr recht vorstellen, was den Unterschied ausmacht. Für uns sind nicht einmal mit Dichtung unbedingt Verse verbunden, bei Fachwissen ist Prosa ganz unabdingbar. Aber dies war nicht immer so. Lange wurde auch Fachwissen in Versen dargeboten, Verse bedeuteten nicht automatisch Dichtung. Als Heinrich der Löwe, der Auftraggeber des *Rolandslieds* und des frühen Tristan-Romans, das Wissen seiner Zeit in einer Enzyklopädie sammeln ließ, bestand er darauf, dass dies in Prosa geschehe. Seine beiden Kapläne waren so perplex, dass sie in der Einleitung notierten, sie hätten sich buchstäblich der Gewalt gefügt. Nicht nur kein Latein, sondern auch noch keine Verse, eigentlich undenkbar. Prosa kannte man bislang nur für ein einziges Wissensgebiet, für die Geschichte. In der Antike wurde Historisches generell ungebunden wiedergegeben, siehe Livius oder Tacitus. Als mitten im 12. Jahrhundert die *Kaiserchronik* entstand, die die Geschichte von guten und schlechten Kaisern seit Cäsar erzählte, wählte der Verfasser dennoch Verse. Auch der Wiener Epiker Rudolf von Ems, der den ersten Roman mit einem Kaufmann als Helden schrieb *(Der gute Gerhard)*, verfasste seine sehr erfolgreiche, nämlich in über 100 Handschriften überlieferte *Weltchronik* um 1255 in Versen.

Um diese Zeit aber erfolgte die Wende. Als ein frühes Prosawerk erschien eine Chronik, die heute als *Sächsische Weltchronik* bezeichnet wird, überliefert in 50 Handschriften. Leider ist man sich über ihre Entstehung nicht einig, schwankt zwischen um 1230 und um 1260. Das Buch, beginnend mit der Erschaffung der Welt, endet mit Kaiser Friedrich II., dem großen Staufer. Wie außergewöhnlich die Prosafassung war, zeigt die *Weltchronik* von Jens Enikel (Jens, dem Enkel eines anderen Jens) am Ende des 13. Jahrhunderts, die den Stoff wieder in 30 000 Versen erzählt. Ungefähr gleichzeitig mit der *Sächsischen Welt-*

chronik, zeitweise sogar für das Werk desselben Verfassers gehalten, erschien eines der berühmtesten Bücher des Mittelalters
überhaupt: der *Sachsenspiegel* des Eike von Repgow, datiert auf
1230/35, geschrieben irgendwo im östlichen Harzvorland – in
Prosa.

Eigenartig, dass zwei frühe Prosawerke aus der gleichen Region stammen, beide die gleiche niederdeutsche Sprache zeigen. Man kommt geradezu ins Grübeln. Die höfische Dichtung
war hochdeutsch geprägt, sogar bei niederdeutschen Dichtern.
Und nun, nur ein paar Jahrzehnte später, keinerlei Rücksicht
mehr auf die große Tradition. Deutschland war seit fränkischen
Zeiten dialektal ein vielgeteiltes, nach den Hauptunterschieden
ein zweigeteiltes Land (mit Hoch- und Niederdeutsch), in
dem das Hochdeutsche bislang dominiert hatte. Als aber ein
Graf aus dem Anhaltischen mit Namen Hoyer von Falkenstein
einem kleinen Adligen mit guten Rechtskenntnissen den Auftrag gab, sein bereits auf Latein gesammeltes Wissen auch auf
Deutsch niederzulegen, schrieb oder diktierte der Beauftragte
so, wie er sprach: in (wie die Spezialisten sagen) Ostfälisch aus
der Gegend um Magdeburg, woher er stammte. Eines der frühesten Prosawerke dieses Umfangs überhaupt gibt eine spezielle Form von Wissen demnach ohne jeden sprachlichen Zwang
wieder: kein Reim, keine fremde Sprache und dann auch noch
niederdeutsch.

EIN LANDESRECHT ALS EXPORTSCHLAGER

Jammerschade, dass wir nicht wie etwa bei Otfrid von Weißenburg das Original besitzen. Obwohl die Überlieferung geradezu überwältigend ist, obwohl 435 Handschriften und Frag-
mente vorliegen, bietet die älteste Abschrift aus Quedlinburg
von 1295 eine hochdeutsche (genauer: mitteldeutsche) Version.
Wirklich niederdeutsch, wie das Original war, ist eine in Magdeburg hergestellte Handschrift aus dem Jahre 1369, die man

heute als »Original« nimmt, obwohl sie über 100 Jahre jünger ist. Übrigens geben die berühmten vier Bilderhandschriften aus der Zeit zwischen 1350 und 1400 mit bis zu 924 Bildern den Text ebenfalls überwiegend hochdeutsch wieder (nur die Oldenburger Bilderhandschrift ist niederdeutsch abgefasst). Die wissenschaftlichen Herausgeber der jüngeren Vergangenheit haben erwogen, es auf dieser Grundlage mit einer Art Rückübersetzung ins ursprüngliche Niederdeutsche zu versuchen, jedoch (wohl mit Recht) aufgegeben – zu unsicher das Ganze. Die Freude ist also gerade aus sprachgeschichtlicher Sicht getrübt. Aber es gibt noch genug Interessantes.

Zunächst einmal die Prosa. Dass Eike Verse schmieden konnte, hat er selbst in einer gereimten Vorrede bezeugt. Die Prosa lag jedoch wirklich nahe, noch näher als im Falle der Chroniken. Rechtstexte waren tatsächlich immer in Prosa abgefasst worden, in Amtsdeutsch eben. Allerdings ist das Wort »abgefasst« ein Problem. Recht war im Mittelalter Gewohnheitsrecht, seine Aufbewahrungsform das Gedächtnis. Nur Sonderformen fanden den Weg aufs Pergament, spezielle Stadtrechte etwa oder Urteile, die als sogenannte »Weistümer« (in denen Recht »gewiesen« ist) gesammelt wurden.

In der Mitte des 13. Jahrhunderts muss in dieser Hinsicht eine kritische Schwelle erreicht worden sein, überall begann man aufzuschreiben. Gerade im Osten des Reiches gab es dafür einen besonderen Grund. Eike selbst hat in seiner Vorrede die ganze Vielfalt beim Geburtsrecht der Herren im Lande Sachsen deutlich gemacht: Die meisten Fürsten wie der von Anhalt, von Brandenburg oder von Meißen waren Schwaben. Das Gleiche gilt für die freien Herren und Reichsschöffen, auch für einige Landgrafen wie die von Braunschweig oder Lüneburg. Der Landgraf von Thüringen oder der Burggraf von Cottbus stammten aus Franken. Nur der Herzog von Lüneburg sowie einige weitere Herren im Lande waren geborene (Nieder-) Sachsen. Wenn man weiß, dass im Mittelalter für das Recht nicht nur Mündlichkeit galt, sondern auch die jeweilige Region entscheidend war, kann man sich das wahre Chaos ausmalen. Dabei ist noch zu berücksichtigen, dass der Osten traditionell Siedlungsland war, also Bauern und Bürger aus allen Gegenden Deutschlands mit ihren unterschiedlichen Dialekten angezogen hatte. Und dazwischen saß auch noch die wendische Vorgängerbevölkerung (deren Recht Eike mehrfach ausdrücklich einbezieht).

Es gab also jede Menge Recht, was in der Realität bedeutete: jede Menge Streit. Gleichzeitig existierte das kirchliche Recht (auf Latein, also nur studierten Juristen zugänglich), und seit Beginn des 13. Jahrhunderts kehrte ganz allmählich auch noch das (natürlich ebenfalls lateinische) römische Recht zurück, das sich im 15. Jahrhundert dann völlig durchsetzen sollte. Was speziell in Sachsen galt, einmal aufzuschreiben und gegen die Vielfalt (ohne ständige Kompromisse) durchzusetzen, war so gesehen mehr als nur eine gute Idee.

Die anschließende Verbreitung, obwohl Eike von Repgow keinerlei Autorität in irgendeinem institutionellen Sinne besaß, zeigt es. Nicht nur der *Sachsenspiegel* selbst wurde zu einem Riesenerfolg, einem Exportschlager in sämtlichen deutschen Regionen und darüber hinaus in den Niederlanden, im Baltikum, Polen, bis nach Weißrussland oder die Ukraine. Er wurde auch alsbald nachgeahmt. Um 1275 entstand in einem Augsburger Franziskanerkloster der *Deutschenspiegel*, der selbst wieder die Vorlage des kurz danach und am gleichen Ort entstandenen *Schwabenspiegels* (mit 380 Handschriften) war. Tragen wir noch nach, dass der *Sachsenspiegel* in Preußen bis zum *Allgemeinen Landrecht* von 1794 galt, in anderen deutschen Ländern sogar erst durch das BGB am 1. Januar 1900 abgelöst wurde. 1932 hat man sich im Reichsgericht ein letztes Mal auf ihn berufen, aber im heutigen Straßenverkehr, speziell bei der Regelung des Einparkens, wirkt er sogar noch heute nach – wie, davon wird noch die Rede sein.

DING UND GERÜCHT ALS VERBLASSTE RECHTSSPRACHE

Prosa, freies Deutsch also auf einem Gebiet, das jeden interessierte. Wie sah dies aus? Vielleicht ist die größte Überraschung, dass der Wortschatz des Rechtes im Gegensatz zu dem der Religion keinerlei Entlehnungsepidemie wie im 8./9. Jahrhundert auslöste, dass er schlicht deutsch war und (bis auf die niederdeutsche Form) weitgehend auch noch heute verständlich ist. Freilich mit einer wichtigen Einschränkung. Viele Rechtsbegriffe der damaligen Zeit sind zu Allerweltsausdrücken abgesunken, ja man merkt nicht mehr, wie sehr das heutige Deutsch rechtssprachlich geprägt ist.

Vielleicht am spektakulärsten das Wort *Ding*. Es stand tatsächlich einmal für die »Gerichtssache«, ehe es zur »Sache« ganz allgemein wurde. Der *Sachsenspiegel* kennt auch das *gerichte*, aber häufiger ist eben *ding* oder *dingen* (»Gericht halten«) mit vielen weiteren Verwendungen. Wer *dingflüchtig* ist, ist dem Gericht entwichen, *dingpflichtig* bedeutet »gerichtspflichtig«, eine *Dingfrist* ist eine »Gerichtsfrist« und so fort. Mit *dingfest machen* verbinden wir sogar heute eine rechtliche Bedeutung im Sinne von »jemanden festnehmen« (früher: »ein *ding* festsetzen«). Fast ebenso spektakulär der Fall von *Gerücht*. Im *Sachsenspiegel* kommt es noch vor als *ruchte*, *gerüchte*, das eine andere Form ist für *gerüft*. Es geht also um etwas, das mit Rufen zu tun hat, und zwar um das rechtlich unbedingt notwendige Geschrei, das man wegen einer Untat erhebt. Klagen wurden nicht schriftlich eingereicht, sondern in dieser buchstäblich körperlichen Form ausgedrückt. Wer sich um diesen »Notruf« nicht kümmerte, machte sich strafbar. Personen, die Recht zu sprechen hatten, mussten den »Notruf« annehmen und die Tat *rügen*, das heißt: Anklage erheben. Auch hier ist unser »rügen« nur ein schwacher Abklatsch.

Und so lassen sich noch eine ganze Reihe von Begriffen aufführen. *Antworten* war einmal ein rechtlicher Vorgang im Sinne einer einklagbaren Reaktion des Beschuldigten. Eike hat eigene Paragrafen dafür, wann die *Antwort* fällig ist, aber auch, wie man sich ihrer erwehren kann. Ebenso war der *Anspruch* von rechtlichem Belang: als Kampfanspruch zum Beispiel, ganz allgemein als Rechtsanspruch. Wer etwas *beanspruchte*, musste dafür Gründe vorweisen. Selbst das Adjektiv *echt* hat einmal in rechtlichen Zusammenhängen gestanden und bedeutete so viel wie »gesetzmäßig«. Es gibt im *Sachsenspiegel* Paragrafen zu einer *echten Not* im Sinne einer gesetzlich anerkannten Notlage, zu einem *echten Ding* im Sinne eines gesetzlich anerkannten Gerichts. Wenn ein Kind *frei und echt* war, war es ehelich, es konnte auch *unecht* geboren sein und war dann *echtlos* im Sinne von rechtsunfähig. Man kann sich schon selbst denken, dass *eigen* einmal ein rechtlicher Begriff war, kommt er doch noch heute in »Eigentum« vor. Im *Sachsenspiegel* gibt es zahlreiche Paragrafen etwa zum *Eigengut* (Reichsgut) oder auch zur Leibeigenschaft, die übrigens schlicht *eigenschaft* hieß. Auch in diesem Fall ist der Bedeutungswandel mehr als dramatisch, wenn man daran denkt, was wir heute unter »Eigenschaft« verstehen. Vielleicht macht sich am ehesten bei *Gewähr* immer noch der Rechtshintergrund bemerkbar, wenn man an *gewährleisten* und *Gewährleistung* denkt, selbst wenn für ihren Gebrauch auch neutrale Kontexte möglich sind (ein gutes Essen »gewährleistet« gute Laune).

Natürlich haben sich Rechtswörter ohne Verwandlung in neutrale Bedeutungen erhalten. *Kauf* und *kaufen* blieben, was sie waren, *Erbe* und *erben* auch, selbst wenn sich bei der Sache selbst sehr viel an den rechtlichen Einzelheiten änderte. Das Gleiche gilt für den *Eid* und die *Ehe*, für den *Diebstahl* und den *Bürgen*, für den *Vormund* und den *Friedensbrecher* oder das *Einfrieden*. Selbst die *Buße* ist uns im »Bußgeldbescheid« etwa bei Parksünden noch so geläufig wie dem 13. Jahrhundert.

Allerdings gibt es auch mehr oder weniger spurlos Untergegangenes, und manchmal ist man froh darüber. Das *ordêl* mag in »Urteil« weiterleben, auf das *Wasserordal*, bei dem eine Person den Arm in kochendes Wasser stecken musste und man an den

Verbrennungen ablas, ob sie im Recht war oder nicht, können wir gerne verzichten. Auch das *Wergeld*, das für einen Erschlagenen als Entschädigung festgelegt war (je nach gesellschaftlichem Rang des Erschlagenen wie des Schlägers verschieden), ist verschwunden. Tragen wir noch nach, dass es schon im Mittelalter einen Rechtsbeistand gab, der damals *Fürsprecher* hieß und tatsächlich nur das Anliegen für den Beklagten vortrug, weil schon Stottern zum Abbruch des Verfahrens führte. Interessant ist, dass sich in Zeiten der verstärkten Rezeption des römischen Rechts, also im 15. Jahrhundert, dafür der *Advokat* herausbildete, der dann im 19. Jahrhundert derart an Reputation verlor, dass man wieder auf eine alte deutsche Bezeichnung zurückgriff: auf *Anwalt*.

Viel lernt man also über den deutschen Wortschatz beim Studium des *Sachsenspiegels*. Aber es ist schon gesagt worden: Fast erstmals überhaupt haben wir es hier mit ungeschminkter Sprache, mit Freiheit von Versen zu tun. Wie sieht die Syntax aus, wie kompliziert oder unkompliziert sind die Sätze gebildet? Oder ist das alles ohnehin nicht repräsentativ, weil wir es mit Juristendeutsch zu tun haben?

Zunächst: Ja, es handelt sich um Juristendeutsch, weil oft Bedingungen untergebracht werden mussten, die zu Verzweigungen in Nebensätze führten. Aber es findet sich nichts von Verrenkungen um der Verrenkungen willen. Sehr häufig fließen die Sätze wie im folgenden Fall, bei dem das Original zitiert sei, um einmal das Hineinhören ins Niederdeutsche zu ermöglichen (ich übersetze so wörtlich wie möglich):

> Oven unde gank unde swinekoven scolen der vute van deme tune stan (...).
> Genge scal men ok bewerken bit an de erden, de jegen eines anderen mannes hof stat.

> Backofen und Abort und Schweinestall sollen drei Fuß von dem Zaun stehen (...).

Den Abort soll man einhegen bis auf die Erde herab, der gegen eines anderen Mannes Hof steht.

Ein einfacher Hauptsatz bleibt ein einfacher Hauptsatz. Der Relativsatz ist nicht da angehängt, wo wir ihn erwarten, sondern einfach nachgetragen.

ZWEIG ÜBERM ZAUN UND ERSTER AN DER MÜHLE

Noch etwas komplizierter wird es in einem Fall, der schon deshalb zitiert sei, weil er heute bei vielen Hausbesitzern immer noch Grund zur Klage ist:

Vlechtet (sek) de hoppe over den tun, swe de wortelen in deme hove hevet, de gripe deme tune so he naest moge, unde te en hoppen; wat eme volget, dat ist sin; wat in anderhalf blift, dat ist sines nakebures. Siner bome telgen ne scolen ok nicht hangen over den tun sime nakebure to scaden.

Rankt (flechtet sich) der Hopfen über den Zaun, wer die Wurzeln im Hof hat, der greife so nahe wie möglich an den Zaun und ziehe den Hopfen (hinüber); was (davon) ihm folgt, gehört ihm, was auf der anderen Seite bleibt, gehört seinem Nachbarn.
Seiner Bäume Zweige sollen auch nicht über den Zaun hängen seinem Nachbarn zum Schaden.

Im Prinzip wieder das gleiche Satzbild: Es gibt noch nicht die gewohnte Unterordnung, sondern die Teilsätze stehen wie Blöcke nebeneinander. Sogar im einfachen Hauptsatz ist die Endstellung des Verbs nicht verbindlich, es können Satzteile nachgestellt (ausgeklammert) werden.

Nehmen wir es zuletzt mit einem noch viel interessanteren Beispiel auf, das uns sogar in das moderne Straßenverkehrsrecht führt. Hier die textnahe Übersetzung:

Des Königs Straße soll sein so breit, dass ein Wagen dem anderen ausweichen kann. Der leere Wagen soll weichen dem beladenen und der weniger beladene dem schweren. Der Reiter weiche dem Wagen (aus) und der Fußgänger dem Reiter; sind sie aber auf einem engen Weg oder auf einer Brücke oder jagt man einen Reiter oder einen Fußgänger, so soll der Wagen still stehen, bis sie vorbei sind. Welcher Wagen zuerst auf die Brücke kommt, der soll zuerst darüber fahren, er sei leer oder beladen.

(Denn) wer zuerst zur Mühle kommt, der soll zuerst mahlen.

Eine berühmte Stelle des Mühlensprichworts wegen, das übrigens aus dem römischen Recht stammt. Nur ist die Mühle, wie man deutlich sieht, gar nicht der Witz an der Sache, sondern nur eine Art bildliche Stütze. Worum es geht, ist das Verkehrsrecht. Und tatsächlich ist der Grundsatz der Vorfahrt nach dem *Sachsenspiegel* noch in einem Bundesgerichtsurteil von 1952 bestätigt worden und in die Straßenverkehrsordnung (als § 12 StVO) eingegangen, von wo aus er auch auf den Vortritt beim Benutzen von Parklücken angewendet wurde. Dabei lag freilich keine direkte Berufung auf den *Sachsenspiegel* vor.

Umso interessanter, dass bei einer Entscheidung des Bundesgerichtshofs von 1987 sogar eine im *Sachsenspiegel* ausführlich behandelte Tradition regelrecht ignoriert wurde. Dabei ging es um die »Morgengabe« (Zuwendung des Mannes an seine Frau zu deren freier Verfügung) anlässlich der Scheidung eines muslimischen Ehepaares. Das Gericht ließ sich auf Zahlung von 100 000 DM ein und bezeichnete den Akt als ein Institut des islamischen Rechts, den ein Teilnehmer als »Kuckucksei aus dem Morgenland« verhohnepipelte, dem in der deutschen Tradition nichts entspreche. Dabei kennt das deutsche Recht sogar bis heute ein noch viel merkwürdigeres Überbleibsel des *Sachsenspiegels*, nämlich das »Recht des Dreißigsten«. Danach darf eine Witwe, die auf einem Hof nicht Erbin geworden ist, 30 Tage von den Vorräten leben, die anschließend zwischen ihr und den Erben geteilt werden müssen (*Sachsenspiegel* I 22,1-3, eingegangen in BGB § 1969 Abs. 1).

MÜNDLICHE PREDIGT, SCHRIFTLICH VERFASST

Prosa lautete das Stichwort, die *Sächsische Weltchronik* und besonders der *Sachsenspiegel* dienten uns als Beispiele der Verschriftlichung von Wissen und Recht. Aber es gibt noch ein weiteres riesiges Gebiet, in dem die deutsche Sprache jenseits von Reim und dichterischem Anspruch ihre Fortschritte machte: die Predigt. Besser würde man von Traktaten oder wenigstens Buchpredigten sprechen, wenn diese Wörter nicht so abschreckend klängen. Denn gemeint ist nicht die gesprochene Predigt, zu der wir keinen Zugang mehr haben, sondern auch hier wieder die verschriftlichte Form, bei der es sich allerdings wohl kaum um verschriftlichte Mündlichkeit handelt – leider ist es so kompliziert. Im gleichen 13. Jahrhundert, in dem auf allen anderen Gebieten auch die Verschriftlichung in der Volkssprache voranschritt, entstanden Sammlungen von Texten, die Predigern Handreichungen boten, wie sie sich auf der Kanzel erfolgreich behaupten konnten. Seit langem gab es so etwas auf Latein, nun eben auch auf Deutsch. Zum jeweiligen Evangelium eines Sonn- oder Feiertags, auch zu den vielen Heiligenfesten, die den Kalender überschwemmten, wurden komplette Texte zur gefälligen Bedienung zusammengestellt. Wenn man die Klagen über primitive Predigten hört, die es zu allen Zeiten gab (und gibt), kann man den Sinn der Hilfen verstehen.

Im 13. Jahrhundert entstanden mehrere Sammlungen, von denen eine (genauer sind es mehrere nebeneinander, insgesamt 65 Predigten) aus dem Rahmen des Üblichen fällt. Erstens ist sie nicht anonym, sondern bezieht sich auf eine bekannte Persönlichkeit, nämlich den Franziskaner Berthold von Regensburg als Autor. Zweitens gibt es Anzeichen, dass sie tatsächlich auf Vorträge vor Publikum zurückgeht, also wenigstens Spuren von Mündlichkeit an sich trägt. Drittens sind es eigentlich keine richtigen Predigten, höchstens »Moralpredigten«, jedenfalls behandelt Berthold Alltagsfragen bis zu den »Sünden« von Bäckern, die mit dem Mehl pfuschen. Im deutschen Stammsitz der Franziskaner in Augsburg wurde zur gleichen Zeit, als man die deutschen Predigten Bertholds zusammenstellte, der *Schwabenspiegel* herausgegeben, die Übertragung der sächsischen Verhältnisse auf die schwäbischen, was Inhalt und Sprache betrifft. Die Franziskaner waren keine Mönche mehr wie die Benediktiner, die tief in möglichst unzugänglichen Wäldern Gebet und Arbeit nachgingen. Die Franziskaner lebten (wie die Dominikaner, mit denen gemeinsam sie zu den Bettelorden gezählt werden) in den Städten und fühlten sich verantwortlich für das Leben der Stadtbewohner. Dies zeigte sich dann sowohl im Bemühen um eine Gestaltung des Rechtswesens wie um Seelsorge. In beiden Fällen ging es um dieselben Probleme, vor allem aber auch um eine verständliche Sprache, in der diese Probleme angesprochen wurden. Die Berthold-Predigten spiegeln so gesehen sehr gut wider, wie weit die deutsche Sprache damals war.

In diesem Fall wissen wir sogar in Umrissen Bescheid, mit wem wir es zu tun haben. Der leibhaftige Berthold, um 1210 wahrscheinlich in Regensburg geboren, also ein Urbayer, muss früh dem Franziskanerorden beigetreten sein, der seit 1223 vom Papst anerkannt war. Der Orden verbreitete sich wie im Flug, auch über die Alpen. Berthold studierte in Magdeburg bei einem englischen Franziskaner, der zwischenzeitlich in Paris gelehrt hatte und nun (natürlich auf Latein) in Deutschland das weitergab, worüber er am besten Bescheid wusste: das gesamte gelehrte Wissen über Mensch und Welt. Berthold war also wohlvorbereitet, als er seine Predigten hielt, zuerst in Augsburg, dann in ganz Süddeutschland und schließlich auf großen Reisen bis nach Böhmen, ins Elsass, die Schweiz, die Steiermark, ja sogar bis nach Frankreich und Ungarn (wo ihm

Dolmetscher zur Seite standen). Dass 200 000 Menschen zu-
gehört haben sollen, ist natürlich fromme Legende, noch from-
mer die Erzählung, die Worte Bertholds hätten sogar einen
Knecht fernab auf seinem Feld erreicht, dessen Herr ihm den
Weg in die Kirche verboten habe. Berthold hat sich übrigens
schon selbst für solche Märchen entschuldigt.

Aber die Wirkung seiner Worte muss tatsächlich groß gewesen sein, sonst hätte man sich nicht die Mühe gemacht, gerade
diese Texte und dazu noch unter seinem Namen zu populari-
sieren. Um 1250/55 wurden 250 seiner lateinischen Predigten
als Handreichung für Priester herausgegeben (wovon über 300
Handschriften vorliegen), um 1268, vier Jahre vor Bertholds
Tod, könnte eine erste Sammlung auf Deutsch erschienen sein,
die interessanterweise wie alle folgenden viel weniger als die
lateinischen verbreitet wurde (insgesamt keine 30 Handschriften). Uns interessiert natürlich trotzdem die deutsche Sammlung mehr, vor allem auch, wie der Text genau zustande gekommen ist.

Fest steht zunächst, dass es zwischen den lateinischen und
den deutschen Predigten Verbindungen gibt, manchmal sind
in die lateinischen sogar schon deutsche Wörter eingefügt.
Aber dass es sich um Protokolle, etwa von gedächtnisstarken
Nonnen, gehandelt habe, wie man früher geglaubt hat, ist Unfug, stenografische Mitschriften sind ganz unwahrscheinlich
(Stenografie gab es, wenn überhaupt, nur für Latein). Auf jeden Fall war ein Redaktor am Werk, der in unbestimmbarem
Maße »Bertholdisches« aufnahm und mit seinen Mitteln ver-
arbeitete. Aus Sicht der Sprachgeschichte stört diese Form von
mangelnder Originalität jedoch nicht besonders. Uns geht es
nicht so sehr um Heroenverehrung als um den Stand des Deutschen. Und dazu bietet dieses Material Interessantes. Konzen-
trieren wir uns auf die Predigt *Von zehn Chören der Engel*, die
ein Lieblingsthema Bertholds aufgreift: die Ständeordnung mit
der Frage, was jeder Einzelne auf seinem Platz in der Gesellschaft zu tun und zu lassen hat, damit das Ganze funktioniert.

Wir blicken dabei mitten hinein ins damalige Leben mitsamt seinem Wortschatz.

Nehmen wir nur die Berufe, die es in der arbeitsteiligen Gesellschaft der Stadt gab. Berthold beginnt mit den Bekleidungsfachleuten, mit denen, *die gewant wirken*, sei es aus Seide, aus Wolle, aus Leinen oder aus Pelz, weiter mit den Herstellern von Schuhen oder Gürteln. Die sollen nicht die Hälfte des Rohstoffs beiseiteschaffen und anschließend die Wolle »strecken«, indem sie Haare darunter mischen. Wer gutes Tuch einfach dehnt, macht Lumpen daraus, *hadern* (wer mit seinem Schicksal »hadert«, möchte also die ganze schlimme Angelegenheit zerfetzen). Schon finde man keinen brauchbaren Hut mehr, der wirklich den Regen abhalte. Bei Pelzen und Häuten (*kürsen*, woher der Kürschner stammt) würden alte für neue ausgegeben.

Die nächste Berufsgruppe stellen diejenigen, die Gegenstände aus Metall fertigen: die Goldschmiede, Münzschläger, Schmiede, weiter Steinmetze, Drechsler und alle, die mit eisernem Werkzeug arbeiten. Schlimm geht es zu, wenn zum Beispiel Hufeisen statt aus Eisen nur aus Schlacke *(kis)* bestehen. Pferde können lahm werden, Reiter in Gefangenschaft geraten oder gar ihr Leben verlieren. Und dann zwei Berufe, die ganz abgeschafft gehören: die Hersteller von langen Messern, die nur gut fürs Morden sind, und die Würfelmacher, die die Spielsucht fördern.

Dritte Berufsgruppe: die *mit kouf umbe gênt*, die Händler. Sie kaufen auswärts billig ein und verkaufen es dann hier teuer – was im Prinzip in Ordnung wäre. Aber nicht, wenn die Waage nicht stimmt, der Scheffel (das Hohlmaß) oder die Elle zu klein sind. Und hier berichtet Berthold sogar über die Verhandlungen auf dem Markt. Da schwört einer, man hätte ihm schon viel mehr geboten – natürlich gelogen. Hören wir uns an dieser Stelle einmal noch genauer hinein, zumal uns einiges bekannt vorkommen wird (ich übersetze so wörtlich wie möglich):

Unde sô dû eteswaz koufen wilt umbe einveltige liute, sô kêrest dû alle dîne sinne dar zuo, wie dû ez im umbe sus an gewinnest, unde tuost im manige lügen vor, wie wol dû ez weist, daz ez wolveil ist daz dû umb ez koufen wilt, unde heizest dînen gesellen ouch dar zuo gên, unde gêst dû danne eine wîle hin dan unde seist im, waz dû im drumbe geben wilt, unde heizest in, daz er im minner drumbe biete; sô erschricket jenz unde wolte gerne daz dû hin wider umbe giengest, unde gewinnet im ungetriuwelîchen an. Und swerest aber sô: »zwar«, seist dû, »bî allen heiligen! iu gibet nieman als vil drumbe als ich.« Sô gaebe im ein anderz michels mêre drumbe danne dû.

Und wenn du etwas kaufen willst von einfältigen Leuten, so richtest du alle deine Sinne darauf, wie du es ihm umsonst abgewinnst, und bringst ihm viele Lügen vor, obwohl du weißt, dass es wohlfeil ist, was du da kaufen willst, und lässt dann deinen Diener hingehen, während du dann eine Weile weggehst, und sagst ihm, was du ihm dafür geben willst, und weist ihn an, dass er ihm weniger dafür anbiete: So erschrickt jener und wollte gerne, dass du wieder zurückkommst, und betrügst ihn auf diese Weise endlich. Und dabei schwörst du wiederum: »Wahrhaftig«, sagst du, »bei allen Heiligen! Euch gibt niemand so viel dafür wie ich.« Dabei gäbe ihm ein anderer viel mehr dafür als du.

Noch mehr Finten werden verraten, zum Beispiel beim Einkaufen dem Händler zu sagen, man kaufe das überteuerte Zeug nur, weil man seinetwegen nun einmal hergekommen sei. Hat sich der Redaktor keine Sorgen gemacht, dass er den Lesern eine kostenlose Ausbildung in Betrug erteilt? Hat er wirklich erwartet, die Drohungen mit der ewigen Verdammnis würden von der praktischen Umsetzung abhalten?

Gehen wir die weiteren Berufe etwas rascher durch, obwohl

überall Interessantes wartet. Es geht um die Herstellung bzw. den Verkauf von Brot und Fleisch, von Bier und Met, von Käse, Eier, Öl und Heringen. Diesmal ist nicht nur das Portemonnaie bedroht, sondern die Gesundheit – uns beginnen die Ohren zu klingeln. Fleisch von Tieren, die schon beim Schlachten krank waren *(müeterînez fleisch)*, oder schlicht verdorbenes *(fûlez)* Fleisch wird um des Vorteils willen verkauft, sein Verzehr ist aber lebensgefährlich. Fische werden zu früh gefangen und sind bei ihrem Verkauf am Freitag bereits schlecht. Weiter gibt es verdorbenen Wein, verdorbenes Bier, ungekochten Met, natürlich ganz nebenbei auch noch mit falschem Maß ausgeschenkt. Brot kann man ebenfalls mit verdorbenem Korn backen oder schlicht versalzen: alles ungesund, manchmal tödlich. Erwähnt sei noch, dass man auch Luft verkaufen kann, wenn Bauern zum Beispiel Holzstämme so legen, dass die krummen in die Mitte geraten und Hohlräume bilden. Genauso lässt sich frisches auf faules Korn packen. Ein Sonderkapitel betrifft schließlich die unfähigen Ärzte, die sich nicht um das richtige Kräuterwissen kümmern (obwohl Gott jeder Krankheit ein Heilkraut wachsen ließ), die ohne Fachwissen Blasensteine entfernen und, wenn jemand dabei stirbt, sich dreist herausreden: *Wieso, Bruder Berthold, viermal habe ich damit schon Erfolg gehabt.*

All dies hat man wohl kaum beim Stichwort Predigt erwartet – und Predigten sind Bertholds Auslassungen auch nicht wirklich. Sie sind Beratung bei der Alltagsbewältigung, mit eingewebten Hinweisen auf die ewige Verdammnis. Und vor allem handeln sie nicht von der extravaganten Welt des Adels, wie sie die höfischen Romane entfalten. Bei Berthold lernen wir Wolle und Hufeisen kennen, die ganze Welt eines Alltags, in dem Betrug gang und gäbe war. In flüssiger Sprache ist alles dargestellt, in verständlichen Sätzen, auch wenn sie etwas länger geraten und die Unterordnung noch nicht unseren Standards folgt. Dafür entschädigt der lebendige Ton mit ständiger Anrede der Zuhörer, für die Berthold berühmt war und die der Redaktor wohl ganz nach dem Vorbild angebracht hat. *So (be-*

trügerisch) beschlägst du ein Pferd, heißt es, oder: *Du betrügst dich selbst mit deinem Betrug.* Auch der Zuhörer kommt zu Wort: *Bruder Berthold, was passiert denn dem, der das macht?* Die Antwort folgt auf dem Fuß.

Und schimpfen kann dieser Berthold ebenfalls, zum Beispiel auf Fresser und Säufer *(Pfî, ir frâz, ir trenker und ir slûch)*, die der Teufel holen soll. Sogar der Heuschreckenvergleich taucht erstmals auf, wenn er auch nicht die Spekulanten in Zeiten der Globalisierung meint, sondern nur die Geizigen, die nie genug bekommen können – wie die Heuschrecken, die bei allem Fressen kein bisschen dicker werden. Schön die Stelle in der Predigt *Von den fünf Pfunden*, wo Berthold sich die Geizhälse vorknöpft und mit einem Argument konfrontiert, das zugleich eine Einführung ins Kreditgeschäft bietet:

> Nun sieh, Geizhals! Seit ich heute anhob zu predigen, seitdem bist du vielleicht sechs Pfennige reicher geworden mit deiner Wucherei oder aufgrund deines Vertrags [mit einem Gläubiger] oder deines Vorwegkaufs [zum wucherhaften Wiederverkauf] oder deines Borgens für ein Jahr zu teuren Bedingungen.

Reich werden, ohne etwas zu tun, gehörte zu dem, was Berthold am meisten verabscheute – er begriff nicht, dass sich die Welt umgestellt hatte, sah im Kredit einen verwerflichen Umgang mit der Zeit, über die doch allein Gott verfügen darf. Aber Berthold präsentiert uns diese frühe städtische Lebensordnung auf Deutsch, in einer Prosa, die (annähernd) wirklich gesprochen wurde. Noch geschieht dies in Nischen wie dem Recht und der Predigt. Diese Nischen aber sollten immer wichtiger werden.

MYSTIK

Mystik ist in einer Kultur oft geheimnisumwittert. Dabei stellt sie nichts Besonderes dar, entsteht fast zwangsläufig mit Religion. Der Islam hat seine Mystik wie der Buddhismus, die jüdische Mystik ist nichts anderes als die berühmte Kabbala. Das Christentum kennt mystische Bewegungen seit den ältesten Zeiten, mindestens seit dem 5. Jahrhundert, als ein Mann vortäuschte, eine bekannte biblische Figur zu sein: nämlich jener Dionysios, der nach der Apostelgeschichte zuletzt als einziger Zuhörer der Predigt des Paulus lauschte.

Dieser vorgebliche Dionysios, der dafür nicht besonders ehrenvoll als Pseudo-Dionysios in die Geschichte einging, schuf jene Bilderwelt vom Herabströmen des Geistes Gottes über neun Stufen bis ins Herz der Menschen, die fortan diese Art von Religiosität in Europa prägte. Das Wichtigste daran ist die Verbindung, der persönliche Kontakt mit Gott. Religion hat typischerweise diese zwei Seiten: einmal die Offenbarung des allmächtigen Gottes mit seinen Geboten für die Menschen. Und zum anderen die umgekehrte Richtung: die Hinwendung des Einzelnen zu Gott, die Rückkehr oder der Aufschwung zu ihm, nach Möglichkeit die *unio*, jene geradezu körperliche Einheit mit Gott, die immer das größte Ziel des Mystikers gewesen ist. Dionysios (noch ohne Pseudo) wurde der Heilige des wichtigsten französischen Klosters, das im 12. Jahrhundert die erste gotische Kathedrale erhielt: Saint-Denis nördlich von Paris. Hier ist es die *visio*, die Erscheinung Gottes im Licht des Fensterkranzes um den Chorraum, die als ein persönliches Erleben der göttlichen Gegenwart verstanden wurde. Zur gleichen Zeit legte Bernhard von Clairvaux den alten biblischen Text des *Hohelieds* über die Liebe von Salomon mit Schulammit als mystische Hochzeit Gottes mit der Seele des Gläubigen aus: ein Bild für die Einswerdung in hocherotischer Metaphorik. *Mit Küssen seines Mundes bedecke er mich. Süßer als Wein ist deine Liebe,* so eröffnet Schulammit das Zwiegespräch.

Was aber hat die Mystik mit Sprachgeschichte, zumal der deutschen zu tun? Die Antwort lautet: Auch nach Deutschland drang die Mystik, und zwar zunächst auf ihren üblichen, den lateinischen Wegen. Auch hier las man Dionysios und Bernhard von Clairvaux. Aber in Deutschland geschah etwas Bemerkenswertes. Schon der erste Reflex auf Bernhards lateinische Hohelied-Predigten war ein *deutscher* Text, nach seinem Auffindungsort im Schwarzwald als das *St. Trudperter Hohelied* bezeichnet, entstanden um 1160. Er stammt von einem Mönch aus dem steirischen Kloster Admont und war als Andachtsbuch für Nonnen gedacht, als »Spiegel der Bräute Gottes« (wie der Autor selbst es nannte).

Viel wichtiger aber: Die frühe Mystik in Deutschland *ist* weitgehend weiblich und schon deshalb deutschsprachig, weil Frauen damals von lateinischer Bildung mehr oder weniger abgeschnitten waren. Hildegard von Bingen, die mit Bernhard von Clairvaux auf Latein korrespondierte, schrieb auch ihre Visionen auf Latein auf. Aber dabei handelte es sich um Visionen anderer als mystischer Art: Es ging um den Kosmos und die Bestimmung des Menschen in ihm. Mystik im eigentlichen Sinne, als der Kampf des Einzelnen um die Verbindung mit Gott im Auf- oder auch im Abschwung der Seele, ringend und quälend, jauchzend und verzweifelnd, brillant und chaotisch: Dies finden wir zuerst bei einer Frau, die deutsch schrieb und die deutsche Sprache geradezu zum Medium derartiger Regungen präparierte. Die erste Explosion von Innerlichkeit, von kühnem Ausloten seelischer Nöte in deutscher Sprache verdanken wir Mechthild von Magdeburg, die (darf man sagen: zum Glück?) kein Latein konnte.

Eine Seele, die mit Gott redet

Über diese Mechthild wissen wir nicht allzu viel, das Entscheidende aber doch, weil sie es selbst in ihrem Buch *Das fließende Licht der Gottheit* (mystischer geht's nicht!) sagte. Als Vierzehnjährige floh sie offenbar von irgendeinem Rittersitz ins nahe Magdeburg, weil sie das adlige Leben verachtete. Sie wurde das, was es noch nicht lange gab: Begine, also nicht Nonne in einem Kloster, sondern sie lebte mit anderen Frauen gemeinsam in Armut, Keuschheit und Gehorsam mitten in der Stadt (in Köln etwa gab es damals 169 Beginenhäuser), um ein Dasein in Gebet und karitativer Tätigkeit zu verbringen. Ihre karge Existenz sicherten sich die Frauen mit Näh- oder sonstigen Arbeiten.

Und dann geschah eben das, was mit Vernunft so schwer nachvollziehbar erscheint: Mechthild, zwischenzeitlich krank, sogar wieder bei den Eltern zuhause, hat mystische Visionen, Gotteserfahrungen in sehr persönlicher Form. Ihr Umfeld reagiert abweisend, wirft ihr Überspanntheit vor. Sie wendet sich an die einzige Autorität, die als Stütze in Frage kommt, an ihren Beichtvater, einen Dominikaner. Der redet ihr die Visionen nicht aus, sondern im Gegenteil: Er rät ihr, alles aufzuschreiben. Natürlich wird die Ablehnung seitens der anderen damit noch stärker. Jetzt ist sie diese übergeschnappte Begine, die schreibt, was sonst nur Männer tun. Als sie auch noch auf ihr Umfeld schimpft, auf Beginen und Dominikaner, als sie die Magdeburger Domherren als »geile Böcke« bezeichnet, läuft das Fass offenbar über. Mechthild verlässt jedenfalls ihre Wirkungsstätte, zieht sich nun in ein Kloster zurück, zu den Zisterzienserinnen nach Helfta bei Eisleben. Dort macht sie mit ihrem Schreiben weiter.

Wenn wir doch wenigstens in diesem Fall das Original besäßen, die sieben Bücher des *Fließenden Lichts der Gottheit*, von denen die ersten fünf (zwischen 1250 und 1259 entstanden) schon damals als so bedeutsam erachtet wurden, dass jemand sie ins Lateinische übersetzte. Aber nein, das gesamte Original ist verschwunden, wohl weil es wieder einmal nicht in Hochdeutsch verfasst war, sondern in Niederdeutsch. Bewahrt wurde dagegen eine Übertragung ins Hochdeutsche, die in Basel entstand, wo sich ein Kreis von »Gottesfreunden« für Mechthilds Schrift außerordentlich interessierte. Von dieser Übertragung gelangte eine Abschrift aus der zweiten Hälfte des 14. Jahrhunderts in die Stiftsbibliothek von Einsiedeln. Man hat wieder einmal eine Rückübersetzung erwogen, sie aber dann doch mit den gleichen Argumenten wie beim *Sachsenspiegel* verworfen. Der Herausgeber der heutigen wissenschaftlichen Ausgabe fahndet allerdings jedem Hinweis nach, um sich dem Original wenigstens anzunähern. Das ist deshalb so wichtig, weil Mechthilds Deutsch keine übliche Prosa darstellt, sondern lyrische Prosa, eine Prosa mit Reimen an vielen Satzenden, auch mit direkten Einfügungen von Gedichten wie Hymnen oder litaneiähnlichen Gebeten. Wir wissen einfach nicht, wie viel davon bei der Übersetzung verlorenging. Ein Abglanz ist immerhin noch da. Wir können nachlesen, wie sich Entzücken und Verzagtheit auf Deutsch einmal anhörten.

Nehmen wir das allererste Kapitel im ersten Buch, überschrieben: *Wie die Minne und die Königin miteinander sprachen.* Die Minne ist dabei Gott, die Königin die Seele, also Mechthild. Und nun entfaltet sich ein Gespräch zwischen beiden, wie es wohl nie zuvor ein Gespräch zwischen Mensch und Gott gegeben hat. *Gott grüße Euch, Frau Minne,* beginnt die Seele, und Gott antwortet: *Gott lohne Euch, Frau Königin,* wobei *minne* sich auf *küneginne* reimt. Soll man das gewagt nennen oder eher naiv? Aber es geht noch viel gewagter oder naiver weiter: *Frau Minne, Ihr habt so manches Jahr gerungen, ehe Ihr die hohe Dreifaltigkeit dazu gezwungen* (Reim: *gerungen/betwungen*) *habt, dass sie sich in Mariens demütigen Schoß ergossen hat.*

Man muss es einmal genau nachvollziehen: Mechthild spricht mit Gott und erzählt ihm, dass sie es irgendwie eigenartig finde, dass er so lange gezögert habe, einen Sohn zu zeugen – durch das Ergießen des Heiligen Geistes in einen jungfräulichen Schoß. Und was antwortet Gott dieser allzu schlichten Seele? *Frau Königin, das diente zu Eurer Ehre und Nutzen.* Der Gipfel aber ist das Lamentieren der Seele: Gott habe ihr alles genommen an weltlichem Gut, sie dann auch noch mit Krankheit geschlagen und ihr Blut gefordert. Gott gibt für alles eine Erklärung, wobei sich die *Krankheit* auf die *Bekanntheit* reimt (die sie dafür eingetauscht hat), das verlorene *Blut* auf ihren *Einzug* in *Gott* (*blôt* und *got* sind im Niederdeutschen Assonanzen, also halbe Reime).

Das ist eine wahrhaft seltsame Begegnung, die nun in immer neuen Kapiteln durchgespielt wird (auf über 300 Druckseiten). Und bald steigert sich das Niveau. Die Seele weiß, mit wem sie es zu tun hat, es spricht die armselige Seele (*grundelose sele*) mit dem unendlichen Gott (*endelosen got*). Nur ändert sich nichts am Ziel: Diese Seele will den Kontakt, will keine abstrakten Erörterungen über den Schöpfer aller Dinge, sondern will nahekommen bzw. schildert, wie sie ihm nahegekommen ist – in ihren Visionen. Es waren wohl Bilder, in denen Mechthild diesen Kontakt erlebte, Bilder, die sie im Prinzip kannte. Aber sie hat diese Bilder weiter entfaltet: als die Bilderwelt des *Hohelieds*, der Vereinigung mit Gott in der Liebe, das Erlebnis der Einheit in der Liebe. Was Mechthild von Theologenseite in Predigten oder sonstigen Unterweisungen nahegebracht worden war (man kann Anklänge an die damaligen Größen finden, auch an Bernhard von Clairvaux), vermengt sie mit der Bilderwelt des Minnesangs, den sie auf der elterlichen Burg kennengelernt haben wird.

Mechthilds Sprache ist mit anderen Worten ein Gemisch aus geistlicher Brautmystik und weltlicher Liebesdichtung. In dieser Mischung drückt sich erstmals eine radikale Form von Subjektivität (wem das Wort zu modern klingt, mag es durch

»Selbstaussage« ersetzen) auf Deutsch aus. Wir beobachten in ihr eine Erweiterung der deutschen Sprache, ihre Öffnung für die Schilderung persönlichster Vorstellungen und Konflikte.

Beim Brunnenschatten ins Bett der Minne

Gehen wir noch einmal hinein in einen dieser unglaublichen Dialoge zwischen Ich und Gott. Der hat die Seele gerade als *liebe Taube* angeredet, ihre Stimme als *Saitenspiel* in seinen Ohren, ihre Worte als *Gewürz* in seinem Mund bezeichnet, ihre Sehnsüchte als Ausfluss seiner Mildtätigkeit ihr gegenüber – lauter rhetorisch aufgeladene Vokabeln, die jeder kannte.

Aber nicht das Folgende: Die Seele antwortet ungerührt und ungeniert: *Ach, Herr, das ist so ja wohl normal.* Daraufhin weckt sie mit ihrem Seufzen den (ihren) Leib, der sich beschwert, wo sie denn gerade gewesen sei, dass ihre Entrückung ihm, dem Leib, alle Ruhe und Macht genommen habe. Die Seele aber fährt ihm über den Mund: *Schweig, Mörder! Lass dein Klagen! Ich will mich vor dir hüten.* Diese Seele will eben mehr als Leben in der Welt, sie will neue Erkenntnis, ein neues Schauen, den Genuss der Gegenwart Gottes, eines *süßen Gottes*, wofür sie jede Qual auf sich nimmt. In dessen Gruß, den sie immerfort begehrt, will sie lebendig sterben – diesmal das Zitat im Original: *In disem grüsse will ich lebendig sterben, das mögen mir die blinden heligen* (Heiligen) *niemer verderben, das sint die da minnent und nit bekennent.* Sie lässt sich also nichts sagen von den scheinbaren »Heiligen«, den normalen Menschen um sie herum, die da nach alten Vorstellungen zu lieben versuchen, aber im Grunde nichts begreifen.

Und dann kommt heraus, wie Mechthild diese Minne versteht. Es ist eine glühende Liebe, für die ihr nur ein einziges Bild adäquat erscheint: das der sexuellen Hingabe. Die Wonnen der Liebe lernen wir in der deutschen Sprache kennen als Bild für die Vereinigung mit Gott: immer wieder und immer offener. Nehmen wir eine Stelle, wo die Minne/Gott sagt, wie sie/er sich diese Liebe vorstellt: Am Lebensende werde sie/er die Geliebte ganz umschlingen, sie ganz durchdringen, werde sie/er ihren Leib stehlen und ihrem Liebsten geben. Die Seele aber (also Mechthild) schildert ihren Weg zu Gott als Reise an dessen Hof *(hovereise)*. Dort legt Gott sie an sein glühendes Herz, und dann:

> Wenn sich der hohe Fürst und die kleine Magd *(dirne)* umarmen *(umhalsen)* und vereint sind wie Wasser und Wein, dann wird sie zunichte und kommt von sich selbst. Wenn sie nicht mehr kann, so ist er liebeskrank *(minnesiech)* nach ihr, wie er es seit jeher war, denn er nimmt in seinem Verlangen weder zu noch ab. Sie spricht dann: Herr, Du bist mein Geliebter, meine Sehnsucht *(gerunge)*, mein fließender Brunnen *(brunne*, reimt sich auf *gerunge)*, meine Sonne, und ich bin dein Spiegel.

Es ist wirklich Minnesang, in dem Mechthild ihre Ausbrüche formuliert: Sehnsucht bis zur Klage über völlige Verlassenheit. All dies in schönster Konkretheit. *Herr, minne mich sehr, oft und lang*, heißt es beispielsweise. Und noch deutlicher, falls dies geht: *Komm zum Brunnenschatten in das Bett der Minne, da sollt Ihr Euch bei mir abkühlen.* Weiter: Die Allerliebste geht zum Allerschönsten in die geheime Kammer der unsichtbaren Gottheit und fragt, was der Herr ihr gebietet. Dessen Antwort: *Ihr sollt Euch ausziehen.* Ihre Reaktion: *Ich bin eine nackte Seele und du ein wohlgezierter Gott.* Dann will sie ihn salben, und er nennt sie seine Herzliebste (*herzeliebe*, ein Wort von Walther von der Vogelweide). Aber es gibt auch die andere Seite dieser Liebe, die Passion, in der Liebe und Tod nahe aneinanderrücken, selbst masochistische Züge aufscheinen. Die Seele wird mit Ohnmacht geschlagen *(gehalsschlaget mit grosser unmaht)*, weil sie das ewige Licht nicht ständig ertragen kann, zitternd und geschändet *(in bibender schemmede)* wird sie vor Gericht gezogen, weil ihre Sünden sie von Gott entfremden, sie wird *georschlaget, ge-*

streichet und geschlagen mit grozer sere (Krankheit), denn sie kann ihren Leib nicht loswerden, sie wird *verspottet* ihrer heiligen Einfalt wegen, weil sie, tief in göttlicher Weisheit, die irdische vergisst. In zahlreichen Paradoxen kommt das Unmögliche dieser Liebe des Menschen zu Gott zum Ausdruck: Je reicher sie wird, desto ärmer ist sie aber auch. Je mehr sie sich verzehrt, umso mehr gewinnt sie. Ein schönes Bild taucht auf: ein Tanz mit Gott. Aber welches Eingeständnis der Schwäche dabei: *o ich vnselig lamer hunt* (»o ich unseliger lahmer Hund«).

So jedenfalls sieht die eine Möglichkeit der Annäherung an Gott aus, die persönliche. Es gibt zahlreiche weitere, die sich teilweise konventioneller erweisen: als hymnische Lobpreisung *(O, du brennender Berg)* zum Beispiel, auch als Litanei mit ständig wiederholtem Beginn: *Wir loben dich, Herr, denn (...)*. Bekannte Metaphern wie *Bach meiner Hitze, Sturm meines Herzens, Augenweide* und vieles andere mehr können in langen Reihen hintereinandergesetzt werden. Visionen von Paradies und Hölle mit der Beschreibung eines Teufels, der einen Mönch brät und frisst, kommen ebenfalls vor – Dantes *Göttliche Komödie* erscheint erst knapp 100 Jahre später.

Entsinken und überfliessen

Neuland erobert Mechthild demgegenüber eher in wortbildnerischer Hinsicht. Man hat dies immer schon an den Abstrakta abgelesen, an den vielen Neuschöpfungen auf *-heit, -keit, -ung(e)*, von denen manche in unsern Wortschatz eingedrungen sind, ohne dass wir etwas von ihrem mystischen Hintergrund ahnen: *Bekanntheit, Blindheit, Gegenwärtigkeit, Innigkeit, Eitelkeit, Einfältigkeit* gehören dazu, weiter *Anschauung, Umhalsung*, während etwa *gebruchunge* für »Genuss« untergegangen ist. Auch *Bekenntnis (bekantnisse)* und *Finsternis* sind Abstraktbildungen, die typisch sind, weiter gibt es schon bei Mechthild die Steigerungsform des *über* etwa in *übergroß, übernatürlich*, *überfließen* (mit *Überfluss* und *Überflüssigkeit* noch in ihren jeweils geistlichen Bedeutungen). Im Laufe der Mystikgeschichte wurde aus diesen Rinnsalen ein ganzer Strom, ohne den wir uns heute das Erfassen psychologischer Vorgänge kaum vorstellen können. Unser *vollführen* steht in einer Reihe mit *vollblühen*, *volldanken*, *vollloben*, unser *allerliebst* in einer mit *allerklarest*, *alleganzest*, *allermeist*. *Entweichen* hatte *entgeisten* oder *entsinken* neben sich, *vergießen* kennen wir heute noch neben *verleugnen*, *verdüstern*.

Eigenartig, wie man angesichts dessen lange von einer Sprachnot mit Tendenz zum Verstummen gesprochen hat, die für die Mystik kennzeichnend sei, als wenn ihre Gedankenwelt nicht genau umgekehrt eine Kreativität befördert hätte, die dem Deutschen geradezu einen Schub verlieh. Dabei kann man auf Vorbilder verweisen, die in den niederländischen Raum führen, in die Diözese Lüttich. Dort gab es schreibende Zisterzienserinnen, vor allem die Begine Hadewijch im Brabanter Raum, deren sprachkräftige Gedichte Mechthild wahrscheinlich kannte und die sie von ihren niederdeutschen Voraussetzungen her ohne Weiteres verstand. Im 13. Jahrhundert war mit anderen Worten eine breite Bewegung entstanden, die heute als Frauenmystik gefasst wird und der Mystikgeschichte insgesamt einen wichtigen Zweig bescherte. Überall sind es Texte in der Volkssprache, in denen statt theologischer Erörterungen (die den Frauen verwehrt sind) Visionen eine Rolle spielen oder sich unter dem Begriff der Vision religiöse Ausdrucksformen Gehör verschafften, die in der lateinsprachigen Männerwelt etwas Neues darstellten. Überall in den Frauenklöstern entstanden Texte, die allerdings auch ganz andere Formen annehmen konnten als bei Mechthild.

In der Beschreibung der liebenden Vereinigung mit Gott kam es zu Ausprägungen, die zu Beginn des 20. Jahrhunderts, mitten in der Entwicklungszeit der Psychoanalyse, für schlicht pathologisch gehalten wurden. In Helfta selbst, noch im direkten Kontakt zu Mechthild, war es Gertrud von Helfta, die die

Passion Christi (allerdings, eine große Ausnahme, auf Latein) am eigenen Leib nacherlebt, sich für die empfangenen Wundmale bedankt, die sie Gott näherbrächten. An Weihnachten wird die Geburt Christi nachempfunden, das neugeborene Kind wird in den Armen gehalten, geherzt und geküsst – mit »Kindleinwiegen«, zu dem noch heute Museen entsprechende Wiegen zeigen. Im Dominikanerinnenkloster Engelthal bei Nürnberg schrieb im 14. Jahrhundert Christine Ebner ihre *Offenbarungen* auf, zu denen sie ihr Beichtvater anregte, nachdem er dem Kloster eine oberdeutsche Übersetzung von Mechthilds *Fließendem Licht der Gottheit* besorgt hatte. Diesmal steht eine heute unvorstellbare Askese im Zentrum, bei der Fasten und Schlafentzug noch das Mindeste sind. Christine schneidet sich ein Kreuz ins Fleisch, geißelt sich und traktiert ihre Brust mit einem Igel – sie spricht dabei von Strafe für ihre Sünden. Vielleicht handelt es sich auch um die Nachahmung der Passion Christi, eine Annäherung an Christus über körperliche Leiden. Das gab es nicht nur bei Frauen, sondern auch bei Männern, etwa bei Heinrich Seuse.

Herausgehen aus seinem Wollen

Ganz anders sieht es indes bei einem weiteren Vertreter der Mystik aus, bei dem Dominikaner Meister Eckhart. Dieser bedeutende Theologe schrieb weitgehend auf Latein, wobei er sich mit seinem großen Ordensbruder Thomas von Aquin kritisch auseinandersetzte. Aber Meister Eckhart schrieb auch auf Deutsch, und zwar kleinere Traktate und zahlreiche Predigten, die sich an weniger Lateinkundige wandten, darunter vor allem an Frauen: an Beginen und Nonnen, die seiner Seelsorge anvertraut waren. Und dabei lernen wir nun eine andere Seite der Mystik kennen: eine Beschreibung nicht des großen Aufschwungs im Sinne der *unio*, wie er von der Bildlichkeit des *Hoheliedes* geprägt war, sondern einer Lebenseinstellung der Konzentration auf das eigene Selbst und seine wahre Bestimmung. Was dieser Mönch im Auge hat, ist eine menschliche Existenz, die (die göttliche Gnade vorausgesetzt) alle wesentlichen Kräfte aus sich selbst entwickelt, insofern auf die Vermittlung der Kirche kaum angewiesen bleibt.

Dafür ist ihm der Prozess gemacht worden. Meister Eckhart, Prior der großen sächsischen Provinz des Dominikanerordens und in dessen Auftrag zweimal als Lehrer an die Pariser Universität geschickt, wurde offiziell als Ketzer verurteilt, wahrscheinlich allerdings posthum. Die dazu notwendige Bulle vom 27. März 1329 enthielt 88 als häretisch oder »übelklingend« eingeschätzte Sätze, die fast alle aus seinen deutschen Schriften stammten. Die Überlieferung (in über 200 Handschriften) ist wie immer schwierig, stets sind fremde Hände im Spiel. Aber in diesem Fall ist der Wortlaut oder gar Wortklang nicht ganz so wichtig. Es geht um die Gedanken, deren Originalität uns ausgerechnet das Gerichtsverfahren bezeugt.

Dabei wiederholt sich mit Meister Eckhart zunächst einmal nur die Situation, die wir von Notker dem Deutschen her kennen: Aneignung des lateinischen Wissens mit seiner theologischen Terminologie, die in der Hochzeit der Scholastik riesige Fortschritte gemacht hatte. Unendlich fein waren die Unterscheidungen geworden, die man etwa bei der Erörterung der geistigen Fähigkeiten machte. Im höfischen Schrifttum kannte man für »Verstand« die beiden Begriffe *list* und *witze*, die heute beide völlig andere Bedeutungen angenommen haben (»gewitzt« erinnert noch schwach an den Ursprung, auch der »Witz« der Aufklärung war noch der Verstand). Meister Eckhart benutzt mindestens drei Wörter, um den lateinischen *intellectus* wiederzugeben: *verstandnüsse, bekantnüsse, vernunft*. Wir erkennen darin noch »Verstand« und »Vernunft« wieder, die Kant zum Beispiel auf das reine Konstruieren mit Begriffen und das Verstehen aus Gründen bezog. Meister Eckhart hatte natürlich nicht Kant gelesen, aber er führte auf seine Weise deutschsprachige Unterscheidungen ein, die dem damaligen

Philosophieren entsprachen. Zum *intellectus* qua Verstand/Vernunft kam dabei noch die *discretio* als *bescheidenheit* (Klugheit). Dafür hätte allerdings niemand einen Ketzerprozess angestrengt. Gefährlicher wurde es auf ganz anderem Gebiet.

Man kann es am frühesten Text ablesen, den Meister Eckhart überhaupt auf Deutsch verfasst hat, einer Zusammenstellung abendlicher Lehrgespräche für die Novizen: *Die rede der underscheidunge* (übersetzt als: *Rede der Unterweisung*), entstanden zwischen 1294 und 1298. Was hier verhandelt wird, sind Fragen, die junge Mönche bedrängten, zum Beispiel, wie es sich mit dem Gehorsam verhält, womit die Schrift beginnt. Wieso ist der wichtig? Dazu muss man sich das Ich ansehen. Das Ich ist kompliziert, tendiert dazu, Dinge zu tun, die es eigentlich nicht will. Deshalb soll man es verlassen, aus sich herausgehen, damit ein anderer hineingehen kann: Gott. Und schon kommt die erste Pointe: Wenn ich meinen Willen aufgegeben habe, muss Gott für mich wollen. Und was will der? Das, was er für sich selbst will. Merkt man die Zuspitzung? Ich will wie Gott – das kann nicht verkehrt sein. Verkehrt wird es, wenn ich dies oder jenes, wenn ich es so oder anders haben will. Das Ich ist ein unsicherer Kantonist, auf Gott dagegen ist Verlass. Und wie hat Meister Eckhart das ausgedrückt? Das Wollen wird regelrecht umkreist, die Rede ist von einem Wollen, das nichts für sich will, von einem Herausgehen aus seinem Wollen: *ein lûter* (vollkommenes) *ûzgân des dînen*.

Die Sprache tanzt, aber nicht im Sichaufschwingen, sondern im Unterscheiden. Das ist ein befreites Gemüt *(ledic gemüete)*, das durch nichts verwirrt *(beworren)* und an nichts gebunden ist, in nichts auf das Seine sieht, sondern in den Willen Gottes versinkt und sich des Seinigen entäußert *(des sînen ûzgegangen ist)*. Im Traktat *Vom edlen Menschen*, dem die Inquisitoren die meisten beanstandeten Sätze entnahmen, fasst Eckhart diesen Vorgang als *entbilden* (frei werden von allem Geschaffenen) als Voraussetzung für das »Überbilden« durch Gott – natürlich ein gefundenes Fressen für die Inquisitoren.

Und die Pointen funkeln weiter: Beschwere dich nicht, dass du in der Fremde bzw. in einem Kloster lebst – in dieser Abneigung meldet sich nur dein dummes Ich. Das aber lässt dir nie deine Ruhe, wenn du es gewähren lässt. Du meinst, du solltest dieses oder jenes tun oder nicht tun, weil dir sonst etwas fehlt, weil dich etwas behindert. Ach, wie verwirrt bist du! Nicht die Dinge hindern dich, sondern dein Ich in den Dingen. Mach es anders, lass dich! Wer Frieden in den Dingen sucht, sucht verkehrt (was sogar für die klösterliche Abgeschiedenheit gelten kann). Je weiter du in die Ferne schweifst, umso weiter gehst du in die Irre. Darin aber liegt nun keine fromme Betrachtung, wie sie für Predigten typisch ist, sondern eine eindringliche Analyse des Ich und seiner Wünsche. Ausgehen aus dem Ich macht Platz für das Eingehen Gottes. Verzicht auf Tun führt zum Gewinn von Sein. Werke wie Fasten oder Wachen heiligen uns nicht, sondern *wir* (mit unserer richtigen Einstellung) machen Fasten oder Wachen zu etwas Heiligem.

Und dann die schönste Pointe, bei der man heute noch ahnt, wie sie gezündet haben muss in den Gemütern der Novizen, die damals wohl einigermaßen konsterniert zuhörten: Wenn du deinem Willen gestattest, Bestimmtes zu suchen, dann sucht der Wille am Ende dich. *Wem du nachjagtest, das jagt dich. Wovor du flohest, das flieht nun dich.* Hier zergliedert jemand etwas, das man nicht für zergliederbar hielt: das Wollen. Es zeigt seine überraschenden, ja gefährlichen Seiten. Alles ist anders, als es aussieht. Aber man kann hinter die Kulissen schauen, auch hinter die eines unverstandenen Ich.

Vom Mehrwert der deutschen Sprache

Die Sprache tanzt. Von »Zerstreuen« ist die Rede, davon, dass Mannigfaltigkeit zu zerstreuen droht. Und schon fließen Meister Eckhart die Wörter zu: Wie Gott keine Mannigfaltigkeit zerstreuen kann, so kann den Menschen nichts zerstreuen oder vermannigfaltigen *(zerströuwen noch vermanicvaltigen)*, denn er ist in jenem Einen, in dem alle Mannigfaltigkeit Eins und eine Nichtmannigfaltigkeit *(ein unvermanicvalticheit)* darstellt. Abstraktbildungen, zum Beispiel auf *-heit*, sind für die Mystik typisch. Hier begegnen sie zuhauf, bringen das Denken auf einen Punkt, sammeln die Gedanken ein, um ihnen eine feste Gestalt zu geben.

Genauso steht es mit Formulierungen, die die feine Beziehung zwischen Außen und Innen zu fassen suchen, die Warnung vor einer falschen Form von Einsamkeit *(ûzwenicheit)* statt einer inneren, bei der man Gott in sich bildet *(erbildet)*. Der Mensch soll mit göttlicher Gegenwärtigkeit erfüllt, mit der Form seines geliebten Gottes durchformt und ihm »verwesentlicht« werden *(mit götlîcher gegenwerticheit durchgangen sîn und in im gewesent sîn)*. Sein, das ist der Sinn der Formulierung, bedeutet Haben Gottes. Aber all dies nicht als gedankliches Wolkenkuckucksheim, sondern eng bezogen auf die Alltagsprobleme (freilich eines Mönchs). Und weit lehnt sich Meister Eckhart aus dem Fenster. Zu dem, was einen hindert, ich zu sein, gehören nicht nur Dinge wie schlechte Gesellschaft, sondern auch gute, nicht nur die Straße, sondern auch die Kirche, nicht nur böse Worte und Werke, sondern auch (äußerlich gesehen) gute. Erst wirkliche Bindungslosigkeit gegenüber den Dingen macht frei. Man spürt förmlich, wie das die Amtskirche traf, wie sie buchstäblich ächzte.

Dabei war der kleine Traktat nicht einmal besonders philosophisch angelegt. In seinen Predigten hat Meister Eckhart die Auffassung dieses freien Ich, das per se vernünftig ist, weil es am Göttlichen Anteil hat, gegen die franziskanische Theologie einer vom Willen angetriebenen Gottesliebe verteidigt. Diese Gedankengänge sind um vieles komplizierter (wer will, kann es ja einmal mit der Predigt Nr. 52 über die Armut aufnehmen). Auch die These, dass der Gerechte nur deshalb gerecht sei, weil er an der Gerechtigkeit Gottes teilhabe, dass insofern in ihm etwas Göttliches stecke und so alles auf die Gottesgeburt im

Menschen hinauslaufe – all das ist große und hochausdifferenzierte Theologie.

Uns interessiert hier die sprachliche Seite, die Tatsache, dass es möglich wurde, solche Gedanken auf Deutsch zu formulieren. In der Forschung hat man in diesem Zusammenhang geradezu von einem »Mehrwert« der Muttersprache gesprochen und damit sagen wollen, dass diese Gedanken auf Deutsch *besser* auszudrücken waren als auf Latein. Das geht zu weit. Von Mehrwert zu sprechen ist nicht unbedingt falsch. Aber damit kann nur ein Mehrwert für die Adressaten gemeint sein. *Sie* verstanden das Anliegen besser in der Muttersprache. Und diese Muttersprache war entsprechend zu präparieren. Gelegentlich hat man den Eindruck, dass es Meister Eckhart Spaß machte, seine lateinischen Gedanken der noch so gar nicht dafür hergerichteten deutschen Sprache aufzudrücken. Man kann ihm beim Drechseln zusehen, beim Experimentieren und Suchen.

Und stets wurde er fündig, kam zurecht. Das Kennzeichnende ist, dass dies beim Thema Mystik gelingt, bei dieser intellektuellen Form von Mystik. Mechthild vertritt die affektive Ausprägung. Sie schildert die personale Zuwendung zu Gott in den Bildern der liebenden Vereinigung. Meister Eckhart konzentrierte sich auf die Voraussetzungen eines Ich, das sich seiner Göttlichkeit bewusst wird, wobei schon das Erkennen als solches mit dem Erkannten vereint. Er analysierte die personale Zuwendung zu Gott in den Verästelungen einer Philosophie des Seins statt des Habens (noch der große Psychoanalytiker und Philosoph Erich Fromm spielte 1976 im Titel seiner Untersuchung *Haben oder Sein* darauf an). Hat das etwas mit Weiblichkeit und Männlichkeit zu tun, mit Frauenmystik versus Männermystik?

Grober Unfug! Mechthild durfte nicht philosophieren, sie war auf das Feld der Visionen verwiesen, die ihr noch Ärger genug machten. Meister Eckhart musste philosophieren, dazu hatte er den Auftrag. Dabei gibt es durchaus Berührungspunkte. Meister Eckhart fand eine wichtige Anregung zwar nicht bei

Mechthild von Magdeburg (die er kaum kannte), wohl aber bei einer anderen Begine, nämlich Marguerite de Porete, die mit ihrem Lehrbuch der Liebesmystik, dem *Miroir des simples âmes (Spiegel der einfachen Seelen)*, großen Erfolg hatte, so groß, dass man ihr in Paris den Prozess machte und sie 1310 verbrannte. Dass es darum gehe, den eigenen Willen zu vernichten und die göttliche Natur in sich zur Geltung zu bringen, lehrte schon sie. Meister Eckhart, Hausgenosse in der Wohnung eines ihrer Richter, entfaltete lediglich die theologischen Voraussetzungen und Konsequenzen dieser Gedanken.

Und so verdankt die deutsche Sprache der Mystik zwei Seiten, die sich auszuschließen scheinen: die Expressivität und die Intellektualität. Mystisch lernt die deutsche Sprache jubeln, und mystisch lernt sie analysieren. Dabei sollte man nicht nur auf den Wortschatz sehen, auf die Listen (man hat karikierend von »Schmetterlingssammlungen« gesprochen) von Bildungen mit *-heit* und *-ung* etwa. Das auch. Aber viel wichtiger ist der Zuwachs an Ausdrucksmöglichkeiten in diesem weiteren Sinne. Natürlich sind es nicht Mechthild und Eckhart allein gewesen. Die Frauenmystik war in vielen Klöstern vertreten, Heinrich Seuse und Johannes Tauler setzten Eckhart fort (der peinlicher- und vor allem feigerweise bei den Dominikanern nach seiner Verurteilung öffentlich totgeschwiegen wurde). Neben spezifisch dominikanischen Ausprägungen gab es die zisterziensischen, franziskanischen und viele andere mehr. Es handelte sich um eine große Frömmigkeitsbewegung in ganz Europa, die in die berühmte *Devotio moderna* des Brüsseler Kaplans Jan van Ruusbroec mündete.

Man hat sie inzwischen als Reaktion auf den Niedergang der Amtskirche (der Papst saß damals in Avignon) gedeutet. Die Mystik aber war der Boden nicht nur für eine neue Religiosität, sondern auch für die Erschließung eines neuen sprachlichen Kontinents: den der Innerlichkeit, der Subjektivität. Nicht in ihrer modernen Form, aber als deren Vorgängerin und sicher auch als eine ihrer Voraussetzungen.

SCHRIFTDIALEKTE

Beginn des Aktenzeitalters

Wer in der Schule aufgepasst hat, gibt für das Ende des Mittelalters und den Beginn der Neuzeit das Jahr 1500 an. Darin steckt eine Art Quersumme aus der Entdeckung Amerikas 1492 und Luthers Thesenanschlag in Wittenberg 1517. Die Wissenschaft ist mit dieser Datierung schon lange unzufrieden, probiert immer neue Grenzen aus. Niklas Luhmann, für große Abstraktion ebenso bekannt wie für kleine Späße, hat einmal als Epochenscheide die Einführung eines neuen Nahrungsmittels vorgeschlagen: Europa vor und nach der Kartoffel.

Wirklich ernsthaft aber wird etwas anderes erwogen: eine Art Pufferzone anzunehmen zwischen einem verkürzten Mittelalter und einer verzögerten Neuzeit, nämlich die Frühe Neuzeit, ungefähr zwischen 1350 und 1600 (oder 1650). Um 1350 spielten sich in Europa jedenfalls dramatische Ereignisse ab. 1348 landete ein Schiff in Genua mit Ratten an Bord, die den Schwarzen Tod brachten – und einen enormen Bevölkerungsrückgang in den folgenden Jahrhunderten. Auf 1346 datiert die Königswahl, auf 1355 die Kaiserkrönung Karls IV., der erstmals nach den Staufern wieder Glanz ins Reich brachte. Noch viel wichtiger: 1356 besiegelte dessen Goldene Bulle eine Reichsverfassung, die der neuen Realität entsprach: Die konkrete Macht wurde von Fürsten ausgeübt, die sich nun zusammenhängende Territorien schufen. Vor allem in den Siedlungsgebieten des Ostens entstanden moderne Staatsgebilde: das Kurfürstentum Brandenburg unter den Hohenzollern seit 1415, das Kurfürstentum Sachsen unter den Wettinern seit 1423, während der Westen und Süden des Reiches aufgesplittert waren.

Ein weiterer Punkt kommt hinzu: Im 14. Jahrhundert wuchs die Schriftlichkeit in unerhörtem Maße, ja explosionsartig an. Diebold Lauber beschäftigte in seiner Hagenauer Manufaktur zur Herstellung von Handschriften zwischen 1427 und 1467 über 20 Schreiber, die nach Diktat Bestellungen abarbeiteten – Werbezettel des Unternehmens existieren noch heute. Schon länger wurde Papier, eine Erfindung der Araber, aus Südeuropa bezogen, jetzt entstanden die ersten deutschen Papiermühlen, die den Bedarf zu decken halfen. Bei der Herstellung eines Buches fiel der Preis auf ein Viertel bis ein Zehntel gegenüber den Pergamentzeiten. Mehr als zwei Drittel aller erhaltenen Handschriften gehören ins 15. Jahrhundert. Und vor allem: Diese technische Entwicklung kam nun mehr und mehr der *deutschen* Sprache zugute. Noch immer gab es eine Dominanz des Lateinischen. Aber die nahm kontinuierlich ab und wurde schließlich auf Dauer gebrochen. Im Urkundenwesen zählt der Mainzer Landfrieden, den Kaiser Friedrich II. 1235 erließ, als Durchbruch. Die erste deutsche Königsurkunde Konrads IV. für Kaufbeuren stammt von 1240. Kaiser Rudolf von Habsburg beurkundete im 13. Jahrhundert mehr und mehr auf Deutsch, bei Kaiser Ludwig dem Bayer im 14. Jahrhundert überwogen die deutschen Ausstellungen bereits die lateinischen.

Man hat in Bezug auf das 14./15. Jahrhundert vom »Aktenzeitalter«, aber auch ganz allgemein von einer »Verschriftlichung des Lebens« gesprochen – und die fällt förmlich zusammen mit der Umstellung von Latein auf Deutsch. Nur die Auswirkung des Buchdrucks für den Durchbruch des Deutschen hat die Forschung früher überschätzt: Im 15. Jahrhundert lag der Anteil der deutschsprachigen Bücher noch bei sieben Prozent, erst 1682 überwogen die deutschen Titel die lateinischen. Übrigens kam im 14. Jahrhundert die Lesebrille in Gebrauch. Man schätzt, dass um 1500 die Zahl der Lesefähigen (mit und ohne Brille) ein bis vier Prozent ausmachte, in der Stadt könnten es fünf Prozent gewesen sein.

Neue Helden in den Kanzleien

Dabei hatte sich die Lage hinsichtlich der Textsorten ebenfalls grundlegend geändert. Was bislang in großem Maße überliefert wurde, waren literarische Texte sowie die Prosa im Recht und im geistlichen Bereich. Das blieb auch so, natürlich mit vielen neuen Akzenten. Auch in der Literatur kam die Prosa an, ehemalige Versromane wurden regelrecht »entreimt«. Im frühen 15. Jahrhundert schrieb Elisabeth von Nassau-Saarbrücken vier Romane gleich in Prosa. 1509 erschien mit dem anonymen *Fortunatus* der erste wirklich bürgerliche Prosaroman, bei dem sich alles um Geld und Gelderwerb drehte. Die Minnelyrik, um 1400 von einem Ritter wie Oswald von Wolkenstein (oft »der letzte Minnesänger« genannt) noch einmal aufgegriffen, fand eine Fortsetzung im streng verschulten Meistersang, über den man alles Wesentliche in Wagners Oper *Die Meistersinger von Nürnberg* aus dem Mund des Schusterlehrlings David erfahren kann. Als neue Gattung (nach der Novelle) erschien das Geistliche Spiel mit der Umsetzung von biblischen Geschehnissen oder Heiligenleben, aber auch das Fastnachtsspiel mit derben Stoffen als eine mittelalterliche Theaterkunst, die besonders in Städten gedieh.

Doch was ist all das gegenüber dem, was nun wirklich erstmals den Weg aufs Papier fand? Noch ins frühe 14. Jahrhundert reicht das *Pelzbuch* eines Autors mit Namen Gottfried von Franken. Es ist eine Schrift über Obst- und Weingärtnerei, denn *pelzen* bedeutet »pfropfen«. Darin findet man zum Beispiel etwas zur Kunst, wie man Äpfel und Birnen auf dem gleichen Baum ernten kann, wie man kernlose Früchte erhält, Melonen (man hat richtig gelesen) in Behältern zieht, den Boden erfolgreich düngt und die geernteten Früchte konserviert. Jagdbücher zum Vogelfang mit Klemmfalle, zur Hasensuche oder der Unterscheidung von Hirsch und Reh nach ihren Fährten entstanden in dieser Zeit, Koch- und Weinbücher, Medizinisches mit Anweisungen zur Verwendung von Kräutern als Arzneien, Bau-

ernpraktiken, Turnier- und Fechtbücher, Ehe- und Pesttrakta-
te, Erbauungs- und katechetische Literatur, ganz zu schweigen
vom Genre der Flugschriften, das kurz vor und nach 1500 mit
ca. 5000 Titeln förmlich durch die Decke schoss. Schließlich
wurde auch Geheimes und Geheimstes ausgeplaudert. Über
Rosstäuscherei konnte man sich informieren wie über Falsch-
spielertricks. Ein Autor namens Johannes Hartlieb präsentierte
1456 das *Buch aller verbotenen Künste*, in dem er vor magischen
Praktiken warnte, um dann über Unwetter- oder Goldmachen
und sogar die Zusammensetzung jener Salbe zu informieren,
die Luftfahrten ermögliche. Wie entwickelte sich in all diesem
publizistischen Durcheinander die deutsche Sprache? In welchen Dialekten wurde geschrieben? Wer sorgte für wenigstens
ein bisschen Ordnung?

Das sind tatsächlich die entscheidenden Fragen. Scheinbar
werden sie kompliziert dadurch, dass ausgerechnet zu Beginn
der Frühen Neuzeit eine letzte große Umstellung im Lautstand
erfolgte, die das Deutsche nun so klingen ließ, wie wir es bis
heute kennen: mit drei neuen Vokalen und drei neuen Diphthongen (Doppelvokalen). Aus *mîn niuwez hûs* wurde *mein neues
Haus*, aus *lieben guoten brüedern* wurden *liebe gute Brüder*. Fast
sieht man es beim *ie* nicht, weil das mittelalterliche *ie* wirklich
als Doppelvokal gesprochen wurde, während das angehängte
e später nur noch ein Dehnungszeichen war. Und noch eine
zweite deutliche Veränderung ist zu verzeichnen: die Dehnung
ehemals kurzer Vokale in offenen (also nicht von einem Konsonanten geschlossenen) Silben. Aus *bote* oder *fater* mit kurzem
o bzw. *a* wurden also *Bote* und *Vater* mit langem Vokal. Natürlich
war es wieder von Region zu Region verschieden und verstärkte
die ohnehin bestehenden Differenzen bei den Dialekten. Aber
diesmal lief es anders als einst bei der Verschiebung der Konsonanten, die Deutschland aufgesplittert hatte, diesmal wurde
aus dem Handicap geradezu ein Vorteil. Die Bewältigung der
Herausforderung weckte Kräfte. Man sah das Problem und
packte es an.

Trompeten wir es zur Verdeutlichung heraus: Was einmal als mittelhochdeutsche Dichtersprache begann, war eine Eintagsfliege, ein heroischer Versuch, der im Sande verlief. Deutschland hätte gut und gerne in ein Dialektchaos zerfallen können, auch in mehr Sprachinseln als nur die Niederlande und die Schweiz, die sich noch im Mittelalter mit dem Niederländischen und dem Schwyzertütsch ausgliederten. Tatsächlich vollzog sich genau das Gegenteil: Es begann der unumkehrbare Weg in die Einheit, die Deutschen gewannen ihre Identität als politische Gemeinschaft über diese anstrengende Sprache, nach der sie sich von Anfang an nannten.

Und nehmen wir auch den zweiten wichtigen Punkt vorweg: Der Weg in die Einheit führte über die Schrift, genauer: über die Schriftlichkeit, ja die Verschriftlichung. Die Schrift, die so schlagartig zunahm, war entscheidend, nicht das gesprochene Wort mit seiner Dialektvielfalt, die bis heute (warum auch nicht?) existiert. Mündlich versteht man sich irgendwie immer, weil Hände und Füße hinzukommen. Für die Schrift braucht man dagegen Normen, Regeln. Gesprochener Dialekt ist vergleichsweise harmlos, geschriebener eine Belastung, wenn nicht eine Katastrophe. Man musste heraus aus diesem Schlamassel. Und man kam heraus. Wir haben schon einmal die Mönche zu Helden gemacht (bei der Alphabetisierung) und dann die Einzelkämpfer in höfischer Zeit bis hin zu den mutigen Nonnen. Nun lernen wir neue Helden kennen: Es sind diesmal keine Adligen, sondern Bürger, gelehrte Bürger. Wo sie saßen? In den Kanzleien der neuen Landesherren und aufstrebenden Städte, später in den Druckereien.

UP DAT RIKE ODER AUF DAS REICH

Machen wir uns ein Bild von der komplizierten Lage, ein stark vereinfachtes. Deutschland war im 14./15. Jahrhundert sprachlich weiterhin dreigeteilt. Im Norden, an Nord- und Ostsee grenzend, herrschte immer noch Niederdeutsch. Seit 1345 existierte der Städtebund der Hanse, der in Lübeck seinen Mittelpunkt hatte und von London bis Nowgorod reichte, im Süden noch Köln als Partner gewann. Während seiner Blütezeit bestimmte das Lübische (aus Lübeck) den Handelsverkehr, der längst schriftlich geworden war.

In dieser Sprache wurden bedeutende Dichtungen hervorgebracht: das *Redentiner Osterspiel* zum Beispiel, wahrscheinlich nach einer verheerenden Pest an der Ostsee 1464 entstanden. Weiter wäre der *Reinke de vos* von 1498 zu nennen, die niederdeutsche Fassung der in ganz Europa verbreiteten Fuchsepik, die noch Goethe zu seinem *Reineke Fuchs* umarbeitete. Der *Till Eulenspiegel*, gedruckt 1515, wäre ein Beispiel für ein sehr erfolgreiches Volksbuch. Niederdeutsch, das sollte deutlich werden, war einmal eine eigenständige Sprache, kein ins Private verdrängter Dialekt. Im Spätmittelalter spielte es eine große Rolle, wie wir von Mechthild von Magdeburg oder von Eike von Repgow her wissen. Aber Niederdeutsch unterschied sich sehr stark vom Hochdeutschen sowohl durch den Konsonantismus wie den Vokalismus, stets musste »übersetzt« werden. Es ist schon ein Unterschied, ob man *up dat Rike* sein Glas erhebt oder *auf das Reich*.

Diesem Niederdeutschen stand das Hochdeutsche gegenüber, das Deutsch mit Lautverschiebung. Nur war die Verschiebung der Konsonanten (und einiges andere) nicht gleichmäßig verlaufen. Es gab den Gürtel vom Rhein her mit dem Rheinfränkischen bis Thüringen und das während der Kolonialisationszeit entstandene Sachsen (Obersachsen im Gegensatz zum niederdeutschen Niedersachsen). Diese Region kann man als die des Mitteldeutschen zusammenfassen. Ihr stand der Süden gegenüber, das Reich der Radikalverschieber mit dem Alemannischen (in der Schweiz sowie links und rechts des Oberrheins), dem Schwäbischen und dem Bayrischen (von Nürnberg bis Wien reichend, ehe sich das Österreichische abspaltete), insgesamt das Oberdeutsche.

Mittel- und Oberdeutsch unterschieden sich, standen sich aber viel näher als jeweils dem Niederdeutschen. Wenn es Hoffnung auf sprachliche Annäherung oder gar Einheit gab, dann richtete sich diese zuerst einmal auf die Mitte und den Süden. Der Bereich, der für eine solche Annäherung schlicht zu weit entfernt war, der niederdeutsche, schied etwa 1530 tatsächlich aus dem Rennen um die Einheit aus. Seit Langem hatten niederdeutsche Fürsten den Anschluss an den Süden gesucht. Mit dem Untergang der Hanse war das Schicksal des Niederdeutschen endgültig besiegelt. Schon 1427 war etwa Halberstadt, 1504 Berlin zum Hochdeutschen übergegangen (nicht ohne mit der niederdeutschen Verwechslung von *mir* und *mich* eine Spur zu hinterlassen). Deutschland wurde also aus einem dreigeteilten ein zweigeteiltes Land, in dem die Annäherung des Mittel- und des Oberdeutschen bereits kräftig im Gange war.

Dabei kam es ganz erheblich auf die Politik an. In aufstrebenden Regionen wurde mehr geschrieben, legte man mehr Wert auf Verständlichkeit. Politisch rege aber waren nicht mehr wie noch im Hochmittelalter der Süden und Südwesten, das Fränkische und Schwäbische insbesondere. Politisch rege war der Osten, der mitteldeutsche und der oberdeutsche Osten. Nacheinander entstanden hier wichtige Zentren. Das früheste reichte noch ins 14. Jahrhundert zurück: Prag. Karl IV. hatte hier neben der ersten Universität nördlich der Alpen eine Kanzlei unter Johann von Neumarkt eingerichtet, der vom italienischen Frühhumanismus beeinflusst war, persönlich mit Francesco Petrarca korrespondierte und sich in der Rhetorik auskannte. In der Rhetorik aber ist nicht nur sprachlicher Schmuck ein Thema, sondern auch Richtigkeit bis zur Orthografie. Weit im Osten entstand so ein gepflegtes Deutsch auf bayrischer Grundlage, in einer Kanzlei, die sich an den Reichsstädten Eger, Nürnberg und Regensburg ausrichtete und dann selbst zum Vorbild aller anderen Städte im Reich wurde. Aber Prag war nur ein Zwischenspiel. Als der Kaiser nach Wien zog, verlor es seine Bedeutung.

Das neue politische Zentrum lag nun im Süden, genauer: im bayrisch sprechenden Südosten. Von hier gingen Urkunden und Verlautbarungen in alle Teile des Reichs. Im 15. Jahrhundert sprach man im Hinblick auf diese Sprache vom *gemeinen Deutsch*, von einem gemeinsamen (die Dialekte übergreifenden) Deutsch also. Der Ulmer Drucker Günther Zainer verwendete den Begriff für seine deutsche Bibel (die wichtigste vor Luther) von 1475, kurz vorher tauchte er bereits in einer Handschrift auf. Aber Wien wurde noch weniger als Prag ein wirkliches Zentrum, weil der Prozess der Staatenbildung in den Regionen mittlerweile weiter fortgeschritten war. Kanzleien gab es nun nicht mehr nur am Kaiserhof, sondern auch in den einzelnen Ländern und in den immer wichtiger werdenden Städten. Die bedeutendste Kanzlei hatte sich in Mitteldeutschland gebildet, in Meißen am Hof der Wettiner.

Diese ehemaligen Markgrafen erhielten im 15. Jahrhundert das Kurfürstentum (Ober-)Sachsen zugesprochen, das von der albertinischen Linie in Dresden auf die ernestinische in Meißen überging. In diesem Meißen war seit 1486 Friedrich der Weise Kurfürst, ein bedeutender Herrscher, der nach dem Tode Friedrichs III. die Kaiserkrone angeboten bekam und sie ausschlug (wonach der Habsburger Maximilian Kaiser wurde). Unter Friedrich dem Weisen hatte die Region große Fortschritte gemacht: Bergbau und Manufakturindustrie blühten, die Verstädterung mit Freiberg oder Chemnitz war vorangetrieben (samt Kleider- und Kehrichtordnungen auf Deutsch), der Fernhandel in der Leipziger Messe organisiert. Für all dies brauchte der Kurfürst eine perfekt funktionierende Kanzlei – und die hatte er.

Man weiß, dass Thüringer unter den Schreibern waren, also Mitteldeutsch Sprechende aus dem westlichen Altland, die mit den Kollegen, die den Dialekt des östlichen Neulands sprachen, nach Ausgleich strebten. Gleichzeitig suchte man Anschluss an den Süden, an die kaiserliche Kanzlei. Martin Luther, vor allem Katholiken gegenüber nicht besonders höflich, hat die Kanzlei

Maximilians sehr gelobt und die Zusammenarbeit mit Meißen als vorbildlich dargestellt – heute würde man von Synergieeffekten sprechen. Auf diese Weise aber war im Osten und Südosten ein Vorbild entstanden, das auch in den anderen Teilen des Reiches nicht ohne Wirkung blieb. Selbst in Köln befolgte man trotz eines völlig anderen Dialekts im mündlichen Umgang in der Schrift diese östlichen Normen – nach dem Motto: lieber zweisprachig als abgehängt werden (wer die Kölner kennt, weiß, was gemeint ist).

Viel Arbeit und grosser Beschiss

Dabei spielte nun neben den Kanzleien der Buchdruck eine entscheidende Rolle. Neben die Residenzen traten die Druckorte, die sich auf sämtliche Dialektgebiete verteilten. Vor 1500 war Basel das Zentrum des Alemannischen, hier erschien 1494 Sebastian Brants *Narrenschiff* (wovon wir noch hören werden). Im schwäbischen Augsburg saß Johann Schönsperger, der (trotzdem) Wiener Hofbuchdrucker wurde und in dieser Funktion jenen etwas merkwürdigen *Theuerdank* herausgab, in dem Kaiser Maximilian höchstpersönlich seine Brautfahrt nach Burgund als ritterliches Abenteuer darstellt. Im Westen war Köln die wichtigste Druckerstadt, zeitweise die produktivste im ganzen Reich, zumal gerade hier Niederdeutsches gedruckt wurde.

Wo immer man aber hinsieht: Wie in den Kanzleien saßen auch in den Druckereien Spezialisten, die sich Gedanken um die Sprache machten, nicht mehr wild *sunne* neben *sonne*, *gerennt* neben *gerannt* setzen wollten, wie es Anton Koberger mit seinen 100 Mitarbeitern (an 24 Pressen) in Nürnberg anfangs noch munter praktizierte. Wo die Verbreitung der Druckerzeugnisse rein lokal war, richtete man sich nach dem eigenen Dialektgebiet. Wo man auf weiteren Absatz hoffte, suchte man nach Ausgleich. Christoph Froschauer druckte in Zürich

eine Bibel mit den neuen Diphthongen, die er in seiner für
den lokalen Markt bestimmten teuren Folioausgabe wegließ.
Johannes Schönsperger in Augsburg schielte als kaiserlicher
Hofdrucker nach der Wiener Kanzlei und überarbeitete sein
Schwäbisch. Ein Straßburger Drucker, der Luthers Bibel so
rasch wie möglich auf den lokalen Markt warf, entschuldigte
sich bei seinem Publikum für das »Sächsisch«. Ein Nürnberger,
der ein alemannisches Buch in Bayern verkaufen wollte, stellte den Vokalismus um, druckte *bawen* statt *buwen*, *dar bey* statt
dar by. Natürlich war das Ergebnis nicht immer befriedigend,
und die Klagen über unerfahrene, nachlässige oder profitgie-
rige Drucker durchziehen die Literatur. Brant hat in seinem
Narrenschiff nicht nur diejenigen angeprangert, die Bücher als
Dekoration erwerben und sie eher abstauben als lesen, sondern
auch den *groß(en) beschisz*, dass viel gedruckt und wenig kor-
rigiert werde.

Ob man auf Kanzleien oder Drucker sieht: Annäherung und
Ausgleich bezogen sich nicht auf die mündliche Seite der Sprache, sondern auf die schriftliche – allein auf die schriftliche.
Die Schrift verpflichtete sich dem Leser, vor allem seit immer
mehr Geschriebenes dazu diente, statt vorgelesen selbst gelesen zu werden. Dazu aber musste die Schrift nicht nur Dialektunterschiede überbrücken, sondern überhaupt Laute auf einheitliche Weise wiedergeben. Die Schrift wurde mit anderen
Worten ein System mit eigenen Gesetzen. Davon sollte die
Einheit auf Dauer am allermeisten profitieren. Tatsächlich ist
gerade in Deutschland die Einheitssprache nicht dadurch entstanden, dass sich ein einzelner Dialekt durchgesetzt hätte wie
in England das Londoner Englisch (das Chaucer am Ende des
14. Jahrhunderts zur Literatursprache gemacht hatte und auf
dem dann die weitere Entwicklung aufbaute). Aber auch in
Deutschland gelang die Einheit auf der Grundlage der Schrift.
Noch gab es allerdings in dieser Schrift Dialekte, die man mit
Recht auch so nannte: Schriftdialekte (während die Einheit
letztlich noch beim Latein lag). Aber es gab eben viel weniger

Schriftdialekte als gesprochene Dialekte – man rechnet mit vier bedeutenden Kanzleisprachen und etwa acht Druckersprachen. Und bald gab es einen neuen Gesichtspunkt: Statt zu schreiben, wie man spricht, lautete fortan die Empfehlung: zu sprechen, wie man schreibt.

Sächsisch, aber nicht dem Klang nach

Man versteht am besten, was gemeint ist, wenn man sich ein berühmtes Wort von Luther ansieht, das er wie so oft bei seinen *Tischreden* in einem Gemisch von Deutsch und Latein geäußert hat:

> Ich rede nach der Sechsischen cantzley, quam imitantur omnes duces et reges Germaniae [die alle Fürsten und Könige Deutschlands nachahmen]; alle reichstette, fürsten höfe schreiben nach der Sechsischen catzeleien vnser churfürsten. Ideo est communissima lingua Germaniae. Maximilianus imperator et elector Fridericus imperium ita ad certam linguam definierunt [Die ist die gemeinsame Sprache Deutschlands. Kaiser Maximilian und Kurfürst Friedrich haben dem Reich eine gemeinsame Sprache gegeben], haben also alle sprachen in eine getzogen.

Luther übertrieb. Aber Luther sagte auch etwas sehr Wichtiges. Er hielt sich nicht an das (Ober-)Sächsische im Sinne des gesprochenen Dialekts. Er hielt sich an die künstliche Sprache der Kanzlei, die auf schriftlicher Ebene die Einheit vorantrieb. Über das Gesprochene hat sich Luther sogar wiederholt lustig gemacht (über die »weichen« *d*, *b*, *g* statt *t*, *p*, *k* im Sächsischen zum Beispiel), stammte er doch selbst aus der niederdeutsch sprechenden Stadt Eisleben, von der er einen niederdeutschen Tonfall mitgebracht hat. Überhaupt kann man bei dieser Gelegenheit einfügen, dass der Untergang des Niederdeutschen als Schriftsprache nicht spurlos verlaufen ist. Zwar war zwischen

verschobenen und unverschobenen Konsonanten nicht zu vermitteln, aber niederdeutsche *Laut*merkmale blieben im Hochdeutschen erhalten, ja prägen es bis heute. Was wir im Fernsehen oder Radio von Berufssprechern hören, ist geradezu ein
Hochdeutsch in niederdeutschem Klanggewand – man denke
nur an das als *ich*-Laut ausgesprochene *ig* etwa bei *König* oder
das weich gesprochene *s* im Anlaut, was beides kein Süddeutscher kennt. Wenn das nicht ein Trostpflaster ist!

Ein einheitliches Deutsch war damit noch nicht erreicht,
weder im kaiserlichen Wien noch in Meißen, weder bei einem
schwäbischen noch bei einem Kölner Drucker. Aber der Ausgleich schritt voran. Wenn man im Bayrischen von einem *pischof*
sprach, schrieb man eben *bischof*. Wenn in der Meißner Kanzlei
ein Manuskript das Wort *darfft* enthielt, schrieb man in Reinschrift *dorfft* (noch etwas später *durfte*). Genauso ersetzte man in
der kaiserlichen Kanzlei das oberdeutsche *sunst* durch ein überregionales *sonst*. Wenn das Alemannische oder Rheinländische
keine Diphthonge kannten, wurden sie im Druck geschrieben.
Man merkte, dass im visuellen Bereich andere Regeln gelten als
im lautlichen, und begann, das Nebeneinander etwa von *ei* und
ai für die Trennung der Homonyme *Leib* und *Laib* zu nutzen.

Und dann kam erst die große Aufgabe der Entrümpelung
im Buchstabenbereich. Was hatte sich nicht alles angesammelt
an Bezeichnungen der langen Vokale? Beim *a* das *aa*, *ah*, *ae*
zum Beispiel, was aber nichts ist gegenüber dem *u*, wo es ganze
Heerscharen von Alternativen gab: *u*, *v*, *uo*, *w*, *ü*, *ue*, *e*, *we*, *wh*,
also nicht einmal die Unterscheidung von vokalischem *u* und
konsonantischem *w* (was in unserem geschriebenen *qu* als ge-
sprochenem *kw* bis heute erhalten blieb). Ein Wort wie *pflichtig*
konnte als *phlichtig*, *phlichtich* oder *phligtig* geschrieben werden,
das *tz* als *cz* oder *ts*. Für die harmlose Bezeichnung *Volk* fand
man die folgenden Schreibungen: *folch*, *folchgt*, *folchk*, *folcht*,
folckh, *volgt*. In einem Manuskript enträtselte ein Drucker die
Wendung *padenn sy vnnß dass wier pey Jennen solden pleiben* und
druckte (auch heute noch gut verständlich) *baten sie vns, dass*

wir bey jhnen blieben. Kanzleischreiber und Drucker hatten mit anderen Worten alle Hände voll zu tun. Sie arbeiteten nicht gegeneinander, sondern guckten voneinander ab. Ein spannendes Experiment lief (nur) in Deutschland. Nirgendwo gab es Zwang, weil niemand niemandem zu befehlen hatte. Und doch kam Gemeinsames dabei heraus, jedenfalls immer mehr Gemeinsames. Was politisch so viel mühsamer funktionierte, funktionierte sprachlich besser. Kaiser Karl V. zog gegen Kurfürst Johann Friedrich von Sachsen bei Mühlberg zu Felde und besiegte ihn. Ihre Kanzleien aber arbeiteten zusammen.

Von Brötchen in Berlin und der Eilinie bei Dürer

Bislang war von der Schrift die Rede, von Laut- und Buchstabenzuordnung. Was die Verständlichkeit ebenso bedrohte, war der jeweils regionale Wortschatz. Ganz abgebaut wurde er nie, wie jeder weiß, der in Berlin einmal Brötchen oder Semmeln kaufen wollte. Aber es ging den Varianten an den Kragen. Der *Samstag* siegte über den *Sonnabend* nicht ganz, aber *Dienstag* und *Donnerstag* haben den bayrischen *erichtag* bzw. *pfingstag* wirklich verdrängt.

Gemeinsames, Überregionales gab es vor allem beim Ausbau des Wortschatzes. Die deutsche Sprache gilt als Wortbildungssprache, ihre Spezialität sind die Vor- und Nachsilben, wovon die Mystik bereits so reichlich Gebrauch machte. Dies fand nun eine Fortsetzung im nicht-religiösen Bereich. Der *Eindruck* oder die *Einkehr*, die *Dunkelheit* und eine allerdings wenigstens sprachlich folgenlose *Fressigkeit* wären Beispiele. Auch die Häufung von mehreren Nachsilben kam nun vor wie in *Sichtbarkeit* oder *Ehrerbietung*. Eine weitere Möglichkeit ist die Bildung von Komposita, von denen Luthers *Bauchdiener* oder *Götzendienst*, Thomas Müntzers *Lästermaul* oder *Mastschwein*, schließlich der *Sauertopf* des Mathesius als Beispiele dienen mögen. Natürlich strömten neue Fremdwörter ins Deutsche, besonders aus dem

Lateinischen: *Brutalität, Enthusiasmus, Information* oder *reformieren* wären Kandidaten. Man mag es fast nicht glauben, dass *Familie* (nach *familia*) erst 1546 auftauchte, und zwar gegen das alte deutsche *hiwische* oder Umschreibungen wie *Weib und Kind* (was noch Luther neben einfachem *Haus* bevorzugte). Auch Lehnübersetzungen wie *Wohlwollen* nach *benevolentia* oder *Menschenfeind* nach *misanthropus* kamen damals auf. Gelegentlich wurden diese Entlehnungen mit interpretierenden Synonymen versehen: *edicta und verbot.*

Gewaltig war weiter der Ausbau des Fachwortschatzes, der angesichts der rasanten Entwicklung im technischen und wissenschaftlichen Bereich nötig wurde. Dabei fällt der hohe Anteil des Deutschen auf. Wenn Dürer in seiner *Unterweisung der Messung* mathematische Begriffe zur Erklärung der Perspektive einführte, waren es deutsche: *beweisen, abziehen, teilen durch, Achse, Achteck, Kugel* etwa (während sich die *ei lini*, »Eilinie«, für die Ellipse ebenso wenig durchsetzte wie die *gabel lini* für die Hyperbel). Natürlich gab es daneben Fremdwörter wie *Mathematik, Arithmetik, Ziffer, dividieren, multiplizieren.* Von der Universität her war der Fachwortschatz ohnehin lateinisch geprägt. In der Medizin hat sich dies bis heute erhalten: *Infektion, Tinktur, Appetit, epidemisch, spasmisch* sind Beispiele. Man wundert sich geradezu, dass sich immerhin Wörter wie *Schwindsucht* oder *Zwerchfell, Magenkrankheit* oder *Erkältung* behaupten konnten.

Im Rechtswesen setzten sich deutsche Ausdrücke viel besser durch, wie wir vom *Sachsenspiegel* her wissen. Aber auch im Wirtschafts- und Steuerbereich treffen wir auf zahlreiche deutsche Wörter: auf *Anlage* oder *Armengeld*, auf *Armensteuer* oder *Grundzins*. In der Landwirtschaft erscheinen deutsche Ausdrücke besonders naheliegend, wobei gelegentliche Unverständlichkeit eher darauf beruht, dass uns die Gegenstände oder Sachverhalte nicht mehr vertraut sind wie etwa beim *Baumscheitler* (der Baumstämme in Scheite spaltet) im Gegensatz zur immer noch existierenden *Baumschule*. Dass heute viele Alltags-

wörter aus einem Fachwortbereich stammen, belegen Fälle wie
Ausbeute oder *Raubbau* (Bergbau), *Lärm* oder *Nachdruck* (Sol-
datensprache), *Wrack* oder *Ballast* (Seemannssprache), *Fallstrick*
oder *nachspüren* (Jägersprache).

Bleibt das Thema der Satzbaumittel. In diesem Punkt hat
man früher den Einfluss des Lateinischen überschätzt. Tatsächlich wurden von übereifrigen Humanisten Partizipialkonstruktionen oder der berühmte A.c.I. (Akkusativ cum Infinitiv: *er
sprach ain frowen sin ain tiere* nach *ille feminam dicebat animal
esse*) im Deutschen nachgeahmt, aber große Folgen zeitigte dies
nicht. Was tatsächlich eine Fortentwicklung erfuhr, war die
Unterordnung, also der Schachtelsatz, an dem die Kanzleien
nicht ganz unschuldig waren. Schon im Rechtsbereich hatte
dies angesichts komplizierter Tatbestände Tradition. Andererseits gab es lange Sätze auch bereits früher. Für das Jahr 1411
hat man einen Nebensatz gefunden, der bis zum fünfzehnten
Unterordnungsgrad reicht.

Zu beachten ist daneben der Ausbau der Interpunktion,
mit der man Sinnabschnitte (die größeren Kola, nicht mit einer berühmten Limonade zu verwechseln, und die kleineren
Kommata, noch nicht die späteren Satzzeichen) mithilfe von
Schrägstrichen (Virgeln) abtrennte, ehe allmählich nach lo-
gisch-syntaktischen Gesichtspunkten Haupt- und Nebensätze
unterschieden wurden. Auch eine andere Form der Hilfe beim
Lesen entstand: die für das Deutsche typische Groß- und Kleinschreibung. Luther benutzte in seinem Neuen Testament von
1522 noch wenige Großbuchstaben (insbesondere für Namen),
in der Vollbibel von 1543 waren es schon deutlich mehr, ehe
sich im 16. und 17. Jahrhundert eine konsequente Substantiv-
großschreibung durchsetzte.

In der Frühen Neuzeit, genauer: etwa in ihrer ersten Hälfte
zwischen 1350 und 1500, wuchs in der Schrift allmählich zusammen, was zusammengehörte. Noch gab es (trotz Luthers
Wort) keine völlige Einheit, weil die politischen Verhältnisse
nicht danach waren. Während Paris und London genau die

Zentren wurden, von denen aus das Ziel rasch näherrückte, gab es in Deutschland das freie Kräftespiel. Man kann es fast als eine Art Experiment verstehen: Was passiert, wenn niemand diktiert, aber jeder Interesse hat an einem vernünftigen Ergebnis?

Es gehört zu den großen Errungenschaften der neueren Forschung, dass sich diese Frage heute beantworten lässt. Lange konnte man sich nur eine Steuerung von oben vorstellen – daher der Blick etwa auf die Prager Kanzlei. Dann kam die Gegenbewegung mit der These einer Revolution von unten in der Weise, dass die Ostsiedler die Einheit hervorgebracht hätten: einfache Menschen, die sich verständigen mussten und dabei zwangsläufig Gemeinsamkeit anstrebten. Heute weiß man, dass alles viel komplizierter verlief. Aber man kann es auf einen Punkt bringen: Statt des großen Wurfs kamen zunächst mehrere kleinere Versuche zustande. Statt der großen Einheit gab es mehrere kleinere Vereinheitlichungen, die sich aufeinander zubewegten.

Dahinter aber stand eine ganz andere als nur sprachliche Frage. Hinter dem Problem der sprachlichen Einheit machte sich das der nationalen Einheit bemerkbar. 1474, als man erstmals vom *Romischen rych Duytschen nacion* sprach, drückte sich in der Rede vom *gemeinen Deutsch* auch der Ruf nach einem gemeinsamen Volk aus. Die Arbeit daran, das Bewusstsein, einer Sprachgemeinschaft anzugehören, wurde wie überall in Europa ein Motor der Nationbildung. Aber kaum irgendwo gestaltete sich die Forderung nach einer gemeinsamen Sprache so schwierig wie in Deutschland. Auch der Zufall musste helfen.

LUTHERS BIBEL

DAS LAUTERE GOTTESWORT SCHMECKEN

Wie kompliziert auch immer man sich das Zusammenwachsen des Deutschen vorzustellen hat: Die Schnelligkeit und auch einige Akzente dabei verdankt es einer historischen Gestalt und deren Tat – Martin Luther und seiner Bibelübersetzung. Eine konfessionell noch nicht ganz emanzipierte Wissenschaft hat mit der Apostrophierung Luthers zum »Schöpfer« des modernen Deutsch dabei den Bogen ebenso überspannt wie mit seiner Titulierung als »Verderber«.

Die Wahrheit ist zunächst einmal, dass Luther Theologe war, sein Griff zur Bibel nicht sprachlicher, sondern theologischer Motivation entsprang. Nur die Schrift sollte gelten, und damit meinte er: die Heilige Schrift. In der *Weihnachtspostille* von 1521 (einer Auslegung des Weihnachtsevangeliums samt Übersetzung als eine Art schriftliche Predigt) äußert er, alle Auslegungen sollten am besten untergehen und nur das *bloße lautere Gotteswort selbst* zu *fassen* und zu *schmecken* sein. Aber Luther war auch Humanist, kannte den Urtext und wusste um die Probleme der bisherigen Übersetzungsversuche. Nur ein neuer und vor allem den neuen Ideen angepasster Versuch konnte weiterhelfen. Dass es tatsächlich dazu kam, verdankte sich Luthers mehr als stürmisch verlaufender Biografie.

Der Sohn eines Bergwerkspächters aus Eisleben im östlichen Harzvorland hatte in jungen Jahren eine Schulausbildung hinter sich gebracht und war ins Kloster eingetreten zum Dank an Gott, dass er einen Blitzschlag überstanden hatte. Als Augustinereremit in Erfurt lebte Luther in übertriebener, aber üblicher Askese. Wie jeder andere Mönch studierte er die Bibel und wurde dann zum Priester geweiht. Danach kam der Aufstieg. 1512 zum Doktor der Theologie promoviert, erlangte er eine Professur an der Universität Wittenberg. Sein Lehrauftrag war Bibelerklärung – *Lectura in Biblia* im Fachjargon. Unter den Voraussetzungen des zeitgenössischen Humanismus bedeutete dies: Rückgang auf den Urtext, auf das Neue Testament in Griechisch, auf das Alte Testament in Hebräisch. Die notwendigen Sprachkenntnisse hatte Luther längst erworben, sorgte aber für die Berufung noch gelehrterer Kollegen auf die Lehrstühle für die alten Sprachen. Der Gräzist Philipp Melanchthon (Luthers bester Freund und engster Mitarbeiter) und der jüdische Hebräist Matthäus Aurogallus kamen nach Wittenberg. Als weiterer Humanist gehörte Georg Spalatin, der Prinzenerzieher und Geschichtsschreiber am Kurfürstenhof, zum harten Kern. In diesem Quartett – allesamt Junggesellen zur damaligen Zeit – drehten sich sämtliche Gespräche um die Religion. Luther war der Radikalste. Er ging in die Offensive.

1517, am 31. Oktober, veröffentlichte er seine 95 Thesen, in denen er die Missstände in der Kirche anprangerte, besonders den Ablasshandel. Der Anschlag der Thesen an der Universitätskirche von Wittenberg dürfte Legende sein. Es handelte sich um ein gedrucktes Flugblatt wie so viele damals, noch dazu auf Latein, also an die Adresse der Gebildeten gerichtet. 1519 erhielt er die Vorladung zu einem Streitgespräch mit einem bekannten Theologen: zur Disputation in Leipzig mit dem Ingolstädter Professor Johannes Eck – dem Dauergegner der nächsten Jahrzehnte. Im Jahr darauf folgte aus dem alarmierten Rom die Bannandrohungsbulle. Luther antwortete mit der Veröffentlichung neuer, viel ausführlicherer Flugschriften, die er überwiegend in deutscher Sprache verfasste. Sie sollten die »Hauptschriften« der Reformation werden, darunter besonders: *An den christlichen Adel deutscher Nation von des christlichen Standes Besserung*. Als Begleitmaßnahme verbrannte Luther vor einem Stadttor Wittenbergs nicht ohne karnevaleske Umrahmung öffentlich die Bannandrohungsbulle nebst einigen Schriften des kanonischen Rechts. Das genügte. Am 3. Januar 1521 erfolgte der Bann, diesmal mit allen Konsequenzen (wie dem Ausschluss aus der Kirche). Ohne viel Glück wäre das wohl das Ende von Luthers Karriere, wenn nicht seines Lebens gewesen.

Dieses Glück bestand zunächst darin, dass Luthers Landesherr, Kurfürst Friedrich III., der den Beinamen der Weise trägt, seine Hand über diesen merkwürdigen Revoluzzer hielt, obwohl er selbst treu zur Kirche stand. Er schickte Luther im April zur Reichsversammlung nach Worms und ermöglichte ihm damit den berühmten Auftritt vor dem frischgewählten Kaiser Karl V. Dort fiel das berühmte Wort: *Hier stehe ich. Ich kann nicht anders.* Ab dem 3. Mai richtete der Kurfürst für Luther die Schutzhaft auf der Wartburg ein. Weil Friedrich III. im Reich eine starke Stellung besaß, kam es zwar zur Erklärung der Reichsacht, die Luther vogelfrei machte, also jeden zu seiner Tötung berechtigte. Aber der damit verbundene Ketzerprozess gegen ihn verlief schleppend. Der Angeklagte hatte also Zeit, am Schreibtisch seinen Ideen nachzugehen. Im Dezember fiel, nicht zuletzt dank des ständigen Drängens des Freundes Philipp Melanchthon, Luthers Entschluss: Die Bibel sollte ins Deutsche übersetzt werden, zuerst das Neue Testament. In elf Wochen war er fertig, unterbrochen wurde seine Arbeit eigentlich nur vom Schmeißen mit dem Tintenfass nach dem Teufel, wie jeder Besucher der Wartburg weiß.

LUTHERS DRUCKEREI

Das Neue Testament in elf Wochen zu übersetzen war das eine, es zu drucken das andere. Damit unterscheidet sich dieses Unternehmen wesentlich von dem auch schon spektakulären eines John Wyclif, der im 14. Jahrhundert die Bibel ins unliturgische Englische übersetzt hatte – damals noch mit anschließender Verbreitung in Handschriften, gegen die die Kirche allerdings auch schon in Aufsehen erregender Weise vorging. Wie aber erst drucken? Mit dem dazu nötigen technischen Apparat, noch dazu von der Wartburg aus, die Luther nur in der Verkleidung als Junker Jörg verlassen konnte? Aber er riskierte es, schloss an das an, was er bislang praktiziert hatte.

Wittenberg, erst seit 1502 Universitätsstadt, besaß anfangs nur die Hausdruckereien von zwei Professoren. 1508 gründete Johann Rhau-Grunenberg ein halbwegs professionelles Unternehmen. Luther hatte sich bei ihm für den Vorlesungsbetrieb lateinische Bibelauszüge mit großem Zeilenabstand drucken lassen, um laufende Kommentare eintragen zu können. Dann kamen dort die ersten Reformationsschriften heraus. Ab 1517 wurde das Wittenberger Unternehmen für Luthers Belange zu klein. Er ging in die schon damals bedeutende Druckerstadt Leipzig zum größten Drucker. Es handelte sich um Melchior Lotter den Älteren, dessen erste Arbeit für Luther das Flugblatt mit den 95 Thesen darstellte. Als der umtriebige Professor ständig neue Aufträge erteilte, schickte Lotter der kürzeren Wege halber seinen Sohn gleichen Vornamens nach Wittenberg, um eine Art Zweigstelle zu eröffnen.

Melchior Lotter der Jüngere baute also das erste Unternehmen für Luther auf. Weil von Anfang an klar war, dass hohe Investitionen nötig sein würden, schloss sich Lotter an ein Unternehmen anderer, aber doch ähnlicher Art an: die Malerwerkstatt von Lucas Cranach dem Älteren. Dieser schon damals äußerst erfolgreiche Meister bildete zusammen mit dem ebenfalls gut betuchten Goldschmied Christian Döring ein Verlegerduo. Verleger, Drucker und der Kreis der befreundeten Humanisten organisierten zusammen mit Luther die Anfänge der Reformation. Lotter, Cranach und Döring bildeten das publizistische Rückgrat eines Unternehmens, das auf der Basis von rein handschriftlicher Verbreitung oder purer Mündlichkeit (sprich: Predigt) schlicht nicht zu verwirklichen gewesen wäre. In Luthers Wohnung traf man sich, heckte Pläne aus. Die Druckerei Lotters verbreitete die Ergebnisse in ganz Deutschland. 1523 kam der Bruder des Druckers, Heinrich Lotter, nach Wittenberg, begründete die Cranach-Döringsche Presse, aus der seit 1524 alle reformatorischen Schriften hervorgingen. Nach einem peinlichen Zwischenfall, einem mehr als handgreiflichen Streit dieses Bruders mit einem Mitarbeiter, übernahm ab 1525 Hans Lufft die Druckerei. Ab 1534 gab es das neue Verlegerkonsortium Moritz Goltz, Christoph Schramm und Bartholomäus Vogel. Bis über den Tod Luthers hinaus, um die 50 Jahre insgesamt, druckte Hans Lufft fast ausschließlich Bibeln in der Luther'schen Übersetzung.

Heuschrecken am Rand

Das *Septembertestament*, das im September 1522 fertiggestellte Neue Testament also, stammte von Melchior Lotter dem Jüngeren, auch wenn weder dieser Name noch der des Übersetzers auf dem Titelblatt genannt wurden. Als einzigen Eintrag bietet das Impressum den Erscheinungsort: *Wittemberg*.

Auch wenn niemand ahnen konnte, welche Lawine mit dieser Veröffentlichung losgetreten wurde: Der Druck war künstlerisch von hohem Anspruch und trotz Zeitmangels auch von großer Sorgfalt. Lotter hatte gute Drucktypen zur Verfügung: eine schöne Bastarda, das heißt eine jener »gebrochenen« Schriften, die sich nach Gutenberg herausgebildet hatten. Die Vollbibeln ab 1534 erschienen später in Frakturschrift, einer Weiterentwicklung oder auch Vollendung der Bastarda, die sich an der Schriftkunst am Hofe Kaiser Maximilians I. orientierte und wesentlich von Dürer geprägt wurde. Sie verläuft enger als die Bastarda, wirkt damit eleganter und spart nebenbei etwa ein Zehntel der Papierkosten. Diese Fraktur sollte zur »evangelischen« Schrift werden, die als die Schrift der Bibel dann die bevorzugte Schrift für deutschsprachige Texte überhaupt wurde – Lateinisches druckte man weiter in der »runden« Antiqua. Während Luther mit seiner Bibel Deutschland auf den Weg zu einem sprachlich geeinten Land brachte, machte er es drucktechnisch »zweischriftig« – bis zum »Führerbefehl« vom Januar 1941, mit dem die Fraktur in Deutschland abgeschafft wurde.

Nach der Schrifttype musste das Layout bestimmt werden. Luther entschied sich für einen einspaltigen Satz, während für Bibeldrucke im großen Oktavformat ansonsten Zweispaltigkeit üblich war. Der Grund: Damit wurden die beiden seitlichen Randstreifen frei für Hinweise auf Parallelstellen und vor allem für Kommentare in Humanistenmanier, die sich freilich auf relativ einfache Sacherklärungen beschränkten. Wo bei Matthäus 2,1 die Rede von den Weisen aus dem Morgenland ist, die als Erste zur Krippe kommen, heißt es: *Die S[ankt] Matth[äus] Magos nennet, vnnd sind magi in etlichen morgenlender Naturkundiger vnnd priester gewesen.* Zu den Heuschrecken kurz danach in Matthäus 3,4 liest man am Rand: *Solche hewschrecken pflegt man yn etlich morgenlender tzu essen als Hierony[mus] schreybt.*

Klar, dass sich die Erklärungen bei den schwierigen Briefen häufen. Beim Römerbrief ist einmal die Randspalte von oben bis unten mit Informationen zur Beschneidung ausgefüllt. Und noch etwas kommt hinzu: Luther forderte Bilder, wie es für Bibeln typisch war. Nur Gutenbergs zweiundvierzigzeilige lateinische Bibel, das erste bedeutende Druckwerk überhaupt, bildet die Ausnahme. Selbst Melanchthons griechisch-lateinisches Neues Testament besaß Bilder von Urs Graf und Hans Holbein dem Jüngeren. In deutschen Bibeln, die sich ohnehin stärker an ein Laienpublikum wandten, waren Bilder selbstverständlich. Genau zur Zeit des Drucks aber begann im jungen Protestantismus die Diskussion ums Bild, die sich 1523 im ersten großen Bildersturm in Wittenberg entladen sollte. Luther kam damals eigens von der Wartburg und predigte gegen diese Auswüchse. Er ist zeitlebens bei seiner Meinung geblieben, hielt also am Bild fest, während der Calvinismus bekanntlich einen anderen Weg beschritt.

Natürlich unterlag die gesamte Druckaktion größter Geheimhaltung. Nur die Freunde waren eingeweiht bzw. in die Arbeit direkt einbezogen, besonders Melanchthon. Mit seinen überlegenen Griechischkenntnissen klopfte er jede Stelle ab und sorgte etwa für die knifflige Übersetzung der Münzbezeichnungen. Um im 21. Kapitel der Apokalypse mit den vielen Edelsteinen zurechtzukommen, ließ sich Luther von Spalatin Proben aus der Sammlung des Kurfürsten beschaffen. Dieser war ebenfalls eingeweiht, ja erhielt wie die Humanistenfreunde die frisch gesetzten Druckbögen jeweils sofort zur Ansicht. Um schneller fertig zu werden, druckte man gleichzeitig auf zwei Pressen, gegen Ende Juli sogar auf drei, als es die Apokalypse mit den Abbildungen zu bewältigen galt.

Um den 21. September 1522 war man fertig, wobei bis heute die Anzahl der gedruckten Exemplare nicht genau feststeht. Es müssen mindestens 3000 gewesen sein, Schätzungen gehen bis 5000 – auf jeden Fall lag die Auflage an einer Obergrenze des damals Möglichen (die Gutenbergbibel war in weniger als 300 Exemplaren hergestellt worden). Der Preis betrug einen halben Gulden für die ungebundene Ausgabe, einen ganzen für die gebundene und eineinhalb Gulden für die auch noch kolorierte Ausgabe. Nach einer Umrechnung soll der halbe Gulden dem Wert von 25 Pfund Fleisch entsprochen haben. Niemals zuvor konnte man eine Bibel so preiswert kaufen (zum Vergleich: die Gutenbergbibel wird auf heutige 2000 Euro, eine handschriftlich hergestellte Bibel auf 10 000 Euro geschätzt). Allerdings hatte Luther auf jegliches Honorar verzichtet.

Sofort nach Erscheinen setzte die Nachfrage in einem Maße ein, dass Luther eine zweite, verbesserte Auflage vorbereiten musste. Sie war im Dezember fertig und heißt deshalb *Dezembertestament*. Dann machte sich Luther in Riesenschritten an das Alte Testament. Mitte 1523 war der erste von drei Bänden gedruckt, der zweite erschien 1524. Darauf trat eine große Pause ein, bis 1534 die Vollbibel zum ersten Mal komplett herauskam. Zwischenzeitlich war das Neue Testament noch 85-mal erschienen und lief auch selbständig neben der Vollbibel weiter. Die Vollbibel wurde bis 1546 insgesamt elfmal gedruckt, zuletzt in merklich kleineren Lettern, um am Umfang und damit an den Kosten zu sparen. Man hat hochgerechnet, dass Lufft in rund 50 Jahren ca. 100 000 Exemplare verkaufte. Ein nicht uninteressanter Gradmesser für den Erfolg ist es auch, dass noch 1522, im Jahr der ersten Auflage, bereits der erste Nachdruck von Adam Petri in Basel erschien. Bis zu Luthers Tod im Jahre 1546 rechnet man mit 430 Gesamt- bzw. Teilausgaben. Insgesamt sollen um 1546 ca. eine halbe Million Lutherbibeln im Umlauf gewesen sein, und dies bei ca. 12 bis 15 Millionen Einwohnern.

Dabei ist nicht einmal einbezogen, dass die alsbald erschienenen Konkurrenzbibeln der Katholiken (Hieronymus Emsers Neues Testament 1527, Johann Ecks 1537) trotz aller Beschimpfungen Luthers so eng an dessen Text anschlossen, dass sich der Reformator lautstark beschwerte. Auch ging der Druck nach Luthers Tod erst recht weiter. Der Höhepunkt lag sogar erst im 18. Jahrhundert, als allein von der Druckerei des Waisenhauses in Halle über eine Million Vollbibeln und weitere 700 000 Neue Testamente ausgeliefert wurden. Zu dieser Zeit gab es längst Bibeln der anderen Reformatoren: die zwinglianische *Züricher Bibel* und die calvinistische *Piscator-Bibel* vor allem.

DIE BIBEL ALS WERK MIT INHALT

Warum aber die ganze Schufterei, wo es vor Luther bereits 72 Verdeutschungen (überliefert in 800 Handschriften: europäischer Rekord), darüber hinaus bereits 18 vollständig gedruckte deutsche Bibeln gab? Die Antwort lautet: Die vorhandenen Übersetzungen leisteten kaum, was sie versprachen, waren wenig verständlich. Es gab Probleme mit dem Dialekt, es gab Probleme mit der Einstellung zum Übersetzen überhaupt, und es gab nicht zuletzt das Problem des Preises. Die wichtigste deutsche Bibel vor Luther, die sogenannte *Bibel des Mittelalters*, stammte aus dem Jahre 1466. Ihr Drucker, Johannes Mentelin aus Straßburg, hatte unglücklicherweise einen Text zugrunde

gelegt, der mindestens 100, vielleicht sogar 150 Jahre älter war.
Der Augsburger Drucker Günther Zainer brachte 1475 eine
Modernisierung heraus, die in den schlimmsten Fällen eingriff,
ohne grundlegend Neues zu bieten.

Ein kurzer Blick in die verschiedenen Fassungen zeigt es
überdeutlich. Der Beginn des Weihnachtsevangeliums lautet
bei Mentelin:

> Wann es wart gethan in den tagen, ein gebot gieng aus von dem
> keiser august: das aller der vmbring wurd beschriben. Diese erste
> beschreibung wart gethan von syri dem richter der cyrener. Vnd sy
> giengen all das sy begechen: ein ieglicher in sein stat.

Noch harmlos, dass der Landpfleger Cyrenus mit dem Land
Syrien durcheinandergebracht wurde. In jeder Formulierung
liegt das lateinische Vorbild zugrunde:

> Factum est autem in diebus illis, exiit edictum a Caesare Augusto
> ut describeretur universus orbis. Haec descriptio prima facta est
> a praeside Syriae Cyrino; et ibant omnes ut profiterentur singuli in
> suam civitatem.

Es wirkt so, als habe Luther einen gordischen Knoten durch-
hauen, wenn er stattdessen übersetzt:

> Es begab sich aber zu der zeit, das ein gebot von dem Keiser Au-
> gusto ausgieng, das alle Wellt geschetzt würde, vnd diese schetzung
> war die aller erste, vnd geschach zur zeit, da Kyrenios Landpfleger
> jnn Syrien war, vnd jderman gieng das er sich schetzen liesse, ein
> jglicher jnn seine stad.

Nicht nur, dass Luther den altmodischen *vmbring* (gemeint:
»Umring« für lateinisch *orbis*) durch die *wellt* ersetzt, was übrigens schon Zainer tat. Der deutsche Satz befreit sich völlig
von der lateinischen Wortstellung, wirkt wie gesprochen. Noch

bleiben beim Lesen Schwierigkeiten aufgrund der einigermaßen chaotischen Orthografie. Aber man kann den Text verstehen, ja bei Angleichung an unsere moderne Rechtschreibung gibt es kaum einen Anstoß:

> Es begab sich aber zu der Zeit, dass ein Gebot von dem Kaiser Augustus ausging, dass alle Welt geschätzt würde. Und diese Schätzung war die allererste und geschah zur Zeit, da Kyrenios Landpfleger in Syrien war. Und es ging jedermann, dass er sich schätzen ließ, ein jeglicher in seine Stadt.

Sagen wir es zugespitzt: Was Luther leistete und was von uns heute so schwer zu ermessen ist, liegt im Entschluss, die Bibel gewissermaßen zu einem Werk mit Inhalt zu machen. Bislang war die Bibel ein Gegenstand der Verehrung gewesen, und es besteht kein Grund, dies in unhistorischer Weise zu verunglimpfen. Prachtkodices wie die für König Wenzel (den Sohn Karls IV.) in Prag hergestellte deutsche Bibel mit ihrem geradezu überbordenden Bildschmuck im übergroßen Folioformat waren entstanden. Sie dienten jedoch nicht der Verkündigung des Gottesworts. Wo die Bibel öffentlich vorgetragen wurde, geschah dies vielmehr in jener lateinischen Form, die Hieronymus ihr im 4. Jahrhundert als Vulgata gegeben hatte und die das Konzil von Trient 1546 endgültig zum einzig authentischen Text erklärte. In ihr aber gehörte auch die Wortfolge zum göttlichen Geheimnis. Größtmögliche Wörtlichkeit bedeutet so gesehen nicht einfach Plumpheit. Ein Humanist wie Niklas von Wyle verteidigte die wörtliche prinzipiell gegen die freie Übersetzung, wie sie Horaz vertrat und wie sie von anderen Humanisten wie Albrecht von Eyb und Heinrich Steinhöwel bislang nur für weltliche Literatur gefordert worden war. Die wörtlichen Übersetzungen standen für ein Programm, nach dem die Bibel zum religiösen Kult gehörte, ja dessen unhinterfragte Basis bildete.

Genau dies änderte sich. Nach der Vorstellung Luthers sollte nichts anderes als das biblische Wort gelten, jeder sollte es

zur alleinigen Grundlage seiner religiösen Vorstellungen und
Handlungen machen. Dazu musste er diesen Text verstehen:
wirklich verstehen wie jedes andere Wort auch – sogar die inhaltlich schwierigen, aber theologisch grundlegenden Paulus-
briefe. Den Sinn galt es daher zu übersetzen, nicht das (lateinische) Wort. Jede Sprache aber ist anders, derselbe Sinn muss in
einer anderen anders gefasst werden.

Genau dies hat Luther auf scharfe Angriffe hin in einer
kleinen Schrift verteidigt: im *Sendbrief vom Dolmetschen.* Am
klarsten wird es an einer theologisch heiklen Stelle, natürlich
bei Paulus, und zwar in dessen Römerbrief (1,17). Wo von der
Rechtfertigung aus dem Glauben die Rede ist, setzt Luther ein
kleines Wörtchen hinzu: *allein* und schreibt: *allein aus dem Glauben.* Damit waren Werke wie Almosengeben ausgeschlossen,
auf die es den Gegnern ankam. Und nun folgt die Erklärung
einmal nicht theologisch, sondern sprachwissenschaftlich:

> Das ist aber die art vnser deutschen sprache/wenn sie ein rede be-
> gibt/von zweyen dingen/der man eins bekennet/vn das ander ver-
> neinet/so braucht man des worts solum [allein] neben dem wort
> [nicht oder kein]. Als wenn man sagt/Der Baur bringt allein korn vn
> kein geldt/Nein/ich hab warlich ytzt nicht geldt/sondern allein korn.
> Ich hab allein gessen vnd noch nicht getrunncken. Hastu allein ge-
> schrieben vnd nicht vberlesen? Vnd der gleichen vnzeliche weise yn
> teglichen brauch.

Den Sinn zu übersetzen verbietet es, sich an Wörter zu klam-
mern. Aber dies geht nicht prinzipienlos. Luther kannte solche Prinzipien aus der Rhetorik. Und so zitierte er nur deren
Autorität, wenn er ebenfalls schrieb: *Ich hab mich des geflissen
ym dolmetzschen/das ich rein vnd klar teutsch geben möchte.* »Rein
und klar« will sagen: korrekt und verständlich. Für die Kor-
rektheit stand die Meißnische Kanzlei, aber nur dafür, denn
ihren (Amts-)Stil hat Luther scharf als den von *puppen screybern*
gerügt. Für die Verständlichkeit also musste er selbst sorgen.

LIPPE, BLUTGELD UND HOLDSELIGE MARIA

Dazu gehörte zunächst einmal ein verständlicher Wortschatz. Wenn sich Luther bei den Fragen des Dialekts auf Meißen verließ (und zum Beispiel die neuen Monophthonge und Diphthonge übernahm), so konnte er dies bei der Wortwahl nur teilweise. Der Bibelwortschatz sprengte die Kapazität jeder Kanzlei. Immer wieder musste die Entscheidung zwischen Alternativen getroffen werden, zwischen Mittel- und Oberdeutsch, aber auch zwischen Mittel- und Niederdeutsch.

Man sieht es der *Lippe* vielleicht (des ungewöhnlichen doppelten *pp* wegen) gerade noch an, dass sie irgendwie »fremd«, nämlich niederdeutsch ist, und doch erhielt sie gegenüber der oberdeutschen *Lefze* den Vorzug. Aber es gibt viel weniger durchsichtige Fälle: *Träne* (gegen *Zähre*), *prahlen* (gegen *geuden*; vgl. *vergeuden*), *Ziege* (gegen *Geiß*), *Peitsche* (gegen *Geißel*), *Ufer* (gegen *Gestade*), *Hügel* (gegen *Bühel*), *krank* (gegen *siech*). Daneben setzte Luther umgekehrt auf das oberdeutsche Wort etwa im Fall von *Schwanz* (gegen *Zagel*) oder *gefallen* (gegen *behagen*). Gelegentlich schwankte er zwischen nieder- und oberdeutschen Formen wie bei *brengen/bringen*, *sulch/solch*, *sonne/sunne*.

Im Übrigen hatte das Glück des guten Griffs seine Grenzen, und schon 1523 gab ein Basler Nachdrucker dem süddeutschen Leser ein Glossar an die Hand, in dem er nachschlagen konnte, wenn ihn Wörter überforderten. Die *Lippen* sind ebenso dabei wie der *Hügel*, die *Afterrede* wird als *Nachrede* »übersetzt«. Oft will man kaum glauben, was alles unverständlich gewesen sein soll. *Ähnlich* wird als *gleich* wiedergegeben, *Anstoß* als *Ärgernis*, *bange* als *ängstlich*, *darben* als *Not/Armut leiden*, *Gefäß* als *Geschirr*, *Gegend* als *Landschaft*. Darin aber drückt sich nur aus, wie sehr sich die Luther'sche Wahl eben durchgesetzt hat, wie Alternativen teils untergegangen sind, teils neue Rollen übernommen haben wie etwa die *Lefze*, die nun die Lippe des Hundes bezeichnet.

Aber damit ist das Kapitel des Wortschatzes nicht erledigt,

es kommt noch das Interessanteste. Die deutsche Sprache ist, wie wir längst wissen, eine Wortbildungs-, Wortzusammensetzungssprache. Dabei aber zeigte sich Luther in seinem Element. Die Liste seiner Einfälle ist schier endlos. Hier einige Beispiele unter dem Gesichtspunkt, dass man bei ihnen kaum auf den Reformator als Schöpfer tippen würde: *Blutgeld, Feuereifer, Gegenbild, Herzenslust, Kleingläubiger, Kriegsknecht, Mastvieh, Menschenfischer, Lockvogel, Dachrinne, wetterwendisch, friedfertig, gastfrei, anschnauben, nacheifern, plappern*. Schon anders sieht dies aus, wenn Luther ausfällig wird – neben theologischem Scharfsinn ein weiteres Markenzeichen von ihm. Wo der Papst zu bezeichnen ist, fällt ihm Deftiges ein: *Papstesel* und *Gottesaffe* zum Beispiel, noch deftiger der *Eselfurzpapst*. Seine Gegner konnte er ohne Weiteres als *Rotzlöffel* und *Eselsköpf*, als *Seelenmörder* oder *Seelentyrannen* qualifizieren. Aber notieren wir auch das Wort, mit dem Luther Goethes berühmtes Götz-Zitat locker überbietet. Es kommt immerhin (nur) in einem Brief an einen Freund vor, in dem er sein Herz ausschüttete, in der – natürlich falschen – Annahme, er sei unbeobachtet. Man wolle den Gegnern gerne ihre *Canones* lassen, wenn sie umgekehrt *unsern Herrn filium Dei lassen bleiben*, heißt es im typischen Deutsch-Latein-Mischmasch, und dann: *Wir sind bald gescheiden* (geschiedene Leute), *wie ein reifer dreck* (Scheißdreck) *und weit arsloch*. Auch das gehört zum Thema Zusammensetzung im Deutschen.

Wie steht es mit den stilistischen Qualitäten von Luthers Sprache? Als Erstes gehört dazu eine Anschaulichkeit, die direkt aus dem Alltag stammt, aus der unmittelbaren Lebenswelt. Wiederum bietet der *Sendbrief* ein bekanntes und unübertreffliches Beispiel: Im Lateinischen ist von *abundantia cordis* die Rede, und alle Übersetzer-Vorgänger (die *Sudler*) stottern daran herum, sprechen vom *Überfluss des Herzens*. Luther aber fragt: *Ist das deutsch geredt? Welcher deutscher verstehet solchs? Was ist vberflus des hertze für ein ding?* Und schreibt stattdessen: *Wes das hertz vol ist, des gehet der mund über*. Dabei fällt wohl jedem die bekannteste Maxime ein, die Luther im *Sendbrief* formuliert hat:

> Man mus die mutter ihm hause, die kinder auff der gassen, den gemeinen mann auff dem marckt drumb fragen, vnd den selbigen auff das maul sehen, wie sie reden, vnd darnach dolmetzschen.

Aber Vorsicht, es handelt sich dabei keineswegs um einen Freibrief für Gassensprache, wie es Arno Schirokauer noch im 20. Jahrhundert mit seiner Behauptung monierte, dass Luther den »Pöbel-Jargon der Handwerker, Marktweiber und Bauern« ins Deutsche eingeschleust habe. Luther kannte auch Stilisierung bis zur wörtlichen Übernahme. Wieder im *Sendbrief* erläutert er seine Nöte bei der Übersetzung des Engelsgrußes an Maria bei der Überbringung der Botschaft, dass sie den Gottessohn gebären werde (Luk 1,28). Den ersten Einfall des forschen *Gott grüße dich, du liebe Maria* verwarf er und griff stattdessen zur »vornehmeren« Formulierung: *Gegrüßet seist du, Holdselige!* Erst recht vermied er das *voller Gnaden*, weil er fürchtete, manch ein Leser würde dabei an ein *vas* (Fass) *vol bier* denken. In anderen Fällen ging er sogar noch weiter. Das *Siehe, ich verkündige euch*, das sogar (mit seinem Imperativ Singular) grammatisch unkorrekt ist, verwendete er trotzdem, weil es gewissermaßen den hebräischen Sound wiedergibt – also hier Wörtlichkeit *gegen* Verständlichkeit.

Das Hauptgewicht lag eben auf einem eindringlichen Stil, zu dem auch Glanzlichter der Rhetorik gehören: sprühende Metaphern und andere Figuren bis zur kunstvollen Gestaltung der Syntax. Gerne benutzte Luther die damals als schick geltenden Zwillingsformeln: *plerren vnd schreien, trew vnd vleiß, gnaden vnd barmhertzigkeit, frisch vnd frey*, schließlich das bis heute bekannte *erstunken vnd erlogen*. Daneben liebte er Sprachspiele, Lautanklänge, die die Formulierungen beleben: *verachten / vnd veracht haben* oder *keinen papstesel noch maulesel*. Nicht selten sind Antithesen:

> Es ist nit ketzerey/dz der glaube allein Christum fasset/vnd das leben gibt/Aber ketzerey muß es sein wer solchs sagt od' redet.

Ebenso Aufzählungen:

> Es gehöret dazu ein recht/frum/trew/vleissig/forchtsam/Christlich/geleret/erfarn/geübet hertz (...).

Auch Zwillingsformeln kommen vor:

> Was ists denn nu/dz man so tobet vnd wütet/ketzert vnd brennet/so die sch ym grundt selbs klerlich da ligt vnd beweiset/das allein der glaube Christus tod vnd aufferstehen fasse (...).

Schließlich ein Parallelismus:

> Er ist gestorben vmb vnser sunde willen/vnd aufferstanden vmb vnser gerechtigkeit willen.

Es hat Zeiten gegeben, in denen man Luther rhetorische Kunstfertigkeit absprach, weil man dachte, eine solche würde sein wichtiges Charakteristikum, die Volkstümlichkeit, abschwächen. Welch ein Unsinn: Luthers Sprache ist volkstümlich und rhetorisch zugleich!

WEIHNACHTSEVANGELIUM MIT PUNKT UND KOMMA

Betrachtet man den Satzbau, so wird deutlich, dass sich Luther auch dabei keineswegs an Gassenjargon hielt, sondern Regeln folgte, wie sie die Rhetorik vorgab. Sätze, früher sprach man von Perioden, waren Sinneinheiten, die sich aus kleineren Sinneinheiten zusammensetzten: dem Kolon bzw. dem noch kleineren Komma (darüber ist oben schon gesprochen worden). Am Ende des Satzes steht der Punkt, die Kola bzw. Kommata werden durch Schrägstriche, die Virgeln, angezeigt. Und nun kann man einmal verfolgen, wie dies etwa beim Weihnachtsevangelium (also Luk 2) aussieht:

Es begab sich aber zu der zeit/
das ein gebot von dem Keiser Augusto ausgieng/
das alle Welt geschetzt würde.

Vnd diese schetzung war die aller erste/
vnd geschach zur zeit/
da Kyrenios Landpfleger jnn Syrien war/
vnd jderman gieng/
das er sich schetzen liesse/
ein jglicher jnn seine stad.

Da machet sich auff auch Joseph aus Galilea/
aus der stad Nazareth/
jnn das Jüdische land/
zur stad Dauid/
die da heisst Bethlehem/
darumb das er von dem hause vnd geschlechte Dauid war/
auff das er sich schetzen lies mit Maria seinem
vertrawten weibe/
die war schwanger.

Man sieht bei dieser Aufteilung sofort, dass die Virgeln durchaus anderes abtrennen als heutige Kommas. Es handelt sich immer um Einheiten, die man je für sich versteht. Im ersten Satz fällt die Gliederung mit unserer zusammen: Hauptsatz – Objekt des Hauptsatzes als dass-Satz – adverbiale Ergänzung des Hauptsatzes (im Sinne des Zweckes: Finalsatz) als dass-Satz. Genau da, wo die Virgeln stehen, würden wir ein Komma setzen, um die Nebensätze zu markieren.

Im zweiten Satz sieht man, dass die Periode über unsere Satzgrenze hinausgeht: Wir würden nach *jnn Syrien war* einen

Punkt setzen – für Luther aber ist der Gedanke nicht zu Ende, sondern hört erst bei *jnn seine stad* auf. Die erste Virgel wäre bei uns kein Komma, bei Luther trennt sie einen Gedanken, der für einen Atemzug zu lang wäre, in zwei Teile, die je für sich verständlich sind. Dann folgt der Relativsatz *(da Kyrenios)*. Interessant ist dann der zweite Teil dieser Periode. Zwar stimmt er durchaus mit unserer Zeichensetzung überein, aber wir würden eher sagen: »Und jeder ging in seine Stadt, um sich schätzen zu lassen.« Wir würden die grammatische Zusammengehörigkeit von Subjekt *(jeder)* und Objekt *(in seine Stadt)* betonen und den Nebensatz (der den Grund expliziert) absetzen. Luther orientiert sich statt an der Syntax an der Bedeutung: Jeder ging – zur Schätzung – jeder in seine Stadt.

Dieses Prinzip der Gliederung in Bedeutungsabschnitte zeigt der dritte Satz am besten. Jetzt werden Informationen, die wir unter unseren heutigen grammatischen Gesichtspunkten eher bündeln würden, in einzelne Gedanken getrennt: Joseph macht sich auf – er stammt aus Nazareth – er will ins jüdische Land – in die Stadt Davids – also nach Bethlehem – weil er aus dem Geschlecht Davids stammt – um sich mit seiner Frau schätzen zu lassen – seine Frau war schwanger. Nicht nur, aber gerade bei wichtigen Ausführungen, zieht Luther das Verb vor: *auff das er sich schetzen lies mit Maria* (also nicht: »damit er sich mit Maria schätzen ließ«). Und was für uns (unter grammatischen Gesichtspunkten) gleichsam in der Luft hängen würde, wirkt nun wie ein Paukenschlag: *die war schwanger* (nicht mit Nebensatzkonstruktion und damit Verbendstellung: »die schwanger war«). Luthers Syntax – so lässt sich zusammenfassen – ist nicht unbedingt an Lesbarkeit, sondern mitten in der Schriftlichkeit (immer noch) am Hören orientiert.

Luthers »volkstümliche« Sprache ist dabei jedoch nicht auf starre Schemata reduziert, sondern wird auf eine zeitgemäße Weise umgesetzt. Von seiner Leistung war er selbst durchaus überzeugt:

Denn ich hab es so gemacht, dass ich habe bemerkt sein wollen, und wer es liest, wem jemand meine Feder und Gedanken gesehen hat, sagen muß: Das ist der Luther.

Und so kam es denn auch. Zu Dutzenden sind Luthers Verdeutschungen zu geflügelten Worten geworden: Georg Büchmann behandelt in seiner Zitatensammlung *Geflügelte Worte* die Luther'schen Wendungen auf 50 Seiten. Darunter finden sich sogar Beispiele, die kaum jemand versteht, etwa *wider den Stachel löcken* (für Tiere, die gegen den Stachel im Halsband »springen«), das schon damals wohl stark mundartlich (thüringisch) war, dann sprichwörtlich wurde und so das *löcken* bewahrte wie der Bernstein ein längst ausgestorbenes Insekt.

Noch im 16. Jahrhundert zogen Grammatiker aus dieser populären Sprache die Konsequenzen und bauten ihre Regeln auf Luther-Beispiele: Fabian Frangk in seiner *Orthographie* von 1531 (wo neben Luther die kaiserliche und Meißnische Kanzlei als Vorbilder genannt sind), Johannes Clajus in seiner *Grammatica Germaniae lingua* von 1578. Im 17. Jahrhundert ließen Grammatiker mit Luther eine neue Epoche der deutschen Sprachgeschichte beginnen. Für die Brüder Grimm war er schlicht der »vaterländische Sprachbefreier«.

Auch in der deutschen Literatur hinterließ Luther eine breite Spur. Goethe berichtet darüber in *Dichtung und Wahrheit*. Nietzsche bezeichnete die Luther'sche Bibelübersetzung als »bisher das beste Buch«. Noch Thomas Mann, der mit dem bäurisch-ungehobelten Luther seine Schwierigkeiten hatte, bekennt sich zu den Bewunderern. Also war Luther doch der Schöpfer des modernen Deutsch? Einer seiner besten Kenner, der Germanist Werner Besch, hat zur Vorsicht gemahnt. Luther habe gewiss eine große Wirkung gehabt, aber es sei nicht unbedingt Luther selbst gewesen, sondern die Bibel. Vielleicht darf man das abgewogene Wort doch wenigstens in diesem einen Punkt zuspitzen: *Luthers* Bibel.

HUMANISMUS

Am 18. April 1487 vollzog sich am Rande des Nürnberger Reichstags ein Ereignis, das wohl ein Fest sein sollte, genauso gut jedoch als Peinlichkeit betrachtet werden kann. Kaiser Friedrich III., »des Reiches Schlafmütze« genannt, weil er in seiner Regierungszeit viel zu viel laufen ließ, setzte einem Dichter den Lorbeer aufs Haupt. Zwar war der ein Deutscher, nachdem Friedrich einige Jahre zuvor noch einen Italiener ausgezeichnet hatte, aber er war ein Deutscher, der keine einzige Zeile auf Deutsch gedichtet hatte: Conrad Celtis.

Der damals gerade Achtundzwanzigjährige gehörte zu den Humanisten, erhielt sogar den Ehrentitel eines Erzhumanisten. Dabei verachtete er nicht nur alles Deutsche, sondern auch noch die Deutschen, die im Mittelalter außer ihrem Deutsch das geliebte Latein verhunzt hatten. Sprache, die sich nicht an Cicero oder sonstigen klassischen Größen orientierte, war für Celtis barbarisches Gemurmel. Dass ihn eine seiner vier Geliebten – er will in jeder Himmelsrichtung eine gehabt haben – auf Deutsch andichtete, war ihm ein Graus. Sein Mitstreiter Heinrich Bebel, der den gleichen Lorbeer von Friedrichs Sohn und Nachfolger Maximilian erhielt, jammerte darüber, dass er sogar selbst seiner lateinischen Feder Gedichte an seine Geliebte auf Deutsch abpressen müsse. Daneben pflegte er allenfalls hin und wieder das Schwäbisch seiner geliebten Heimat, reihte sich aber ansonsten in die Riege der Deutschverweigerer ein. Was ist das für eine Feindschaft, die die deutsche Sprache genau in dem Moment traf, als sie sich anschickte, zur Einheitssprache der Deutschen zu werden?

Um das zu verstehen, muss man auf Italien verweisen, wo die antike Kultur immer buchstäblich zum Greifen nahe geblieben war. Hier begann jene Bewegung, die nach der mittelalterlichen Scholastik das Denken noch einmal erfinden wollte, und zwar als Erneuerung der antiken Philosophie ohne Theologenstreit und sonstige Wortklaubereien. Von Anfang an spielte die Sprache eine entscheidende Rolle. Lorenzo Valla, einer der Vorkämpfer im 15. Jahrhundert, verteidigte in seiner Schrift *Über die Lust* die These, dass die Wahrheit statt in abstrakten Spekulationen im sprachlichen Zugriff auf die Welt liege. In der Bejahung der geschlechtlichen Lust seien sich alle einig, was die Existenz eines Gemeinsinns *(sensus communis)* belege, den alle in einer gemeinsamen Sprache teilten. Daher komme auf die Pflege dieser Sprache alles an, und Valla machte deshalb statt der Theologie die Rhetorik zur Königin der Wissenschaften. Allerdings war für ihn die einzige Sprache, die diesem hohen Anspruch genügte, das klassische Latein.

Aber Vallas Argument ließ sich auch anders wenden und wurde anders gewendet. Wenn wirklich Sprache die Welt erschließt, muss man diejenige Sprache pflegen, die jeder spricht: seine Muttersprache. Schon Dante und Petrarca hatten daraus die Konsequenz gezogen und ihre bedeutendsten Werke im *Volgare*, in der Volkssprache (also Italienisch), geschrieben. Mit anderen Worten gab es eine Alternative, Latein bekam Konkurrenz. Dass Kaiser, die sich in römischen Traditionen sahen, davon nichts wissen wollten, muss man abhaken. Sie krönten eben die Falschen. Denn auch in Deutschland sprach sich die Alternative längst herum. Warum sollte man sich die unbestrittene Kultursprache Latein nicht zum Vorbild nehmen, um ihr *im Deutschen* nachzueifern? Vor allem wo man vor Augen hatte, worauf es bei einer Kultursprache ankommt: auf klare Normen, von der Rechtschreibung bis zur Syntax auf eindeutige Regelungen. Es gab keine Humanisten, die nicht perfekt in Latein gewesen wären. Aber es gab nun die ersten Humanisten, die ihr Wissen der deutschen Sprache zugutekommen ließen.

Interessant, dass dabei nicht mehr wie im Mittelalter Mäzene eine Rolle spielten, sondern Kanzleien.

Schon im Jahre 1400, in der frühesten Phase des Eindringens humanistischer Gedanken in Deutschland überhaupt, haben wir ein bemerkenswertes Beispiel. Ein Mann hatte gerade seine geliebte Frau verloren und schrieb einen Dialog, in dem er dem Tod sein Recht zu dieser Tat bestritt: *Der Ackermann aus Böhmen*. Was wir lesen, ist schwungvolle rhetorische Kunstprosa, gespickt mit parallel, antithetisch oder sonst wie kompliziert gebauten Sätzen, garniert mit Metaphern und allem Zierrat, über den die Rhetorik verfügt. Und dann findet sich im 20. Jahrhundert ein Brief, in dem Johann von Tepl, der Dichter, bekennt, das Ganze sei eine Stilübung gewesen, er habe ausprobieren wollen, wieweit man lateinische Kunstprosa im Deutschen kopieren könne. Dieser Johann aber gehörte der Prager Kanzlei an, war befreundet mit deren wichtigstem Kopf, Johann von Neumarkt, der selbst nicht nur lateinische Mustersammlungen herausgegeben hatte, sondern auch schon Übersetzungen ins Deutsche.

Nicht Celtis, sondern Johann von Tepl hätte den Lorbeer verdient gehabt – fast 100 Jahre früher. Dabei fällt auf Celtis noch in anderer Weise ein ungünstiges Licht. Um 1470 war die *Germania* wiedergefunden worden, jene Schrift, in der Tacitus die im Norden wohnenden Barbaren verherrlichte, um seinen immer mehr degenerierenden Römern den Spiegel vorzuhalten. Celtis besorgte einen Druck und hielt anschließend Vorlesungen über das Werk, die zu einer höchst eigenartigen Lobeshymne auf die Deutschen wurden. Selbst die Römer galten nicht mehr als das eigentliche Vorbild, sondern nur als Vermittler von noch Größeren, nämlich der Griechen. Dabei kam immer Abstruseres heraus. In Caesars *Gallischem Krieg* fand Celtis die Nachricht, dass die Gallier griechische Buchstaben benutzt hätten, woraus er die kühne Folgerung zog, die Druiden hätten in Gallien griechisch gesprochen. Entsprechend wurde an Etymologien gebastelt, die die griechische Herkunft deutscher Wörter bezeugen sollten, zum Beispiel *thier* aus *ther* oder *Geu/Gau* aus *ge* (»Erde«). Für Kaiser Maximilian arbeitete Celtis gar dessen Abstammung von Troja heraus.

Eine Absurdität war die andere wert, und 1509/10 verkündete jemand, der sich als »Oberrheinischer Revolutionär« bezeichnete, Adam sei ein Deutscher gewesen. Der Name *Alemannen* bedeute schlicht *alman sproch*, meine also die adamitische Ursprache vor der Verwirrung beim Tempelbau in Babylon. Bei Heinrich Bebel führte dies schließlich zum peinlichen Traum von der militärischen Beherrschung der Welt durch die Deutschen. In diesem Fall kann man von Glück reden, dass das Ganze auf Latein vorgetragen wurde.

MUT ZUR MUTTERSPRACHE

Insgesamt ergab sich im 16. Jahrhundert eine zwiespältige Situation: Teils ging die *Germania*-Begeisterung mit Klagen über den Stand der deutschen Sprache einher. Im *Ulenspiegel*-Druck von 1515 bedauerte der anonyme Autor, dass es seinem *schlechten* (schlichten) *schreiben* in der Volkssprache an *kunst* mangele. Sebastian Franck, Luther-Freund, bis sich die beiden ausgerechnet über ein Sprichwörter-Buch verkrachten, gab 1538 zu Protokoll, die Deutschen wüssten über die Indianer besser Bescheid als über sich selbst und importierten das Französische mitsamt der Syphilis. Noch Georg Rollenhagen ließ im *Froschmäusekrieg* seine Frösche darüber jammern, dass sie in ihrer Muttersprache nicht *künstlich reden* könnten, weil die Deutschen Fremdsprachen ihrer eigenen vorzögen.

Daneben aber wurde angepackt, wie es Ulrich von Huttens berühmter Ausruf in seiner *Clag und vormanung* von 1520 bezeugt:

Latein ich vor geschriben hab,
das war eim yeden nit bekandt.

Yetzt schrey ich an das vatterland
Teütsch nation in irer Sprach (…).

In einer politischen Flugschrift aus den Zeiten des Bauern-
kriegs, im *Karsthans*, findet sich die Feststellung, das viele Latein sei eine gottlose Eitelkeit, man solle lieber die *muttersprach*
pflegen. Es sei ein *pestilentialisch übel*, dass die Deutschen ihre
Muttersprache vernachlässigten, sagt auch der Terenz-Über-
setzer Valentin Boltz. Fabian Frangk räumt in seiner *Ortho-
graphia Deutsch* die Dialektvielfalt ein, aber als etwas, das eben
überwunden werden müsse. Auch die deutsche Sprache könne
lauter vnd rein werden. 1493 hatte Friedrich Riederer in seinem
Spiegel der wahren Rhetorik gezeigt, dass auch das Deutsche gewissermaßen rhetorikfähig ist.

All dies half. Zunächst waren es Übersetzungen, mit denen
man die Aneignung des humanistischen Wissens in der Volkssprache betrieb und dabei die deutsche Sprache zurechtbog.
So etwa Albrecht von Eyb, ein Jurist von Hause aus, der über
eine umfangreiche Bibliothek verfügte und in seinem *Spiegel der
Sitten* eine Schrift zur Moral vorlegte. Handlicher dagegen war
sein kleiner Traktat zum Thema Ehe, bei dem ebenfalls lateinische und italienische Vorbilder zusammengesetzt wurden: *Ob
einem manne sey zunemen ein eelichs* (eheliches) *weyb oder nicht*.
Die Frage wird übrigens bejaht und mündet in ein allgemei-
nes Lob der Frau, dem die spezielle Preisung der Markgräfin
von Brandenburg (bei deren Mann von Eyb in Diensten stand)
folgt. Dieser Dame aber rechnet der Autor es hoch an, dass sie
als gebürtige Italienerin perfekt deutsch zu reden gelernt habe.

Und nennen wir einen weiteren Übersetzer, diesmal einen
professionellen Kanzlisten: Niclas von Wyle. Der brachte 18
Klassikertexte auf Deutsch heraus und nannte das Ganze *Trans-
latzen*, »Übersetzungen« also. Schon im Titel wird das spezielle
Programm deutlich. Wyle wollte der deutschen Sprache dadurch aufhelfen, dass er sie so eng wie möglich dem Lateinischen anpasste. Dazu gehörte, dass er lateinische Termini (wie

translationes) nachahmte. Auch beim Satzbau scheute er selbst
vor so fremden Konstruktionen wie dem A.c.I., dem Akkusativ
mit Infinitiv, nicht zurück. Damit rief er allerdings die Wider-
sacher auf den Plan, die sich für eine Übersetzung nach dem
Sinn einsetzten. Der schon genannte Albrecht von Eyb war
erklärter Anwalt der Gegenposition. Nur blieb die Frage, ob
sich in deutscher Sprache auch dichten ließ, und zwar jenseits
der noch immer weiterlaufenden mittelalterlichen Traditionen
(wie etwa beim Meistersang) und vor allem jenseits von bloßer
Übersetzung. Diese Frage beantwortete der Sohn eines Straßburger Gastwirts, der in Basel die Rechte studiert hatte, in
humanistische Kreise geraten war und dann als Juraprofessor
ein Buch vorlegte, das als das allererste literarische Kunstwerk
deutscher Sprache in gedruckter Form gilt: das *Narrenschiff*.

Narrenrevue unter Mitwirkung von Dürer

Bei der Entstehung spielte der Zufall eine Rolle. Sebastian
Brant hatte eine steile Karriere an der Universität als Jurist
hinter sich und hörte nun, dass die Stelle des *Poeta* frei wurde,
des Lehrers in Sachen Dichtung. Zur Bewerbung bedurfte es
eines beispielhaften Werks, und so entstand (neben lateinischen
Marienpreisliedern) dieses Buch, das freilich in allen Aspekten
den Rahmen des Üblichen sprengte.

Noch am wenigsten gilt dies für das Thema. Humanisten
haben antike Vorbilder, bei Brant war dies Horaz, der Autor
einer Lehre vom Dichten, die in brillanter Form zeigte, wie
man rhetorische Kunst mit der Aufgabe des Belehrens verbindet. Darüber hinaus hatte Horaz neben der Liebesdichtung
ein Genre zur Vollkommenheit gebracht, das einen Humanisten besonders reizte: die Satire. Damit ist die literarische
Behandlung von Alltagsproblemen gemeint, eine Art sozio-
logische Analyse mit mahnendem Unterton in Versen, kritische
Würdigung von Lastern und Torheiten, wie sie in jeder Gesell-

schaft vorkommen. In Rom hatte Horaz' Satirekunst sofort Nachfolge gefunden, bei Juvenal zum Beispiel, einem weiteren Lieblingsautor Brants. Und so entstand seine Konzeption: Erneuerung der römischen Satire im Gewand einer Narrenrevue, Behandlung von Lastern und Sünden im städtischen Leben des ausgehenden 15. Jahrhunderts im Bild eines Schiffs, auf dem Toren ins Schlaraffenland segeln wollen. Das Ganze in 112 Kapiteln mit 109 Narrentypen. Kein übermäßig ausgefeilter Zusammenhang, eher lockere Reihung, aber für jeden etwas, das ihn ansprechen musste. Todsünden wie die Gier sind dabei, sogar die Warnung vor dem Nahen des Jüngsten Gerichts, aber auch nächtliche Ruhestörung durch Betrunkene. Man kann das Ganze ein Lehrbuch in Moral nennen – mit besonderer Berücksichtigung all dessen, was Bürger in einer Stadt falsch machen können.

Und doch ist mit der Beschreibung der Thematik nicht das Wichtigste erfasst. Der unglaubliche Erfolg des Buches war geplant, mittels einer regelrechten medialen Offensive geradezu vorprogrammiert. Gedrucktes kannte man. Aber dieses Werk war in einer Druckerei entstanden, in der drei Spezialisten alle ihre Fähigkeiten ausspielten. Es gab einen reichen Kleriker namens Johann Bergmann von Olpe, der als Verleger für die technischen Voraussetzungen sorgte. Man schuf eigens eine Schrifttype, die die Mitte zwischen runder Schrift (für Lateinisches) und gebrochener (für Deutsches) einhielt – quasi Deutsch mit lateinischer Weihe. Jede Textseite wurde von Bordüren eingerahmt. Und dann die ultimative Entscheidung: Jedes Kapitel sollte einen ganzseitigen Holzschnitt erhalten. Es war nun wirklich mehr als nur Glück, dass man bei der Suche nach einem professionellen Künstler auf einen jungen Mann stieß, der auf der Rückreise aus Italien gerade in Basel Zwischenstation machte und den Auftrag annahm, weil er wohl Geld brauchte. Dieser Mann hieß Albrecht Dürer.

In der Druckerei saßen also drei »Verrückte« zusammen, die schlicht das schönste deutsche Buch machen wollten. Was Brant dichtete, sah sich Dürer an und setzte es in Bilder um. Man wird ständig diskutiert, sich ermuntert haben. Als das Buch dann *uf di vasenaht* 1494 herauskam, passend zur Narrenthematik nach dem Karneval also, war es schnell vergriffen und musste schon im nächsten Jahr erneut aufgelegt werden, bis 1512, dem Todesjahr Brants, insgesamt zwölfmal. Hinzu kamen die üblichen Nachdrucke der Trittbrettfahrer, weiter elf französische und vier englische Übersetzungen, die alle auf die lateinische Ausgabe zurückgehen, die Brant von seinem Schüler Jakob Locher 1497 anfertigen ließ. Man hat vom größten literarischen Erfolg vor Goethes *Werther* gesprochen. Wir sprechen lieber über ein Buch in deutscher Sprache, dem die lateinische Fassung nicht vorausging, sondern folgte.

Brant ist schon von seinen Zeitgenossen für seine Initiative in höchsten Tönen gelobt worden. Einer der besten Kenner des literarischen Marktes, der Abt Johannes Trithemius, der sein erstes Kloster mit Bücherankäufen ruiniert hatte und vor seinen Mitbrüdern regelrecht fliehen musste, nannte Brant einen neuen Dante. Das war bei aller Übertreibung verständlich, denn das *Narrenschiff* reihte sich in die humanistische Tradition eines Dichtens in der Volkssprache ein, die man gerade in Deutschland vergessen gehabt zu haben schien. An deutschen Lateinschreibern war kein Mangel, es fehlten die Deutschschreiber. Tatsächlich war es nicht unbedingt eine Lawine, die Brant lostrat, aber er fand Nachfolge. Es entstand eine regelrechte Narrenliteratur, zum Beispiel mit Thomas Murners *Narrenbeschwörung* und seiner *Schelmenzunft*, nicht zu vergessen auch seine Polemik *Von dem großen Lutherischen Narren*. Johannes Geiler von Kaysersberg hielt Predigten im Straßburger Münster über das *Narrenschiff* und veröffentlichte sie anschließend im Druck.

Ein großer Erfolg also, bei dem man die Qualität in sprachlicher Hinsicht jedoch nüchtern betrachten sollte. Wer das *Narrenschiff* aufschlägt, wird angesichts der Pracht staunen, wer darin liest, könnte sich vorkommen wie jemand, der mit einem

Sportwagen auf Kopfsteinpflaster geraten ist: Das Ab und Auf der Jamben kann einen ordentlich durchschütteln. Wenn dann noch der natürliche Wortakzent ignoriert wird, kommt man ins Stocken, wie etwa zu Beginn des allerersten Kapitels, das sich mit dem Büchernarren beschäftigt (ich setze die Akzente über die Silben):

Das jch sytz vórnan ín dem schýff
Das hát worlích eyn súndren grýff
On vŕsach íst das nít gethán
Vff mýn librý ich mých verlán
Von búchern háb ich gróssen hórt
Verstánd doch drýnn gar wénig wórt (...).

Dass ich sitze vornan in dem Schiff,
das hat wahrlich einen besonderen Grund.
Ohne Ursache ist das nicht.
Auf meine Bücherei verlasse ich mich.
Von Büchern habe ich eine ganze Menge,
verstehe aber von ihnen wenig (...).

Brant richtet sich ersichtlich in seinen deutschen Versen nach den lateinischen Prinzipien des Silbenwägens und -zählens, achtet auf Länge und Kürze statt auf Betonung und Nichtbetonung (siehe das falsch betonte *worlích* in der zweiten Zeile), wie es dem Deutschen angemessen ist und später so auch praktiziert wurde. Auch wenn man den Lautstand betrachtet, sieht man rasch, dass man es mit alemannischem (Basler) Dialekt zu tun hat. Die vierte Zeile beginnt mit *vff myn* (»auf mein«), kennt die Diphthonge nicht, die in die neue Ausgleichssprache zum Beispiel Luthers eingehen sollten und dessen Texte (heute) viel leichter lesbar machen.

Literarisches Deutsch steckt also noch in den Kinderschuhen, die Leistung Brants liegt nicht im sprachlichen Bereich, sondern in der Wahl der Sprache. Dieser Humanist nahm seine

Aufgabe wahr, die römische Satire in der noch reichlich unvollkommenen Muttersprache zu verwirklichen. Und man darf nicht annehmen, er habe sich dabei etwa an ungebildete Leser, gar Analphabeten (wegen der Bilder) gewandt. Im Text wimmelt es von Anspielungen auf antike Autoren und die Bibel, der Aufbau jedes einzelnen Kapitels folgt rhetorischen Grundsätzen mit genauer Darbietung von These, Beispiel, Gegenbeispiel und so fort, was nur Humanisten zu würdigen im Stande waren. Nein, das war Deutsch für sehr gebildete Deutsche, die das Wagnis wohl bewundert haben, weil sie schlicht nichts Besseres kannten. Brant ist mit all seiner Kreativität und Schaffenskraft ein Anfang gewesen, ein Anfang in poetischem Deutsch.

JEDER SPRECHENDE EIN SCHWEIN

Wenn man sich Brants Nachfolger ansieht, kann man im Zweifel sein, ob man von einem Aufwärtstrend sprechen soll. Im 16. Jahrhundert brachte es ein Schuster zu Ruhm, den wir heute allerdings mehr aus Wagners *Meistersingern* kennen denn aus seinen zahlreichen Schriften.

Gemeint ist Hans Sachs, der die Lateinschule durchlaufen hatte und gerne einmal lateinische Wörter wie *colericus* für »Choleriker« oder auch ganze lateinische Sätze in seine deutschen Texte einflocht. Als Handwerkerpoet muss man ihn bewundern, seine Verse sind jedoch eine Geduldsprobe. Prüde Gelehrte im frühen 20. Jahrhundert haben ihn dafür gelobt, dass es mit ihm nun endlich vorbei gewesen sei mit Autoren und Werken, auf die die Devise gepasst habe: »Jeder Sprechende ein Schwein, jeder Spruch eine Rohheit, jeder Witz eine Unfläterei« (Karl Goedeke). Tatsächlich aber war das, was so kritisch-vorwurfsvoll als grobianisches Zeitalter apostrophiert wurde, die eigentliche Leistung dieser Zeit gewesen. Es gibt nicht nur eine Ästhetik des Schönen, es gibt auch eine des Hässlichen, des Frechen, des Aufstands, ja des Säuischen, in dem sich Kreativität äußern kann. Das späte Mittelalter hatte diese Kunst gepflegt, auch auf europäischer Bühne, wie ein Blick in Chaucers *Canterbury Tales* zeigt. Im Lateinischen existierte dies sowieso, siehe die *Carmina burana* des 13. Jahrhunderts, die Carl Orff in seiner Auswahl vornehm beschnitten hat.

Genau in dieser Tradition erschien 1549 ein Text, der sein Programm sogar im Titel trägt: der lateinische *Grobianus* von Friedrich Dedekind, den Kaspar Scheidt zwei Jahre später in deutsche Verse goss, wobei er die Vorlage immerhin auf das Doppelte ihres Umfangs brachte. Zugrunde liegt eine Tischzucht, wie es sie schon im Mittelalter auch in der Form einer Hymne aufs Fressen und Saufen gegeben hat, zum Beispiel innerhalb von Heinrich Wittenwilers *Ring*, der als »der genialste Rülps der deutschen Dichtung« (Christoph Huber) bezeichnet wurde – Chapeau! Im *Grobianus* ist diese Tischzucht auf einen häuslichen Tagesablauf ausgedehnt, der dem Titelheld Gelegenheit gibt, sich durch alles verdient zu machen, was irgend derb, unflätig oder sonst wie die guten Sitten beleidigend ist.

Nur wird dieses Betragen mit Argumenten garniert, die das Universitätswesen karikieren, so dass der Witz nicht im Unflat liegt, sondern in dessen perfekter Präsentation. Wenn es etwa heißt, dass man den Rotz an der Nase heraushängen lassen soll wie einen Eiszapfen, aber auch mit genauem Maß, ist damit die berühmte aristotelische Lehre von der rechten Mitte auf den Arm genommen. Hier die Zeilen im damaligen Knittelvers:

Doch halt in allen dingen moß /
Daß nit der kengel [Kegel] wird zu groß:
Darumb hab dir ein solches meß /
Wann er dir fleußt biß in das gfreß /
Vnd dir auff beiden lefftzen [Lippen] leit /
Dann ist die naß [Nase] zu butzen zeit.
Auff beide ermel wüsch den rotz /
Daß wer es seh / vor vnlust kotz.

Ein derber Spaß also von Männern (Dedekind war 25, als er den *Grobianus* schrieb, Scheidt um die 30, als er ihn übersetzte), die in ihrem Studium Humanisten geworden waren und anderen Humanisten zeigen wollten, wie man im Unflat alle Regeln der Kunst befolgen kann.

WÖRTER AM FLIESSBAND

Nicht jeder wird darin einen Fortschritt in der deutschen Literatur und der deutschen Sprache sehen. Unbestritten ist dieser Fortschritt jedoch in einem Text, der von einem Neffen des eben genannten Scheidt stammt: die *Geschichtklitterung* von Johann Fischart. Diesmal möchte man vom ersten wirklichen *Sprach*kunstwerk auf Deutsch im Druckzeitalter überhaupt sprechen. Dabei war Fischart ein Humanist reinsten Wassers. Ausgebildet im protestantischen Vorzeigegymnasium von Straßburg unter dem berühmten Johann Sturm, hatte er in Paris, Straßburg und Siena die Rechte studiert und mit dem Doktor abgeschlossen. Die berufliche Tätigkeit als Amtmann in Forbach bei Saarbrücken verband er mit literarischer Arbeit, hauptsächlich Übersetzungen (aus fünf Sprachen, darunter Niederländisch) – insgesamt entstanden mindestens 48 Schriften.

Dabei fiel ihm auch ein französisches Werk in die Hände, François Rabelais' *Gargantua und Pantagruel*, eine Erzählung von der Geburt und Erziehung des Riesen Gargantua, in die der Autor eine Satire auf seine Zeit und Gesellschaft, darunter den Wissenschaftsbetrieb, die Kriegsführung und vieles andere mehr verpackt hat. Fischart griff nur den ersten Teil des Werkes auf und brachte ihn auf ein Vielfaches (in einigen Kapiteln auf das Zehnfache) des Umfangs seiner Vorlage. Denn unter seiner Hand entstand etwas völlig Neues. Die *Geschichtklitterung*, von der ersten Auflage 1575 bis zur dritten 1590 ständig erweitert (bis 1631 erschienen weitere sechs Auflagen), wurde ein einziges sprachliches Experiment, eine Orgie auf Deutsch und über Deutsch.

Man sieht es zuallererst am Wortschatz. Die deutsche Sprache hatte dank der Humanisten eine enorme Aufrüstung erfahren. Fast die wichtigste Forderung der Rhetoriker war immer die der Bereitstellung der *copia verborum*, der Fülle an Ausdrucksmöglichkeiten, gewesen. Ihr dienten Neubildungen und Zusammensetzungen, wo immer Bedarf vorlag. Fischart aber kümmerte sich nicht um den eigentlichen Bedarf, sondern erfand Wörter wie am Fließband, an einem niemals ruhenden Fließband. Schon der Titel wird förmlich gesprengt von Beispielen:

Affentheurlich Naupengeheurliche Geschichtklitterung. Von Thaten und Rhaten der vor kurtzen langen unnd je weilen Vollenwolbeschreiten Helden und Herren Grandgoschier Gorgellantua und deß Eiteldurstlichen Durchdurstlechtigen Fürsten Pantagruel von Durstwelten, Königen in Utopien, Jederwelt Nullatenenten und Nienenreich, Soldan [Sultan] der Neuen Kannarien, Fäumlappen, Dipsoder, Dürstling, und OudissenInseln: auch Großfürsten im Finsterstall und Nu bel Nibel-Nebelland, Erbvögt auff Nichilburg, und Niderherren zu Nullibingen, Nullenstein und Niergendheym.

Affentheurlich wirkt wie eine Überblendung von »Abenteuer« und »Affen«. *Naupengeheurlich* ist eine Zusammensetzung aus *Naupe* (Wunderlichkeit) und *geheurlich*, bedeutet also so viel wie »wunderbar«. Auch die *Geschichtklitterung*, heute sprichwörtlich geworden als »Geschichtsklitterung«, also mit Fugen-s, war eine neue Zusammensetzung aus *Geschichte* und *klittern* (klecksen): »Zusammenklecksen einer Geschichte«. *Vollenwolbeschreiten* besteht aus *voll*, *woll* (wohl) und *beschreit* (beschrien, berühmt) und ergibt so viel wie »hochwohlberühmt«. *Eiteldurstlichen* ist aus *eitel* (ganz) und *durstlich* (durstig) zusammengesetzt, *nullatenenten* aus lateinisch *nullus* (keiner) und *tenere* (besitzen), bedeutet also die »Nichtsbesitzenden«. *Nienenreich* ist eine Zusammensetzung aus *nienen* (nirgendwo) und *reich*, also eine Übersetzung von griechisch »Utopia« als »Nirgendort«, *OudissenInseln* aus »Odysseus« und »Inseln«, *Nichilburg* aus lateinisch *nihil* (nichts) und *burg*, *Nullenstein* aus lateinisch *nullus* (keiner) und *stein*.

Und so geht es im Text weiter. Die Fantasie hält sich dabei an keine Regel, die Rede kann von einer *ohrenzarten* wie von einer *grabtieffgesenckten* Frau sein, langsame Fortbewegung erscheint als *schneckkrichig*, ein ordentlicher Hieb als *hildenbrandstreichig* (nach dem Sagenhelden Hildebrand). Auch ohne Zusammensetzung gibt es Erfindungen wie *winterige* (Lappenländer) oder *elephantisch*. Noch auffälliger sind aufgeschwellte Wortungetüme wie *hinderdonnerklepfig, himmelerdhöllig, ausschwaifigschwetzig*.

Beim rhetorischen Schmuck findet man selbstverständlich alle Möglichkeiten, die das Schulwissen bot, aber mit einer bezeichnenden Auswahl: Nicht die Metapher, nicht einmal die kühne, steht im Vordergrund, sondern das Wortspiel, geradezu die Manipulation von Wörtern, das Herauspressen von Pointen aus den willkürlichsten Klangähnlichkeiten. Interessanterweise steht dabei etwas im Vordergrund, was in der damaligen Zeit eine große Rolle spielte: die Etymologie. Fischart hat sich im Streit, ob Wörter ihre Bedeutung willkürlich oder sinnnachahmend enthalten, auf die Seite der Nachahmungsvertreter gestellt. Trotzdem treibt er auch mit dieser These sein Spiel, ja persifliert missglückte Etymologien humanistischer Zeitgenossen, wenn er etwa berühmte Namen ausdeutet. So erscheint die berüchtigte Aspasia, eine antike Hetäre, als *Arsbasia* (aus lateinisch *ars*, Arsch, und *basire*, küssen). Ähnlich der Begriff Bakkalaureus, der als *Becherlerauß* (»leer den Becher aus«) auftritt.

Oft liest Fischart Namen als Zusammensetzungen, Afrika zum Beispiel als *Affrich* (»Affe« plus »reich«), Murner, der Luther-Gegner, als *Murrnarr* (»murren« plus »Narr«), Orpheus als *Harffewis* (»Harfe« plus »weise«). Dann wieder genügt ein veränderter Buchstabe wie bei »Friesland« als *Frißland* (von »fressen«), Arznei als *Arsnei* (von lateinisch *ars*, Arsch). Mit hinzugefügtem Buchstaben wird aus Alexander *Arslexander* (natürlich wieder mit *ars*), aus den Medici *Merdici* (mit französisch *merde*, Scheiße). Sogar teilweise Rückwärtslesung kommt vor: *Risen* (Riesen) als *Sire*. Einen Höhepunkt aber stellt die sogenannte Figura etymologica dar, das Spiel mit Abwandlungen eines Wortes, das im Falle von lateinisch *clocha* (Glocke) zu einem wahren Delirieren in falschem Latein führt: *Omnis clocha clochabilis, in clocherio clochando, clochans clochativo clochare facit chlochabiliter clochantes.*

<h2 style="text-align:center">HÖRSPIEL MIT WÜRSTEN, KÄSE UND
SEHR VIEL ALKOHOL</h2>

Man kann in all dem bloße Willkür sehen, aber auch die Entdeckung von Überraschendem bei kleinstmöglichem Aufwand. Im Übrigen spielt Fischart nicht nur mit der Sprache, sondern auch mit Inhalten. Dies zeigt sich in katalogartigen Aufzählungen von Gegenständen oder Tätigkeiten. Schon bei Rabelais war dies angelegt. Aber wo der französische Autor zum Beispiel 217 (Gesellschafts-)Spiele bietet, finden sich bei Fischart 589. Nahrungsmittel und Gewürze, natürlich Alkoholika an erster Stelle, darüber hinaus handwerkliche Tätigkeiten, etwa im Bergwerk, darunter die beim Bergwerk benutzten Werkzeuge: Alles ist aufgelistet. Gleich mehrere Musterbeispiele bietet das Kapitel *Von des Grandgoschier vollbestallter Kuchen, Kasten, und Keller: was endweder ins Glaß gehört, oder auff den Teller.* Würste, Käse, Weine werden in nicht enden wollender Aufzählung präsentiert, wobei Fischart offenbar Wörterbücher konsultierte und es darauf angelegt zu haben scheint, die Sprache in all ihren Ausdrucksmöglichkeiten regelrecht auszuschöpfen.

Das alles überwuchernde Thema dabei ist der Durst und das Saufen – die *Truncken Litanei* stellt nicht zufällig einen Höhepunkt der *Geschichtklitterung* dar. Gerade bei diesem Thema aber kommt nicht nur das Grobianische zum Zuge, wenn der Autor in wahren Sauf- und Fressorgien schwelgt, sondern auch noch eine klangliche Seite, die den Text zur Collage macht, wie man sie eher viel späteren Zeiten und literarischen Richtungen, etwa dem Dadaismus oder auch der Konkreten Poesie, zutraut. Selbst die Aufzählungen genügen nicht mehr, um so etwas wie »Erzählung« zu verhindern oder zu zerreißen, es müssen nun Aufzählungen von wahren Urlauten, ja bloßes Lallen sein. So endet auch der mit *Glucktrara* überschriebene Abschnitt, ein »wohlchoreographiertes Hörspiel« (Wolfgang Hörner), mit Geräuschen, die aber doch noch Sinn ergeben, sogar am Ende als *finis*, als gleichsam letztes Prosit, auf ein *Win iß* zulaufen. Wenn man einmal das Schriftbild gesehen hat, das sich als (Trink-)Trichter darstellt, versteht man vielleicht das eigenartige Zusammengehen von (Un-)Sinn und Form:

Nun   trara   τράρω,   gluk   trara   τράρα.

Nun   laßt   uns   fara   i   para   unt   πάρα:

Sint   wir   nicht   hie,   so   sint   wir   tara:

Komst izund nicht, so komst zu lara

Ti   ich   farfür,   sint   all   Narra

Unt ist toch schwaer tisar karra:

Aes   ist   halt   schone   warra,

Ich   farlur   tran   ti   tara:

Was   ich   an   aim   spara,

Ist   am   antarn   lara.

Laßt   fara   φάρα.

Wolts   nicht   harra.

Schalts den Karra.

On   gfara,

T R A R A.

τ ϱ ά ϱ α.

Win iß.

Man hat viel an diesem Stil herumgerätselt, es mit Parallelen zur bildenden Kunst wie dem damaligen Manierismus versucht. Aus der Sicht der Sprachgeschichte wird etwas anderes deutlich: Die deutsche Sprache hat im Humanismus ihre Bewährungsprobe durchlaufen. Sie ist nicht nur ausdrucksstark, sie ist experimentierfähig geworden. Interessanterweise zeigt sich dies weniger im klassischen Bereich der Literatur, in den Versen. Hier wurde erst im Barock ein Niveau erreicht, das Anschluss an die europäischen Vorbilder fand. Aber in der Prosa konnte die deutsche Sprache schon mithalten. Luther hat es mit seiner Aneignung der Bibel gezeigt. Gut 50 Jahre später bezeugte Fischart es im grobianischen Metier. Noch immer war diese Sprache nicht wirklich domestiziert. Noch immer fehlte es an Normiertheit, an verbindlichen Vorbildern im Bereich des Wortschatzes wie der Orthografie. Aber an Souveränität des Umgangs mit dieser Sprache mangelte es nicht. Man konnte sich förmlich suhlen in den Möglichkeiten, die sie bereitstellte. Die Normierer konnten nun kommen. Und sie kamen.

SPRACHGESELLSCHAFTEN

Das unscheinbare Ereignis fand am 24. August 1617 statt: eine Trauerfeier auf Schloss Hornstein im Weimarischen. Zum Angedenken einer verschiedenen adligen Dame gründeten drei anwesende Fürsten eine Art weltlichen Orden, der Gutes bewirken sollte: Gutes für eine deutsche Nation, die damals ihren Charakter an mehreren Enden gleichzeitig bedroht sah – und das ein Jahr *vor* Ausbruch des Dreißigjährigen Krieges. Zurück lagen Religionswirren, in denen das Reich seine ohnehin angeschlagene Achtung noch weiter verloren hatte. Unter dem Slogan *cujus regio ejus religio* (»Wem das Land, dem die Religion«) dachten die Fürsten in immer engeren Kategorien von Landesherrschaft.

Auch die Sprache wurde in diesen Strudel hineingerissen. Wo das Reich überhaupt noch funktionierte, auf den immerhin regelmäßigen Reichstagen und am Reichskammergericht, dominierte das Latein der Juristen. Wer modern sein wollte, schloss demgegenüber an das Vorbild Frankreich an, wo seit 1589 die Bourbonen regierten und seit 1610 der geniale Richelieu die Regierung für Ludwig XIII. führte. Hier bildete sich das aus, was das neue Staatsideal werden sollte: der Absolutismus. Wieder einmal öffneten sich förmlich die Schleusen zur Aufnahme alles Französischen, und diesmal ging es nicht nur um Aufnahme von Wortgut, diesmal geriet die deutsche Sprache insgesamt an den Rand ihrer Existenz. Dass es weiter nicht kam, verdankt sich nicht zuletzt denjenigen, die den Widerstand organisierten. Zu ihnen gehörten die auf Schloss Hornstein Versammelten. Fürst Ludwig von Anhalt-Köthen,

der Gastgeber, war gerade von seiner dreijährigen Kavaliers-
tour aus Italien zurückgekehrt, hatte viel über Landwirtschaft
und Gartenbau gelernt (woraufhin er zuhause Versuchsfelder
und Mustergärten anlegte). In Florenz aber hatte er erlebt, wie
die italienische Sprache zum Hebel nationaler Einheit gemacht
worden war. Dies war in der 1582 gegründeten Accademia della
Crusca geschehen, einer Gesellschaft, die sich nach der Kleie
(crusca) nannte, von der sie das (sprachliche) Mehl reinigen
wollte – seit Luther ist die Trennung der Spreu vom Weizen
geläufiger.

Dabei stand diese Akademie bereits in der Tradition der
Accademia Fiorentina, die der Medici-Fürst Cosimo I. ins
Leben gerufen hatte, übrigens das unmittelbare Vorbild der
Académie française, deren Gründungsurkunde Karl IX. 1570
unterschrieb und die 1635 unter Ludwig XIII. und Richelieu
ihre Erneuerung erfahren sollte. Auch im wirtschaftlich starken
Holland existierten mit den Rederijkerkamers (nach französisch
rhétoriqueurs, also Rhetorikervereine) Stätten, in denen vor allem die volkssprachliche Poesie gepflegt wurde. Ob staatlich
gesteuert – in Frankreich gab es seit 1510 regelmäßige königliche Verordnungen, die das Französische als Amtssprache vor
Gericht festlegten – oder privat organisiert: Überall in Europa
war man der Überzeugung, dass nur über die Muttersprache
Bildung in weite Kreise zu tragen, nur von der Muttersprache
her nationale Identität zu begründen sei. Das Erbe des Humanismus hatte gefruchtet, die sprachliche Interesselosigkeit des
Mittelalters (angesichts des dominierenden Lateins) war endgültig vorüber.

Fürst Ludwig von Anhalt-Köthen kannte die Idee also aus
Italien, war dort selbst Mitglied der Accademia della Crusca
geworden und hatte deren großen Triumph vor Augen: den
Abschluss eines italienischen Wörterbuchs im Jahre 1612.
Die Gründung der Fruchtbringenden Gesellschaft auf Schloss
Hornstein knüpfte schon im Namen an die Nahrungsmetapho-
rik der Italiener an und verfolgte auch die gleichen Ziele wie das

italienische Vorbild. In diesem Fall sollten die drei anwesenden Fürsten (neben Ludwig die Herzöge von Sachsen-Weimar und Sachsen) die Organisation übernehmen, während Ludwig formal die Leitung ausübte und bei der Aufnahme der Mitglieder Regie führte. Dabei war die Fruchtbringende Gesellschaft in erster Linie eine »Gesellschaft«, ein Kreis von Gleichgesinnten, der Sprachpflege als Teil höfischer Unterhaltung betrieb.

Auf vielen Hochzeiten mittanzen

Eine von heute her gesehen höchst merkwürdige Konstellation also, die das Schicksal der deutschen Sprache in die Hand nahm. Adlige wurden angesprochen und ließen sich ansprechen, obwohl Ludwig die Devise ausgab, dass der Stand keine Rolle spielen sollte, und tatsächlich bürgerliche Mitglieder die eigentliche Arbeit leisteten. Wo immer man in Deutschland von der neuen Institution hörte, bewarben sich Intellektuelle, natürlich nicht zuletzt unter Karrieregesichtspunkten. Was heute noch Rang und Namen hat, war vertreten: Martin Opitz genauso wie Andreas Gryphius, die bedeutenden Dichter des Barock, weiter die Theoretiker, die heute weniger bekannt sind: Philipp von Zesen und Justus Georg Schottel(ius) vor allem, von denen noch näher die Rede sein wird. 890 Mitglieder hatte die Gesellschaft zuletzt. Sie standen im Wesentlichen in Korrespondenz miteinander, trafen sich aber auch gruppenweise und diskutierten anstehende Fragen, so wie im Jahre 1624, als man sich mitten in den Kriegswirren über die richtige Eindeutschung von *materia* auseinandersetzte. Günter Grass hat in seinem *Treffen in Telgte* eine solche Diskussionsrunde beschrieben, wobei er ihr freilich Züge der Gruppe 47 aus seiner eigenen Zeit verlieh.

Es blieb nicht bei der Fruchtbringenden Gesellschaft mit ihrem Sitz in Köthen, später Halle, also im Osten. Rasch folgten weitere Gründungen, die Deutschland nicht gerade flächendeckend, aber doch schwerpunktmäßig überzogen. Im Süden entstand in Straßburg die Aufrichtige Gesellschaft von der Tannen, in Nürnberg gründete Georg Philipp Harsdörffer zusammen mit Johann Klaj den Pegnesischen Blumenorden. Im Norden bildete sich unter Philipp von Zesen die Deutschgesinnte Genossenschaft, in Hamburg, wo mit dem (heute für kulturelle Auszeichnungen wiederbelebten) Elbschwanenorden dann sogar eine Konkurrenz in der eigenen Stadt entstand. Dabei gab es eine merkwürdige Mitgliedschaftshäufung. Nachdem Harsdörffer von Fürst Ludwig in die Fruchtbringende Gesellschaft eingeführt worden war, unterstützte er die Bewerbung Zesens in Köthen, um im Gegenzug Mitglied in der Deutschgesinnten Genossenschaft zu werden: Man konnte offenbar auf nicht genug Hochzeiten tanzen. Irgendwie ging es eben in erster Linie um Geselligkeit, um Mitreden, immerhin beim gemeinsamen Thema deutsche Sprache.

Natürlich gab es unterschiedliche Meinungen, sogar handfesten Streit. Fürst Ludwig zögerte lange, Zesen aufzunehmen, weil der in der Rechtschreibfrage Abweichler war und es mit seinen Verdeutschungen übertrieb. Harsdörffer wollte bei aller Anerkennung der Überlegenheit des Ostmitteldeutschen, wie sie die Fruchtbringende Gesellschaft vertrat, auf die fränkische Alternative nicht verzichten, beharrte mitten im Kampf um die sprachliche Einheit auf der grundsätzlichen Vielfalt der regionalen Ausprägungen. Aber es gab eben ein gemeinsames Ziel.

Mit Patriotismus, Purismus und Rechtschreibregeln zur Nation

In der Satzung der Fruchtbringenden Gesellschaft war dieses Ziel definiert als die Erhaltung und Verbesserung der *edelen hochdeutschen Sprache*, der *deutschen Helden- und Muttersprache*. Deren Pflege war klar patriotisches Programm, der Kampf mit der Feder stand nach Harsdörffer dem mit dem Degen in nichts nach. Zu verstehen ist der martialische Vergleich aus der Tradition des Humanismus mit seiner Bewertung der Sprache: Der gleiche Harsdörffer redete davon, dass an der Sprache die Sitten hingen, mit einem Verfall der Sprache der Verfall der Sitten einhergehe.

Sitten aber konnte man sich mittlerweile nur als nationale vorstellen, was (noch) keinen Chauvinismus bedeutete. Nicht die französischen Sitten waren schlecht (das wurde in der Polemik natürlich auch gesagt), sondern die mit der französischen Sprache ins Deutsche eingeschleppten. Als Sprache und Sitten *unbefleckt* waren (so wieder Harsdörffer), sei es Deutschland gutgegangen, als sie *verfrömdet und verkehret* waren, sei Deutschland *verwüstet* worden. Entsprechend klingen die Loblieder auf die deutsche Sprache, die Harsdörffer in seinem *Teutschen Secretarius* (einer Sammlung von Musterbriefen) anstimmt, wenn er *unsre liebliche und löbliche / unsre durchdringende und bertzzwingende / unsre künstliche und dienstliche / unsre mächtige und prächtige / unsre reinliche und scheinliche / ja unsre holdselige und glückliche Teutsche Heldensprache* besingt. Genauso lassen sich die Klagen über Verfall oder Gefährdung aufführen. Bei Klaj ist in der *Teutschen Poeterey* die Rede vom *röchlenden Deutschland*.

Die konkrete Arbeit der Sprachgesellschaften war dabei vielfältig und mühevoll. Fürst Ludwigs sehnlichster Wunsch nach einem Wörterbuch ging erst sehr spät in Erfüllung: Mit Caspar Stieler realisierte es 1691 immerhin ein ehemaliges Mitglied der Fruchtbringenden Gesellschaft, die (nach dem Tod ihrer Gründer) zu dieser Zeit längst untergegangen war. Was zuerst zustande kam, war 1638 der *Entwurf einer deutschen Sprachlehre*, den Fürst Ludwig von Anhalt-Köthen beim Rektor des Halleschen Gymnasiums, Christian Gueintz, in Auftrag gegeben hatte und der 1645 zur *Deutschen Rechtschreibung* ausgeweitet wurde. Das Werk beruhte auf der ostmitteldeutschen Tradition, die seit Luther eine Führungsrolle innehatte, und verdrängte vor allem einen Vorstoß von Zesen, der der Orthografie nicht nur seine thüringische Aussprache zugrunde legte, sondern überhaupt eine mehr phonetische Schreibung anstrebte – Grund für das jahrelange Herauszögern seiner Aufnahme in die Fruchtbringende Gesellschaft. Wie erfolgreich das offiziöse Buch von Gueintz (als eine Art erster *Duden*) wurde, belegt die Tatsache, dass ein Raubdrucker Grimmelshausens *Simplicissimus* nach diesen Regeln veröffentlichte und der rechtmäßige Verleger dies daraufhin ebenfalls tat. Sogar Protokolle der Friedensverhandlungen nach Abschluss des Dreißigjährigen Krieges wurden nach den neuen Regeln abgefasst.

Noch aber mangelte es erheblich an theoretischen Grundlagen. So lag vorläufig das Hauptinteresse bzw. der Haupteifer der Sprachgesellschaften auf einem Teilgebiet, das später oft verabsolutiert, aber auch bespöttelt wurde: auf der Abwehr der ausländischen, speziell französischen Wörter.

Dabei war es keineswegs so, dass Französisch von außen ins Deutsche eindrang, etwa mit den Truppen, die im Dreißigjährigen Krieg ins Land kamen. Die Übernahme war mehr als freiwillig, das französische Vorbild nur allzu verlockend. Auf dem Gebiet der Poesie hatte Deutschland nach wie vor (außer auf Latein) kaum etwas vorzuweisen. Entsprechend übersetzte man Dichtung aus dem Nachbarland, und nicht jedes französische Wort erhielt ein deutsches Pendant. Ganz im Gegenteil sollte das Vorbild auch erkennbar sein, entsprechend färbte es das Deutsche ein bis zum Sprachgemisch, das dann wiederum von Gegnern karikiert wurde. Harsdörffer flicht in eines seiner *Frauenzimmer-Gesprächsspiele* ein Beispiel ein, das die Realität des Mischmaschs wohl doch ein wenig überzeichnet:

Der Herr perdonire meiner libertet im Reden/ich will mich candidé expectoriren: die tratementi der Gespräch-Spiel sind nicht wenig mit der Schulfüxerey parfumiret, und bringen vil res sur le tapis, welche unter den Philosophis besser als unter Damen können agitiret werden (...).

Schon Martin Opitz hatte in einem noch lateinisch geschriebenen Jugendwerk, dem *Aristarchus sive de contemptu linguae Teutonicae* (»Aristarch oder von der Verachtung der deutschen Sprache«), die Warnung vor Vermengung ausgesprochen. In seiner *Deutschen Poeterey* von 1624, der ersten deutschsprachigen Poetik überhaupt, ist daraus die grundsätzliche Forderung nach Reinheit der (deutschen) Sprache geworden. Überzeugendes Dichten in der Muttersprache fange mit einer Muttersprache an, die wirklich eine solche ist. Dabei hatte Opitz es allerdings auch auf Archaismen und Provinzialismen abgesehen, auf veraltetes und bloß regionales Deutsch. Wenige Jahrzehnte später konzentrierte sich die Forderung immer mehr auf die Fremdsprachen. Bei Johann Michael Moscherosch war die Rede davon, dass heutzutage jeder *Wälsch*, also Italienisch, und *Frantzösisch*, ja *halb Japonesisch* rede. Andere regten sich darüber auf, dass bereits Straßenjungen, Spinnmägde und Bauern französische Wörter einflickten.

Urwesen der Wörter aus dem Wunderschacht der Sprache

Auf der anderen Seite muss man sehen, dass nur mit der Aufnahme fremden Wortguts die Aufnahme wesentlicher Bereiche der modernen Sachkultur möglich war. Das 17. Jahrhundert gilt als ein Jahrhundert der Europäisierung, die gerade Deutschland den Anschluss an internationales Niveau brachte.

Im Handel etwa wurden italienische Vorbilder eingebürgert: der *Kredit* wie das *Skonto*, der *Diskont* wie das *Giro*. In der Verwaltung machte sich noch einmal eine Lateinwelle breit mit *Akten* oder *Audienz*, *Dokument* oder *Exekution*. Auch die Sprache des Rechts war nach Einführung des römischen Rechts stark lateinisch bestimmt, wie die *Klausel* oder das *Privileg*, *konferieren* oder *konfiszieren* zeigen. Im Heerwesen setzte sich als Sprachvorbild Frankreich durch, das das erste stehende

Heer in Europa besaß: mit *Soldat* oder *General*, mit *Pistole* oder *Karabiner*, mit *Bastion* oder *Kasematte*. Baukunst, Theater und Musik sind bis heute italienisch geprägt, wofür jedem Beispiele in Serie einfallen dürften, wenn man nur einmal an das *Mosaik*, die *Posse* oder an all die Tempobezeichnungen in der Musik von *Allegro* bis *Adagio* erinnert. Aus Holland stammen wichtige Begriffe der Gartenkunst wie das *Spalier* und natürlich die *Tulpe*, auch wenn Harsdörffer immerhin die *Gießkanne* eingedeutscht haben soll. Beim Gemüse stößt man auf den *Kohlrabi* (aus italienisch *cauliravi*), die *Kartoffeln* heißen so nach ihrer Ähnlichkeit mit Trüffeln (aus wiederum italienisch *taruffoli*), die *Sellerie* stammt aus Frankreich *(céleri)*, die *Aprikose* aus dem Niederländischen *(abrikoos)*. Bei der *Marmelade* geht spanisch *mermelada* voraus, *Rum* ist eine Abkürzung von englisch *rumbullion*, die *Schokolade* kommt über Spanien und die Niederlande aus dem Mexikanischen.

Bleibt noch der vor allem an den Höfen herrschende Bereich des Luxus und der Mode, der sich am französischen Vorbild orientierte, woher auch der despektierliche Begriff *Alamodewesen* (nach *à la mode*) stammt, der das gesamte sprachliche Anbandeln mit dem Nachbarn zusammenfasst. Mit dem Wort *Mode* an der Spitze geht es über die *Manschette* und das *Korsett* bis zu *Pomade* und *Parfum*. Der *Kavalier* und das *Kompliment*, die *Dame* und die *Galanterie*, die *Mätresse* samt dem mit ihr verbundenen *Plaisir*, Adjektive wie *bizarr* und *exzellent*, *frivol* und *kapriziös*, *kokett* und *pikant*, *charmant* und *seriös* – alles französisch.

Es gab also einiges zu tun, obwohl »Sprachreinigung« nie das einzige und oft nicht einmal das entscheidende Programm war. Schon der bekannte und am allermeisten angegriffene Philipp von Zesen zeigt dies. Er war in erster Linie Dichter, hatte französische Vorbilder übersetzt und selbst alle Gattungen der damaligen Zeit bedient. Von ihm stammt der erste bürgerliche Liebesroman, modische Schäferdichtung und Lyrisches in ganzen Sammlungen. In seiner sehr erfolgreichen Poetik, dem

Deutschen Helicon, setzte er gegen Opitz die Einführung von dreisilbigen Daktylen im Deutschen durch, »hüpfende« Verse, die die poetischen Werke gegenüber dem ewigen Ab und Auf der Jamben durchaus geschmeidiger machten. Insgesamt 279 gedruckte Bücher haben ihm den Titel des ersten freien Schriftstellers in Deutschland eingetragen.

Daneben aber galt Zesens Leidenschaft der Sprache, wie allein die Gründung der Deutschgesinnten Genossenschaft belegt. Dabei hatte er sich jene unheilvolle Vorstellung der Späthumanisten angeeignet, wonach Bedeutung mit dem Klang verbunden sei: die sogenannte Natursprachenlehre, die Jakob Böhme mit seiner krausen Fantastik verbreitet hatte. Wieder einmal sollte die deutsche Sprache derjenigen Adams am nächsten stehen, sollten Griechisch und Latein nur Mundarten des Deutschen sein. Entsprechend galt es, den im Deutschen angelegten Schatz zu heben, Klang und Bedeutung zusammenzubringen, in den *wunderschacht* der Sprache hinabzusteigen, um das *lautere gold,* das *uhrwesen* der Wörter aufzudecken. Wieder führt dies zu abstrusesten Etymologien, wenn *Hals* mit *hallen* in Verbindung gebracht wird oder gar die Bedeutung des *a* mit der *durchdringenden kraft des wassers* zusammenhängen soll, während man im *u* demgegenüber *das sanfte steigen und schweben der luft* vernehmen könne.

Zesen hatte mit anderen Worten ein Motiv zur Eindeutschung: weniger Abwehr des Fremden als Ausschöpfung des Eigenen. Wenn die deutsche Sprache wirklich eine Sprache ist, die einen direkten Draht zur wahren Bedeutung der Dinge hat, ist es auch konsequent, diesen Draht auszunutzen, »Fremdwörter« zu ersetzen. Zahlreiche Versuche dieser Art haben sich bis heute erhalten, etwa *Abstand* für »Distanz«, *Anschrift* für »Adresse«, *Bücherei* für »Bibliothek«, *Glaubensbekenntnis* für »Konfession«, *Grundstein* für »Fundament«, *Mundart* für »Dialekt«, *Rechtschreibung* für »Orthografie«, *Verfasser* für »Autor« und vieles andere mehr. Gelegentlich entstanden Alternativen wie bei *Tagebuch* für »Journal« oder *lustwandeln* für »spazieren«. In anderen Fällen legte Zesen selbst Alternativen für ein einziges Wort vor, wie etwa *Gottestisch*, *Rauchtisch*, *Räuchertisch*, *Weihtisch* für »Altar«. Allerdings gibt es auch die Fälle, die schon damals Spott auf sich zogen wie *Gesichtserker* für »Nase«, *Jungfernzwinger* für »Nonnenkloster«, *Weiberburg* für »Harem«, *Tageleuchter* für »Fenster«, *Krautbeschreiber* für »Botaniker« oder *Zeugemutter* für »Natur«.

Fürst Ludwig, Zesens Dauergegner sogar nach dessen Aufnahme in die Fruchtbringende Gesellschaft, hat ihm die *gezwungne neuerung* vorgeworfen, also nicht die Neuerung als solche, sondern das Manische dabei, das sich auch über tiefstverwurzelte Konventionen hinwegsetzte. Möglich ist jedoch, dass bei Ludwigs Kritik nicht zuletzt Neid eine Rolle spielte auf einen Autor, der beim Kaiser wohlangesehen war und von diesem auf dem Regensburger Reichstag 1653 nobilitiert worden war. Zesen trug danach immerhin den Titel eines kaiserlichen Hof- und Pfalzgrafen, der es ihm ermöglichte, Dichter zu krönen.

Nicht schlumpsweis aus dem Wind geschnappt

Eindeutschungen als solche waren das Hobby aller damaligen Sprachpfleger, in der Fruchtbringenden Gesellschaft gehörten sie per Satzung zum Programm. Aber dieses Programm ging eben viel weiter als in die Richtung des Purismus (eigentlich: Fremdwortpurismus).

Dies zeigt sich bei Justus Georg Schottel(ius), der im Jahre 1663 ein Werk über die deutsche Sprache vorlegte, das mit seinen 1460 Seiten in zwei Foliobänden erstmals alle wesentlichen Aspekte von der Herkunft des Deutschen bis zur Rechtschreibung umfasste: die *Ausführliche Arbeit Von der Teutschen HaubtSprache*. Fünf Jahre vor Gründung der Fruchtbringenden Gesellschaft geboren, wurde Schottel 1642 seiner früheren

Sprachkunst wegen von Fürst Ludwig in den Zirkel aufgenommen, obwohl er durchaus nicht in allen Punkten auf der Linie der Köthener lag.

Schottel stammte aus Einbeck bei Hamburg, war also Niederdeutscher, und machte Karriere am Hof der Herzöge von Braunschweig-Lüneburg (in Wolffenbüttel), denen er sein Hauptwerk – nicht ohne Verbeugung auch in Richtung Fruchtbringende Gesellschaft – widmete. Aufgrund seiner Herkunft misstraute Schottel dem Versuch, die sprachliche Einheit von einem einzigen Dialekt her zu begründen. Das Hochdeutsche, das er nun ganz im Sinne eines gehobenen, also überregionalen (nicht mehr Mittel- und Oberdeutsch zusammenfassenden) Deutsch anstrebte, sei *nicht ein Dialectus eigentlich*, sondern eine Sprache, die von Gelehrten (*viri docti, sapientes et periti*) aus allen Dialekten (*Landreden* oder *Landarten*) gleichsam herausgefiltert werde: *nicht schlumpsweis aus dem gemeinen Winde erschnappet, sondern durch viel Fleiß und Arbeit erlernet.*

Der Niederdeutsche, leicht im Hintertreffen aufgrund der nun schon fast zweihundertjährigen Überlegenheit des Ostmitteldeutschen, machte gewissermaßen aus der Not eine Tugend und gründete die angestrebte Hochsprache auf eine Form von Richtigkeit bzw. Grundrichtigkeit (der *Sprach an sich*), die eher auf rationale Herleitung setzt denn auf landschaftsgebundene Autorität. Interessanterweise beruft sich Schottel dabei auf den großen niederländischen Naturrechtslehrer Hugo Grotius, der sich bei der Verteidigung der Freiheit auf den Weltmeeren (die die niederländische Seemacht begründen sollte) ebenfalls gegen bloße Autorität auf die Vernunft gestützt hatte.

Fast merkt man es nicht, welche grundsätzliche und vor allem folgenreiche Gewichtsverschiebung in der Begründung sich vollzieht. Nicht ohne Getöse bekennt sich Schottel zu Beginn seiner Ausführungen zum Gebrauch der Sprache als Norm, wobei jeder Leser wohl dachte, dies könne nur auf eine Verteidigung des Ostmitteldeutschen hinauslaufen. Und dann kommt wie ein Paukenschlag die Aushebelung des Arguments.

Gebraucht würden in Deutschland eben viele Dialekte, auf einen solchen Gebrauch aber sei nicht zu bauen, jedenfalls nicht rational. Rational sei nur die Richtigkeit, und die sei als Prinzip in allen Dialekten gleichermaßen vorhanden, aber auch gleichermaßen getrübt und müsse zuallererst ans Licht gebracht werden. Den Vertretern des Ostmitteldeutschen blieb nur ein Trostpflaster, wenn Schottel einräumte, dass es bei der Bevorzugung bestimmter Dialekte auch auf hervorragende Leistungen (der *besten scribenten*) ankomme, wie sie zum Beispiel ein Martin Luther gezeigt habe. Aber unterm Strich befand sich die deutsche Sprache nun auf einem neuen Weg zu ihrer Einheit: Weil eine Zentrale mit einer gewissermaßen »natürlichen« Vorrangstellung ihrer Sprache (wie in London, Paris oder Amsterdam) fehlte, entstand mehr jedenfalls als bei allen vergleichbaren europäischen Nachbarn die deutsche Einheitssprache am Schreibtisch der Gelehrten, auch wenn diese nur tatsächlich Vorhandenes aufgreifen und disziplinieren konnten.

Schottel hat bei all dem an den Sprachpatriotismus seiner Zeit angeschlossen, ja er zählt zu dessen großen Vertretern. Zur Arbeit an der Sprache gehörte offenbar die Betonung ihres besonderen Wertes, und den stellte Schottel in den üblichen argumentativen Kapriolen über den aller anderen Nachbarsprachen. Indiskutabel seine Berufung auf das Keltische als einer von Gott selbst bei der babylonischen Sprachverwirrung gestifteten Sprache, die allen europäischen Nationalsprachen zugrunde liege, aber vom Hochdeutschen am besten repräsentiert werde. Indiskutabel auch die Verbindung von Sprache und Moral, die dazu führt, dass dem Französischen eine Tendenz zur *Gauckeley* unterstellt wird, die bei entsprechender Übernahme (der *beliebten Fremdsucht*) das *sonst den Teutschen insgemein angebohrne ehr- und redlich seyn und gutes einheimisches Wesen / in hochfahrenden Wankelsinn und in eine ausländische Wunschgier verendere*. Ebenso indiskutabel Schottels durchaus zeitgemäße Vorstellung von der Nähe gerade der deutschen Wörter zur Wirklichkeit, die Idee, deutsche Wörter bildeten die Dinge *wesentlicher* ab als andere Sprachen. Und indiskutabel natürlich ebenfalls die hilflosen Etymologien, wonach sich etwa die Deutschen nach dem germanischen Gott *Theut (Deut/Deus)* genannt haben sollen.

Wer eine Entschuldigung für diesen Unsinn sucht, mag sie darin sehen, dass Schottel auch einiges an unsinnigen Vorwürfen von außen abzuschmettern hatte. So verteidigt er schöne deutsche Wörter wie *Herbstfrüchte* oder *Schlupfloch*, die nach Ansicht der Franzosen und Italiener niemand aussprechen könne. Auch wehrt er sich gegen die Unterstellung, deutsch könne man nur bei Atemholen *aus dem untersten Bauch heraus* sprechen, was für ihn auf der gleichen Linie wie der Anwurf liegt, alle Deutschen hätten ein *sweinshaariges Rükkegrat*. Polemische Zeiten, in denen trotzdem für die deutsche Sprache Beachtliches geleistet wurde.

Von Stammwörtern und dem Stossen an den spitzen Stein

Dazu gehört vor allem Schottels Lehre von den Stammwörtern, die dem Wortschatz und damit der Ausdrucksfähigkeit der Sprache zugrunde liegt. Wie keine andere Sprache verfüge das Deutsche über mindestens 2170 solcher Wurzeln, aus denen eine geradezu unendliche Fülle erwachse. In der Polemik gegen das Französische kommt heraus, was gemeint ist:

In Französischer Sprache sind auch viele einlautende [einsilbige] Wörter vorhanden / aber alles verdrehet und verzogen / halb geredt / halb verschwiegen / darinn gar nichts befindlich / welches einige Vergleichung der Kunst / neben den Teutschen Stammwörtern haben künte. Ein Teutscher gedenke ein wenig um sich / Hand / Fuß / Haus / Kopf / Welt / Gott / Geist / Luft / Wind / Mensch / Bein / Leib / Schu / Tisch / Thür / Wand / Thier / Wolf / Fuchs / Löu / Saltz / Maltz / Schmaltz / Huhn / Hahn / Kuh / Mann / Frau / Weib / Kind / Fleisch / Bier / Brodt / Spek / Worst / Wein / Korn / etc.

Mit diesen Stammwörtern ließen sich nun die unendlich vielen Dinge auf kreative Weise erfassen: zunächst über Ableitung. Die 23 deutschen Hauptendungen wie *-bar (ehrbar, mannbar, scheinbar)*, *-ey (Hurerey, Vogtey, Dieberey)* und so fort seien nicht nur jeweils einzeln zu verwenden, sondern auch in Kombinationen wie in *Vor-theil-haf-tig-keit* oder *Un-be-reit-will-lig-keit* (mit rekordverdächtigen fünf Gliedern um das zentrale Stammwort *will*).

Diese Zusammensetzung als zweites kreatives Prinzip (neben der Ableitung) kommt vor allem bei der Substantivzusammensetzung zum Zuge, in der Schottel mit Recht eine Besonderheit der deutschen Sprache sieht. Wieder bietet er zahlreiche Beispiele, vom *Mahlstein* oder der *Landstadt* über den aus drei Stammwörtern zusammengebastelten *Oberschutzherrn* oder *Landhauptmann* bis zu Vierfachverknüpfungen wie *Oberberghauptmann*. Auf welche Weise dabei die Wortarten zusammenwirken, macht Schottel an hübschen Zusammensetzungen von Substantiv und Adjektiv klar: *rosenschön, lilienweiß, himmelblau*. Überhaupt stellen die Farben im Deutschen ein Dorado der Zusammensetzungen dar: *ziegelrot, stahlgrün, safrangelb* (womit zumindest in Bezug auf Schottel die angebliche Farbenblindheit der Männer widerlegt ist). Nicht losreißen kann sich Schottel von immer neuen Kombinationen wie *Liebkoser, Augendiener, Haarklauber, Dunstmacher, Rattenführer*, wie *abkneifen, hintappen, einbrocken* und so fort. Sogar Erstbelegen wie Luthers *Seelenmörder* oder Opitz' *Federwild* geht er nach, um die wahrhaft gigantische Wortschöpfungsleistung des Deutschen unter Beweis zu stellen. Dabei befinden wir uns erst in der (170 Seiten langen) Einleitung, bei den zehn Lobreden auf die deutsche Sprache. In den Hauptteilen von Schottels Buch folgen die Einzelheiten, etwa im zweiten Buch gut 80 Seiten zur Ableitung von Wörtern und knapp 150 Seiten zur Zusammensetzung.

Diesen Großkapiteln hat Schottel eine auf älteren Entwürfen beruhende Orthografielehre vorgeschaltet. Sie ist deshalb in-

teressant, weil hier noch einmal das Thema des Dialekts auf-
taucht. Diplomatisch hebt Schottel zu Beginn hervor, dass es
bislang in dieser Frage keine Einigkeit gebe, ja dass diese *viel
leichter zu wünschen / als zu hoffen* sei. Aber eines steht für ihn
fest, was letztlich die Orthografiedebatte bis heute bestimmt:
Der »phonetische Weg«, die Devise: zu schreiben, wie man
spricht, scheitere an der Tatsache der Dialekte. Eigentlich sei
die Schreibung ein Abbild der Wörter, so Schottel. Aber weil es
in der deutschen Sprache nun einmal so viele Mundarten gebe,
gelte es zwischen dem *guten angenommenen Gebrauch* und der
Grundrichtigkeit der Sprache den richtigen Mittelweg zu finden.

Es war kein schlechter Schachzug, dass Schottel zuallererst
die Abschaffung der überflüssigen Buchstaben anspricht, die
tatsächlich im Barockzeitalter zum Problem geworden waren. Weshalb *darumb* schreiben, wenn nur *darum* gesprochen
wird? Allerdings tilgt Schottel weiter das Dehnungs-*e* etwa
in *niemand* und macht *nimand* daraus. Auch das Dehnungs-*h*
gibt er auf, weil es eben nicht gesprochen wird, so dass der
Schuh als *Schu* erscheint. In diesem Punkt hat sich später eine
Schreibung durchgesetzt, die die mangelnde Unterscheidung
von langen und kurzen Vokalen des (lateinischen) Alphabets
durch Hilfsbuchstaben ausglich. Andererseits plädiert Schottel
für die Schreibung *Pferd* (statt *Pfert*) mit Rücksicht auf *Pferdes
oder Pferde*, *Schall* (statt *Schal*) mit Rücksicht auf *schallen*, be-
folgt also das sogenannte »Stammwortprinzip« zugunsten der
Lesbarkeit, was sich dann auch durchgesetzt hat. Wenn allerdings das Verb *schlagen* als *slagen* wiedergegeben werden soll,
weil dies angeblich seit ältesten Zeiten dem Hochdeutschen
entspreche, wird deutlich, dass Schottel seine niederdeutsche
Herkunft (wo man bis heute an den s-pitzen S-tein s-tößt)
nicht verleugnet. Und ganz nebenbei zeigt sich auch, wie sehr
das Hochdeutsche (jetzt im Sinne der Hochsprache) niederdeutsch geprägt ist.

Eine Erzsprache vor Verschandfleckung retten

Schottels *Ausführliche Arbeit* war der erste Versuch, das Deutsche auf eine gesicherte Grundlage zu stellen. Dieser Versuch wäre undenkbar gewesen ohne den Hintergrund der Sprachgesellschaften und ihres Anliegens, die deutsche Sprache zu einer Sprache der deutschen Nation zu machen. Schon in seiner älteren *Teutschen Sprachkunst* hatte Schottel hervorgehoben, dass eine Nation ohne funktionierende Sprache nicht existieren könne, die Sprache buchstäblich *Leib und Seel* zusammenhalte. Ohne Schottels Übertreibungen hinsichtlich der Herkunft und Einzigartigkeit der deutschen Sprache wäre es wohl angesichts der faktischen Übermacht vor allem des Französischen nichts geworden mit der Eigenständigkeit. Wie lautes Rufen im Walde wirken all die Herabwürdigungen des Französischen und der anderen Nachbarsprachen und die Beschimpfungen derer, die die deutsche Sprache angeblich *verfrömdet und verschandflekket* hätten, sie ins *Stummel- und Unteutschteutsche* verkehrt oder *zusammengelumpet* hätten, wie es andere Autoren mit noch größerer polemischer Begabung als Schottel ausdrückten.

Aber die Purismusdebatte war eben keineswegs das Einzige, was die Sprachgesellschaften im Allgemeinen und Schottel im Besonderen vorzuweisen hatten. Am Ende des 17. Jahrhunderts, als Ergebnis eines vielfältigen Arbeitens und Ringens, stand zumindest das Wunschbild einer überregionalen Hochsprache vor Augen, das vorläufig nur der Literatur und einem noch sehr gehobenen Alltagsgebrauch zur Richtschnur diente. Schwerer als die zeitgemäßen Überheblichkeiten wiegt dabei der ganz und gar ahistorische Ansatz, ein Denken in Kategorien des »Richtigen« oder »Rationalen«, wohinter sich in Wirklichkeit viel Willkür und vor allem viel Fortschleppen von ganz individuell bevorzugter Tradition verbarg. Letztlich hat auch Schottel nichts anderes geleistet als eine Darstellung dessen, was *seiner* Herkunft bzw. *seinen* Vorlieben entsprach.

Die deutsche Sprache als überregionale Hochsprache aber

war damit auf den Weg gebracht. Kultureller Patriotismus,
dem jede politische Macht fehlte, suchte sich einen Weg, der
europaweiten Vision der Sprachnation auch in Deutschland
ein Gesicht zu geben. Gegen das überlegene Latein und gegen
das mächtig nach Deutschland eindringende Französisch kon-
zipierte Schottel ein Hochdeutsch auf der Grundlage seiner
ganz eigenen Auswahl aus den real existierenden Dialekten.
Hochdeutsch, darauf kommt es besonders an, entstammt eben
keiner einzelnen bzw. einzigen Sprachlandschaft, sondern ist
durch und durch Kunst- bzw. Mischprodukt. Die Erhöhung des
Deutschen zur *Haupt-* oder *Ertzsprache* sowie die Beschimpfung
der Franzosen waren nur der Pulverdampf, der das Ringen um
eine einheitliche deutsche Sprache vorläufig begleitete.

HOFBEREDSAMKEIT

Seit dem Auftreten der Humanisten gab es im intellektuellen Leben eine Art Übermutter: die Rhetorik. Im 16. Jahrhundert war sie von den Höhenlagen der Universität in die Niederungen der Schule vorgedrungen, prägte zuerst das fortschrittliche protestantische Gymnasium, dann das der Jesuiten, der katholischen Konkurrenz. Sprachbeherrschung galt als erstes und vielen auch als oberstes Ziel.

Nur bezog sich dies auf die Sprache der Gelehrten, auf Latein. Die Anwendung der Rhetorik aufs Deutsche verlief schleppend. Fast ein Wunder, dass überhaupt bereits 1493 ein Schulbuch auf Deutsch und fürs Deutsche erschien: Friedrich Riederers *Spiegel der wahren Rhetorik*. Als Ziel wird dort ein flüssiger Stil angegeben, orientiert an der *vßerwelung* (als Übersetzung von *elegantia*), die dafür sorge, *das ein yeglich wort luter vnd schön zerreden vermerckt wird*. Erst weit über 100 Jahre später folgte dem die Anwendung der Rhetorik auf die Dichtung: Martin Opitz' schon erwähnte *Deutsche Poeterey* von 1624, die die *elegantia* als »Zierlichkeit« ausbuchstabiert, als *zuebereitung vnd ziehr der worte*. Zehn Jahre später legte der Theologieprofessor Johann Matthäus Meyfart seine *Teutsche Rhetorica oder Redekunst* vor, die sich ganz allgemein um *Wohlredenheit* in der *Muttersprache* bemühte – ausgerechnet mit einer Anpreisung für die Zwecke des *Kriegswesens* an der Spitze.

Immerhin: Die Rhetorik war in der Realität angekommen, prägte nicht mehr nur die Dichtung, sondern auch den Alltag, half nicht nur der schriftlichen Formulierung auf die Beine, sondern auch der mündlichen. Theoretische Rhetorik prägte mit anderen Worten die praktische Beredsamkeit, und das bedeutete damals: die auf Repräsentation ausgerichtete Rede im jungen absolutistischen Fürstenstaat. Noch konnte sich die bürgerliche Intelligenz nicht anders behaupten als im Dienst des hohen Adels, bei der Feier von dessen »gottgewollter« Herrschaft. Und wie die barocke Baukunst in Säulen und Kuppeln, in Stuck und Fresken schwelgte, stellte sich auch die Rede dar. Veraltet war nun ein umständlicher Kanzleistil, wie ihn der späthumanistische Gelehrte gepflegt hatte. Gefragt waren stattdessen *sinnreiche einfälle und erfindungen*, eine neue Art der *spitzfindigkeit*, in der untertänige Redner ihren Herren Respekt bezeugten, das unabdingbare Ziel des Herrscherlobs übten und bei den unterschiedlichsten Gelegenheiten Huldigungen aussprachen. Denn um Huldigung drehte sich alles, sie gab der Sprache ihr Ziel und ihre Gestalt. Beredsamkeit im 17. Jahrhundert war Hofberedsamkeit.

Ein Beispiel stellt der Neujahrswunsch dar, den Heinrich von Friesen am 1. Januar 1676 als Direktor des Geheimen Rats am kursächsischen Hof zu Gehör brachte. Dass diese Rede erhalten blieb, verdankt sich der Initiative des Leipziger Stadtschreibers Johann Christian Lünig, der seit 1707 *Grosser Herren, vornehmer Ministren, und anderer berühmten Männer gehaltene Reden* als Muster publizierte – die ersten sechs Bände umfassten 1500 Reden auf ca. 6000 Seiten. Die meisten entstammen Sachsen und Brandenburg-Preußen, den beiden Musterfürstentümern der damaligen Zeit. Friesens Rede ist die allererste der Sammlung, und sie entsprach genau den Vorstellungen Lünigs. In der Vorrede betont er nämlich, worauf es in der Redekunst mittlerweile ankomme: nicht auf etwas, das nach *principia scholastica* formuliert sei, das sich bloß durch *weitläuffigkeit* auszeichne, sondern es gehe um eine *kurtz-gefaßte zierliche rede*, die die meiste *estime* mache, also die größte Wirkung erziele. Auf Wirkung zielt alles, und diese Wirkung richtet sich auf einen Herrscher, der bei allem Lob nicht gelangweilt werden will.

Das Resultat sind wohlgesetzte Worte, die uns heute reich-

lich verschnörkelt vorkommen, wie der dritte (allerdings längs-
te) Satz der Neujahrsgratulation belegen mag:

Wünschen darneben und bitten seine göttliche Allmacht hertzinnig-
lich, es wolle derselbe auch ferner, nicht nur instehendes, sondern
noch viel folgende jahre, über Ew. Churfürstl. Durchl. und dero hohes
Chur=Hauß, und dessen hohe dignität, ehre und würde, mit väter-
lichen gnaden und mächtigen beschirmung halten und walten, Ew.
Churfürstl. Durchl. hoch=erleuchtete Churfürst. und fried=liebende
rathschläge, gedancken, thun und fürnehmen immer mehr und mehr
zu seiner Ehre, des Heil. Römischen Reichs und dero Churfürstl. land
und leuten ersprießlichen aufnehmen, frieden, ruhe und sicherheit,
auch zu ihren selbst eigenen unsterblichen und unvergänglichen lob,
ruhm und vermehrung dessen hohen flor und wachsthum von oben
herab mit allem selbst verlangtem success und fortgang, segnen und
benedeyen, auch gnade verleihen, dass Ew. Churfürstl. Durchl. als
eine hohe fürtrefliche seule des Reichs solches in seiner herrlichen
und hoch gepriesenen consistentz und verfassung noch länger auf-
recht erhalten, hingegen alle zerrüttung und was bey jetzigen weit-
aussehenden conjuncturen, dem allgemeinen ruhestand gefahr an-
zudräuen scheinet, kräfftiglich abwenden, auch solcher gestalt noch
eine grosse anzahl friedsamer, frölicher und gesegneter jahre, biß
an das äusserste ziel menschlichen alters, bey vollenkommener gesundheit und glücklicher regierung erleben mögen.

Man erkennt deutlich die rhetorische Schule, die vielen Aufzählungen von (guten) Eigenschaften in Zweier- und Dreier-
formeln, die der Rede Pracht geben. Auch der innere Aufbau
des Satzes ist wie eine barocke Fassade oder ein Portal in drei
Teile gegliedert: Gott soll das fürstliche Haus schützen, er soll
Taten und Pläne des Kurfürsten segnen, er soll das Kurfürstentum erhalten. Dieser letzte Gedanke zerfällt wieder in drei
Untergedanken: Erhaltung als eine *seule des Reichs*, Abweisung
von Zerrüttung, (dafür) lange Lebens- bzw. Regierungszeit.
    Wie man weiß, verbirgt sich in all den guten Wünschen für

den Fürsten auch der eigene Wunsch des Redners: Es geht ihm um eine Ermahnung zu weisem und vor allem friedlichem Handeln, die er nicht anders ausdrücken kann als eingebunden in das unvermeidliche und überbordende Lob. Am Ende seiner Rede empfiehlt sich Friesen sogar als Diener, der *in unterthänigstem treuen eiffer, liebe und devotion* zu *dero hohen hauses ehren* und *ruhm* beitragen will, um auch den letzten Anschein eines eigenen Interesses zu verhüllen. Rhetorische Kunst präsentiert den Wunsch nach Frieden und kleidet ihn in unterwürfiges Lob. Die Kritiker dieser Kunst haben dafür einen üblen Begriff aus der Medizin gewählt: »Schwulst«. Rhetorische Kunst tendiert als Kunst zum Schwellen, zum Wortschwall. Übrigens gibt es noch ein zweites Schimpfwort, das aus der englischen Baumwollmanufaktur stammt und dort das Gewebe bezeichnete, das man zum Auswattieren der Kleidung benutzte: »Bombast«.

Predigt für Erfolg im Ehebett

Fast zur gleichen Zeit wie Friesens Neujahrswunsch zeigte ein anderer Redner, wie sich Interesse und Devotion mit noch deutlich mehr rhetorischem Aufwand (um die Schimpfworte »Schwulst« und »Bombast« zu vermeiden) verbinden konnten. Auch in diesem Fall ist das Ereignis genau datierbar. Am 15. November 1673 zog der Wiener Hof mit Kaiser Leopold I. an der Spitze nach Klosterneuburg, um einer Messe beizuwohnen, deren Höhepunkt die Festpredigt bildete. Ein noch junger Mann, der Augustiner-Barfüßer Abraham a Sancta Clara, war für das ehrenvolle Amt auserwählt worden, die Predigt zu halten. Sie erschien nach dem Vortrag sofort in gedruckter Form, wie es angesichts der Wichtigkeit des Anlasses üblich war. Der Titel lautet: *ASTRIACUS AUSTRIACUS / Himmelreichischer / Oesterreicher / Der / Hochheilige Marggraf / LEOPOLDUS.*

Mit diesem *himmelreichischen* (wie das lateinische *astriacus* übersetzt wurde) *Österreicher* war Markgraf Leopold III. aus dem 12. Jahrhundert gemeint, der seine Heiligsprechung im Jahre 1485 dem Einsatz für die Kirche verdankte, speziell der Gründung des Augustiner-Chorherrenstifts Klosterneuburg. Aber er wäre wohl kaum zu seiner späteren Bedeutung gekommen, wenn nicht Kaiser Leopold I. seinen Namenspatron zum Schirmherrn der österreichischen Erblande gemacht hätte. Denn einen Schutzpatron konnte der habsburgische Herrscher damals mehr als gut gebrauchen. Nicht nur, dass wieder einmal die Türken vor der Tür standen (ehe Prinz Eugen 1683 Wien retten sollte). 1673 gab es noch keinen Stammhalter. Leopolds erste Gemahlin war nach der Geburt von vier Kindern, von denen keines überlebte, selbst verstorben, so dass sich die mehr als unverblümten Hoffnungen am Hof nun auf die neue Gemahlin Claudia Felizitas richteten. Der Gang nach Klosterneuburg war also buchstäblich ein Bittgang um Erfolg im Ehebett. Die Heiligenpredigt auf den Vorgänger im 12. Jahrhundert sollte Trost spenden und Erlösung in Aussicht stellen.

Abraham a Sancta Clara wusste dies, wie alle österreichischen Untertanen es wussten. Daneben wusste er um die enge Verbindung von Heiligenverehrung und dynastischer Repräsentation. So lässt er die Taten des heiligen Vorgängers Revue passieren und fingiert als Höhepunkt ein Gespräch, in dem die Gottesmutter dem Heiligen für die Klosterstiftung dankt. Aus dem Höhepunkt wird ein weiterer Höhepunkt, wenn Abraham von der Gottesmutter übergeht zu der leibhaft anwesenden Kaisergemahlin und dabei den Herrscher anspricht: *Deine Claudia, so das erste Mal mich heute besucht, wird dir sein wie ein fruchtbarer Weinstock auf Seiten des Hauses Österreich.* Wer immer noch nicht verstanden haben sollte, wie dies gemeint war, hörte etwas später von dem *Schutz und Schatz dieses glorreichen Patrons*, der Österreich *bereichern* möge, und dann ganz offen (in der originalen, etwas anstrengenden Orthografie):

(...) vnd deswegen kniet er heut vor der Göttlichen Mayestätt / vnd bittet dieser Oesterreichische H. LEOPOLDUS im Himmel für seinen

Oesterreichischen LEOPOLDO auff Erden/damit er über seine Feind jederzeit Siegreich triumphire/er bittet für seine an heut zum ersten allda anwesende Römische CLAUDIA; damit sie von GOtt mit einer Trostvollen posterität nach allen Welt Wuntsch gesegnet werde (...).

Posterität also, Nachkommenschaft, womit die dem Prediger wohl etwas peinliche Schwangerschaft vornehm umschrieben war.

Daneben aber ergreift Abraham genau die gleiche Chance, wie wir es bei Friesen gesehen haben: Er weist den Herrscher auf die wahren Tugenden hin, warnt ihn vor einer Verführung durch Ehrsucht, die für seinen hohen Stand typisch sei. Nur lernen wir Abraham dabei so kennen, wie ihn noch Schiller schätzte, als er die Kapuzinerpredigt in *Wallensteins Lager* nach seinem Vorbild modellierte. Abraham improvisiert in seiner üblichen sprachspielerischen Art über den mittleren Buchstaben des Wortes *Ehr*, das H:

Wie sich da dieser Marggraff in angehender Regierung erwiesen/kann mit einem Buchstaben erkläret werden. Die Gelehrten observiren nicht vnrecht/daß mitten in dem Wörtl EHR ein H. seye/etwann darumb/weil der Buchstab H. ein Aspiration genennet wird/darumb mehren Theil auß den Menschen nach der EHR aspiriren, dann wegen der EHR thut man lauffen/rauffen/schnauffen/treiben/schreiben/sehen/gehen/stehen/die EHR ist ein guldene Angel/an den fast alle wollen beissen/die EHR ist ein Magnet/der schier alle ziehet/die EHR ist ein Abgott/dem alle wollen opffern/die Ehr ist ein Teich/in dem alle wollen fischen/die EHR ist ein Glückshafen/auß dem alle wollen heben/wegen der EHR wachen die Augen/hören die Ohren/redet die Zungen/gehen die Füß/arbeiten die Händ/alles aspirirt, daß nicht ohne Vrsach mitten in den Wörtl EHR ein H. ist ein Aspiration.

Diesmal also öffnen sich die Schleusen der Rhetorik völlig ungehemmt, die Aufzählungen erzeugen Pracht und lassen das eigentliche Anliegen beinahe verschwinden. Das H, so fasst Abraham zusammen, stelle einen Seufzer dar, wie die schwere Pflicht des Herrschens eben zu Seufzern führe: eine geradezu unterwürfige Anerkennung gesellschaftlicher Ungleichheit, die Abraham ein wenig dadurch kompensiert, dass er das H auch für eine Heiligkeit stehen lässt, die dem Herrscher immerhin einige Pflichten auferlege. Leopold, so heißt es schließlich in höchster sprachlicher Akrobatik, sei als *OesterREJCHER* reich, ja so reich, *das ein jeder an jhme anjetzo auch begert REJCH zu werden / vnd seiner grossen viel vermögenden Vorbitt geniessen.*

Der sprachliche Glanz ist gegenüber Friesen also gesteigert, aber auch bei Abraham a Sancta Clara läuft er nicht leer, ist auch bei ihm Verpackung mit Inhalt, verbindet Lob mit Ermahnung. Als Christian Thomasius, protestantischer Juraprofessor und früher Publizist, 1688 in seinen *Monatsgesprächen* auf den in seinen Kreisen mehr berüchtigten als berühmten katholischen Prediger Abraham a Sancta Clara zu sprechen kam, hat er ausdrücklich *die weit hergesuchten inventionen* (Erfindungen), die *etwas ungemeines und unerwartetes* hervorbrächten, gewürdigt. Sie seien ein Mittel, *das Volck zur Aufmercksamkeit zu disponiren: denn ie entlegener die invention und ie unerwarteter die application ist, ie mehr treibet sie die Leute zur Aufmerksamkeit an.* Ein Aufklärer hat Verständnis für einen Barockprediger, weil der bei allem Schwulst etwas Entscheidendes schafft: Motivation zum Zuhören.

REDEN FÜR DIE FÄLLE IM GEMEINEN LEBEN SELBST

Beredsamkeit in deutscher Sprache entfaltete im Barockzeitalter also einen nicht ganz willkürlichen Glanz, hüllte die Gedanken nicht ohne Grund in schweres Gewand (wie es ein altes rhetorisches Bild besagt). Lang waren die Sätze, die Worte aufgereiht wie an Perlenschnüren, um das zu erreichen, was man anstrebte: die Verbindung von Wunsch und Repräsentation, die Akrobatik des unterwürfigen, sich selbst verkleinernden Forderns. Aber noch innerhalb des Barockzeitalters hat es eine Reform gegeben, die die schwere Pracht gewissermaßen stutzte, den Schwall stoppte. Diese Reform ist mit dem Namen Christian Weise verbunden.

Weises Lebenslauf zeigt dabei die typischen Probleme eines bürgerlichen Aufsteigers im absolutistischen (Klein-)Staat deutscher Prägung. Als Sohn eines Hilfslehrers im sächsischen Zittau studierte er an der Leipziger Universität, hielt auch erste Vorlesungen, aber erlangte nicht die ersehnte Hochschul-Professur. So ging er als Sekretär zum Grafen von Leiningen nach Halle, wo er unter anderem junge Adlige unterrichtete. Da er sich bewährte, wurde er Gymnasialprofessor für Rhetorik und Poesie im nicht weit von Leipzig gelegenen Weißenfels und schrieb dort einen Romanzyklus. Zum großen Wurf aber wurde seine Rhetorik, der *Politische Redner* von 1677, der er den entscheidenden Karrieresprung verdankte. Schon im darauffolgenden Jahr berief man ihn zum Rektor am Zittauer Gymnasium, in seiner alten Heimat also (im äußersten Südosten Sachsens, an der Grenze zu Böhmen). Dort verfasste er für seine Zöglinge Komödien, die sie mit Hut, Degen und Handschuhen aufzuführen hatten, um fit zu werden für die eigentliche Bühne später im bürgerlichen Beruf: *auf dem Schuloder Universitäts-Catheder, im Regiment und in Gesandtschaften*, schließlich *auf der Cantzel der Christlichen Gemein(d)e*, kurz: für die Fälle *im gemeinen Leben selbst.*

Genau diesem pädagogischen Ziel entspricht Weises neue Rhetorik. Der »politische« Redner ist wie in der Politik (mit Berufung auf Machiavelli) im privaten Bereich ein kluger Redner und bewältigt all die Redeanlässe, die auf den Schüler irgendwann unweigerlich zukommen werden: Hochzeits- und Grabreden, Gratulationen und Begrüßungen, Bitten und Mahnungen sowie vieles andere mehr.

In seinem *Politischen Redner* hat Weise dies auf den Begriff des »Kompliments« gebracht. Jede Rede stellt demnach nichts anderes dar als eine Einbettung von (konkreten) Zielen oder Wünschen in eine Art (allgemeine) Aufwartung, die der angesprochenen Person gemacht wird, ja die eine kostspielige *würckliche Auffwartung* ersetzt bzw. »voll-füllt«, so der Sinn von *com-plere*, von dem sich volksetymologisch »Kompliment« ableitet. Ob es sich um Anlässe im Schulleben, im bürgerlich-privaten Bereich oder um entsprechende Situationen am Hof handelt: Überall gelte es, zur Zufriedenheit der Adressaten, und das heißt nicht zuletzt: mit lobenden Worten, aufzutreten, um deren Anerkennung zu finden. Ausdrücklich ist die Unterhaltung unter vier Augen einbezogen, die bislang aus der Rhetorik ausgeschlossen war. Auch Zweier-Situationen müssten taktisch angegangen werden, wolle man dem anderen *die Affection unvermerckt (abverdienen)*, das heißt auf kluge Weise sich seiner Zuneigung versichern. Das Konzept beruht auf einer letztlich einfachen (psychologischen) Überlegung: Da jeder Mensch selbstsüchtig sei, könne man das Wohlwollen des anderen dadurch gewinnen, dass man subtil mit dieser Selbstsucht spiele: Man schmeichele ihr durch viel Lob und verwandele sie damit gewissermaßen in Zuneigung. Weises Rhetorik gibt Anweisungen, wie dies sprachlich umzusetzen ist.

Dazu greift der Autor auf eine Kurzform der Rede zurück, die seit der Antike zu Übungszwecken benutzt wurde: die Chrie. Es handelt sich um eine (gerade noch selbständige) Argumentationseinheit, um eine »Zelle«, die mit andern zusammen eine komplette Rede ergibt. Der Vorteil liegt in der unkomplizierten Handhabung. So empfiehlt Weise etwa für das Verfassen einer Kondolenzrede zunächst eine Untersuchung, *worinn dergleichen vernünfftige Tröstungen bestehen / damit man dergleichen selbst erfinden lerne.* Fünf *Fontes*, also Quellen oder Grundgedanken, nennt er: die Notwendigkeit des Todes, der Vergleich mit noch größerem Unglück, die Tatsache, dass nur Frauen weinen, die Hoffnung auf einen besseren Zustand und der Vorschlag, für Ablenkung zu sorgen. Entsprechend solle sich der Redner beim Formulieren von Grabreden zuerst die

Frage stellen, *warum bei den Leichen geredet wird*, um dann auf die Antwort zu kommen, dass der Verstorbene zu loben, zu beweinen sowie seligzupreisen sei, während die noch Lebenden zu trösten seien. Auch für die Ausschmückung solcher Gedanken bietet Weise Hilfestellung, etwa in Form von historisch-dynastischen Beispielen, die einer Rede Anregungen zu bieten versprächen. So wird eine Anknüpfung an Wappen und ihre Farben sowie an Zahlen im Schilde vorgeschlagen.

Dass ein solches assoziatives Vorgehen gerade auch für Improvisationszwecke nützlich ist, zeigt Weise am Beispiel einer Grabrede bei schlechtem Wetter. Der – völlig unvorbereitete – Redner denkt an die durchnässten Zuhörer sowie ihre Ungeduld und beginnt: *Ach / wenn es doch bald aus wäre / dass wir aus dem heßlichen Wetter nach Hause kämen!* Dies aber führt fast mühelos zur allegorischen Ausdeutung, die zum Rückgrat der Rede wird: *Ach! / wenn es bald aus wäre / dass ich aus dem bösen Wetter der Eitelkeit nach Hause und in den Himmel käme!* Auch Improvisation ist also ein (beherrschbares) Kunststück.

Abmahnung von der Sauferei

Weise hat in einem Nachfolgewerk, dem *Neu erläuterten politischen Redner*, seine Ideen weiterentwickelt, und zwar insbesondere die rhetorische (Aufbau-)Technik zu verfeinern gesucht. Dabei orientiert er sich wiederum an den Möglichkeiten der Chrie, ja er sucht gewissermaßen nach Tiefenstrukturen überzeugend-komplimentierender Rede. Den Ausgangspunkt bildet die Betrachtung des einzelnen Satzes und seiner Abwandlungsmöglichkeiten, die nächste Stufe die Verbindung von Sätzen durch Konjunktionen, die eine Rede wie ein Skelett strukturieren. Die *Abmahnung von der Saufferey* – nebenbei ein hübsches Beispiel dafür, was bei Weise Praxisbezug bedeutet – demonstriert diese Art von Gedankenführung:

Nach dem es leider dahin kommen ist/dass er sich durch lose und ungesunde Gesellschafft zu allerhand üppigen Wesen schändlich verleiten lassen;

So bin ich nicht unbillig von Hertzen betrübet/dass ich sein gewisses Verderben soll vor Augen sehen.

Und gleichwie er selbst allbereit an sich befinden wird/welcher massen sein Leib und sein Gemüthe ein grosses Theil von seiner vormahligen Hurtigkeit eingebüsset hat:

Also kan er sich leicht die Rechnung machen/wie er sich von Tag zu Tag eines grössern Unglücks/so dann auch einer unfehlbahren Verachtung bey allen rechtschaffenen Personen wird zu bewahren haben.

In maßen ich um seiner eigenen Wohlfarth willen bitte/in der Zeit noch umzukehren/und das endliche Verderben nicht zu erwarten.

Im Übrigen mag es lauffen/wie es will/so verhoffe ich mein Gewissen in dieser treuen Erinnerung verwahret zu haben.

Entscheidend ist also nicht wie noch bei Friesen oder Abraham a Sancta Clara die prachtvolle Ausgestaltung, sondern die Beherrschung des Aufbaus, wobei es letzlich um die Abfolge von These und Grund geht. Eine Möglichkeit stellt die Explikation des Ganzen nach dem Muster dar: Ich habe einmal das und das gesehen, ebenso ist es so und so. Eine andere beruht auf der Abfolge: Nachdem das so und so ist, muss ich dies oder jenes tun. Es schließen sich dann jeweils Ausschmückungen an, etwa durch (historische) Beispiele. Vollständige Reden sind nach Weise nichts anderes als Zusammenstellungen solcher Einheiten. Zur Anschauung sei der Fall einer Kondolenz herausgegriffen, zunächst als eine Art Rohentwurf hinsichtlich der Abfolge von Grund und Folge:

[Grund:] Nunmehr ist ein hochverdienter/wohlbeliebter/ansehnlicher und nützlicher Mann zu seiner Ruhestatt beygesetzet worden:

[Folge:] Und also erfodert der Leidtragenden Schuldigkeit/gebührenden Danck gegen alle sammt und sonders abzustatten/welche mit Hindansetzung ihrer anderweit obliegenden Verrichtungen das Geleite biß hieher gegeben haben.

[Grund:] Es wird niemand an diesen Orten so unbekand seyn/dass er nicht Glückwünsche bekennen sollte/welcher massen die angestelte Hochzeit auff beiden Theilen vielfältige Freude und Vergnügung erwecket habe.

[Folge:] Und dannenhero ist auch die Ehre um so viel desto mehr zu rühmen/da meine Hochwehrte Herren sich in so ansehnlicher Gegenwart haben einfinden wollen.

Wer diesen Aufbau im Prinzip verstanden hat, kann ihn leicht ausarbeiten. Lautet der Grund: *So haben wir einen Ehrlichen/rechtschaffenen und hochverdienten Mann aus dem Hause/aus der Stadt und aus unsern Augen zu dem finstern Grabe begleiten müssen*, wird daraus mit wenig Mühe dank der Schwellmethode etwa der folgende Beitrag:

Ja billich wird er ein ehrlicher Mann genennet/der die Tugend im Gemüthe/die GOttesfurcht im Hertzen/und die unverrückte Treu in allen Verrichtungen wol verwahret hat. Vor der Welt hat er mit einem auffrichtigen Wandel/und vor dem grossem GOtte mit einer demüthigen Busse hervorgeleuchtet. Nichts schätzte er seines Hasses würdig als die Laster/und kein Mensch war seiner Liebe und Freundschafft undwürdig/wenn er anders beweisen konnte/dass er das Boßhafftige beginnen zuvor seines Gemüthes unwürdig schätzte.

Wie sich Weise die Ausarbeitung solcher Reden näher vorgestellt hat, geht aus dem zweiten Teil seines Buches hervor, wo die einzelnen Chrienarten im Zusammenhang mit Redeanlässen abgehandelt sind. So wird etwa die Frage erörtert, *was ein Theologus zu reden (hat)*, wobei gerade nicht die Predigt angesprochen ist, sondern Anlässe wie die Absolution im Beichtstuhl, die *bei Einfältigen* schlicht nach Angabe von Grund und Folge gegeben werden solle, *bey Vornehmen* unter Einbeziehung einer Anspielung auf das Evangelium oder auf die Zeitumstän-

de. Einen anderen Fall stellt die Tröstung am Krankenbett dar.
Weiter führt Weise an, wie man zanksüchtigen Eheleuten oder
unversöhnlichen Geschwistern zureden sollte. Dann erwähnt er
Vermahnungen bei Eidesleistungen vor Gericht, ja sogar eine
Ansprache vor einer Hinrichtung. Die Redeanlässe von Juris-
ten und Medizinern – bei Letzteren wird die Verschickung von
Medikamenten genannt – bedürfen, so Weise, keines großen
Aufwandes. Und auch und gerade der Hofmann solle auf Emp-
fängen oder Audienzen, bei Gratulationen oder Kondolenzen
eine Rhetorik der Bescheidenheit pflegen.

Noch immer war Unterwürfigkeit angesichts der absolutis-
tischen Verhältnisse unabdingbar. Weises Aufmerksamkeit galt
jedoch nicht mehr der Frage, wie unter dem Deckmantel der
Devotion vorsichtig und in denkbar reduzierter Form eigene
Wünsche formuliert werden konnten. Er lieferte vielmehr die
sprachlichen Instrumente für die Durchsetzung berechtigter
Interessen. Nicht das Lob des Herrschers allein oder in erster
Linie war sein Thema, sondern das ganz private Fortkommen.

DIE KUNST DER NATÜRLICHKEIT

In genau diesem Zusammenhang aber steht auch der Wandel,
der die Sprache des Barock nachhaltig zu verändern begann.
Während Weises Vorgänger noch ohne Zögern auf Schmuck
gesetzt hatten und mit »zierlicher« Rede alle Themen angemessen darzustellen suchten, misstraut er selbst jedem aufwän-
digen Zierrat. »Kunst« nämlich – so ein altes Motiv, das nun
neue Bedeutung gewinnt – erregt Argwohn, muss also streng
verborgen werden.

Schon im *Politischen Redner* hatte Weise auf diesen Punkt besondere Aufmerksamkeit gelegt, und auch im *Neu erläuterten
politischen Redner* taucht das Problem ständig wieder auf: *Doch
er (der Politicus) muss alles heimlich halten / auch den besten Freund
nicht darüber kommen laßen.* Es geht darum, *alle Klugheit in der*

geschickten Application beruhen zu lassen, sich *ein gelehrtes Ansehen (zu) geben.* Dazu empfiehlt Weise, sich in der Stadt umzusehen, damit es bei einer dort zu haltenden Rede an Realitätsbezügen nicht mangele. Sogar im *Gelehrten Redner*, der sich den Aufgaben einer Redekunst auf wissenschaftlichem Terrain widmet, wird das Verbergen der Kunst ausdrücklich erwartet: *Man mache von aussen keine Profession von der Redens-Kunst,* heißt es dort, weil derjenige, der zu übertreffen scheinen will, Hass erweckt. Stoffsammlungen aus Geschichte und Realität werden empfohlen, weil man an sie anknüpfen kann, *als wenn sie nur vor sich selbst in dem Kopffe gewachsen wären* bzw. *als wenn es gleichsam ohne alle Mühe und ohne beschwerliches Nachsinnen aus dem Munde geflossen ist.* Schließlich fällt das Wort, man solle als *Original* zu erscheinen suchen. Noch verbindet sich damit allerdings nicht die Befreiung von allen Regeln, wie sie der Sturm und Drang forderte. Noch genügt es, wenn der Anschein entsteht, dass man lediglich *der Schuldigkeit wegen* rede.

Aber das Problem hat noch eine interessante Seite, die Weise im *Freimütigen und höflichen Redner* behandelt, einer Einleitung zu einer Komödien-Ausgabe. Dort nämlich ist der stimmliche und gestische Vortrag der Rede das Hauptthema. Dabei stellt sich die Frage der Kunst als Problem der Affektiertheit – und Weise spricht sich deutlich gegen jede Übertreibung aus, ja hält die antiken Vorstellungen nicht mehr für vorbildlich: Im Kabinett könne man nicht mehr genauso auftreten wie auf dem Forum. Weise lässt sich an dieser Stelle weitertreiben zur Überlegung, dass ein Redner seiner Zeit eigentlich immer vor Experten spreche, die seine Kunst kennten, und zwar auch die Kunst des Verbergens. Er macht das Problem an einem überraschenden Selbstzeugnis deutlich: Als seine Frau nach einer Niederkunft mit dem Leben gerungen habe, habe ihm ein Student Genesungswünsche überbracht, die genau die gleichen Formulierungen enthalten hätten, die er selbst ihm und seinen Kommilitonen in einem Komplimentierkolleg beigebracht habe:

Das kam mir so wunderlich vor/dass ich bald mitten in meinem Haus-Creutze gelacht hätte. Denn ich hatte gewiesen/wie man einen andern bereden und gleichsam künstlich betriegen sollte/dass er einen grossen Schmertz vor etwas kleines halten könte: doch nun wüste ich entweder die Kunst schon besser/oder ich hatte längst erkant/wie man sich in die argumenta demonstrativa et probabilia schicken müste.

Weises Folgerung daraus ist jedoch keine Preisgabe der Rhetorik:

Nach der Zeit bin ich auch so ausgehärtet worden/dass ich mich in der schönsten action sehr wenig bewegen lasse. Wenn iemand redet/so verwundere ich mich über die galanten affecten/und wenn iemand ein penetrantes argument mit schöner Manier anzubringen weiß/so gefällt mir der annehmliche Betrug/und die künstliche persuation über die massen wol. Inmittelst sehe ich es an/als ein Ding/das ich admiriren/nicht dem ich folgen und einfältig gehorhen soll.

Die Rhetorik kennt ihre Grenzen, sieht die Gefahren von Erstarrung oder Leerlauf, aber eine Alternative zeichnet sich nicht ab. Bloße Natürlichkeit jedenfalls kommt nicht in Frage, die *Herren Empiric* blieben, so wieder Weise, bei der nächsten Gelegenheit stecken oder verhedderten sich in den Fallen, die die Leidenschaft dem Menschen stelle.

Wie sehr der Weg aber in Richtung Natürlichkeit führt, zeigt sich besonders deutlich an einem Punkt, den Weise in seinen Rhetoriken nur am Rande behandelt, um ihn in seinen Briefstellern (mit Anweisungen zur Abfassung von Briefen nebst Beispielen) ausführlich auszuarbeiten: an der Frage des Stils. Statt sprachlicher Ausschmückung der »Sachen« nach ihrem Rang, wie es die Barockpoetik bislang in ihrer Lehre vom hohen, mittleren und niedrigen Stil vorgesehen hatte, forderte Weise schon im *Neu erläuterten politischen Redner* eine sprachliche Orientierung an der *gemeinen Mode*, aufgrund der sich allerdings nach und nach das entwickeln solle, was sich als eigentliches Ziel entpuppt: ein *eigener* Stil. In den *Curiösen Gedancken von deutschen Briefen* hat Weise dies näher begründet und im späten *Oratorischen System* auf den Punkt gebracht: Jeder müsse (über die Nachahmung von Vorbildern) herausfinden, was seinem *Naturell* entspreche, womit sich der klassische Stilbegriff vollends auflöst.

Der »politische Redner« verlässt sich noch auf Kunst, aber er kontrolliert sie mit einer Urteilskraft, die alle Regeln relativiert. Wenige Jahrzehnte später wird man diese (rhetorische) Urteilskraft als (genialischen) Geschmack bezeichnen, wird sich der Schlachtruf der Natürlichkeit mit dem der (bloßen) Vernünftigkeit vereinen und Weises Komplimentierkunst verdammen. Die Vorstellung, dass Natürlichkeit durch Kunst »herzustellen« sei, leuchtete dann nicht mehr ein und stieß vor allem auf ein neues Selbstbewusstsein, das mit der Betonung der subjektiven Autonomie jede technisch-vorgeprägte Erzielung von Wirkung ablehnte. Beim Stil feierte man dies als endgültige Befreiung von der alten Vormundschaft der Rhetorik. Aber man konnte sich diese Feier auch leisten. Die Schule der Rhetorik hatte in Deutschland wie überall in Europa die Sprache geschmeidig gemacht. Nur war des Guten zu viel getan worden, das Aufschwellen der Sprache hatte die Kritik auf den Plan gerufen und als neues Ziel die Natürlichkeit ausgegeben. Noch bedeutete dies eine rhetorische, eine kunstvolle Natürlichkeit, aber die neue Richtung war eingeschlagen. Die deutsche Sprache war in stilistischer Hinsicht bald trainiert genug, um ihre letzten Fesseln abzustreifen.

AUFKLÄRUNG

Um 1683 und dann noch einmal knapp 15 Jahre später, 1697, setzte sich einer der bedeutendsten Gelehrten Europas an den Schreibtisch und verfasste Denkschriften zur Rettung der deutschen Sprache. Es war Gottfried Wilhelm Leibniz. Für fünf Jahre war der promovierte Jurist nach Paris gezogen, um die neue Bewegung der Aufklärung kennenzulernen, die René Descartes förmlich losgetreten hatte. Dank seiner Rechenmaschine samt Grundlegung der Infinitesimalrechnung war Leibniz Mitglied der Londoner Royal Society geworden. Seither gingen Briefe durch ganz Europa, 15 000 insgesamt, die er an mehr als 1000 Korrespondenten schickte und die heute zum UNESCO-Weltdokumentenerbe gehören. Wissen in jeder Form (auch die Verbesserung von Türschlössern oder Pläne zum Bau von Unterseebooten), vor allem aber die Frage nach Gründen und Ausbaufähigkeit rationalen Denkens gehörten zu den Antriebskräften dieses unvorstellbar kreativen Geistes. Nebenbei beschäftigte er sich lebenslänglich mit dem Problem, wie in der Welt Friede zwischen den Völkern und Religionen hergestellt werden könne.

Und dann das Sprachthema. Während in Deutschland die Wissenschaft lateinisch war und allenfalls durch den mittlerweile immer mehr anwachsenden Import des Französischen Konkurrenz bekam, machte sich Leibniz für das Deutsche stark. *Ermahnung an die Deutschen, ihren Verstand und ihre Sprache besser zu üben* lautete der Titel seiner ersten Schrift, *Von deutscher Sprachpflege* der der zweiten. Garniert wurden seine Ausführungen durch den Vorschlag, eine Deutschgesinnte Gesellschaft in der Tradition der barocken Sprachgesellschaften zu gründen, die nach Leibniz' Urteil versagt hatten. Nehmen wir das bittere Ende vorweg: Als im Jahre 1700 die Preußische Akademie der Wissenschaften in Berlin aus der Taufe gehoben und Leibniz ihr erster Präsident wurde, war die Sprache Latein. 1744, bei ihrer Neugründung durch den damals noch blutjungen Friedrich den Großen, stellte man auf Französisch um. Leibniz selbst hat lebenslang nur auf Latein und Französisch publiziert. Seine zweite Denkschrift wurde immerhin 1717 gedruckt, die erste erst lange nach seinem Tod, 1846. Gewirkt hat keine, und aus der Deutschgesinnten Gesellschaft wurde auch nichts.

Dabei ist die Argumentation von Leibniz glänzend, seine Analyse bestechend, der Optimismus anrührend. Klar erscheint ihm, dass Sprache und Nation eine Einheit bildeten, der Zustand in Deutschland zum Himmel schreie. So ganz weit ist Leibniz von den Überlegungen seiner barocken Vorgänger nicht entfernt, auch wenn er über die *Herren Fruchtbringenden* oder den *toskanischen Aberglauben* seine Witze macht. Auf Dauer bedeute Sprachabhängigkeit Verlust von Freiheit. Zwar müsse man nicht ängstlich jedes französische Wort *ausmustern*, aber das *unnötige Einflicken* der fremden und noch dazu *nicht einmal verstandenen* Brocken sei kontraproduktiv: Ein *betrunkener alter Deutscher* habe besser deutsch gesprochen als *ein nüchterner französischer Affe*, heißt es bemerkenswert spitz bei diesem friedliebenden Geist.

Und weshalb ist das Leibniz zufolge alles passiert? Weil Deutschland nun einmal politisch rückständig sei, weil es keinen zentralen Hof gebe, dafür Religionszerrissenheit und fremde Truppen. Aber auch, fügt er überraschend hinzu: weil sich die einzigen bisherigen Anwälte des Deutschen in eine falsche Richtung bewegt hätten. Entweder gaben sie sich als *Puritaner* und suchten *mit einer abergläubischen Furcht ein fremdes, aber bequemes Wort als eine Todsünde zu vermeiden*. Oder sie interessierten sich ausschließlich für weiche *Poeterei*, statt sich dem zu widmen, was *einen Kern in sich hat*, will sagen: der

harten Wissenschaft. Herausgekommen sei darüber nur Vermehrung des Übels. Die verbannten Fremdwörter seien zur
Hintertür wieder zurückgekehrt. Dabei habe das *Franzenzen
und Fremdenzen* sogar sein Gutes gehabt, zum Beispiel habe es
die deutsche Ernsthaftigkeit gemäßigt.

Letztlich war es nicht Berührungsangst, die bei Leibniz den
Alarm auslöste, sondern etwas ganz anderes, eine philosophische Überlegung. Seine eigentliche These lautet nämlich: Eine
Sprache muss *rein* sein, nicht im Sinne einer ästhetischen, auch
nicht einer politischen, sondern einer rationalen Perspektive.
Sprache dient dem Denken, sie ist *ein heller Spiegel des Verstandes*, eine *Dolmetscherin des Gemüts* und *eine Behalterin der Wissenschaft*. Der Zustand der Sprache, so lässt sich paraphrasieren,
zeigt den Zustand des Verstandes an, in der Sprache drückt
man sein Inneres aus, alles Wissen ist sprachlich abgelegt. Daraus ergibt sich: Nur wo man gut spricht bzw. schreibt, da denkt
man auch gut.

Denn das ist nun der Kern der Argumentation: Jede Sprache
steht vor dem Problem, Gedanken (*Bilder* und *Sachen*) durch
Zeichen ausdrücken zu müssen. Sprache ist nichts anderes als
ein Medium, die benutzten Wörter sind *Ziffern* oder *Rechen-
pfennige*, *Wechselzettel des Verstandes*. Die aber können optimal
oder eben schwach ausfallen. Und Leibniz sagt genau, was
er unter optimal versteht: *wohl geformt, wohl unterschieden, zu-
länglich, häufig, leichtfließend und angenehm* sollen sie sein. Man
weiß aus seinen späteren systematischen Darlegungen (den
französisch geschriebenen *Neuen Abhandlungen über den menschlichen Verstand*, die eine Auseinandersetzung mit John Locke
darstellen), was er damit meinte. Im Grunde hat Leibniz davon geträumt, für wissenschaftliche Zwecke auf die natürliche
Sprache zu verzichten, sie durch klar definierte Zeichen zu
ersetzen, die dem Verstehen keinen Widerstand leisten. Besser
als jede natürliche wäre eine künstliche Sprache, frei zum Beispiel von Metaphern, Bildern also, die bei jedem Menschen
andere Vorstellungen hervorrufen. Argumentieren würde

dann funktionieren wie Rechnen, und Leibniz hatte gezeigt, zu welchen Leistungen Rechnen imstande ist, sogar (in der Infinitesimalrechnung) als rationaler Umgang mit dem Unendlichen, was zuvor allenfalls Sache der Magie gewesen war. Stattdessen drohe der natürlichen Sprache immer der Leerlauf, sogar dem so hochgeschätzten Latein, das *leere Worte*, ja einen *Schaum* zu erzeugen vermöge, wie er im rückständigsten Deutsch nicht möglich sei.

Aber dieses Deutsch *ist* eben rückständig, braucht Nachhilfe bei Fragen der Moral wie der Politik, der Logik wie der Metaphysik. Die Franzosen seien in diesem Punkt weiter, die Deutschen sollten ihnen folgen. Und wie? Durch eine *Musterung und Untersuchung aller deutschen Worte*, durch Rückgriff auf altes und mundartliches Wortgut, bei dem es neben Wulfilas Bibel Plattdeutsch und sogar den »deutschen« Kern des Dänischen oder Norwegischen zu nutzen gelte. Wenn Leibniz den Ursprung der meisten europäischen Sprachen im Deutschen sieht, wird es allerdings finster, wie beim abenteuerlichen Versuch, seine These an der Etymologie von »Welt« zu demonstrieren. *Welt* habe nämlich etwas mit *Wirren*, sich im Kreise Drehen, zu tun, wie (kein Witz!) das griechische Wort *gyros*, verdanke ihre Bedeutung letztlich dem deutschen Buchstaben *W*, der *ein sanftes Sausen und Brausen in sich hat* – auch Große können sich vergaloppieren.

Wenn Leibniz jedoch sagt, dass in jeder Sprache alles auszudrücken sei, nur eben je nach Pflegestand unterschiedlich optimal, nähert er sich höchst modernen Vorstellungen. Zwar unterschätzte er die Leistung natürlicher Sprachen, wenn er sie der wissenschaftlichen Klarheit wegen von aller Metaphorik zugunsten einer »gereinigten« Begrifflichkeit befreien wollte. Die Leistung von rein technischen Sprachen im Sinne von Kalkülsprachen aber lotete Leibniz demgegenüber erfolgreich bis zum binären System (mit 0 und 1) aus und rührte damit an die Grundlagen heutiger Computer.

WARUM DER AUTOR DEUTSCH GESCHRIEBEN

Ein zwiespältiges Scheitern bei den Sprachprojekten also, und ein völliges schon deshalb nicht, weil zwar nicht er selbst, aber ein Nachfolger seine Ideen durchaus verwirklichte: Christian Wolff, der auch als Propagator von Leibniz gilt.

Während dieser 1716 vereinsamt in Hannover starb, baute Wolff nicht nur ein beeindruckend systematisches Lehrgebäude der Philosophie auf, sondern gründete auch eine Schule, die seine Gedanken vor allem an den Universitäten verbreitete. Wer weiterkommen wollte in Deutschland, wurde Wolffianer. Das bedeutete einerseits Anschluss an die europäische Aufklärung, an deren Vernunftoptimismus, wie er sich in Wolffs Buchtiteln spiegelt, die sich gerne als *Vernünfftige Gedancken von* präsentieren: *von der Menschen Tun und Lassen zu Beförderung ihrer Glückseeligkeit* als Ethik oder *von deren gesellschaftlichem Leben* als Politik zum Beispiel. Was aber das eigentlich Überraschende und für uns besonders Interessante darstellt: Diese Bücher hat Wolff nicht nur auf Deutsch verfasst (mit lateinischen Parallelausgaben für den europäischen Verkehr), sondern mit ihnen geradezu das Leibniz'sche Programm in die Tat umgesetzt: Er hat sie in einer deutschen Sprache verfasst, die der europäischen Diskussion gewachsen war. In seiner *Welt-Weisheit* gibt er die Begründung, *warum der Autor deutsch geschrieben*. Es komme nicht auf die Wörter, sondern auf die Sachen an, heißt es. Die aber ließen sich eben besser in der Muttersprache vermitteln. Und wenn schon darin, dann auch frei von *Redens-Arten, die man aus fremden Sprachen entlehnt*.

Wolff entwickelte mit anderen Worten eine durchgehend muttersprachliche Terminologie, die er nicht unbedingt erfand, sondern aufgriff, aber in systematischer Ordnung und Abgrenzung, oft mit ausdrücklicher Definition. Als allgemeine philosophische Begriffe übernahm er etwa von Leibniz *Urteil* oder *Beweisgrund*. In die Mathematik führte er *Brennpunkt, Schwerpunkt, Gleichung, Geschwindigkeit, Erdferne* oder *Polhöhe* ein.

Selbst Rückgriffe auf die Mystik sind wahrscheinlich: *Einfluss*, *Eindruck*, *Bewusstsein*. Längst vorhanden waren Begriffe wie *Erfahrung*, *Erklärung*, *Ding*, *Wesen*, *Willkür*, *Wirkung*, *Bewegungsgrund*, *Zusammenhang*, *Begriff* und vieles andere mehr. All dies strömte nun zusammen und machte auch Gedanken aus der neuen Welt der Aufklärung auf Deutsch ausdrückbar. Wie bildlich, geradezu volkstümlich Wolff dabei verfahren konnte, belegt etwa § 116 (im 2. Kapitel des I. Teils) der *Deutschen Ethik* zu einer kleinen Gewissensangelegenheit:

> Wenn der Mensch weder vorher, ehe er etwas thut, oder unterlässet, noch nach vollbrachter That oder verabsäumeter Gelegenheit, überlegt, ob sein Thun und Lassen gut oder böse sey, und demnach weder das vorhergehende, noch nachfolgende Gewissen sich äussert; so saget man: das Gewissen schlaffe. Es ist demnach der Schlaff des Gewissens eine Unachtsamkeit auf unser Thun und Lassen.

In der *Deutschen Politik* werden alle Formen der Vergesellschaftung (wie wir heute sagen würden) auf Deutsch gefasst: der *Ehestand*, das *Haus*, die *väterliche Gesellschaft* (nach *patria potestas*), die Einrichtung des *gemeinen Wesens*, die hohe *Landes-Obrigkeit*.

Wolff machte als Professor in Leipzig rasch Karriere, wurde 1710 Mitglied der Londoner Royal Society, ein Jahr darauf (man wollte sich nicht lumpen lassen) nahm ihn die Berliner Akademie der Wissenschaften auf, noch später die Petersburger unter Katharina der Großen. Dass er 1723 auf den Vorwurf des Atheismus hin (er hatte die Religion der Chinesen auf gleicher Ebene wie die der Christen behandelt) Leipzig binnen 48 Stunden verlassen und ins hessische Marburg ausweichen musste, schlug ihm letztlich zum Vorteil aus, weil die Rehabilitation durch Friedrich den Großen 1740 so erst recht zum Triumph geriet.

Aber die Situation in Deutschland zeigte sich auch in ihrer tiefen Widersprüchlichkeit. Dieser Preußenkönig setzte sich für einen Befürworter des Deutschen ein, ohne auch nur eine Sekunde daran zu denken, sein Französisch aufzugeben. 1784, Wolff war damals seit 30 Jahren tot, stellte die Berliner Akademie die berühmte Preisfrage zur Universalität des Französischen und krönte Antoine de Riverol für seine Eloge über die einzige Sprache, die Europa Zivilisation und Humanismus bringen könne: natürlich nicht Deutsch, sondern Französisch. Und dann wieder das gerade Gegenteil, als das Preußische Landrecht 1789 und fünf Jahre später das Allgemeine Landrecht auf die Forderung des Königs hin auf Deutsch erschienen, *damit jeder sich selbst informieren könne.*

EURE EXCELLENCE WERDEN PARDONIREN

Ließe sich im Hinblick auf die königliche Sprachenpolitik von einer Achterbahnfahrt sprechen, so entwickelte sich die Förderung der deutschen Sprache im Bürgertum sehr viel kontinuierlicher. Während Wolff an der Universität auf Deutsch lehrte, entstand im aufklärerischen England eine publizistische Gattung, die überall in Europa rasch Nachahmung fand. Gemeint sind die *moral weeklies*, die Moralischen Wochenschriften. Joseph Addison und Richard Steele hatten 1709 in London den *Tatler* herausgegeben, dem 1711 der noch berühmtere *Spectator* folgte – dreimal wöchentlich erscheinende Blätter im Zeitungsformat, die außer den Konfliktthemen Politik und Religion alles behandelten, was von Interesse war. In Hamburg gab der *Vernünftler* seit 1713 erste Auszüge in Übersetzung, dann starteten in ganz Deutschland die Nachahmungen auf breiter Front.

Eine Besonderheit in der Fülle stellen die *Vernünftigen Tadlerinnen* dar, mit denen ein damals noch sehr junger Mann 1725/26 in Leipzig für Aufmerksamkeit sorgte, weil er erstens bekennender Wolffianer war und zweitens den englischen *Tatler* für ein weibliches Publikum umschrieb. Hinter den fiktiven Herausgeberinnen steckte nämlich Johann Christoph

Gottsched, der sehr bald die literarische Szene in Deutschland dominieren (und in Auseinandersetzung mit den fortschrittlicheren Schweizern Bodmer und Breitinger auch spalten) sollte. Eine Rhetorik, eine Poetik, eine Sprachlehre und ein Wörterbuchprojekt stammen von ihm. Aber schon in den *Vernünftigen Tadlerinnen* wird deutlich, worauf es ihm ankam.

Das zweite der stets wöchentlich erscheinenden achtseitigen »Stücke« vom 10. Januar 1725 handelt ganz aktuell von Glückwünschen zum Neujahr. Gottsched geht es darin um eine Abrechnung mit dem französischen Komplimentierwesen. Seine Kritik klingt wie im 17. Jahrhundert: Kleidung, Hauseinrichtung, Speisen der Deutschen seien genauso überfremdet wie deren Sprache *voller gekünstelten und schwülstigen Redens-Arten*. Das Beispiel eines Gottsched angeblich selbst überbrachten Grußes soll verdeutlichen, wogegen er sich wendet:

> Eure Excellence werden pardoniren, hieß es: daß ich als Dero Client mir die Permission ausgebeten zu dem mit aller Prosperité angetretenen Neuen Jahre mit gehorsamsten Respecte und tieffen Submission zu gratuliren, und sincerement zu wünschen, dass der Höchste Eure Excellence in allem contentement dieses und viele andere Jahre conserviren wolle, damit ich ehestens occasion habe meine temoignage zu zeigen.

Dabei sieht Gottsched weiter als die Vertreter der Sprachgesellschaften, die ihre Hoffnung noch auf den Adel setzten. In einem anderen Stück attackiert er die Höfe scharf – Leipzig war keine Residenzstadt, und (natürlich indirekte) Schimpfe auf Dresden kam immer gut an: *Die Höfe in Teutschland sind fast nicht teutsche Höfe*, heißt es, an einem gelte Französisch, an anderen Italienisch, Spanisch, Englisch. Von einem Schreiber müsse man fast erwarten, dass er einen verklagt, wenn man ihn so (statt *Secretaire*) nennt. Dem folgt eine weitere Satire, in der diesmal eine wahre Ausgeburt eines Höflings französisch-deutsches Kauderwelsch spricht und sich partout nicht in den *Vernünf-*

tigen Tadlerinnen informieren will, dass man auch auf Deutsch vernünftige Gedanken äußern könne. *Die Tadlerinnen?*, fragt er erschreckt zurück, *was sind es vor Demoiselles? das werden gewiß die moquanten Mägdgen seyn die in der ***Straße logiren.* Und so geht das Missverstehen munter weiter, wenn der Höfling seine französischen Wörter für unübersetzbar hält und erstaunt deutsche Äquivalente hört wie im Falle von *contentement, plaisir, civilité, faveur,* die durch *Vergnügen, Belustigung, Höflichkeit, Gewogenheit* wiedergegeben werden.

Aber Gottsched kritisiert nicht nur das Französische. Er hat es mitten in Leipzig auch auf den Leipziger Dialekt abgesehen. Natürlich bringt er ein Beispiel, einen Brief, in dem es heißt:

> Werdeste Frau Mume,
>
> Mir han lange uf en Schraiben aus den lieben Halle kewart, mit krau-ßen schmertzen. Maine Mama Möchte kärn wissen Ab se och Noch fain kesunt sain se kimmen Jo keen Einzich mahl här, und Mir han Ihn doch nischt übels getan (...).

Unverblümt fordert Gottsched gegen die *Herren Meißner* das *Vorrecht vor uns Magdeburgern,* die allein über das richtige Deutsch *(in Absehen auf die Zierlichkeit)* verfügten. Gottsched plädiert also für die niederdeutsch geprägte Sprache, wie sie mit Magdeburg verbunden ist (er selbst war Ostpreuße): nicht als Mundart, sondern als diejenige Lautgestalt, die am meisten zum mittlerweile durchgesetzten Schriftdeutsch passe. Gottsched will, dass man spricht, wie man schreibt, und natürlich erst recht, dass man nicht so schreibt, wie nur der (Leipziger) *Pöbel* spricht. Wenn man Wäsche-, Haus- und Küchenzettel einer Leipzigerin sehe, müsse man lange raten, ehe man begreife, was dort geschrieben stehe.

In einem weiteren Stück wird vorgetragen, dass schlechtes Deutsch sowohl auf dieser *schlechten täglichen Gewohnheit im Reden* beruhen könne wie auf *schlechtgeschriebenen Büchern.* Dagegen hülfen nur gute Beispiele für Richtigkeit und Zierlich-

keit, die prompt genannt werden – interessanterweise besonders *historische Bücher*. Aufs Korn nimmt Gottsched dagegen
die *schlechtesten Zeitungsblätter (…) deren Verfasser sich das Gesetze
gemacht zu haben scheinen / durchaus die teutsche Sprache zu ver-
stümmeln* – ein hübscher Vorgeschmack auf die Invektiven des
19. Jahrhunderts gegen die Presse. Man werde eben nicht als
Meister in seiner Muttersprache in die Welt geboren, heißt es, und
noch weniger dürfe man *einem wilden Vogel gleich werden / der
da singet / wie ihm der Schnabel gewachsen ist.* Das könne nur auf
Kauderwelsch hinauslaufen. Stattdessen solle man sich an diejenigen halten, die an der Sprache arbeiten: an die (richtigen)
Gelehrten. Selbst Luther muss sich bei allem Lob von Gottsched sagen lassen, dass seine Bibelübersetzung 200 Jahre nach
ihrem Erscheinen eine Bearbeitung vertragen könne. Mehr
noch aber geht der Tadel in Richtung jener barocken Protzerei,
die für den Aufklärer ein Abraham a Sancta Clara verkörpert.
Man lasse dem Papstthum diese Lustigmacher lautet es bündig,
wobei »lustig« mit *Zoten reißen* und dies wiederum mit *Unfläte-
rey* gleichgesetzt wird.

BESCHWERDE ÜBER DIE SÄCHSISCHE TYRANNEI

In seiner *Grundlegung einer deutschen Sprachkunst* hat Gottsched
seine frühen Gedanken systematisch ausgebaut und in der
Vorrede bekannt, diese Arbeit habe ihn sein halbes Leben ge-
kostet, weshalb er es *fast bereue, es unternommen zu haben.* Sein
Ziel ist dabei aus seinem Wolffianertum zu erklären: Als Ra-
tionalist reinsten Wassers ging es ihm um Regeln, auch wenn er
sich nicht *zu einem pedantischen Sprachtyrannen aufwerfen* habe
wollen. Nur tat er viel dafür, dieses Bild entstehen zu lassen.
Mundarten als historisch gewachsene Formen haben für ihn
Mängel, die es *nach den Mustern der besten Schriftsteller des vo-
rigen und jetzigen Jahrhunderts* auszumerzen gelte. Aber Gottsched sprach auch von *besseren Landschaften* und meinte damit

Sachsen. Aus der Devise, seine Regeln auf die *größte Anzahl übereinstimmender Exempel* zu gründen, wurde immer wieder eine Bevorzugung des Ostmitteldeutschen (als der *wahren hochdeutschen* Sprache).

Bodmer und Breitinger, seine Hauptgegner besonders auf poetischem Terrain, beschwerten sich postwendend über die *sächsische Tyrannei* mit der fast völligen Vernachlässigung des Südens und sahen in den verschiedenen Dialekten eine Möglichkeit der Variation, wie überhaupt das künstliche Hochdeutsch blasser sei als zum Beispiel das Alemannische mit seiner kraftvollen Idiomatik. Eine Sprachlehre auf deutlich breiterem und auch abgeklärterem Fundament schuf dann Gottscheds Nachfolger Johann Christoph Adelung.

FÜNF QUARTBÄNDE FÜR GOETHE UND CO.

Adelung stammte aus Pommern, war also wieder einmal Niederdeutscher, und gelangte über Zwischenstationen 1765 nach Leipzig, wo er als Privatgelehrter historische Werke übersetzte und Zeitschriften herausgab. 1787 wurde er Hofrat und Oberbibliothekar der kurfürstlichen Bibliothek in Dresden, ab 1793 leitete er die Privatbibliothek des Kurfürsten. Noch vor seiner Anstellung in höfischen Diensten entstand sein großes Werk: das *Grammatisch-kritische Wörterbuch der Hochdeutschen Mundart*, erste Auflage 1774 bis 1784, zweite Auflage 1793 bis 1801.

Mit dieser Wörterbucharbeit begann Adelungs immer intensivere Beschäftigung mit der Sprache. 1781 erschien die *Deutsche Sprachlehre* im Auftrag des preußischen Kultusministers (auf den Erlass Friedrichs des Großen zur Reform des Deutschunterrichts an Gymnasien hin), die bis 1828 vierzehnmal neu aufgelegt wurde und Übersetzungen ins Französische, Lateinische und Englische erfuhr. Der *Auszug aus der Deutschen Sprachlehre für Schulen* war ähnlich erfolgreich, ein zweibändiges Lehrbuch zum gleichen Thema folgte. 1788 erschien eine Orthografielehre nebst kleinem Wörterbuch zur Aussprache mit wieder 13 Neuauflagen. In Adelungs Todesjahr 1806 kam die *Aelteste Geschichte der Deutschen, ihrer Sprache und Literatur bis zur Völkerwanderung* heraus. Und schließlich folgte auch noch der erste Band von *Mithridates oder allgemeine Sprachenkunde,* ein Werk, das sich nach jenem antiken Gegner Roms nannte, der 22 Sprachen beherrscht haben soll, und in dem Adelung einen Überblick über alle Sprachen der Erde versuchte – freilich bei damaligem Kenntnisstand noch mit der Auffassung, die chinesische Sprache habe sich mit ihrer *Einsylbigkeit* den Weg zu höherer Entwicklung versperrt.

Von all dem sollte das *Wörterbuch* die größte Bedeutung gewinnen. Die fünf Quartbände der ersten Auflage mussten dreimal nachgedruckt werden. Dabei war Adelungs Autorschaft einmal mehr ein Zufall gewesen, wenn man den Tod Gottscheds als Zufall bezeichnen darf. Dieser hatte das Wörterbuch begonnen, und der Leipziger Verleger Bernhard Christoph Breitkopf suchte nach Gottscheds Tod einen Fortsetzer. Adelung, in Sachen Fleiß mehr als ausgewiesen, schlug ein und vollendete das Werk als Einzelkämpfer in der fast unbegreiflich kurzen Entstehungszeit von zwölf Jahren.

Dabei lag dem Ganzen im Gegensatz zu Gottscheds Versuch ein viel breiteres und vor allem auch viel klareres Konzept zugrunde. Mit Adelung wurde das Hochdeutsche endgültig gleichbedeutend mit einer Hochsprache im Sinne einer gehobenen Einheitssprache innerhalb Deutschlands. Denn mit *hochdeutsche Mundart* meinte er gerade keine spezielle Mundart, sondern allenfalls das Sächsische als Leitvarietät, jedoch ausdrücklich *mit beständiger Vergleichung der übrigen Mundarten, besonders aber der oberdeutschen* (also diesmal auch etwa des Alemannischen). Ohne eine Leitvarietät wäre es schwierig geworden, und Adelung betont selbst, wieso seine Wahl auf das Sächsische fiel: wegen der Reformation nämlich, die nun einmal in Ostmitteldeutschland ihren Ausgangspunkt hatte, womit diese Mundart *durch einen blossen Zufall die herrschende geworden* sei. Adelung benutzt ausdrücklich den Begriff der *Büchersprache* und schließt (in diesem Punkt wie Gottsched) die sächsische Intonation aus. Aber zu dieser Büchersprache gehören nicht nur die anderen Mundarten, sondern auch die *Sprache des Umgangs*, also die der geselligen Konversation, die im 18. Jahrhundert eine überragende Rolle spielte und in einer breiten Literatur repräsentiert war – Knigges *Umgang mit Menschen* erschien als das große Sammelbecken 1788.

Vor allem aber glaubte Adelung nicht mehr an die Möglichkeit einer rein rationalen Normierung (von oben), sondern anerkannte die Macht des Gewordenen, ja Naturwüchsigen. Er selbst hat dies als *Pflicht des Sprachlehrers* formuliert:

> Er ist nicht Gesetzgeber der Nation, sondern nur der Sammler und Herausgeber der von ihr gemachten Gesetze, ihr Sprecher und der Dollmetscher ihrer Gesinnungen. Er entscheidet nie, sondern sammelt nur die entscheidenden Stimmen der meisten. Nie läßt er sich durch Vorurtheil oder Eigenliebe verleiten, die Gesetze der Nation zu verfälschen, oder ihr seine Meinungen unterzuschieben.

An wen er dabei dachte bzw. von wem er sich auf alle Fälle absetzen wollte, ist mit Händen zu greifen – Gottsched.

Adelungs Wörterbuch enthält mehr als 55 000 Artikel, erstmals nicht nach Stammwörtern angeordnet (wo *Beruf* unter *berufen* zu finden ist wie etwa in Kaspar Stielers *Der Teutschen Sprache Stammbaum und Fortwachs*), sondern rein alphabetisch. Stets bietet er eine Definition, gibt Paraphrasen, nennt Synonyme und äußert sich zur Bedeutung bzw. Verwendung. Dabei scheut er sich nicht vor der Aufnahme *niedriger und pöbelhafter Sprache*. Man kann also unter *Arsch* nachschlagen und findet etwas zur *Gosche* oder zu *brunzen*. Im Artikel *Hure* bietet Adelung mehr als 30 Ableitungen wie *Maulhure* oder *Schandhure*. Auch *Rotzlöffel* und *Blackscheißer* tauchen auf, Wörter, die man nach Einschätzung eines irritierten Benutzers im Sächsischen noch nie gehört habe. Dabei verfährt Adelung in anderen Punkten durchaus konservativ. Der aus der Lausitz stammende Lessing wird nicht berücksichtigt, weil seine Sprache zu wenig dem Hochdeutschen entspreche. Neue Wörter wie *bezwecken* oder *Abgeneigtheit* sind nicht aufgenommen. Andere werden als veraltet abgewiesen, die bis heute im Wortschatz verblieben sind.

Um wenigstens ein Beispiel zu bieten, sei (in gekürzter Form) das Stichwort *Beruf* ausgewählt:

Der Beruf, des -es (…). 1. Die Handlung des Berufes. 1) Eigentlich, in welcher Bedeutung dieses Wort aber nur von dem feyerlichen Rufe zu einem Amte gebraucht wird. Ein rechtmäßiger Beruf. Einen Beruf zu etwas bekommen. (…) 2) Figürlich. (a) Neigung, innerlicher Trieb, Beruf bey sich zu etwas empfinden. Ich empfinde eben keinen Beruf, mir das zu versagen, worauf mir mein Leben ein Recht gibt (…). (b) Bewegungsgrund, Verbindlichkeit. Sorge für Mangel ist ein Beruf zum Fleiße.

2. Dasjenige, wozu jemand berufen worden, in der weitesten Bedeutung dieses Zeitwortes, Amt, pflichtmäßige Lebensart. Das erfordert mein Beruf. Das ist mein Beruf, mein Amt, meine Lebensart verbindet mich dazu. (…)

Anm. Beruf, für Appellation, in den Rechten, ist im Hochdeutschen nicht, wohl aber im Oberdeutschen üblich. S. das folgende. In einigen gemeinen Mundarten wird es auch für das Gerücht, den Ruf, oder das Urtheil anderer von unsern sittlichen Eigenschaften, obgleich nur im nachtheiligen Verstande gebraucht. Er stehet in keinem guten Berufe. (…)

An Kritikern hat es natürlich nicht gefehlt. Und die ernstzunehmenden setzten am tatsächlich wunden Punkt an: dem immer noch zu einseitigen Festhalten am Sächsischen – vielleicht eine Verbeugung vor seinem Dienstherrn, dem Kurfürsten. Goethe, der bei der Durchsicht seiner Schriften den »Adelung« fleißig benutzte, machte zusammen mit Schiller seine Witze in Form von Versen über deutsche Flüsse, von denen nur die Elbe, *und auch in Meißen nur*, deutsch spreche. Christoph Martin Wieland, der dritte Weimarer und gebürtige Schwabe, polemisierte 1782 in einem Aufsatz mit dem Titel *Über die Frage: Was ist Hochdeutsch?* gegen das *meißnische Diktat* und setzte sich für weitere Dezentralisierung hinsichtlich der Mundarten ein. Aber die Bedeutung Adelungs ergibt sich allein aus der bislang nicht gekannten Breite seiner Wirkung. Wenn der Versuch einer radikal phonetischen Rechtschreibung, wie sie etwa Klopstock vorschlug, als indiskutabel auf der Strecke blieb, ist dies auch Adelungs Verdienst. Trotz aller Meißnerei hatte sich der Pragmatismus durchgesetzt, der Ausbau der deutschen Sprache habe sich am Gebrauch zu orientieren.

Die Aufklärung mit ihrem Hang zum Rationalen war einer *wirklich* rationalen Einstellung gewichen: weniger Normierung als vielmehr Untersuchung, Beschreibung, Sortierung. Schon das nächste bedeutende Wörterbuch ging bei aller Kritik am Vorgänger genau diesen Weg weiter.

WÖRTERFABRIK ODER KANINCHENBERG

Es handelt sich dabei um das *Wörterbuch der Deutschen Sprache in 5 Theilen* von Joachim Heinrich Campe, 1807 bis 1813 erschienen, mit nunmehr über 141 000 Einträgen. In diesem Fall gründete der aufklärerische Impuls in einer ganz eigenen und auf den ersten Blick rückständigen (vor allem hinter Leibniz zurückfallenden) Idee: in einem Fremdwortpurismus, wie ihn Deutschland bis dahin noch nicht gesehen hatte, nicht einmal auf seinem vorläufigen Höhepunkt in den Sprachgesellschaften bei Philipp von Zesen. Wieland sprach brieflich angesichts dieses Purismus vom *Sprach-Jakobinismus*, andere kritisierten die *Wörterfabrik* des Puristen. Als Campe Adelung wegen seines altmodischen Wörterbuchs kritisierte, revanchierte sich dieser an Campes puristischen Einfällen mit dem Bild vom *Kaninchenberg*, aus dem *die junge Brut scharenweise* herauslaufe.

Dabei verdankte sich Campes Purismus der Französischen

Revolution. Der Pädagoge mit Leib und Seele und Hausleh-
rer von Alexander und Wilhelm von Humboldt weilte 1791
gemeinsam mit Wilhelm als Revolutionstourist in Paris und
erhielt wie Schiller den Ehrenbürgerbrief der Republik Frankreich. Zurück in Deutschland sah Campe in einer Aufklärung
für alle sein Lebensziel und verband dies mit der Idee, sprachliche Verständlichkeit mit Fremdwortfreiheit beginnen zu
lassen. 1794 verfasste er in diesem Sinne eine Preisschrift des
Berliner Gelehrtenvereins: *Über die Reinigung und Bereicherung
der deutschen Sprache*, 1801 folgte das *Wörterbuch zur Erklärung
und Verdeutschung der unserer Sprache aufgedrungenen Ausdrücke*
(das erfolgreichste Werk Campes überhaupt). Ein Deutscher sei
keiner, wenn er seine Sprache mit Fremdwörtern durchsetze,
heißt es in einem Nationalismus, der jedoch nicht chauvinis-
tisch, sondern pädagogisch motiviert ist. Denn dahinter steht
die Überzeugung, dass Fremdwörter das Verstehen behinder-
ten. Mit der Muttersprache fange auch die Demokratisierung
an, nach dem Vorbild der Franzosen, die als gebildetes Volk ihr
politisches Schicksal selbst in die Hand genommen hätten.
   Dabei gelangt Campe auch zu sprachphilosophischen Erkenntnissen, die sein Schüler Wilhelm von Humboldt später
noch ausbauen sollte. Die *Eigenthümlichkeiten der Denk- und
Sinnesart eines Deutschen* kommen nach Campe nur in der eigenen Sprache wirklich zum Ausdruck. Daran schließen sich
durchaus konkrete politische Ziele an: Deutschlands *künftige
Wiedervereinigung zu einer selbständigen Völkerschaft*. Nie dürfe
es dazu kommen, *als wenn das Volk um der Sprache, nicht die Sprache um des Volkes willen da wäre*, heißt es.
   In der Praxis der Wörterbucharbeit schlugen sich Campes
Überzeugungen in einem Verdeutschungsprogramm nieder,
bei dem mehr als 11 000 »Fremdwörter« durch deutsche Begriffe ersetzt wurden, wovon ca. 300 tatsächlich in den Sprachgebrauch übergingen. Dazu gehören etwa *Erdgeschoß* für »Par-
terre«, *Feingefühl* für »Takt«, *fortschrittlich* für »progressiv«,
herkömmlich für »konventionell«, *Hochschule* für »Universität«,

auch *Stelldichein* für »Rendezvous« oder *Wust* für »Chaos«. Gelegentlich erwog Campe Alternativen wie bei »Déjeuner«, wo er zwischen *Frühstück, Frühmahl* und *Morgenmahl* schwankte (und den alten *Imbiss* verwarf). Nicht erfolgreich waren die vielen polemischen Versuche wie etwa *Zwangsgläubiger* für »Katholik« bzw. *Freigläubiger* für »Protestant« oder gar *Menschenschlachter* für »Soldat«.

Aber Campes Leistung wäre nicht in die Geschichte eingegangen, wenn sie nicht auch auf anderen Grundlagen beruht hätte. Dazu zählt vor allem die Registrierung genau jenes Sprachmaterials, das Adelung noch aussortiert hatte: des zeitgenössischen Wortschatzes. Nicht nur dass nun das Vokabular Lessings und seiner Nachfolger aufgenommen wurde (während Campe *niedrige Wörter* wie Adelungs *Rotznase* ausschloss), es war gerade die Literatursprache, die einen Schwerpunkt der Auswahl bildete. Deutsch bzw. das Deutsch der Hochsprache wurde Bildungsdeutsch. Auch in diesem Sinne erwiesen sich die regionalen Zugehörigkeiten als immer unwichtiger. Einzelne Persönlichkeiten konnten nun die Sprache prägen und taten es. Die Bühne war frei für den Auftritt der Klassiker. Er sollte sich allerdings durchaus zwiespältig gestalten.

LITERATURSPRACHE

Während ganzer Jahrhunderte der deutschen Sprachgeschichte ist das wichtigste Material, das uns Einblick in Stand und Entwicklung gibt, die Literatur. Nur in ihr wurde Volkssprachliches in nennenswertem Maße und hoher Qualität überliefert, überall sonst dominierte das Latein.

Dies änderte sich dramatisch im 18. Jahrhundert. 1740 lag der Anteil deutscher Schriften bei 70 Prozent, 1770 bereits bei 85 Prozent, 1800 erreichte er mehr als 95 Prozent. Und nicht nur die Quantität war betroffen, es gab auch einen Wandel in inhaltlicher Hinsicht. 1740 machte die religiös-erbauliche Literatur noch 40 Prozent aller Veröffentlichungen aus, bis 1800 sank ihr Anteil auf 6 Prozent. Das Hauptangebot lag nun beim naturwissenschaftlichen, populärphilosophischen und schöngeistigen Schrifttum. Wieder sagen Zahlen mehr als jede Beschreibung: 1740 erschienen pro Jahr 10 Romane, 1770 waren es 100, 1800 wurden 500 erreicht. Kritiker sprachen von »Lesewut« und »Lesesucht«. In einem Pamphlet von 1795 las man folgenden *Appel an meine Nation. Über die Pest der deutschen Literatur*:

So lange die Welt stehet, sind keine Erscheinungen so merkwürdig gewesen als in Deutschland die Romanleserey, und in Frankreich die Revolution. Diese zwey Extreme sind ziemlich zugleich mit einander großgewachsen, und es ist nicht ganz unwahrscheinlich, dass die Romane wohl eben so viel im Geheimen Menschen und Familien unglücklich gemacht haben, als es die so schreckbare französische Revolution öffentlich thut.

Vielleicht erscheinen die Sorgen dieses Pessimisten weniger skurril, wenn man bedenkt, dass Bücher nicht mehr nur im trauten Heim auf dem Lesepult oder dem Nachttisch lagen. Sie kursierten vielmehr in Lesegesellschaften und Leihbibliotheken, die reinen Verkaufszahlen müssen auch noch mit einem kräftigen Multiplikator versehen werden.

Die Literatur, das sollte deutlich werden, ist nun nicht mehr der Lückenbüßer der Sprachgeschichte, sondern *macht* nun Sprachgeschichte wie zuvor allenfalls Luther mit seiner Bibelübersetzung. Die Literatur organisierte sich im absolutistischen Fürstenstaat als ein soziales System, das Emanzipation als Bildung vermittelte. Was ein Christian Weise noch in Zeiten des Barock vorsichtig erkämpft hatte, griff nun um sich: ein natürlicher Ausdruck der eigenen Befindlichkeit, eine Offenlegung des Seelenlebens mit Ansprüchen an Normen jenseits bloßer Nützlichkeit oder staatlichen Gehorsams. Moral und Vernunft waren die neuen Orientierungen, Wahrheit und Bildung, Seele und Gefühl.

In den Moralischen Wochenschriften las es sich noch einigermaßen klapprig im alten Korsett halbgelehrter Prosa. Seit der Mitte des 18. Jahrhunderts folgten Schub auf Schub immer neuer Experimente, denen eines gemeinsam war: Befreiung vom Hergebrachten, Mut, nicht *etwas*, sondern *sich selbst* auszudrücken. In einer ersten Phase erscheint die Literatur der Empfindsamkeit, charakteristischerweise besonders im Medium des Briefes. Hier kommt es zur Seelenaussprache im Ton des vertrauten (Zwie-)Gesprächs, werden Gefühlsbereiche des »Zärtlichen« und »Entzückenden« erschlossen, wie es bei Christian Fürchtegott Gellert heißt, den der junge Goethe noch in Leipzig antraf und als erstes Vorbild nachahmte.

Das große Ereignis aber war der Sturm und Drang, dessen Normbrüche alles Vorhergegangene sprengten. Wo lag die Anregung für den Mut zu derartigen Experimenten? Ein wichtiges Stück Antwort liegt bei Johann Georg Hamann und Johann Gottfried Herder, zwei Autoren, die eine neue Philosophie der

Sprache entwickelten. Immer hatte man die Sprache als ein Mittel der Verständigung gesehen, als Zeichen der (auch ohne Sprache existierenden) Gedanken. Für Hamann drückt sich demgegenüber in der Natur die Sprache Gottes auf dem Wege einer Symbolisierung aus, die der Mensch mit seiner Sprache gewissermaßen fortsetze bzw. fortentwickele: *Sinne und Leidenschaften reden und verstehen nichts als Bilder. In Bildern besteht der ganze Schatz menschlicher Erkenntnis und Glückseligkeit,* heißt es voller Selbstbewusstsein. Sprachlichem Schöpfertum entspricht ein Ringen mit der Sprache, das rhetorische Klarheitsforderungen wegfegt: *Die Reinigkeit einer Sprache entzieht ihr Reichtum; eine gar zu gefesselte Richtigkeit ihr Stärke und Mannheit.* Mit Herder wird die Sprache dann jenseits der theologischen Bezüge eine eigene Welt, ja Welt gibt es nur als Sprache. Sprechen und Dichten werden auf diese Weise Ausdruck des Selbstgefühls.

Systematisch entwickelte Herder den Gedanken in seiner 1770 als Preisschrift eingereichten *Abhandlung über den Ursprung der Sprache.* Statt Geschenk Gottes – so die provozierende These – sei der Mensch selbst der Schöpfer. Das gesamte Weltverständnis ist damit auf einen Schlag säkularisiert, die Sprache allein menschlicher Kreativität überantwortet. Zum Ziel wird nun eine Schreibweise, die sich von Schematismen befreit und nur dem genialen Impuls gehorchen will. *Natürlich* soll der Wortfluss sein, ausdrücklich nicht *vernünftig.* Alles, was ursprünglich, nichtkonventionell ist und von der Aufklärung verachtet wurde, wird willkommen geheißen. Zu den Synonymen liest man: *Der Dichter muß rasend werden, wenn du ihm die Synonyme raubst, er lebt vom Überfluß.* Zu den »Idiotismen« im Sinne von Eigenheiten: *Idiotismen sind in das Genie der Sprache eingewebt, die man zerstört, wenn man sie austrennet.* Zu ungewöhnlichen Satzstellungen: *Das Ohr will einen Perioden, der es durch seinen Wohlklang füllet, der gnug abwechselt und nicht zu oft wiederkommet.* Zu Auslassungen: *Haben Sie es da nicht oft bemerkt, wie schädlich es uns Deutschen sei, dass wir keine Elisionen haben oder uns machen wollen?*

Man kann die neue Ausdruckssprache am besten an den Dichtungen des jungen Goethe studieren. Der Durchbruch gelang ihm zuerst in der Liebeslyrik. Statt die Geliebte in vorgegebenen Bahnen zu besingen, geht es nun um die Formung eines persönlich einmaligen Gefühls. Ein Musterbeispiel ist *Willkommen und Abschied*, entstanden im Frühjahr 1771 und von Goethe einem Brief an die Pfarrerstochter Friederike Brion beigelegt:

> Es schlug mein Herz. Geschwind, zu Pferde!
> Und fort, wild wie ein Held zur Schlacht.
> Der Abend wiegte schon die Erde,
> Und an den Bergen hing die Nacht (…).

Das Charakteristische liegt in der Beschreibung eines Erlebnisses, der Wiedergabe des Gefühls bei der Begegnung mit und dann dem Abschied von der Geliebten. Wichtigstes Mittel der Beschreibung wird die Beseelung der Natur, die Formulierung der eigenen Befindlichkeit aus dem empfundenen Einklang mit ihr. In der Unheimlichkeit des nächtlichen Ritts spiegelt sich die unbändige Sehnsucht, die Freude der Begegnung schafft sich Ausdruck im Bild des Frühlings. Der Abschied wird in der Mischung von nachklingendem Liebesgenuss und dem Schmerz der Trennung dargestellt. Es fehlt jede Reflexion, jede Anknüpfung an vertraute Formeln für die Wiedergabe des Erfahrenen, stattdessen das rein erlebnishafte *du gingst, ich stand* in der letzten Strophe.

GÖTZ-ZITAT UND PFUI ÜBERS SCHLAPPE KASTRATENJAHRHUNDERT

Und nicht nur die Lyrik bietet solche Ausdruckskunst. In ihrem Zeichen verwandelt sich auch das Drama. Der *Götz von Berlichingen*, 1771/72 als Lesestück konzipiert, das zu Goethes

Verwunderung dann rasch die Bühnen eroberte, sprengt nicht nur mit der schnellen Folge seiner kurzen Szenen das Gewohnte. Es war vor allem die gesprochene Sprache, der Umgangston bis hin zum Vulgären wie beim berühmten Götz-Zitat *(Er aber, sag's ihm, er kann mich ...)*, die revolutionär wirkten. Vor allem Götz selbst spricht ohne jede Stilisierung. Im Gespräch mit Weislingen deutet er es in Frageform als Prinzip an: *Soll ich von der Leber weg reden?* Gassensprache ist allgegenwärtig: *Es wäre eine Schande, wenn wir ihn nicht kriegten,* Sprichwörter sind aufgenommen: *Ein Wolf ist einer ganzen Herde Schafe zuviel,* die Zigeuner im Wald radebrechen: *Hamster hat mich bissen.* Götz' Handeln ist nur zu verstehen aus seiner Gefühlsunmittelbarkeit, die zum Zusammenstoß mit der Welt führt und so letztlich den Untergang provoziert.

Dieses Thema liegt auch dem *Werther* zugrunde, in dem die Briefform der Entfaltung der Ausdruckssprache noch mehr entgegenkommt. Dass diese Sprache häufig auf das gesprochene Wort zurückgeht, zeigt sich am meisten da, wo Gesprächsfetzen gewissermaßen einmontiert sind: *Du fragst, ob du mir meine Bücher schicken sollst? – Lieber, ich bitte dich um Gottes willen, laß mir sie vom Halse!* Noch ungezügelter gerät die Schilderung der ersten Begegnung mit Lotte, in der jene (von den Gegnern karikierten) Elisionen vorkommen, die den Gesprächston besonders charakterisieren: *Tu' ich's jetzt nicht, so geschäh' es niemals.*

Die Sprache des jungen Goethe, so lässt sich zusammenfassen, sucht alles Rhetorisch-Stilisierte zu vermeiden. Wo es nicht um Nachahmung der gesprochenen Sprache geht, für die eine eigene Form der Stilisierung entwickelt wird, spielt Sprachschöpferisches eine Rolle. Zahlreiche neue Komposita lassen sich finden: *Felsenquell, Sternenblick, schlangenwandelnd, freudehell.* Auffällig ist auch die Verbindung von Adverb und Adjektiv etwa in *heilig glühend, rings umfassend.* Von dynamisierender Wirkung sind Verben mit ungewöhnlichen Vorsilben wie *entgegenglühen, überschwellen* bis hin zur Wendung: *dem Schlaf entjauchzt uns der Matrose.* Das Gleiche gilt für die

Verwendung des adjektivisch gebrauchten Partizips: *schwebende (Sterne), türmende (Ferne).*

Aber es ist nicht nur der Ausdruck des individuellen Gefühls allein, der den Ton des Sturm und Drang bestimmt hat. Daneben steht der Ausdruck des Pathos, der vor allem das Drama kennzeichnet. In der Nachfolge des *Götz* entstehen jene Werke von Jakob Michael Reinhold Lenz und Friedrich Maximilian Klinger, die den Sturm und Drang am meisten geprägt haben. Ein Drama Klingers (das ursprünglich den Titel: *Wirrwarr* trug) gab der literarischen Strömung sogar den Namen. Abgebrochene Sätze, Interjektionen, Wortwiederholungen, Parenthesen charakterisieren die Sätze. Beim Wortschatz dominieren volkstümliche Formen *(Dings, Zeugs)*, Vulgarismen und derbe Redensarten *(fressen, einem das Fell über die Ohren ziehen)* bis hin zu Schimpfwörtern *(Hundsfott, Hure, Schweinigel).* All dies steht im Zeichen eines Affektausdrucks, der alle Schranken der Konvention niederreißen möchte.

Auf dieser Linie sind auch die Anfänge Schillers zu sehen. Die *Räuber* wurden 1777 begonnen, der erste Druck erschien anonym 1781, die spektakuläre erste Aufführung fand 1782 in Mannheim statt. Aber Schillers Pathos erschöpft sich nicht in wilden Übertreibungen, die die Konventionen einreißen, auch nicht in der grellen Ausleuchtung des Irrationalen. Für Schiller kennzeichnend ist ebenso die große Antithetik, das Gegeneinander idealistischer und materialistischer Orientierungen. Das hat ihm den Vorwurf des »Barockstils«, überhaupt des Rhetorischen eingetragen. Wie etwa bei Gryphius Erdendasein und himmlisches Leben die Pole der Weltanschauung bildeten, so treffen bei Schiller Pflicht und Neigung aufeinander. Oft garniert er diese Gegensätze mit (pathosfördernden) sprachlichen Kunststückchen wie feierlicher Anrede oder rhetorischen Fragen bis hin zur Lieblingskünstelei auch schon des Barock, dem Oxymoron *(Qualentzücken, Paradiesesschmerzen).*

In den *Räubern* sind es vor allem die wilden Übertreibungen, die auf Schritt und Tritt begegnen, Fachleute sprechen von

Hyperbolik. Besonders in den Monologen von Karl Moor, in denen die großen pathetischen Entschlüsse gefasst werden, treffen wir darauf. Schon bevor das tragische Geschehen in Gang kommt, wirft Karl mit Kraftausdrücken um sich: *Mir ekelt vor diesem tintenklecksenden Säkulum, wenn ich in meinem Plutarch lese von großen Menschen.* Weiter heißt es dann:

> Pfui! Pfui über das schlappe Kastratenjahrhundert, zu nichts nütze, als die Taten der Vorzeit wiederzukäuen und die Helden des Altertums mit Kommentationen zu schinden und zu verhunzen mit Trauerspielen. Die Kraft seiner Lenden ist versiegen gegangen, und nun muß Bierhefe den Menschen fortpflanzen helfen.

Humanitätsutopie in anspruchsvollem Sprachgewand

Die Wirkung der Werke Goethes wie Schillers auf die Zeitgenossen war dabei zwiespältig. Lessing und Wieland reagierten entsetzt oder auch nur achselzuckend. Auf die *Leiden des jungen Werthers* ließ Friedrich Nicolai die parodistischen *Freuden des jungen Werthers* erscheinen, in denen aus der Pistole Hühnerblut spritzt und die Verliebten anschließend heiraten. Aber man weiß es: Die Ablehnung kam von den Aufklärern, die junge Generation war begeistert.

Nur blieben Goethe und Schiller selbst beim Sturm und Drang nicht stehen. Zwei Jahrzehnte später nahmen sie sich ihre Erstlingswerke erneut vor und schrieben sie regelrecht um. Wie Goethe dabei anlässlich der Göschen'schen Gesamtausgabe von 1787 bis 1790 vorging, zeigt in eine eindeutige Richtung: Mundartliches, Kühnheiten der Wortbildung und Satzstellung, Auslassungen werden zurückgenommen. An deren Stelle tritt eine Normalisierung nach dem Adelung'schen Wörterbuch, zerhackte Sätze zeigen wieder grammatisch korrekte Ordnung, statt des Gesprächstons dominiert eine klanglich-rhythmisch

durchstilisierte Sprache. Die in Prosafassung seit 1781 vor-
liegenden Dramen *Iphigenie* und *Tasso* werden 1787 und 1789
in fünffüßige Jamben, den klassischen Blankvers, umgeschmol-
zen. Und nicht zuletzt kehren rhetorische Figuren wieder bzw.
werden als bewusste Mittel der Stilisierung benutzt: Anaphern
und Alliterationen, Parallelismen und Antithesen, Wortwiederholungen und Umschreibungen. Was ist der Grund?

Man könnte versuchen, es mit einem einzigen Wort auszudrücken: Italien. Auf der ersten italienischen Reise von 1787 bis
1788 entdeckte Goethe anhand antiker Kunst, besonders der
Baukunst, das Phänomen des »Klassischen« als des Wohlpro-
portionierten, Vollendeten. Bei Johann Joachim Winckelmann
fand er in den *Gedanken über die Nachahmung der Griechischen
Werke in der Mahlerey und Bildhauer-Kunst* eine Anleitung zum
Sehen unter den berühmten Kategorien von *edler Einfalt und
stiller Größe*. In Karl Philipp Moritz hatte er den Gesprächs-
partner, der das Klassische gerade auf vorbildliche Weise formuliert hatte, im Hinblick auf die Verskunst im *Versuch einer
deutschen Prosodie*, grundsätzlicher in *Über die bildende Nachahmung des Schönen*. Unter den vielen Grundeinsichten ist eine
für unseren Zusammenhang die wichtigste: das Bekenntnis zur
Kunst überhaupt, zum sprachlichen Ausdruck des Gedankens
in geschliffener Form. Inhalt zeigt sich nicht von selbst, sondern bedarf der Repräsentation, der Fassung in einer der Wirklichkeit enthobenen idealisierten Gestalt.

Genau in diesem Zusammenhang wurde nun die antike
Dichtung von Bedeutung, und zwar mit ihrer Verskunst. Auch
wenn moderne Vorstellungswelten inhaltlich weit entfernt sind
von antiken: Mit dem nach genauen Proportionen gezirkelten
Vers sollte etwas quasi Objektives Einzug halten. Ein Element
der Ordnung sollte dem neu gewonnenen Individualismus,
der Autonomie, der Freiheit gewissermaßen als Gegengewicht
dienen. Die großen antiken Tragödien mit der Darstellung
eines Scheiterns des Ideals in der Welt entstehen nun neu im
Kleid eines vollendeten sprachlichen Ausdrucks – in Versen.

In seinem Aufsatz *Einfache Nachahmung der Natur, Manier, Stil* hat Goethe dargelegt, dass sich die Utopie der Humanität in einem anspruchsvollen Stil ausdrücke und die (geistige) Ordnung aus Freiheit in der (künstlerischen) objektiven Form ihr Pendant haben müsse. Wie sich der Sturm und Drang kaum zwei Jahrzehnte behauptet hatte, so sollte allerdings auch die neue Welt der Klassik kaum mehr als zwei Jahrzehnte unangefochten Bestand haben. Schon zu Goethes Lebzeiten brach die »Kunstperiode«, wie es Heine nicht ohne kritischen Unterton ausdrückte, zusammen. Dem klassischen Ernst folgte romantischer Humor, der das Ideal der Ironie unterstellte, Pathetisches mied, sofern es nicht in beißendem Spott verdampfte.

Machen wir uns die klassische Formkunst an der Dramatik klar, an der *Iphigenie*, mit deren Umarbeitung Goethe die neuen Möglichkeiten unter Beweis stellte. Der fünfhebige Jambus verkünstelt den Satzbau, und es ist deutlich zu erkennen, dass Goethe dies durchaus bewusst einsetzt. Die ersten Verse, die Iphigenie spricht, lassen sich nicht in Prosa denken:

> Heraus in eure Schatten, rege Wipfel
> Des alten, heil'gen, dichtbelaubten Haines,
> Wie in der Göttin stilles Heiligtum,
> Tret' ich noch jetzt mit schauderndem Gefühl,
> Als wenn ich sie zum erstenmal beträte,
> Und es gewöhnt sich nicht mein Geist hierher.

Allein die Umstellung mit ihrem weiten Spannungsbogen: *heraus tret ich* für *ich tret heraus*, wirkt wie eine Ankündigung hoher Kunst. Ähnliches lässt sich bei der Wortwahl beobachten. Rohes, Vulgäres kommt nicht mehr vor, auch Volkstümliches nicht. Die Sprache ist gehoben, selbst wenn wir den zeitlichen Abstand zu heute in Rechnung stellen. Aber die *Schatten* und *Wipfel* des *Haines*, von denen Iphigenie spricht, waren ebenso wie etwas später das *Harren* von Arkas auch zeitgenössisch kein Umgangston.

Andererseits ist die Sprache gerade da zurückhaltend, wo man vielleicht das Gegenteil erwartet. Dies gilt besonders für die Verwendung des Beiworts, des schmückenden Adjektivs. Der *dichtbelaubte (Hain)*, das *stille (Heiligtum)*, sogar das *schaudernde (Gefühl)* werden durch die Adjektive eher typisiert denn als etwas Ausgefallenes dargestellt. Noch für *Faust II* hat man dies hervorgehoben, wenn die Rede ist von *heiliger (Quelle)*, *hohen (Göttern)*, *bitterem (Schmerz)*, *grüner (Feldsaat)*, *schwerem (Beil)*. Statt kosmisch-metaphysischer Begriffe, wie sie im Sturm und Drang kennzeichnend waren: *Dumpfheit*, *Verworrenheit*, *Fülle*, dominieren nun ethisch-normative: *edel*, *schön*, *groß*, *gut*, *tüchtig*, *heiter*. Feste Verbindungen von Adjektiv und Substantiv erscheinen wie Formeln: *redliches (Bemühen)*, *unbedingtes (Streben)*, *wohldenkender (Mann)*.

Vergleichbares gilt für die Bildlichkeit, die Metaphorik. Nach Kühnheit sucht man wieder vergeblich. Die Sprache ist plastisch, aber in erster Linie klar, verständlich. Dies zeigt die Prosa, der Roman, den Goethe (mangels antiker Vorbilder) erst spät der klassischen Verssprache des Dramas an die Seite stellte. Das erste große Beispiel bietet *Wilhelm Meisters Lehrjahre* aus dem Jahre 1796. Wie im Falle der genannten klassischen Dramen hatte Goethe eine ältere, zwischen 1777 bis 1785 entstandene Sturm-und-Drang-Fassung *(Wilhelm Meisters theatralische Sendung)* umgearbeitet. Im Vergleich zur Vorlage beobachtet man auch hier sprachliche Vereinfachung und Typisierung: Dämpfung und Glättung der Beschreibungen. Aus den *hageren, langnäsigen, weitbrüstigen Tänzerinnen* etwa werden *die in der Nähe hässlich erscheinenden Tänzerinnen*.

Schließlich kann man dies ebenfalls an Goethes Lyrik demonstrieren. Auch hier geht der Weg von der Ausdrucksssprache des Sturm und Drang zur Symbolsprache der großen philosophischen Gedichte wie der *Metamorphose der Pflanzen* (mit der zentralen Idee des Organischen). Gerade an Goethes später Lyrik aber ist auch das hervorgehoben worden, was man als seinen Altersstil bezeichnet hat, der etwa den *West-östlichen Di-*

van und natürlich den zuletzt vollendeten *Faust II* prägt. Nun geht der Weg ins Allgemeine, Sinnschwere. Ganze Wortfelder lassen sich namhaft machen, die diesen Wandel bezeugen, etwa das der schöpferisch-sittlichen Tätigkeit: *sich rühren*, *tätig sein*, *wirken*, *vollenden*. Das Wortfeld des Heilens tritt hinzu: *lindern*, *laben*. Als wichtige Metaphern erscheinen *Himmel*, *Feuer*, *Pflanze* sowie der Gegensatz von *licht* und *düster*.

Pathos und Plattitüde

Spricht man bei Goethe insgesamt von unrhetorischer Symbolkunst, so scheint Schiller den Gegenpol zu vertreten. Nicht nur für sein Jugendwerk, auch für seine klassischen Gedichte und Dramen ist (schon zu seinen Lebzeiten) ein rhetorischer Grundzug geltend gemacht und heftig kritisiert worden. Richtig bleibt, dass man bei Schiller weniger von Symbolkunst denn von Ideendichtung sprechen kann und dass in dieser Ideendichtung sprachlich etwas fortwirkt, was schon seine frühe Dramatik kennzeichnete: die Antithetik. In der klassischen Phase ist es jedoch nicht mehr der krasse Widerstreit von Materialismus und Idealismus, sondern vielmehr der wesentlich subtilere von Sinnlichkeit und Vernunft, den Kant in der Philosophie aufgeworfen hatte und den Schiller in der Dichtung zu versöhnen versuchte.

Dabei strebte auch Schiller nach einer bewusst schlichten Sprache, stellte die Antithesen nicht schroff gegeneinander, sondern band sie möglichst unauffällig in den Gedankenfluss ein, wie etwa im Gedicht *Die Künstler*:

Wie schön, o Mensch, mit deinem Palmenzweige
Stehst du an des Jahrhunderts Neige,
In edler stolzer Männlichkeit,
Mit aufgeschlossnem Sinn, mit Geistesfülle,
Voll milden Ernsts, in tatenreicher Stille,

> Der reifste Sohn der Zeit,
>
> Frei durch Vernunft, stark durch Gesetze,
>
> Durch Sanftmut groß, und reich durch Schätze,
>
> Die lange Zeit den Busen dir verschwieg,
>
> Herr der Natur, die deine Fesseln liebet,
>
> Die deine Kraft in tausend Kämpfen übet
>
> Und prangend unter dir aus der Verwildrung stieg!

Der gleichen Tendenz entspricht es, wenn die beigefügten Adjektive nicht auf grelle Beleuchtung zielen, sondern auf Typisierung. In der Elegie *Der Spaziergang* ist die Rede vom *rötlich strahlenden (Gipfel)*, von der *belebten (Flur)*, den *säuselnden (Linden)*, dem *fröhlichen (Chor)*, der *ruhigen (Bläue)*, dem *braunen (Gebirge)*, dem *grünenden (Wald)*. Die Beispiele machen allerdings eine Gefahr deutlich: das Abgleiten in Plattitüden. Im *Lied von der Glocke* sind es besonders die leiernden Leerformeln, die Schiller selbst da Spott einbrachten, wo nicht von der *züchtigen Hausfrau* und anderen Spießbürgerlichkeiten die Rede ist: bei der *endlichen Gabe*, der *köstlichen Habe*, den *fleißigen Händen*, dem *ordnenden Sinn*, dem *blühenden Glück*.

In einem anderen Punkt finden sich dagegen wieder deutliche Parallelen zu Goethe. Auch Schiller arbeitete eines seiner frühen Dramen in Verse um, in fünffüßige Jamben: den *Don Carlos* (Prosafassung 1783, Reimfassung 1787). Bei diesem Blankvers blieb er dann zeitlebens. Nach dem Freundschaftsbund mit Goethe 1794 erschienen ab 1800 im Jahrestakt jene Dramen, die dieser als Theaterdirektor in Weimar zur Aufführung brachte: *Wallenstein, Maria Stuart, Die Jungfrau von Orleans, Die Braut von Messina, Wilhelm Tell*. Man hat beobachtet, dass Schiller am Blankvers hart arbeitete. Im *Don Carlos* erscheint er ungebändigter, kaum eine Zeile fällt mit dem Satzende zusammen, wodurch sich der Stil der Prosa annähert. Auch der bekannte dramatische Höhepunkt, Posas Forderung nach Gedankenfreiheit, klingt durch das ständige Überschießen der Sätze nach Prosa:

(...) Geben Sie
Die unnatürliche Vergöttrung auf,
Die uns vernichtet. Werden Sie uns Muster
Des Ewigen und Wahren. Niemals – niemals
Besaß ein Sterblicher so viel, so göttlich
Es zu gebrauchen. Alle Könige
Europens huldigen dem spanschen Namen.
Gehen Sie Europens Königen voran.
Ein Federzug von dieser Hand, und neu
Erschaffen wird die Erde. Geben Sie
Gedankenfreiheit.

Ganz anders demgegenüber die Worte Marias an Königin Elisabeth in *Maria Stuart* aus dem Jahr 1800. Die Verse »verstecken« sich nicht mehr, sondern wollen bewusst wahrgenommen werden – als »objektives« Element von Kunst:

Regiert in Frieden!
Jedwedem Anspruch auf dies Reich entsag ich.
Ach, meines Geistes Schwingen sind gelähmt,
nicht Größe lockt mir mehr – Ihr habts erreicht,
Ich bin nur noch der Schatten der Maria (...).

Dieser schlichten Sprache entspricht auf höherer Ebene eine Entfaltung der Ideen, die auf die Effekte der Sturm-und-Drang-Zeit verzichtet. Zur Klassizität der Formensprache passt mit anderen Worten ein idealistisches Programm der Vorführung des Leidens, bei dem nicht dessen grausame Darstellung, sondern der Widerstand gegen dieses Leiden das Entscheidende ist. Das Pathos erwächst allein aus seiner Überwindung, die die menschliche Autonomie und Willenskraft unter Beweis stellt. Allerdings hat die Forschung aufgezeigt, wie schwierig die Umsetzung dieses Programms für Schiller war, wie leicht die Balance verlorengeht und ein Abgleiten in Hohlheit, in die leere Phrase droht.

Dies gilt ganz besonders für ein Element, das mit Recht immer als besonders »rhetorisch« galt: die Sentenz, noch dazu, wenn sie als Antithese formuliert ist. Endlos die Reihe der Kritiker und Spötter, von Ludwig Tieck, der von den »gesungenen Gesinnungen« Schillers sprach, über Ludwig Wienbarg, dem seine »nur zu oft undeutsche und hohlklingende Paradesprache« missfiel, bis hin zu Nietzsche und seinem »Moraltrompeter«. Endlos allerdings auch die Reihe der dankbaren Zitierer, die gerade solche Sentenzen als jene *Geflügelten Worte* hochschätzten, die Georg Büchmann seit 1864 sammelte. Für deutsche Schriftsteller kommen in der heutigen Ausgabe insgesamt 135 Seiten zusammen, darunter sind gut 20 Seiten Schiller gewidmet, mit 27 Nennungen allein aus der *Glocke*. Dabei reicht die Spannbreite von der knappen Zeile bis zur mehrzeilig ausgesponnenen Rede. Hier nur ein kleiner Auszug:

Die Weltgeschichte ist das Weltgericht. *(Resignation)*

Doch große Seelen dulden still. *(Don Carlos)*

Die Liebe ist der Liebe Preis. *(Don Carlos)*

Die Tugend, sie ist kein leerer Schall. *(Die Worte des Glaubens)*

Von der Stirne heiß, / Rinnen muß der Schweiß. *(Die Glocke)*

Das eben ist der Fluch der bösen Tat, / Daß sie fortzeugend immer Böses muß gebären. *(Die Piccolomini)*

Doch der Segen kommt von oben. *(Die Glocke)*

Wehe, wenn sie losgelassen. *(Die Glocke)*

Denn das Auge des Gesetzes wacht. *(Die Glocke)*

DER WEG IN DIE EWIGKEIT

Während Pathos und Sentenz die Rezeption Schillers zu seinen Lebzeiten durchaus schwierig gemacht und zur Entwicklung des oppositionellen romantischen Kunstkonzepts erheblich beigetragen haben, sieht die Rezeption im Abstand der nächsten Generationen ganz anders aus.

Wieder kann man sich in diesem Punkt auf Zahlen berufen. Sowohl Goethes wie Schillers Werke erzielten zunächst eine geringe Auflagenhöhe. Selbst die 4000 Exemplare der Gesamtausgabe Goethes, die Göschen veranstaltete, verkauften sich nur zögernd. Bei den Einzelausgaben von *Iphigenie*, *Tasso* und *Faust* riskierte der neue und dann endgültige Verleger Johann Friedrich Cotta eine Startauflage von jeweils nur 1000 Exemplaren – und auch die blieben überwiegend in den Regalen liegen. Bei Schiller, den Goethe ebenfalls an Cotta vermittelte, war es nicht anders, nur das Romanfragment *Der Geisterseher* mit seiner der Trivialliteratur zuzurechnenden Kriminalhandlung ließ sich verkaufen. Die viel beschworene »Leserevolution« ereignete sich überhaupt zunächst nur auf dem Feld der Trivialliteratur, auch die Romantiker kämpften mit Absatzschwierigkeiten. Aber das war das Bild zu Goethes und Schillers Lebzeiten. Im Verlauf des 19. Jahrhunderts sollte sich die Situation erheblich ändern. Von Schillers 18-bändiger Gesamtausgabe, die zwischen 1822 und 1824 erschien, wurden binnen Kurzem 50 000 Exemplare abgesetzt, die neue Auflage, die zwischen 1827 und 1831 auf den Markt kam, brachte es auf 100 000 Stück. Als das Monopol Cottas im berühmten »Klassikerjahr« 1867 mit Aufhebung des Urheberschutzes fiel und Philipp Reclam in Leipzig seine Universalbibliothek startete (mit Goethes *Faust* als erstem Band), schossen die Zahlen in die Höhe.

Denn dies hatte sich in aller Stille jenseits der Insiderdiskussion der Romantiker vollzogen: Die politikferne Humanitätsideologie in ihrer provokationsfrei-elitären sprachlichen Darbietung passte perfekt zu den Kulturvorstellungen und -wünschen eines aufsteigenden Bürgertums im Industriezeitalter. Schon Wilhelm von Humboldt brachte die antiken Klassiker ins neugeschaffene humanistische Gymnasium, 1842 wurden auch die neuen Klassiker für den Unterricht vorgeschrieben. Während aber Goethes hundertster Geburtstag 1849 offenbar noch ungünstig nahe am Revolutionsjahr 1848 lag und fast ver-

gessen wurde, geriet das Gedenkjahr zu Schillers Hundertstem,
1859, zu einem Triumph, zu dem eine viel beachtete Rede von
Jacob Grimm wesentlich beitrug. Und gerade Grimm pochte
nicht nur auf den Bildungswert der Weimarer, sondern sah in
der »Literatursprache« Goethes und Schillers das entscheidende Vorbild für die eigene Zeit:

> Eben darin, dasz Schiller in etwas engerem kreise der sprache sich
> bewegt, liegt doch sein stärkerer einflusz auf das volk mitbegründet,
> denn seine rede weisz alles, was er sagen will zierlich ja prachtvoll
> auszudrücken und wird genau verstanden, von Göthe bekommt man
> auch einige freilich echte, grunddeutsche, aber vorher unvernomme-
> ne wörter, die der menge noch nicht geläufig waren, zu hören, was
> seinem stil etwas vornehmes verleihen kann (...).

Schritt für Schritt drangen die Weimarer Helden in die Lehr-
bücher der Grammatiker vor. Für den »schönen« Gebrauch
der deutschen Sprache gab es bald kein besseres Vorbild mehr,
auch wenn diese Sprache durchaus zeitgebunden war und ohne
die Reaktion auf den Sturm und Drang kaum zu verstehen ist.

Noch 1918 verweist Ludwig Sütterlin (nicht der Spezialist
für Frakturschrift, sondern ein professoraler Namensvetter) in
seiner *Deutschen Sprache der Gegenwart* ausdrücklich auf Werke
wie die *Iphigenie* oder *Maria Stuart* (mit insgesamt 171 Zitaten
von Goethe, 175 von Schiller). Selbst in der bis heute (allerdings in überarbeiteter Form) erfolgreichen *Stilkunst. Ein Lehrbuch deutscher Prosa* von Ludwig Reiners, erstmals erschienen
1943, ist Goethe neben Bismarck der unbestrittene Leitstern
im Irrgarten der deutschen Stilistik. Nur am Rande erwähnt
sei die Vereinnahmung der Klassiker für eine nationalistische
Polemik übelster Sorte. 1914, passend zur Kriegsbegeisterung
am Vorabend des Ersten Weltkriegs, verwies Friedrich Kluge
in einem Artikel über »Sprachreinigung« auf die Eignung von
»Schillers und Goethes Meisterwerken« als Gegengift gegen
die »widerliche Seuche« der Fremdwörterei. Aus der »ewigen

Jugendfrische unserer Klassiker« beziehe die deutsche Sprache ihre »Gesundheit«.

Empirische Untersuchungen haben eine solche »reinigende« Kraft nicht belegt. Die Literatursprache der Klassiker war durch und durch historisch gebunden, ihre Vorbildwirkung wurde eher pauschal reklamiert als konkret verwirklicht. Richtig ist, dass die Entwicklung des Standarddeutschen um 1800 einen gewissen Abschluss erreichte. Aber dies hängt in erster Linie mit den damaligen großen Fortschritten in der Schulbildung zusammen. Die sprachlichen Vorbilder lagen vorwiegend in der Populärwissenschaft, in den Zeitungen und den trivialen Formen der Belletristik. Die Klassiker dienten demgegenüber eher als Zitatenschatz zur rhetorischen Ausschmückung, allenfalls als Kopiervorlage für patriotische Reden, auch wenn ihre Verteidigung zum Sport wurde.

Dabei kann man selbst bei Fachleuten abwegige Behauptungen finden. Als der Germanist Adolf Bach in seiner *Geschichte der deutschen Sprache* (Erstauflage 1938, neunte, von »Zeitbedingtem« befreite Auflage 1970) auf die »Modetorheit« der Aufnahme fremden, speziell »englischen Wortguts« zu sprechen kommt, ist die Rede von der »Verhunzung der Sprache Goethes durch die Entlehnung derartiger Ausdrücke«. Das ist gleich doppelt falsch: Weder wird es dem Europäer Goethe gerecht, der den Fremdwortpurismus völlig ablehnte, noch kann man die Sprache Goethes ernsthaft als vorbildlich für heutiges Formulieren bezeichnen. Goethe und Schiller schufen die Sprache der Klassik: eine Literatursprache höchsten Ranges. Aber auch sie war ganz und gar an ihre historische Stunde gebunden.

GERMANISTIK

Von Spanferkeln und Konjugationssystemen

Auf der Kasseler documenta 11 im Jahre 2002 dürften sich manche Besucher die Augen gerieben haben. An die Wände eines Raumes wurden immer neue Wörterbuchartikel projiziert, las man etwas über die Herkunft etwa des *Spanferkels* von einem längst ausgestorbenen Verb *spänen*, das »säugen« bedeutet und in Glossen aus karolingischen Zeiten bis zu *Faust II* vorkommt. Die Installation lief unter dem Titel »buch der wörter: random reading«, präsentierte im Zufallsverfahren die damals gerade fertiggestellte elektronische Version eines Werkes, das den Wortschatz der deutschen Sprache in 316 256 Stichwörtern festhält – von *A* bis *Zypressenzweig*.

Dieses »Haus der Wörter«, auf das heute (zusammen mit drei weiteren Sprachwörterbüchern) jeder im Internet frei zugreifen kann, ist das *Deutsche Wörterbuch* der Brüder Grimm. Es wurde bei seinem ersten Erscheinen in einzelnen Heften herausgegeben, die früheste Lieferung stammt aus dem Jahre 1852, die letzte kam 1960 als Gemeinschaftsleistung der damaligen zwei deutschen Staaten heraus. Die Digitalisierung von 2002 war im chinesischen Nanjing von garantiert nicht deutschsprachigen Datentypisten besorgt worden, und zwar in zwei Versionen mit anschließendem automatischem Fehlerabgleich der ca. 300 Millionen Zeichen. So macht man das mittlerweile weltweit bei Büchern vergleichbarer Größenordnung, weil dieses Vorgehen die Gewähr für größtmögliche Fehlerfreiheit bietet. Auch der französische *Trésor de la langue française informatisé* und das englische *Oxford English Dictionary* stehen mittlerweile nach dem gleichen Rezept digital zur Verfügung. Schatzhäuser sind alle diese traditionsreichen Wörterbücher mit ihrer je eigenen Geschichte. Keine Entstehung aber war unwahrscheinlicher als die des *Deutschen Wörterbuchs*.

Dazu muss man etwas weiter zurückgreifen. Als Adelung und Campe 1801 bzw. 1811 ihre Wörterbücher abschlossen, herrschte in Europa noch das aufklärerische Paradigma von Fortschritt und Rationalität. Reinigung, Regulierung, Perfektion waren die großen Devisen, älteres Sprachgut galt in erster Linie als Zeugnis der noch unvollkommenen Anfänge. Das sollte sich ändern, ja förmlich umkehren. Je älter, desto reiner, je früher, desto unverfälschter, lautete bald die Devise. Und sie wurde beflügelt durch spektakuläre Entdeckungen. Sir William Jones, englischer Oberrichter in Kalkutta und vernarrt in Sprachen (von denen er 28 beherrscht haben soll), interessierte sich an seinem Wirkungsort für die Lehren der indischen Brahmanen, lernte Sanskrit und erkannte dessen Verwandtschaft mit europäischen Sprachen. 1786 veröffentlichte er seine Ergebnisse in *The Sanscrit Language*.

Auch in Deutschland fing man Feuer. Friedrich Schlegel schrieb ein Buch *Über die Sprache und Weisheit der Indier* und regte Franz Bopp zu einer Untersuchung *Über das Konjugationssystem der Sanskritsprache in Vergleichung mit jenem der griechischen, lateinischen, persischen und germanischen Sprache* an. Wilhelm von Humboldt, selbst eher sprachphilosophisch interessiert, aber auch ein glänzender Empiriker, ließ sich von Bopp ins Sanskrit einführen. Er sorgte dafür, dass dieser 1821 Professor in Berlin wurde, wo er sich in den nächsten Jahrzehnten mit Grundlagenwerken zu derjenigen Wissenschaft bedankte, die man nun Indogermanistik nannte. Der Däne Rasmus Rask schloss daran an und übertrug Bopps Ergebnisse erstmals auch auf germanische Sprachen.

Um diese Zeit studierten in Marburg die zwei lebenslang unzertrennlichen Brüder Jacob und Wilhelm Grimm Juristerei bei Friedrich Carl von Savigny, der das Recht bereits nicht mehr als etwas willkürlich Regelbares, sondern historisch

Gewachsenes ansah. Die Grimms wandten diesen Gedanken nur auf ein anderes Sachgebiet an: auf die Literatur und die Sprache. Der erste Test war die Sammlung von Märchen, mit der sie die Kraft der Ursprünglichkeit unter Beweis zu stellen suchten. 1812 bis 1815 erschienen die berühmten *Kinder- und Hausmärchen* in erster Fassung.

Dann kam das nächste Hauptwerk, das Jacob Grimm alleine verfasste (während Wilhelm weiter über den Märchen saß): die *Deutsche Grammatik*, an der er lebenslang weiterarbeiten sollte. 1819 erschien sie erstmals, 1822 in erweiterter Form, 1840 in wiederum gründlicher Überarbeitung des ersten Teils, wirklich fertig wurde sie nie. Und doch begründet dieses Werk die Germanistik in direkter Anlehnung an die Indogermanistik. Genau wie Bopp (und unter Bezug auf Rask) beginnt Grimm sein Werk mit der Lautlehre, und auch alle wesentlichen Entdeckungen verstehen sich als Fortentwicklung der genetischen Methode, die Bopp so überzeugend vorgeführt hatte. Während die Indogermanistik die Geschichte der europäischen Sprachen gewissermaßen nach rückwärts verlängerte, ihr einen gemeinsamen Ursprung verschaffte, grub Grimm in die Gegenrichtung, verfolgte das Herauswachsen des Germanischen aus diesem Pool.

Dabei war er allerdings von einer sehr persönlichen Idee angetrieben. Grimm hielt das Deutsche für die reinste oder beste Verwirklichung des Germanischen. Recht hatte er nur darin, dass das Deutsche am besten bzw. reichhaltigsten überliefert ist. »Kein Volk auf Erden hat eine solche Geschichte für seine Sprache, wie die deutsche«, heißt es in der Vorrede der ersten Auflage. Der Begriff »Germanistik« war von Anfang an überdehnt: Er bedeutete für Grimm so viel wie Deutschkunde, bei der alle anderen germanischen »Dialekte« nur Zuliefererdienste leisteten.

Der Sänger Hahn, das Liebchen Hure

Man muss einmal das Prinzip der genetischen Methode verstanden haben, auch wenn es etwas anstrengend ist (Hinweise gab es schon im ersten Kapitel zum Namen *deutsch*). Nehmen wir das Wort *Fuß*. Im Lateinischen heißt dies *pes*. Die germanischen Sprachen machen bei der Übernahme aus dem *p* ein *f*. Diese »Lautverschiebung« gilt generell, ist ein Gesetz, das im angelsächsischen Bereich noch heute als »Grimm's law« bezeichnet wird. Es gilt nicht nur für das *p*, sondern erstreckt sich auch auf andere Laute. Aus allen drei indogermanischen Verschlusslauten *p*, *t* und *k* wurden im Germanischen Reibelaute: *f*, (englisches) *th* und *h*. Und nun zeigt sich erst der Systemcharakter des Ganzen. Die aufgegebenen harten Verschlusslaute wurden dadurch zurückgewonnen, dass die Germanen ihre weichen Verschlusslaute *b*, *d* und *g* auf die harten *p*, *t* und *k* umstellten. (Wer noch durchhält: *pes* hat den Genitiv *pedis*, die Wurzel ist *ped-*. Das *d* musste im Germanischen also ein *t* werden. Und siehe da: Die Engländer haben es bis heute, ihr »Fuß« heißt nämlich *foot*.) Weil sie aber auch die weichen weiter benutzen wollten, holten sie sich diese aus den indogermanischen behauchten Verschlusslauten *bd*, *dh* und *gh*. Wie man sieht, geht nichts wirklich verloren, sondern es gibt nur Umbesetzungen.

Aber dies war nur der erste Streich. Grimm erkannte, dass ein zweiter gefolgt war, der aus dem germanischen Pool das Deutsche hatte entstehen lassen (also nun die Trennung von den Schwestersprachen des Altnordischen oder Altenglischen bewirkte). Wieder beruhte dies auf einer Lautverschiebung, auf der zweiten. Diesmal wurden aus den germanischen Verschlusslauten *p*, *t* und *k* Doppelkonsonanten: je nach Stellung im Wort *pf/ff*, *tz/zz* und *ck/hh* – *ff*, *zz* und *hh* meist vereinfacht zu *f*, *z* und *h*. (Wer immer noch durchhält: Während die Engländer mit ihrem *foot* auf germanischer Stufe stehenblieben, wurde daraus im Deutschen ein *fuoz*, das *t* entwickelte sich also zum *z*.)

Als Grimm dieses System (übrigens erst in der zweiten Auflage seiner *Deutschen Grammatik*) begriff, muss es ihm gegangen sein wie Johannes Kepler, als der gemerkt hatte, dass sich die Quadrate der Umlaufzeiten zweier Planeten wie die dritten Potenzen der mittleren Entfernungen verhalten – scheinbares Chaos löst sich auf in reine Gesetzmäßigkeit. Es sei mit den Konsonanten so wie mit den Rädern eines Wagens, sagte Jacob Grimm in einem leichter begreifbaren Bild. Wenn sich das Vorderrad auf der Straße um eine halbe Drehung fortbewege, nehme das Hinterrad auf der gleichen Straße dessen ehemalige Stelle ein. Ganz einfach also, aber darauf musste man erst einmal kommen, wenn man zig Sprachen miteinander verglich und anfangs nur die dumpfe Vermutung hatte, dass ihre Unterschiede nicht willkürlich sein können.

Wenn man das Prinzip einmal verstanden hat, gehen einem die Augen auf. Man kann mit dem Wissen um die erste und zweite Lautverschiebung auf Fahndung nach Verwandtschaft gehen und die »naturgeschichte der einzelnen wörter« beschreiben. Instruktiv ist zum Beispiel der *Herbst*. Ohne Anleitung dürfte man ihm keinerlei Beziehung zu *pflücken* ansehen. Hat er aber doch, wenn man *pflücken* ins Lateinische übersetzt: *carpere*. Denn nun zeigt sich, dass das indogermanische *k* (nur als *c* geschrieben) nach dem Gesetz der Lautverschiebung brav zum germanischen *h* wurde. Auf die gleiche Weise erfährt man, warum der Hahn *Hahn* heißt: über lateinisch *canere* (singen) entpuppt er sich als der »Sänger«, der den Morgen begrüßt (mit völlig regelmäßiger Verschiebung von *k* bzw. *c* zu *h*). Genauso lässt sich zeigen, dass *Hure* mit lateinisch *carus* verwandt ist, wenn man das *h* auf sein indogermanisches *k* (im Lateinischen: *c*) zurückführt. Die Hure ist also nichts anderes als ein »Liebchen«.

So kann man endlos weitermachen, wie Grimm eben endlos weitermachte, sich »von der masse aus allen ecken und ritzen (…) andringender wörter gleichsam eingeschneit« sah. Dabei deckte er sowohl Gesetzlichkeiten wie in den Naturwissenschaften auf, stieß aber auch auf »ein wärmeres und veränderliches element« der Variation innerhalb des Gesetzlichen. Um nur ein winziges Beispiel anzuführen: Die harten Verschlusslaute *p, t, k* wurden während der ersten Lautverschiebung die Reibelaute *f, th, h*. Im Lateinischen heißt die Zahl »drei« *tres*, im Englischen *three*. Im Deutschen entwickelte sich der Reibelaut *th* (im Gegensatz zu den beiden anderen) aber weiter, schwächte sich ab zum *d*, weshalb es im Deutschen *drei* heißt. Warum ist der zu erwartende Reibelaut im Deutschen ein Verschlusslaut? Die Erklärung lautet: Bei der Verschiebung der weichen Verschlusslaute *b, d, g* war nur das *d* konsequent in *t* verwandelt worden. Nun »fehlte« das *d* im System. Da »holten« es sich die Deutschen, indem sie das *t* immer weicher aussprachen, bis es ein *d* wurde. Damit war das System wieder komplett.

Für Grimm lag in dieser Entwicklung das Walten der Geschichte: chaotisch an der Oberfläche, konsequent, wenn man hinter die Kulissen sieht. Kreativ sind sie, die Sprecher, etwas sprunghaft, aber man kann diesen Sprüngen folgen. Leider werden Grammatiken darüber eben dicke Sprachgeschichten.

Wörterbucharbeit in unfreiwilliger Muße

Jacob Grimm trug diese Arbeit 1830 eine Professur in Göttingen ein. Dort ereignete sich dann der Zwischenfall, der zur Krönung seines und seines Bruders Lebenswerk führte, zum *Deutschen Wörterbuch*. Als der König von Hannover bei seinem Regierungsbeginn 1837 die Verfassung außer Kraft setzte, protestierte Jacob Grimm zusammen mit sechs Kollegen (die berühmten »Göttinger Sieben«) schriftlich, wurde prompt seines Amtes enthoben und des Landes verwiesen.

Im Vorwort zum ersten Band des *Wörterbuchs* hat er ausgeführt, welche Konsequenz er aus seiner Entlassung zog. Um die »unfreiwillige musze« sinnvoll zu nutzen, nahm er mit seinem Bruder den Auftrag der Wörterbucherstellung an, für den drei

Verlagshäuser (von denen Salomon Hirzel das Rennen machte) in Deutschland schon seit Längerem kompetente Verfasser suchten. Erste Vorarbeiten entstanden, dann berief der preußische König Friedrich Wilhelm IV. Jacob Grimm als Professor nach Berlin. Mit der auf diese Weise gesicherten Existenz konnte nun die ganze Kraft in die Edition von alten Texten und vor allem die Wörterbucharbeit fließen. 1852 kamen in der schon erwähnten Heftform die ersten Lieferungen, zwei Jahre später war der komplette erste Band fertig.

Man hatte ursprünglich mit insgesamt sechs bis sieben Bänden gerechnet, was sich rasch als eklatante Fehleinschätzung herausstellte. Bei seinem Tod im Jahre 1863 saß Jacob am Artikel *Frucht* zu Beginn des vierten Bandes, Wilhelm war schon vier Jahre zuvor gestorben, hatte gerade noch den Buchstaben D vollendet. Bismarck und später Kaiser Wilhelm I. persönlich sorgten für die Fortsetzung. Schwere Krisen (und die Umstellung auf teilweise neue Methoden samt erheblich vergrößerter Materialbasis) wurden überwunden, in der NS-Zeit gerieten Wörter wie *Sturmabteilung* mit Hitler-Zitat hinein. Nach 1945 bildete das *Deutsche Wörterbuch* eine der letzten Gemeinschaftsaufgaben der beiden deutschen Staaten, die dann tatsächlich 1960 das Ziel erreichten – nach mehr als 100 Jahren. 16 Bände in 32 Teilbänden präsentierten in 67 744 Spalten den Wortschatz des Deutschen. 1971 folgte das Quellenverzeichnis. Mittlerweile ist eine Neubearbeitung in Gang gekommen, die das Ganze wieder erheblich erweitert: Der inzwischen erste fertige Band reicht von *A* bis *Affrikata*.

Untilgbare Begierde nach festerer Einigung

Dies aber muss man sich bei der Benutzung, die schon mit der Taschenbuchausgabe deutlich erleichtert wurde, klarmachen: Es ist weder *der* Wortschatz des Deutschen noch der Wortschatz des *Deutschen*. Die Brüder Grimm standen bei all ihrem

Wissen und mit all ihrem Fleiß am Beginn eines letztlich nicht zu bewältigenden Versuchs, eine lebendige Sprache in ihrem ganzen Reichtum zu repräsentieren. Von Anfang an wurden Entscheidungen getroffen, die auf Auswahl hinausliefen. Ursprünglich sollte die Zeit von Luther bis Goethe erfasst werden, sollten Belege aus 300 Jahren *das* Deutsche fixieren, natürlich mit ständigen Rückverfolgungen der einzelnen Wörter bis in älteste Zeiten. Dann wurde statt bei Luther bei Gutenberg eingesetzt, also 50 Jahre früher, womit der konfessionelle Standpunkt abgeschwächt war und nunmehr das Druckzeitalter den Rahmen abgab. Aber natürlich waren Einschränkungen beim Sammeln der Belege vonnöten.

Nicht alle können aus heutiger Sicht als glücklich bezeichnet werden. So lag das Schwergewicht auf den literarischen Zeugnissen, ganz nach der Überzeugung, dass die wichtigste Quelle sprachlicher Kreativität in der Dichtung zu suchen sei. Während immerhin das Recht aufgrund der Ausbildung der Grimms noch eine bedeutende Rolle spielte, fielen Quellen aus Wirtschaft und Politik weitgehend weg. Statt nach sprachlichen Zeugnissen der frühen Industrialisierung suchte man lieber nach handwerklichen Tätigkeiten, auch wenn sie längst ausgestorben waren. Man findet also Fachsprachliches wie *anquerdern* oder *Ember*, Regionales wie *abnolken* oder *entnafzen*, ehemalige Alltagssprache wie *daffet* oder *erbidmen*, Einzelbelege aus der Literatur wie *beichtväterisch* bei Fischart oder *entdonnern* bei Wilhelm von Humboldt, dafür Lücken, was die gesamte moderne Lebenswelt betrifft. Selbst bei der Dichtung gab es schwer begreifliche Entscheidungen. Während Goethe als »der Mittelpunkt des deutschen Wörterbuchs« (Wilhelm Grimm) den unangefochtenen Spitzenplatz behauptete (wie Shakespeare im *Oxford English Dictionary*), spielte Schiller eine deutlich geringere Rolle, war nach Jacob Grimms Urteil »wortarm und unsrer sprache nicht recht mächtig« gewesen – ein schönes Zitat für diejenigen, die sich gegenwärtig so gerne auf die Sprache der Klassiker beziehen.

Dabei lag dem Wörterbuchprojekt in anderer Hinsicht eine klare Konzeption zugrunde. Jacob Grimm hat sie in der Vorrede zum ersten Band ganz gleichlautend mit Wilhelm formuliert, als der das Unternehmen 1846 auf dem Frankfurter Germanistentag vorstellte. In scharfer Abhebung von der Aufklärung ging es eben nicht mehr um Regulierung der Sprache, sondern um die romantische Idee einer organischen Form, die sich frei und nur ihren eigenen Gesetzen gehorchend entwickele. Das Interessante liegt darin, dass der neue Gedanke in der Zielsetzung mit dem alten durchaus übereinstimmt. Während die Regulierung der Sprache der nationalen Identität dadurch dienen sollte, dass sich alle Einwohner eines Landes gleich ausdrücken, ist es jetzt das Wissen um einen »Geist«, der alle Sprecher eint. Das emsige Sammeln und Sortieren hat seinen letzten Zweck in der Dokumentation einer Art geheimen Steuerung der Sprache aus den Wurzeln der ethnischen Herkunft: des Germanentums. Und dies wiederum sollte die Grundlage sein für das Bewusstsein nationaler Gemeinsamkeit. Aus der »empfänglichkeit des Volks für seine muttersprache« entspringe »eine erstarkte liebe zum vaterland und untilgbare begierde nach seiner festereren einigung«, heißt es in der Vorrede.

Das *Wörterbuch* war so gesehen von Anfang an als patriotisches Nationalwörterbuch gedacht. »Seit den befreiungskriegen ist in allen edlen schichten der nation anhaltende und unvergehende sehnsucht entsprungen nach den gütern, die Deutschland einigen und nicht trennen«, liest man wiederum in der Vorrede. Die genetische Methode, rein äußerlich eine Methode wie jede andere auch, war in höchstem Maße politisch, zielte auf die nationale Einheit, die in der Realität nicht erreichbar war. Nur so ist die Rede vom »schatz«, ja »heiligtum der sprache« zu verstehen. Geradezu hymnisch endet die Vorrede mit dem Aufruf an die »geliebten landsleute, in die allen aufgethane halle der angestammten, uralten sprache« einzutreten.

FREIE SPRACHE UND PEDANTISCHE BENUTZER

Man hat sofort die Überlegenheit der genetischen Methode gegenüber dem »toten« Regelwerk gesehen, das die französische Akademie ihren Wörterbuch-Bemühungen zugrunde legte. Alexander von Humboldt etwa rühmte das Verfahren anlässlich der allerersten Lieferung als »deutsche« Methode in höchsten Tönen.

Auch die Grimms selbst betonten den Gegensatz ihres Vorgehens zu dem der Franzosen. Als Wilhelm ihre Konzeption auf dem Frankfurter Germanistentag vorstellte, war ihm klar, dass er sich von der bislang größten Autorität in Sprachfragen absetzen musste. In direkter Wendung gegen die Politik der Académie française lehnt er Vorschriften ab und zitiert genüsslich die französische Gegenpartei, die für »die natürliche Freiheit der Sprache« eintrete. Die Argumentation entwickelt sich dabei durchaus zum bissigen Pamphlet. Ja, der Franzose könne bei Zweifelsfragen nachschlagen, was »correkt« sei, beginnt Wilhelm Grimm. Und an den Formulierungskünsten eines Napoleon könne man nicht herummäkeln. Aber der gleiche Napoleon habe auch »erbärmlich« geschrieben, habe auf St. Helena einen Vertrauten bitten müssen, seine Briefe orthografisch zu korrigieren. So gehe es eben, wenn man nur auf Sprachrichtigkeit setze und nach willkürlichen Regeln herumdoktere, am Ende finde sich in den Gesetzen niemand mehr zurecht. Demgegenüber gibt Wilhelm als Ziel des *Wörterbuchs* an, den wirklichen Gebrauch der Sprache zu repräsentieren, eine »Naturgeschichte der einzelnen Wörter« zu bieten, die die Freiheit des Wachsens und Änderns zeige, statt dagegen mit polizeilichen Maßnahmen vorzugehen. Gesetze ja, aber »nur aus der Natur hervorgegangene«.

Allerdings ergießt sich der noch größere Spott über die deutschen Puristen, die »mit beispiellosem Unverstand die natürliche Gestalt der Sprache zerstören«:

Ich meine zunächst die Anmaßung, mit welcher Einzelne sich berech-
tigt glauben, die Sprache zu bessern und nach ihrem Verstand ein-
zurichten. Kleine Geister haben es gewagt, das Messer zu ergreifen
und in das frische Fleisch einzuschneiden.

Die Namen, die dabei fallen, sind heute mit Recht vergessen
und brauchen nicht in Erinnerung gerufen zu werden. Worauf
es jedoch ankommt: Wilhelm betont bei der Bewertung fremden Wortguts ausdrücklich die »nothwendige Wechselwir-
kung«, den »Gewinn«, der aus der Übernahme ins Deutsche
resultiert. Wörter, auch wenn »deren fremde Abkunft offen
liegt, müssen geduldet werden«, heißt es. Den grammatischen
Imperativ als *Befehl* wiederzugeben, den *Singular* als *Einzahl*,
beeinträchtige die rasche Verständigung. Nur gebe es Übertreibung, sogar »Ungeziefer« beim Import:

Da liest man von »Amplificationen, Collectionen, Constructionen,
Publicationen und Manipulationen«, da ist die Rede von »Divergenz,
Reticenz, Omnipotenz, Cohärenz, Tendenz und Tendenzprocessen«,
von »Localisirung«, von »nobler Natur« und »profiquer behandlung«,
von »socialen Conglomeraten«, oder von »futilem Raisonnement«. Die
Verhältnisse sollen nicht zart, sie müssen »delicat« sein; wir werden
nicht davon bewegt, sondern »afficirt«: das Leben versumpft nicht,
es »stagnirt« (...).

Jacob Grimm hat ein Jahr später in einem Vortrag vor der Berliner Akademie *Über das pedantische in der deutschen sprache* seinem
Bruder sekundiert. Dabei wird der »ärgerliche purismus« nur
gestreift und zum Vorwurf der Pedanterie erweitert. Es geht
Jacob Grimm nicht nur um die Frage, wieweit Fremdes in der
Sprache zu dulden ist oder nicht, sondern um eine falsche Form
von Systemdenken, das jeder natürlichen Sprachentwicklung
fremd sei. So lese man von *eselinnenmilch* statt *eselsmilch*, wehre
sich gegen *zeichenlehrer* und *rechenmeister* mit *zeichnenlehrer*
und *rechnenmeister*, wolle statt *am ersten mai* lieber *am ersten*

des mais schreiben. Auch die deutschen Anredeformen *Sie* oder *Ihnen* sind ihm ein Dorn im Auge, sofern sie der Erhöhung der angeredeten Person wegen in einem völlig unlogischen Plural stünden. Stattdessen plädiert er für die Rückkehr zum Singular mit dem alten *du* und *dir* und polemisiert erst recht gegen den höfischen Schwulst des »majestätischen wir«.

Dabei rührt er allerdings an ein Problem, das fast zum Scheitern des ganzen Wörterbuch-Unternehmens geführt hätte. Von Anfang an wollten die Grimms den Rückgang auf die alten Sprachstufen mit einer Orthografiereform verbinden, die letztlich der Orthografie des Hochmittelalters entsprach. Es schmerze ihn tief, so liest man in Jacobs Pedanterie-Aufsatz, »dasz kein volk unter allen, die mir bekannt sind, heute seine sprache so barbarisch schreibt wie das deutsche«:

> Die häufung unnützer dehnlaute und consonantverdoppelungen, dazu aber noch ein unfolgerichtiger gebrauch derselben gereicht unsrer sprache zur schande, ganz gleiche neben einander stehende wörter leiden ungleiche behandlung, der Franzose schreibt nous vous, der Italiener noi voi, der Däne vi i, der Pole my wy, der Deutsche hat den pedantischen unterschied gemacht wir und ihr. nicht anders setzt er grün aber kühn, schnüren aber führen, heer meer beere aber wehre und nähre schwöre, haar aber wahr jahr, welchen wörtern überall gleicher laut zusteht.

Nachdem er die »dreifache schreibung desselben buchstabs« etwa in *schifffart* oder *stammmutter* angeprangert hat, möchte er ernsthaft zum »lebendigeren lautgefühl« des Mittelalters zurückkehren und nach dem *Parzival* Wolframs von Eschenbach *eichorn* statt *eichhorn* schreiben. Man hat von Verlagsseite den Grimms diese Form der Altertümelei zum Glück ausgeredet und es im *Deutschen Wörterbuch* bei der Kleinschreibung von Substantiven belassen, die bis in die letzte Lieferung von 1960 beibehalten wurde und sogar der jetzigen Neubearbeitung immer noch zugrunde liegt.

Dafür setzten sich die Grimms in einem anderen und wichtigeren Punkt gegen das Flehen des Verlegers buchstäblich um »Barmherzigkeit« durch. Sie bestanden auf der wissenschaftlichen Darstellung, die keine Kompromisse in Richtung Popularisierung oder auch nur Lesefreundlichkeit machte. Zur Worterklärung findet man lateinische Übersetzungen, gelegentlich auch weitere Erläuterungen auf Latein. Das Schwergewicht liegt bei den Etymologien, was zum Spott über das »Wurzelgraben« geführt hat. Aber man muss es sich noch einmal deutlich vor Augen führen: Jede ausgegrabene Wurzel unterstützte den Gedanken der germanischen Verwurzelung einer Nation, die sonst keine Wurzeln hatte. Sprache und Kultur wurden zur Kompensation der Hoffnungen auf einen Nationalstaat, der 1848 in der Paulskirche gescheitert war. Bei dieser Konstruktion konnte man nicht exakt genug vorgehen. Der Mythos vom Geist des Germanentums gewinnt seine Überzeugungskraft förmlich aus der empiriegesättigten Exaktheit, mit der jeder einzelne Beleg aufgelistet ist. Jacob Grimm arbeitete dabei, wie er in der Einleitung sagt, im Glauben, ein »wörterbuch zum hausbedarf« vorzulegen, und stellte sich vor, dass der Hausvater im Kreise der Familie Artikel vorlese.

Das war barer Unsinn. Wer auch nur eine einzige Stichprobe gemacht hat, wird ohne germanistisches Grundlagenwissen vermutlich erschöpft aufgeben. Zur Probe sei nur der Beginn des sogar besonders einfachen Artikels »Frucht« zitiert, an dessen Ende Grimm »seine feder von dem werke leider für immer niederlegen« sollte, wie der Fortsetzer anmerkt:

FRUCHT, *f. fructus, ein schon früh aus dem latein entnommenes wort, ahd. mhd. alts. fruht, fries.* frucht, *nl.* vrucht, *wahrscheinlich weil es so fort in biblischen bezügen wiederkehrt. die Gothen behielten das heimische* akran *(1,173. 3,24) und nicht nur für die frucht des baums, sondern auch des leibs* (akran quthaus); *die Angelsachsen* västm *(ahd. wahsamo, wahsmo vgl. altn. avöktr), das noch engl. lange fortdauerte, bis es endlich dem romanischen* fruit *wich. nicht anders*

sind das isl. fruktr, *schwed.* frukt, *dän.* frugt *erst späteren ursprungs.*
den slaven blieb ihr plod, *den Lithauern ihr* vaisus, *den Letten ihr*
anglis *unverdrängt (…).*

Zur Nationalsprache die Nationalliteratur

Was die Wirkung des *Wörterbuchs* tatsächlich förderte bzw.
verstärkte (und nicht zuletzt heutige Verkaufserfolge trotz fak-
tischer »Unlesbarkeit« erklärt), war die Aussicht auf eine nationale Kultur, gegründet in historischen »Tiefen«.

Dazu gehörte neben der Nationalsprache die Nationalliteratur, die nun ebenfalls in breitem Maße ans Licht gezogen wurde.
Schon die Aufklärung hatte sich für Texte der Vergangenheit
interessiert. Der *Tatian* war 1706 ediert worden, Otfrids *Evangelienbuch* 1708 – beides Texte aus dem 9. Jahrhundert. Bodmer
und Breitinger, die Schweizer Gegner Gottscheds, veröffentlichten 1748 den Minnesang in ihren *Proben der alten schwäbischen Poesie des Dreyzehnten Jahrhunderts. Aus der Mannessischen
Sammlung*, die Jacob Grimm als einen Meilenstein feiern sollte.
Christoph Heinrich Myller, ein Schüler Bodmers, gab 1782 das
Nibelungenlied mit Widmung an Friedrich den Großen heraus
(dessen Kommentar lautete allerdings: »keines Schusses Pulver
wert«), kurz danach Veldekes *Eneasroman* und Gottfrieds *Tristan*. Aber erst im 19. Jahrhundert entwickelte sich eine Editi-
onstechnik mit wissenschaftlichem Niveau.

Die Grimms selbst gaben während der Arbeit an Grammatik
und Wörterbuch Texte in vorbildlicher Weise heraus, zum Beispiel das *Hildebrandslied* zusammen mit weiteren Zeugnissen
der karolingischen Zeit, weiter die altnordische *Lieder-Edda*
und den *Armen Heinrich* des Hartmann von Aue. Eine eigene Zeitschrift, die *Altdeutschen Wälder*, diente der Veröffentlichung immer neuer Funde. Neben die Poesie trat das Recht.
1828 erschienen die *Deutschen Rechtsalterthümer*, ab 1840 die
sogenannten *Weisthümer*, in denen dem Volk Recht »gewiesen«

wurde. Einen weiteren Schwerpunkt bildete die germanische Mythologie, ergänzt durch Runenkunde und Jacob Grimms Vorlesung über die *Germania* des Tacitus, die Jacob Burckhardt als »das schönste und interessanteste Collegium« bezeichnete, das er je gehört habe.

Ein riesiges Programm der Versenkung in die Geschichte also. In der Vorrede zum *Deutschen Wörterbuch* gab Jacob Grimm zu Protokoll, dass es Stunden gegeben habe, in denen er »für abhanden gekommene theile des Ulfilas« (also der gotischen Bibel des 5. Jahrhunderts) »die gesamte poesie der besten zeit des dreizehnten jahrhunderts mit freuden ausgeliefert haben würde«. Es sei allerdings auch hinzugefügt, dass er an anderer Stelle die Entwicklung der deutschen Sprache insgesamt durchaus als *Höher*entwicklung verstand, auch im Vergleich mit den höfischen Dichtungen der Stauferzeit.

Was die Textedition betrifft, so wurde die überlegene Herausgeber-Gestalt im 19. Jahrhundert Karl Lachmann, ein Freund der Grimms. Der Altphilologe, der 1837 die homerische *Ilias* in einzelnen Liedern ediert hatte, daneben römische Klassiker und das Neue Testament, übertrug seine Technik auf die Literatur des deutschen Mittelalters und legte in rascher Folge kritische Ausgaben vor, in denen er auf der Grundlage der teilweise zahlreichen Handschriften einen Text als »Original« bot, dem sämtliche Abweichungen als Lesarten beigefügt waren. Den Beginn machte das *Nibelungenlied*, dann folgten die Dichtungen Walthers von der Vogelweide, Hartmanns *Iwein* und *Gregorius*, Wolfram von Eschenbach vor allem mit dem *Parzival* und vieles andere mehr. Zuletzt erschien die Anthologie *Des Minnesangs Frühling*, nachdem Lachmann zwischenzeitlich Shakespeares Sonette und *Macbeth* übersetzt und eine kritische Ausgabe von Lessings sämtlichen Werken vorgelegt hatte – eine heute nicht mehr vorstellbare Lebensleistung. Dass Lachmann die hochmittelalterlichen Werke in einer normalisierten Schreibung edierte (mit Dächern über den Vokalen für Längen etwa), machte sie lesbar noch für heutige Generationen von Germanistikstudenten, die über der alten Sprache nach wie vor genug zu stöhnen haben.

Zwischen 1807 und 1851 wurden insgesamt 87 mittelalterliche Werke ediert, woran sich auch etwa ein Hoffmann von Fallersleben beteiligte. Gleichzeitig setzte eine rege Übersetzertätigkeit ein, wobei die *Deutschen Volksbücher*, die der mit seinem *Nibelungenlied* berühmt gewordene Bonner Germanistikprofessor Karl Simrock zwischen 1839 und 1867 herausgab, 55 Auflagen erreichten. Bis zum Beginn des 20. Jahrhunderts waren Germanisten Mittelalterspezialisten, der erste rein neugermanistische Lehrstuhl wurde erst 1916 für den Stefan-George-Freund Friedrich Gundolf in Heidelberg errichtet.

Aber auch auf dem Gebiet der Sprache selbst sollten sich die historischen Kenntnisse rasch verbreitern. Schon im 18. Jahrhundert hatte ein Interesse an den Dialekten eingesetzt, und wiederum waren es die Schweizer Bodmer und Breitinger, die damit im Namen der Fantasie Gottscheds Klassizismus bekämpften. 1788 erschien ein erstes Dialektwörterbuch, Johann Peter Hebel machte 1803 in seinen *Allemannischen Gedichten* einen Dialekt sogar literaturfähig.

Die Grimms erkannten durchaus den Wert der Dialekte, bewahrten sie in ihren Augen doch die sprachgeschichtlichen Stufen (und zwar jenseits der immer wieder manipulierten *Schrift*sprache) über die Zeiten hinweg. Aber erst im Verlauf des 19. Jahrhunderts sollte sich die Dialektologie als ein eigener Wissenschaftszweig etablieren, der zu einer Leistung führte, die der des *Deutschen Wörterbuchs* ebenbürtig ist.

1879 legte der Marburger Bibliothekar Georg Wenker dem Berliner Kulturministerium den Plan vor, im gerade gegründeten preußischen Reich sämtliche Dialekte mittels Fragebögen aufzuzeichnen. 1881 begannen die Vorarbeiten, 1887 lagen 44 251 Fragebögen aus 40 736 Orten vor. Aus deren Angaben wurde zwischen 1888 und 1923 jedes erfasste Wort mit seinen Varianten auf 1668 Karten notiert. Zwischen 1927 und 1956 erschien eine gedruckte Version, für die die Germanistischen

Institute besondere Schränke mit riesigen Schubladen anfertigen lassen mussten. Zwischen 1984 und 1999 kam eine Neubearbeitung als *Kleiner Deutscher Sprachatlas* heraus, der 2001 im Rahmen eines Projekts der Universität Marburg digitalisiert wurde und heute auch in einer Online-Version als *Digitaler Wenker-Atlas* nach und nach zugänglich gemacht wird.

Das »Schatzhaus« der Sprache, von dem die Grimms träumten, ist also in einem Maße Wirklichkeit geworden, wie es sich die Erfinder zu Beginn des 19. Jahrhunderts kaum vorstellen konnten. Über die Zeiten und über die Regionen hinweg wurde die deutsche Sprache in einem Materialreichtum zugänglich gemacht wie wohl in keiner anderen europäischen Nation. Die Idee des »Volksgeistes«, der in der Sprache über die Köpfe der einzelnen Individuen hinweg obwalte, war aber auch zu einer fixen Idee geworden. Man ahnt schon förmlich die künftige Pervertierung dieses Begriffs, sobald aus dem Geist Blut wurde, die Einheit statt im gleichen Geist im gleichen Blut wurzeln sollte. Dafür kann man nicht die Romantiker verantwortlich machen, die wiederum auf Herder zurückgegriffen hatten (mit enthusiastischem Bekenntnis Jacob Grimms in einem Aufsatz über die Entstehung der Sprache). Aber die Romantik gab auf verhängnisvolle Weise ein anderes Stück aufklärerischen Erbes auf: die Autonomie des Einzelnen und das Vertrauen auf die Kräfte von Diskussion und Kritik, die sich im Zeichen des »Volksgeistes« förmlich auflösten.

Es ist kein Zufall, dass Jacob Grimm, als aufrechter Republikaner in die Frankfurter Nationalversammlung von 1848 gewählt, nach vier Reden sein Amt niederlegte. Er stellte sich auch die Politik »romantisch« vor, erwartete von der Volks*vertretung* eine Äußerung des Volks*geistes* und nahm enttäuscht den Parteienhader zur Kenntnis, der diesen Geist seiner Meinung nach erstickte. Im Brief an den Bruder sprach er von »diesen schreiern«, über die in 50 Jahren die ewig sich gleichbleibende Natur hinweggegangen sein werde. Den »kreischenden, auffahrenden Franzosen« als den Erfindern der Demokratie stellte er ein letztlich unpolitisches »frommes Arbeiten, Säen und Pflügen in zufriedener Stille« entgegen. Zum Stichwort »Parlament« liefert das *Deutsche Wörterbuch* die Erläuterung: »gesellschaft, worin berathen oder tumultiert wird«. Aufs Ganze gesehen führte das romantische Konzept aus der Wirklichkeit in das Traumreich eines Volkstums, das in seiner Sprache alles besitze, was der Einzelne zur Orientierung brauche.

Das Illusionäre dieser Vorstellung sollte bald deutlich werden, als Bismarck das Bürgertum über den Tisch zog und der Patriotismus von Nationalsprache und Nationalliteratur auch nach der Reichsgründung 1871 bloßer Ersatz für politische Beteiligung blieb.

NATIONALISMUS

Jean Pierre wird Guillaume Tell

Im Jahre 1789 blickte ganz Europa wie gebannt auf Paris. Vor aller Augen vollzog sich die Geburt eines Staates, der sich nicht mehr durch die Herrschaft einer Dynastie, sondern einer Nation legitimierte. Schon wenige Jahre später sollte dies Folgen für die Sprache haben. Die Revolutionäre schickten mit Abbé Grégoire einen Beauftragten durch alle Provinzen, um den Stand des Französischen zu überprüfen. Das Ergebnis war niederschmetternd. Der Absolutismus hatte nicht nur die Wirtschaft ruiniert, das Volk ausgebeutet, das Recht korrumpiert. Er hatte auch sprachlich versagt. Frankreich war ein Flickenteppich aus Dialekten. Obwohl schon das erstarkte Königtum der Renaissance Edikte erlassen hatte, die die Sprache der Île de France gegen Latein durchsetzten, obwohl es eine kontinuierliche Bemühung um eine Pflege des Französischen als Hochsprache mit der Gründung der Académie française unter Ludwig XIV. gegeben hatte, war das Land sprachlich zerrissen.

Wie alles sollte sich auch dies ändern. Das Prinzip *cuius regio eius lingua* (»wessen das Land, dessen die Sprache«), das ein Erzbischof in den Kriegen gegen Italien vor 300 Jahren erstmals formuliert hatte, galt es endlich in die Tat umzusetzen. Alle Franzosen sollten Französisch lernen, Dialekte sollten verschwinden, Minderheitensprachen ausgelöscht werden. 1791 zog Talleyrand aus der *égalité*, der Gleichheit, die Folgerung eines umfassenden Unterrichts. 1794 wurde das Gesetz erlassen, dass jeder Staatsbeamte französisch zu sprechen hatte. Dem Terror gegen Adel und Tradition folgte der Terror gegen christliche Namen: Aus einem *Jean Pierre* sollte ein *Guillaume Tell* werden.

Frankreich hatte mit anderen Worten nicht nur den Nationalstaat erfunden, sondern nebenbei auch eine neue Form des Nationalismus auf dem Gebiet der Sprache. Schon lange beriefen sich Intellektuelle auf eine gemeinsame Sprache als wichtigste Voraussetzung eines nationalen Zusammengehörigkeitsgefühls. Sogar aggressive Formen von Sprachpolitik hatte es gegeben, wenn etwa die von Ludwig XIV. militärisch unterworfenen Elsässer unter Androhung des Verlusts ihrer bürgerlichen Rechte in nur vier Jahren Französisch lernen mussten. Aber noch nie war daraus ein Prinzip geworden, das flächendeckend Anwendung fand und sich gegen die eigene Bevölkerung richtete.

Genau dies aber machte dann Schule in ganz Europa. Das mittelalterliche Chaos der Dialekte wurde auch in den Nachbarländern Frankreichs als eines modernen Staates unwürdig empfunden. Überall ging die Nationbildung mit Sprachnationalismus zusammen. Auch in Deutschland machte man mit, obwohl gerade hier die Bedingungen zur Umsetzung am allerschlechtesten waren. Zwar gab es nicht die extreme Dialektverschiedenheit wie in Frankreich, wo sich mit dem Bretonischen oder Okzitanischen regelrechte Sondersprachen ausgebildet hatten, die eine Verständigung glatt ausschlossen. Aber in Deutschland fehlte es an einer Institution zur Durchsetzung der Einheit. Der Sprachnationalismus *konnte* vorerst nicht aggressiv werden.

Sprachfeger und Reinsprache

Dennoch braute sich in Deutschland Unheil zusammen. Hier führte nicht wie in Frankreich die Zwangsassimilation zu Gewalt, sondern die Abwehr des Fremden. Campe war noch ein aufklärerischer Vertreter der Verständlichkeit für das ein-

fache Volk gewesen, wenn er den Wortschatz auf französische
»Fremdwörter« durchkämmte und in seinem Wörterbuch
Tausende Ersetzungen anbot. Unter dem Eindruck der Napo-
leonischen Kriege aber schlug die Stimmung um. Der Fremdwortpurismus wurde zum Fremdwortkampf, der über das
Sprachproblem weit hinausreichte. Seine typischen Vertreter
waren nicht mehr Sprachgelehrte, sondern publizistische Ak-
tivisten wie Ernst Moritz Arndt, der in seinem *Geist der Zeit*
1806 zum Krieg gegen Napoleon aufrief.

Arndt sah in der Französischen Revolution wie viele Kon-
servative die Konsequenz eines übersteigerten Rationalismus.
Ihm stellte er eine mehr ideologische als politische Freiheit
des Germanentums gegenüber und besang sie in patriotischen
Liedern: in *Der Gott, der Eisen wachsen ließ* und *Was blasen die
Trompeten* zum Beispiel. Und Arndt griff auch bei der deutschen
Sprache ein. Zwar wurde nichts aus seinem Plan einer »Gesellschaft für die Verbannung und Vertilgung der französischen
Art und Sprache«. Dafür attackierte er 1814 in einer Schrift das
Französische als eine geistige Form von Tyrannei, die letztlich
die Niederlage Deutschlands verschuldet habe. Umgekehrt sah
er in der Förderung der eigenen Sprache eine Voraussetzung
zur Entwicklung des »Volkstums«: Die geplante Gesellschaft
richtete sich nicht nur gegen die Franzosen, sondern bezog
sich auch auf die »Belebung und Erhaltung teutscher Art und
teutschen Sinnes, Erweckung teutscher Kraft und Zucht«.

Nur war dies noch harmlos gegenüber dem Sprachnationalismus, den zur gleichen Zeit der bekannte »Turnvater« Friedrich Ludwig Jahn propagierte. Der in Schule, Universität und
verschiedenen Lehrämtern Gescheiterte verband den Kampf
gegen Napoleon mit der absurden Idee eines »Großdeutsch-
land«, das auch Holland oder Dänemark als »deutschsprachige« Reiche eingemeinden sollte. Die Turnerei, die nach seinen
eigenen Worten der »Vorbereitung auf den Befreiungskrieg«
diente, erfasste tatsächlich in Verbindung mit den Aktivitäten
der Burschenschaften ganz Preußen (mit über 100 Turnplät-

zen). Was das bedeutete, zeigt die Bücherverbrennung, die Jahn als Höhepunkt des Wartburgfestes 1817 inszenierte. Metternich sah sich gezwungen einzuschreiten, Jahn wurde inhaftiert, die Turnbewegung blieb lange verboten. Erst 1840 folgten Amnestierung und Rehabilitierung, die Jahn mit der Wahl in die Paulskirche (wo übrigens auch Arndt saß) noch einmal eine politische Karriere bescherten.

Von Anfang an aber hatte Jahn seinen politischen Nationalismus mit einem sprachlichen verknüpft: Das Eintreten für das »Volkstum« war mit der »Reinigung« der Sprache verknüpft – er selbst sah sich als »Sprachfeger«. Von der Idee durchdrungen, dass das »Fremdwort« (übrigens eine Neubildung Jahns vermutlich von 1816) »unsere Grundansicht verdüstert«, suchte er nach »urdeutschen« Quellen und betätigte sich als Verdeutscher. Das Turnwesen ist bis heute davon geprägt, wenn man an Begriffe wie *Barren* oder *Dauerlauf*, *Grätsche* oder *Reck* denkt, die damals eingeführt wurden. Dabei hielt Jahn ausgerechnet das Wort *turnen* für urdeutsch, obwohl die Ableitung von französisch *tourner*, »wenden«, auf der Hand liegt. In anderen Fällen betätigte sich Jahn als Verdeutscher. Sein *Prahlplatz*, der »Paradeplatz« ablösen sollte, ist indessen ebenso verschwunden wie etwa *gausässig* für »regional«.

Arndt und Jahn blieben beileibe nicht allein mit ihrem Sprachnationalismus. Zahlreiche Sprachvereine entstanden damals, darunter 1848 der von Josef Brugger angeführte »Verein der deutschen Reinsprache«, der sich damit hervortat, dass er in der Frankfurter Nationalversammlung den Antrag stellte, sie solle bei den Debatten über die erhoffte Gründung des demokratischen Nationalstaats keine Fremdwörter benutzen. Der reichlich groteske Vorstoß wurde abgelehnt. Wir wissen schon, wie zur gleichen Zeit die Sprachwissenschaft darüber dachte. Die Grimms hatten sich immer wieder gegen diese Art der sprachpflegerischen Stümperei gewandt.

Allerdings darf man die Wirkung der Sprachwissenschaft nicht unterschätzen. Vor allem die von Herder und Humboldt vorgetragenen Ideen über den Zusammenhang von Sprache und Denken waren leicht in einem nationalistischen Sinne misszuverstehen. Der Schritt von der Auffassung, die Sprache lenke das Denken, zum Glauben an die Überlegenheit einer bestimmten Sprache lag allzu nahe. Humboldt selbst hatte die indogermanischen Sprachen aufgrund der Tatsache, dass sie für die Bildung von Zeitformen und Personen Endungen benutzen (»flektierende Sprache«), über das Chinesische gestellt, das Zeiten und Personen durch eigene Wörter festlegt (»isolierende Sprache«) – auch wenn er diese Wertung mit dem Hinweis auf die besondere Kreativität des Chinesischen abschwächte. Es war dennoch ein außerordentlich gefährliches Gebräu, das die Wissenschaft damals anrührte. Und was im wohlabgeschirmten Elfenbeinturm bereits zu problematischen Schlussfolgerungen führte, sollte sich im Laufe des 19. Jahrhunderts immer mehr zum wahren Gift steigern.

Sprachecken gegen Fremdtümelei

Das Unheil wurde sofort deutlich, als Deutschland sich nach der Reichsgründung von 1871 im Aufstieg sonnte. Erstmals waren nun wie in Frankreich die Voraussetzungen für staatliche Regelungen geschaffen. Ehe man sich an Reformen etwa auf dem Gebiet der Orthografie machte, waren es wieder einmal die »Fremdwörter«, die ins Visier gerieten.

Sofort nach Ende des Frankreichfeldzugs wurde in der Heeressprache aus einem »Offizier-Aspirant« ein *Fahnenjunker*, aus einem »Premier-Lieutenant« ein *Oberleutnant*, aus einem »Avancement« eine *Beförderung*. Ein Ausschuss zur Überarbeitung des Bürgerlichen Gesetzbuches ersetzte Begriffe wie »Kopie« durch *Abschrift*, »Original« durch *Urschrift*, »Pension« durch *Ruhegehalt*. Dabei machte sich vor allem der Generalpostmeister Heinrich von Stephan einen Namen, als er 1874 anlässlich einer neuen Postordnung des Reiches auch das Sprachproblem aufgriff. In einem ersten Anlauf waren es 65 Verdeutschungen, die er für den dienstlichen Verkehr vorschrieb, darunter *Briefumschlag* für »Couvert«, *durch Eilboten* für »per express«, *Postkarte* für »Correspondenzkarte«, *Fernsprecher* für »Telefon«. Schon 1875 folgten über 700 weitere Umtaufen. Andere Behörden schlossen sich an. Bei der Eisenbahn und im Bauwesen wurden zwischen 1886 und 1893 knapp 1300 fremde Fachtermini ersetzt, wovon wir heute noch die *Schranke* (statt »Barriere«), den *Gang* (statt »Korridor«), das *Abteil* (statt »Coupé«), die *Rückfahrkarte* (statt »Retourbillet«) haben. Eher selten behauptete sich der neue deutschsprachige Ausdruck als Behördenterminus neben dem gebräuchlicheren fremdsprachlichen wie etwa bei *Anschrift/Adresse*.

Im Zentrum dieses Purismus aber stand der Allgemeine Deutsche Sprachverein, der quasi im Siegesrausch des Jahres 1871 geplant wurde und von Anfang an mit einem antifranzösischen Affekt behaftet war. Den verdankte er vor allem dem Kunsthistoriker Hermann Riegel, der selbst unter französischer Besatzung gelitten hatte und nun regelrecht Rache suchte. In Schriften wie dem *Mahnruf an alle national gesinnten Deutschen* bereitete er die Vereinsgründung vor, 1885 wurde sie unter seiner Führung vollzogen. In § 1 der Satzung ist die »Reinigung der deutschen Sprache von unnöthigen fremden Bestandtheilen« als Aufgabe festgeschrieben, zusammen mit der Stärkung des »allgemeinen nationalen Bewusstseins im deutschen Volke«. Leitsprüche wie die folgenden präzisierten das Ziel: »Gedenke auch, wenn du die deutsche Sprache sprichst, daß du ein Deutscher bist« und »Kein Fremdwort für das, was deutsch gut ausgedrückt werden kann«. Wie radikal dieser Purismus war und vor allem über Sprachfragen weit hinausreichte, zeigt eine Passage, die ebenfalls zum Programm des Sprachvereins gehörte:

O, könnte man doch die Sprachwälscher und Sprachfälscher mit Geldbußen, Gefängniß und Vernichtung ihres Machwerkes bestrafen, wie die Fälscher von Nahrungsmitteln und Getränken! Verdient hätten sie es reichlich. Denn ihr Verbrechen an dem nationalen Gute des deutschen Volkes ist wahrlich viel größer und folgenschwerer als das der Butter- und Bierfälscher an der Gesundheit einiger Bevölkerungskreise.

Seit 1889 veröffentlichte der Verein eine Zeitschrift (ab 1925 unter dem Titel *Muttersprache*) mit theoretischer Unterfütterung, vor allem aber praktischen Vorschlägen zur Umsetzung des Programms. In diesem Zusammenhang entwickelte man ausgesprochen moderne journalistische Formen wie etwa Preisausschreiben oder die »Sprachecken«, die 1916 in fast 3000 Zeitungen bzw. Zeitschriften zur »Fortbildung« ihrer Leser abgedruckt wurden.

Weiter gab es »Verdeutschungswörterbücher« für zahlreiche Sachbereiche bzw. ihre sprachliche Ausformung. Anhand eines solchen Wörterbuchs wurde etwa in einem Zolltarifgesetz »Spiritus« durch *Weingeist* ersetzt, »denaturiert« zu *ungenießbar* gemacht, »Produkte« in *Erzeugnisse*, »imprägniert« in *getränkt* und »kondensierte« Milch in *eingedickte* Milch verdeutscht. 1888 ließ der Sprachverein mithilfe des Dresdner Gastwirtvereins die deutschen Speisekarten durchforsten und sammelte 300 Vorschläge zur Verdeutschung. 1891 war die Heilkunde im Visier, 1892 die Amtssprache, deren Verdeutschungswörterbuch anschließend mit 13 Auflagen den größten Erfolg überhaupt erzielte. Weiter kamen die Tonkunst und der Tanz, Sport und Spiel, das Versicherungswesen, das Buchgewerbe und vieles mehr an die Reihe. Im Schulunterricht war es die Grammatik, die von ihren lateinischen Termini auf deutsche umfrisiert wurde, was sich letztlich nur im Grundschulunterricht durchgesetzt hat, wo bis heute *Beugung* für »Konjugation/ Deklination« oder *Fürwort* für »Pronomen« verwendet wird. Dagegen blieben *Erdkunde* oder *Bücherei* für bzw. neben *Geografie* oder *Bibliothek* erhalten. Komplett gescheitert ist nur der an Karl den Großen erinnernde Versuch einer Verdeutschung

der Monatsnamen, wobei wieder einmal aus dem Februar ein
Hornung oder dem April ein *Ostermond* werden sollte.

AUFNORDUNG GEGEN ERBFEHLER

Im Übrigen erhielt der Allgemeine Deutsche Sprachverein seit
1885 Zweigvereine, die sich auf regionaler Ebene der »Reinigung der deutschen Sprache von unnöthigen fremden Bestandteilen« widmeten – bis 1915 immerhin 327 Vereine mit
knapp 38 000 Mitgliedern. Deren Hauptanteil stellte das akademisch gebildete Bürgertum, besonders Lehrer und Juristen,
die offenbar dem zunehmenden Fremdwortgebrauch, der sich
der im 19. Jahrhundert rasch verbreitenden gymnasialen Bildung mit den Fremdsprachen Latein und Französisch verdankte, gegenzusteuern suchten. Als Argumente dienten (bis heute
wohlbekannte bzw. immer neu aufgewärmte) Warnungen vor
Verarmung des Wortschatzes, Unverständlichkeit, aber auch
vor Bequemlichkeit, Gedankenfaulheit oder Eitelkeit, vor Vor-
nehmtuerei bis zu Überheblichkeit und schließlich vor »nationaler Stumpfheit« in Verbindung mit übertriebener Hochach-
tung vor allem Fremden bei gleichzeitiger Selbstmissachtung
geradezu als »Erbfehler«.

Allerdings gab es an diesem Unsinn auch Kritik. Schon
Wieland hatte von einem »Sprachjakobinismus« gesprochen.
Im 19. Jahrhundert schlossen sich Persönlichkeiten aus Wis-
senschaft und Literatur an, wie etwa Wilhelm Dilthey oder
Theodor Fontane. 41 Universitätsgermanisten unterzeichne-
ten 1889 eine Erklärung gegen den Allgemeinen Deutschen
Sprachverein. Der Romanist Leo Spitzer verfasste 1918 eine
Denkschrift, die unter dem wundervollen Titel *Fremdwörter-
hatz und Fremdvölkerhaß* die Argumente der Sprachreiniger auf
ihren wahren Ursprung hin durchleuchtete: die Fremdenangst.
Auch eine Institution wie die Berliner Akademie der Wissenschaften reagierte 1918 mit einer Eingabe, in der die pauschale

Verwerfung der Fremdwörter mit dem Argument gerügt wird, dass »Fremdwortreichtum geradezu das Kennzeichen einer entwickelten Kultursprache« darstelle. Die Engländer, so heißt es weiter, deren Sprache über weit mehr Fremdwörter verfüge als das Deutsche, hätten nie an mangelndem Nationalgefühl gelitten.

Welch bedrohliches Potenzial der Purismus mittlerweile erreicht hatte, sollte sich jedoch 1914 beim Ausbruch des Ersten Weltkriegs zeigen. Im September erschien als Nr. 9 des 19. Jahrgangs der Zeitschrift des Allgemeinen Deutschen Sprachvereins ein Aufruf *An alle Deutschen*, der gleich in den ersten Sätzen Sprachpflege und militärische Mobilisierung in verhängnisvoller Weise kurzschloss:

> Die Saat, die der Allgemeine Deutsche Sprachverein in dreißigjähriger unermüdlicher Arbeit für die Pflege der deutschen Muttersprache ausgestreut hat, ist herrlich aufgegangen. In dieser schwerernsten Zeit, da halb Europa, da Rußland, Frankreich, England uns überfallen haben, um Deutschland zu zermalmen, das Deutschtum zu vernichten, ist wie mit einem Schlage auch das Sprachgewissen des ganzen Volkes erwacht. Mit Urgewalt hat sich die Erkenntnis durchgerungen, daß die unverfälschte Muttersprache des Deutschtums festestes Band, seine vornehmste und stärkste Stütze, seine unerschütterliche Grundfeste ist!

Auf der Gegenseite wird »das alte Erbübel der deutschen Fremdtümelei«, werden »würdelose Ausländerei, Engländerei, Französelei« als Ursachen des Verfalls ausgemacht, bis die Hetzschrift mit Drohung und religiösem Kitsch endet: »Schmach über jeden Deutschen, der fürder seine heilige Muttersprache schändet! ›Gedenke, dass du ein Deutscher bist!‹«

All das machte rasch Schule. Noch bloß lächerlich das Lob für die »fremdwortfreien Heeresberichte«. Man konnte aber auch lesen: »Der Krieg reinigt die deutsche Sprache!« Ausdrücklich sollte die deutsche Sprache *Weltsprache* werden, »für

deren Sieg im Krieg gefochten wird«. Einer der heillosesten
Artikel aus dem ersten Kriegsjahr steigert sich förmlich hin-
ein in einen Hass, der die Sprache ganz offensichtlich nur zum
Vorwand nimmt und an dunkelste Instinkte rührt (wie es schon
Leo Spitzer in seiner oben genannten Streitschrift so klar ana-
lysierte):

In dieser deutschesten aller Zeiten wollen wir nichts davon wissen,
den Herren Franzosen und Engländern auch nur im geringsten ent-
gegenzukommen. Uns trennt jetzt eine ehrliche Feindschaft, ein nicht
zu bändigender Grimm (...). Sie sollen deutsch lernen! Wir werden
dafür sorgen. Und ein reines Deutsch, kein Kauderwelsch! Kein Zu-
geständnis mehr! Hinweg mit der kraftlosen Weltbürgerei, die unsere Sprache, die das Ansehen Deutschlands von jeher so schwer
geschädigt, uns nur Spott und Hohn eingetragen hat! Die Zeiten
schwächlicher Liebedienerei gegen das Fremde sind vorbei, ein für
allemal. Die Langmut des deutschen Michels ist erschöpft. Wir haben den Frieden gewollt. Nun hat man uns aufgerüttelt, und nicht
umsonst wollen wir unsere Söhne ins Feld geschickt, unser Blut ge-
opfert haben. Wir verlangen einen Siegespreis, wert der ungeheuren
Opfer. Wir sind erwacht, und der deutsche Geist ist in uns erwacht,
mit Urgewalt, unbesiegbar.

Nach der Niederlage 1918 verlor der Allgemeine Deutsche
Sprachverein vorübergehend an Bedeutung, ehe er sich seit
1923 unter dem neuen Namen Deutscher Sprachverein dem
Nationalsozialismus andiente.

Mit dieser Politik kehrte zwischenzeitlich der Erfolg zurück,
der anlässlich des fünfzigjährigen Bestehens des Sprachvereins
1935 zur lang ersehnten Eröffnung eines allerdings inoffiziellen
Deutschen Sprachpflegeamts führte. Im Übrigen waren die Na-
tionalsozialisten auf längere Sicht alles andere als erbaut von der
Schützenhilfe des Sprachvereins, der sich selbst als »SA unserer
Muttersprache« bezeichnete und mit dem Programm eines
Kampfs für »das heilige erb- und blutgebundene Sprachgut«

auch den Ton der Adressaten perfekt traf. In kaum zu überbietender Naivität hatte man geglaubt, den ausgesprochen fremdwortreichen Stil der Nazi-Führer kritisieren zu können, auch wenn dies im Falle Hitlers mit »heißen Bitten an den Führer, unseren Volkskanzler« geschah. In der Zeitschrift *Muttersprache* wurden seit 1933 Fremdwörter wie *Organisation, Chef, arisieren* gerügt und tatsächlich der Vorschlag gemacht, den *Propagandaminister* (»unseren Goebbels«, der sich umgekehrt über die »deutschtümelnden Sprachakrobaten« lustig machte) in *Werbeminister* umzubenennen. Selbst ein Begriff wie *Konzentrationslager* geriet dabei ausgerechnet in die Purismus-Kritik und sollte durch *Sammel-, Zwangs-* oder *Straflager* ersetzt werden.

Dafür machte man sich wohl Freunde bei den Herrschenden, wenn die Fremdwortfrage mit der Rassefrage verknüpft wurde und in schäbigsten Antisemitismus umschlug. 1934 erschienen erste antisemitische Artikel in der *Muttersprache*, begleitet von der Attacke auf die Gesangsgruppe Comedian Harmonists, unter deren sechs Mitgliedern man drei jüdische ausgemacht hatte. Ewald Geißler, ein Vertreter des Universitätsfachs Sprechkunde, tat sich auf einer Tagung im Jahre 1937 mit dem Vortrag *Sprachpflege als Rassepflicht* hervor. An anderer Stelle wurde eine »artgegründete Sprachzucht« bzw. »Aufnordung« der deutschen Sprache angekündigt.

Längst aber tickte eine Zeitbombe. Eduard Engel, einer der radikalsten Fremdwortjäger der wilhelminischen Zeit, der es mit seinen Ausfällen gegen die »krebsige Wunde am Leibe des deutschen Volkes« oder mit dem Vorwurf des »geistigen Landesverrats« zum Ehrenmitglied des Sprachvereins gebracht hatte, war Jude, was die NS-Führung als Beleidigung empfand. Nachdem Goebbels 1937 gegen den Fremdwortpurismus polemisiert hatte, wonach »Kompanie« durch *Brotgemeinschaft* oder »Zigaretten[dreh]automat« durch *Streifen-Selb* ersetzt werden sollte (Originalton Goebbels: »Worte lassen sich nicht ein- oder absetzen wie Studienräte«), verbot Hitler Ende 1940 den Purismus per Führererlass. Die Nazis wollten modern sein.

Zwangsgermanisierung per
Verkehrsschilder

Angebliche Sprachpflege war die eine Seite nationalistischer Betätigung. Die noch hässlichere andere Seite zeigte sich in der systematischen Sprachpolitik, die sich im 19. Jahrhundert nach dem Vorbild der Franzosen auch in Deutschland anbahnte. Dabei waren die Verhältnisse hier grundsätzlich anders, ja kaum vergleichbar. Der Prozess der deutschen Staatsbildung zog sich hin, lange Zeit blieb das Nationalbewusstsein der deutschsprachigen Bevölkerung an die Kultur und vor allem an die Literatur der Klassik gebunden. Der Staatsgründungsversuch in der Frankfurter Paulskirche 1848 schlug fehl, der preußische König nahm die Kaiserkrone nicht an.

In der gleichen Zeit aber kam es zu einem Ereignis, das die nationale Idee beflügelte. Im hohen Norden hatte sich Dänemark Schleswig-Holstein einverleibt und begann, auch in deutschsprachigem Gebiet seine Sprache durchzusetzen – mit großer Wirkung in der Paulskirche, wo auch ein Jacob Grimm Gegenmaßnahmen befürwortete. Tatsächlich löste die dänische Initiative 1864 den ersten Krieg in Europa aus, der im Namen der Sprache geführt wurde. Nach anfänglichen preußischen Misserfolgen unterlag Dänemark bis 1866 den vereinten preußisch-österreichischen Armeen. Ohne die Bevölkerung zu befragen, wurde nun umgekehrt ein Gebiet mit Dänischsprechern annektiert und prompt die sprachliche Umerziehung veranlasst. Wenige Jahre später war der deutsche Nationalstaat nach einem weiteren Krieg Wirklichkeit. Die so lange herbeigesehnte Reichsgründung aber zeitigte noch viel schlimmere sprachpolitische Folgen als in der Vergangenheit.

Dabei muss man berücksichtigen, dass das von Bismarck 1871 gegründete Deutsche Reich ein Sprachproblem schwerster Art mit sich brachte: 24 Millionen Deutschsprachige, darunter die kurz zuvor noch besiegten Österreicher, waren damals ausgeschlossen, dafür Fremdsprachige mit völlig anderem Nationalbewusstsein dem Reich einverleibt worden. Statt eine Lösung wie etwa in der Schweiz anzustreben, die ihre Nationbildung stets ohne Sprachbezug betrieben hatte, ging man den »deutschen Sonderweg«. Der in Frankreich einst so radikal umgesetzte Slogan *cuius regio eius lingua* wurde umgekehrt, nicht die Region sollte die Sprache, sondern die Sprache die Nation machen – mit der impliziten Aufforderung einer Eingemeindung noch »unerlöster« Regionen. Der Sprachnationalismus schlug daraufhin um in einen äußerst radikalen »zwangsgermanisierenden Sprachimperialismus« (Peter von Polenz).

Die verheerenden Folgen zeigten sich besonders im Elsass und in Teilen Lothringens. Diese Länder waren 1648 im Westfälischen Frieden Frankreich zugesprochen worden, womit sich eine über Jahrhunderte hinweg gepflegte Zweisprachigkeit fortsetzte. Anders wurde dies in den Jahren der Französischen Revolution, als der Nationalkonvent die jakobinische Idee der einheitlichen Sprachnation verfolgte und eine konsequente Französisierung betrieb. Die Polemik richtete sich gegen eine »barbarische deutsche Sprache«, die nur dazu da sei, »Sklaven zu kommandieren, Drohungen auszustoßen und Stockhiebe zu zählen«.

Tatsächlich wandte sich im Laufe des 19. Jahrhunderts eine Mehrheit der Intellektuellen der französischen Sprache und Kultur zu. Schon vor dem Deutsch-Französischen Krieg hatten Historiker wie Theodor Mommsen oder Heinrich von Treitschke demgegenüber die Wiedereingliederung von Elsass-Lothringen in Deutschland als »Rückkehr zur Natur« propagiert. Bismarck erklärte daraufhin die Annektierung zum Kriegsziel und verwirklichte sie nach dem Sieg von 1871 auf eine Weise, die den »französischen Firnis« für immer beseitigen sollte: Die neue Region wurde zum »Reichsland« mit Sonderstatus erklärt – auch noch eine klare Diskriminierung. Landesfremde preußische Beamte begannen eine Zwangsverwaltung, die sofort eine rigide Sprachpolitik einschloss.

Deutsch wurde fast überall Unterrichts- und Amtssprache, auch da, wo die Lehrer und Beamten nur unzureichend Deutsch konnten. Anträge auf Zulassung des Französischen stießen grundsätzlich auf Ablehnung. Besonders schikanös war die Eindeutschung französischer Eigennamen, bei der sogar die Gestaltung von Visitenkarten in den Fokus geriet. In den Volksschulen wurde Französisch als Unterrichtsfach abgeschafft, die Jahrhunderte bewährte Zweisprachigkeit der Region als »Bildungsschwindel« bzw. »Verwelschung« gebrandmarkt oder gar als Spionagegefahr hingestellt. 1911 räumte ein Verfassungsgesetz Elsass-Lothringen grundsätzliche Autonomie ein, behielt aber gerade die Regelung der Sprachenfrage dem Reichstag vor, der entsprechend mit einem Statthalter die alte Politik fortsetzte. Während des Ersten Weltkriegs wurde das »Reichsland Elsaß-Lothringen« gar als »Feindesland« unter Militärverwaltung gestellt und die Verwendung der französischen Sprache verboten. Verkehrsschilder und Ähnliches mussten »rückeingedeutscht« werden. Dass die Elsässer 1918 froh waren, wieder zu Frankreich zu gehören, kann man verstehen.

OSTMARKENZULAGE FÜR SCHNEIDIGE GERMANISIERER

Ein weiteres verheerendes Beispiel imperialistischer Sprachpolitik bot der Umgang der deutschen Regierung mit den Polen. Seit dem Mittelalter hatte es eine deutsche Ostkolonisation gegeben, bei der deutschsprachige Enklaven entstanden waren, in denen man die Sprachenfrage lange Zeit durchaus liberal handhabte. Erst 1815 änderte sich dies, als auf dem Wiener Kongress Polen nach drei vorherigen Teilungen zwar als Monarchie restituiert, aber unter die Kontrolle seiner Nachbarn gestellt wurde.

Während der Russland zugeschlagene Teil (»Kongresspolen«) fast Autonomie erreichte, verlor der an Preußen gegangene (»Provinz Posen«) mehr und mehr die vom König anfangs zugesicherte Toleranz. Stattdessen entwickelte sich ein gegen den »Osten« gerichteter Kulturdünkel, der alsbald in Zwangsmaßnahmen mündete. Als im russischen Teil 1831 ein Aufstand losbrach, sah der Posener Oberpräsident die Zeit reif für eine rigorose antipolnische Sprachpolitik, die als Erstes auf das Schulwesen ausgriff. Polnischsprachige Kinder mussten Deutsch lernen, in den oberen Gymnasialklassen erfolgte der Unterricht fast nur noch auf Deutsch. Jeglicher Polnischunterricht in den höheren Klassen der Gymnasien war ausgeschlossen. Minderheitenschutz, wie er auch damals schon etwa in der Paulskirche auf der Tagesordnung stand, entfiel vollständig. Amtsdolmetscher wurden abgeschafft, für zweisprachige Dokumente Sondergebühren erhoben. Öffentliche Bekanntmachungen erfolgten ausschließlich auf Deutsch.

Aber selbst dies reichte nicht. Nach Gründung des Deutschen Reiches nahm der Nationalismus immer imperialistischere Züge an. Die polnische Bevölkerung gehörte zu den »Reichsfeinden«. 1885 wurden fast 50 000 Menschen mit angeblich »ungeklärter Staatsangehörigkeit« aus den preußischen Ostprovinzen vertrieben, wo sie seit Jahrhunderten gelebt hatten. Von Reichskanzler Bernhard von Bülow, der 1914 Österreich die »Nibelungentreue« schwören sollte, stammt das zynische Wort, ein baldiger Krieg werde die Gelegenheit bieten, »um in unseren polnischen Landesteilen die Polen en masse zu exmittieren«. 1886 wurde aus der »Ostmarkenpolitik« in einem Ansiedlungsgesetz der Kampf um die »Germanisierung des Bodens«, bei dem sich in Wirklichkeit hochverschuldete Großagrarier mit Staatshilfe sanierten.

Garniert war dies wieder einmal mit sprachlichen Zwangsmaßnahmen. 1887 wurde der polnische Sprachunterricht auch in Volksschulen abgeschafft, im »preußischen Schulkampf« der passive Widerstand (in Form von Schulstreiks) der um ihre Rechte kämpfenden polnischen Bevölkerung brutal niedergeschlagen. Eltern riskierten Gefängnisstrafen und den Entzug ihres Erziehungsrecht, wenn sie Kinder polnisch unterrichten ließen. Umgekehrt gab es »Ostmarkenzulagen« für Beamte, die sich mit schneidiger »Germanisierung« verdient machten. Dazu gehörte die Verdeutschung polnischer Eigen- ebenso wie Ortsnamen (mit Auswirkungen bis auf Grabinschriften). Bei all dem blieb der Erfolg dennoch gering, mehr als Zweisprachigkeit wurde nie erreicht.

Vom polnischen Schalke zum mauschelnden Juden

Ein Nebenschauplatz dieser ebenso brutalen wie törichten Sprachpolitik tat sich im Ruhrgebiet auf. Hier gab es aufgrund des Wirtschaftsaufschwungs im späten 19. Jahrhundert erstmals zu wenig heimische Arbeitskräfte. Als Immigranten wurden Polen angeworben, dem Status nach Reichsdeutsche (insofern keine »Gastarbeiter«), aber von vornherein als Deutsche zweiter Klasse behandelt. Schon die Beschimpfung als »Polacken« drückt dies mehr als deutlich aus. Die knapp eine halbe Million zählende Bevölkerungsgruppe entwickelte in der neuen Heimat ein starkes polnisches Vereinsleben mit auflagenstarken polnischen Zeitungen. Die Unterbringung ähnelte einem Getto, die polizeiliche Überwachung war rigide. Als 1917/18, zu Ende des Ersten Weltkriegs, ein polnischer Nationalstaat entstand und die »Ruhrpolen« sich für eine Staatsangehörigkeit entscheiden mussten, kehrte ein Drittel in die alte Heimat zurück.

Wie tief sich mittlerweile die in der deutschen Sprachpolitik wurzelnde Fremdenfeindlichkeit eingegraben hatte, belegt ein eher kurioses Beispiel. Als der FC Schalke 1934 deutscher Fußballmeister wurde, war die Rede vom »polnischen Schalke«. Der bereits damals existierende *Kicker* titelte: »Die Deutsche Fußballmeisterschaft in Händen der Polen«. Die Vereinsleitung versuchte sich daraufhin von diesem »Makel« zu befreien, indem sie den Nachweis führte, dass schon die Eltern sämtlicher Spieler in Deutschland geboren und damit keine Immigranten waren. Heute zeugen nur noch polnische Familiennamen von der einstigen Herkunft der »Ruhrpolen«. Ihre Nachkommen haben sich so stark integriert, dass von sprachlichen Übernahmen des Polnischen ins Deutsche auch in der Region selbst kaum die Rede sein kann.

Die Elsässer und Polen waren jedoch nicht die einzigen Opfer nationalistischer bzw. imperialistischer Sprachpolitik. Im Osten gerieten vor allem die slawischen Sorben ins Visier der »Germanisierung«. Sie mussten eine harte Unterdrückung ihrer Sprache erdulden, ehe das Sorbische wieder in der Schule unterrichtet und die Ortsschilder rund um Bautzen zweisprachig wurden. Ähnlich war die Lage im Vielvölkerstaat Österreich-Ungarn (dem »Völkerkerker«), in dem Kaiser Joseph II. in einem Edikt von 1776 die deutsche Sprache als »Universalsprache meines Reiches« befohlen hatte. Dass dabei aufgrund der engen Verbindung in der Vergangenheit einzig die Ungarn sprachliche Privilegien genossen, heizte eine panslawische Bewegung an, in der vor allem die Tschechen um ihre Rechte kämpften. Dagegen gab es ein hartes Vorgehen von österreichischer Seite, aber mehr als eine den Tschechen oktroyierte Zweisprachigkeit konnte nicht durchgesetzt werden. Dafür verband sich in der damals entstandenen Deutschnationalen Bewegung der Sprachimperialismus auch noch mit einem aggressiven Antisemitismus, der auf verhängnisvolle Weise wenige Jahrzehnte später Hitler prägen sollte.

Von ganz anderer Art stellte sich die Sprachenfrage bei der jüdischen Bevölkerung in Deutschland. Hier hatte sich seit dem Mittelalter ein Dialekt aus vorwiegend deutschen, aber auch hebräischen und slawischen Bestandteilen gebildet: das Jiddische (verschriftlicht stets in hebräischen Buchstaben). Während sich das Ost-Jiddische, das bis tief nach Russland gesprochen wurde, auch heute noch erhalten hat, ging das West-Jiddische, das eigentliche »Judendeutsch«, im 19. Jahrhundert verloren, weil seine Sprecher ins Hochdeutsche überwechselten. Nicht politischer Druck von oben im Sinne eines Sprachimperialismus hatte diesmal den Ausschlag gegeben, sondern der Versuch, über freiwillige Assimilierung in einem Land Anerkennung zu finden, dem man mit allen Kräften diente. Bekanntlich scheiterte dies gründlich, ja selbst nachdem die jüdische Bevölkerung das Hochdeutsche angenommen hatte, wurde jeder wirkliche oder auch nur angebliche Anklang ans Jiddische zum Anlass von Verhöhnung genommen. Die dazu passenden Vokabeln hießen »Mauscheln« oder »Jüdeln«.

Wenn Richard Wagner 1850 in seiner Hetzschrift *Das Judenthum in der Musik* schrieb, dass *der* Jude Hochdeutsch »immer als Ausländer« spreche, traf er die Stimmung im Lande perfekt. Unter einem Sprachnationalismus, der mit verquasten Reinheitsforderungen Ausgrenzung um jeden Preis betrieb, starb ein deutscher Dialekt, nicht weil er ein Dialekt war, sondern weil er von Juden stammte. In den KZs wurden dann Menschen umgebracht, die perfekt Hochdeutsch sprachen.

STIL UND JARGON

MITREDEN IN GENIESSBAREM DEUTSCH

Als Goethe in *Dichtung und Wahrheit* die Summe seines Lebens zog, kam er auf einen Kulturbruch zu sprechen, den er in seiner Jugend selbst miterlebt hatte. Die »Schulphilosophie«, so liest man, sei »der Menge fremd, ungenießbar und endlich entbehrlich geworden. Man machte den Versuch, man tat die Augen auf (...) und glaubte (...) mitzusprechen.« Schulphilosophie: Damit ist gemeint, was der Stolz des frühen 18. Jahrhunderts gewesen war, die frühe Aufklärung mit ihren Paradepferden Thomasius, Wolff, Gottsched. Unmöglich, dass Goethe damit die Verdienste um die Befreiung von theologischer Vorherrschaft, die Begründung einer Moral auf nichts als die Vernunft verkannt haben konnte. Und so war es auch nicht gemeint, wie man sieht, wenn man weiterliest und die Namen wahrnimmt, die Goethe als die neuen Sterne am Himmel nennt: »Mendelssohn, Garve traten auf und erregten allgemeine Teilnahme und Bewunderung.« Gewiss, man kennt diese Autoren heute kaum noch, aber Aufklärer waren auch sie, ja gerade sie sahen sich als Pädagogen, die jedem Einzelnen den Weg zum Glück ebnen wollten. Es muss also etwas innerhalb der Aufklärungsbewegung selbst gewesen sein, das als Bruch bzw. Neuanfang erschien.

Lesen wir noch einmal Goethes Formulierung, ja greifen wir nur ein einziges Wort heraus: »ungenießbar«. Ein stilistisches Urteil also, jedenfalls ein Urteil, das weniger die Inhalte als ihre Präsentation betrifft, das sich auf die alte »Sprache« bezieht und ihr eine neue entgegenstellt, dem ungenießbaren ein genießbares Deutsch. Man kann Goethe keine besondere

Differenziertheit in seinem Urteil bescheinigen, und doch trifft es ins Schwarze. Es waren Autoren hervorgetreten, die das Hausbackene, das Steife von Wolff oder Gottsched abstreiften und anders schrieben: nicht als Gelehrte für andere Gelehrte, sondern als aufgeklärte Bürger für aufgeschlossene Mitbürger. »Mitreden« war das andere Goethe'sche Stichwort, mitreden also in genießbarem Deutsch. Fast könnte man darin eine Definition sehen. Garve selbst sprach von »Lebensphilosophie« (als Gegensatz zur Schulphilosophie), formuliert im Zeichen von »Gemeinverständlichkeit«, »Popularität«.

Die Vorbilder lagen in der europäischen Aufklärung, in der englisch-schottischen Moralphilosophie eines Adam Ferguson und Edmund Burke zum Beispiel, die Garve übersetzt und die Schiller begeistert verschlungen hatte. Gewiss spielten dabei inhaltliche Gründe eine Rolle, die Thematik einer bürgerlichen Gesellschaft, die ihr politisches und wirtschaftliches System der Arbeitsteilung und die daraus folgende Entfremdung zu verstehen suchte. Aber die Bücher, in denen dies vorgetragen wurde, lasen sich als große Essays, ohne Paragrafendschungel und stilistische Drechseleien. *Das* war es also, was Goethe meinte: aufklärerischer Inhalt in ansprechender Präsentation. Damit stand er durchaus nicht allein, sondern traf einen Punkt, der in der damaligen Zeit hohe Beachtung fand. Die Deutsche Gesellschaft in Mannheim, eine Einrichtung am kurfürstlichen Hof seit 1775, lobte einen Preis zur Frage aus, »warum die Deutschen in Ansehung einer guten Schreibart gegen Griechen und Römer, vielleicht auch gegen Franzosen und Engländer« zurückstünden und worin das Verdienst der »besten deutschen Prosaisten« liege.

Garve antwortete 1799 auf die Preisfrage und verwies wie Goethe auf Mendelssohn. »Richtig« und »deutsch« sei dessen Sprache, die Sätze »nicht künstlich gebaut«, sondern »wohlklingend, flüssig«. Aber Garve kennt einen noch besseren Stilisten: Lessing. Dessen Prosa besitze mehr »Gewandtheit«, verfüge über »die feinsten Schattierungen der Gedanken«. Und weiter: »Eine verworrene Sache aus einander zu setzen« sei Lessings Stärke, auch die »Gabe zu dialogisiren«. Noch etwas hebt Garve schließlich lobend hervor: den »Hang zur Satyre«. Der passe eben zu dem, womit sich Lessing lebenslang beschäftigt habe: mit der »Aufklärung von dunklen und ungewissen Factis, und mit der Kritik«. Fast scheint es, als habe Deutschland mit Europa stilistisch gleichgezogen, aber dann fällt der erste Preis doch an den Franzosen Rousseau. Nur lag dies nicht am Stil, sondern am Inhalt: Die Franzosen beschäftigten sich nicht wie »die Unsrigen mit Erforschung noch unbekannter Materien, sondern mit populären Gegenständen«, heißt es bei Garve. Es gibt also nicht nur eine populäre Schreibart, sondern auch populäre Themen.

Wenn man weiß, dass sich Garve selbst als »populären Philosophen« sah, kann man in seinen Ausführungen ein geschicktes Selbstlob sehen. Tatsächlich aber lag in dieser Popularität vor allem in sprachlicher Hinsicht ein Gewinn, den man kaum überschätzen kann. Während Wolff und Gottsched noch für ein kleines Publikum von Experten schrieben, war gleichzeitig mit der enormen Popularisierung des Romans auch eine Explosion auf dem Gebiet der Sachliteratur, der Prosa erfolgt. Garve selbst hatte niemals Poetisches zu schreiben versucht, aber er verstand sich als Literat, als Stilist im »philosophischen« Fach. Philosophieren, so seine Überzeugung, müsse wirksam sein, und wirksam sei allein eine Sprache, die anzuregen verstehe.

In seinem Beitrag *Von der Popularität des Vortrages* hat Garve es 1793 in allen Einzelheiten dargelegt. Verständlichkeit ist dort an Gefälligkeit geknüpft, wobei die Devise gilt: Nichts gefällt, was nicht zuerst einmal verständlich ist. Eine antike rhetorische Tugend wird berufen und klingt doch angesichts einer Welt, in der das Lesen ganz andere Dimensionen gewonnen hat, wie neu: Deutlich schreiben heiße, »das Nichtverstehen seiner Gedanken unmöglich« zu machen. Dabei sei übertriebene Vorsicht gar nicht nötig: Der »gemeine Mann« begreife einen »guten deutschen Ausdruck« auch dann, wenn er selbst einen

anderen benutze. Ein reines Deutsch (diesmal ganz jenseits nationalistischer Schwafeleien) ist »dem Gelehrten untadelhaft«
und doch »dem Bauer und Handwerker verständlich«. Der
»populäre oder Volks-Ton« verzichtet eben nur auf Spezialkenntnisse, primitiv ist er nicht.

Was Garve hier zum Ausdruck bringt, trifft das Anliegen
einer ganzen Generation von Literaten, die Aufklärung mit
Stil verbanden und sich eine wissenschaftliche Prosa nicht
ohne Brillanz vorstellen konnten. Als Kronzeuge kann man
sich auf den großen Biologen und Verfasser einer vierundvierzigbändigen Naturgeschichte, den Grafen Buffon, berufen.
In seiner Antrittsrede vor der Académie française hat er 1753
das berühmte Diktum *Le style est l'homme même* (»Der Stil ist
der Mensch«) geprägt. In diesem Satz aber will (entgegen einer
verbreiteten Vorstellung) das Wort »Stil« betont sein: Nicht in
der wissenschaftlichen Leistung als solcher liegt also für Buffon
das Besondere und Unverwechselbare, sondern in ihrer perfekten Darbietung. Nicht dass der Stil irgendwie »menschliche«
Qualitäten habe, ist die Pointe, sondern dass menschliche Leistung auf Stil beruhe.

Auch bei den deutschen Aufklärern war diese Botschaft angekommen, auch sie schufen eine Sprache, die sich bis heute
flüssig liest (Germanistikstudenten jammern angesichts von
Originalausgaben gerne über die Frakturschrift, nicht aber über
den Stil). Die moderne deutsche Prosa *ist* ein Kind der (späten)
Aufklärung, die sich selbst gerne als Popularphilosophie bezeichnete. Immer wieder findet man bei ihren Vertretern auch
den Stolz auf die stilistische Könnerschaft.

Eigener Stil wie die eigene Nase

Ein gutes Beispiel bietet Lessings Streit mit dem Hamburger
Hauptpastor Melchior Goeze. Lessing hatte eine Schrift herausgegeben, die sich kritisch mit dem historischen Wortlaut

der Evangelien beschäftigte. Der Theologe Goeze verteidigte natürlich die Bibel, griff Lessing an, und zwar besonders dessen Art der Behandlung des Problems, die ihm als bloße »Wortspielerei« vorkam. Lessings Antwort aber ist eine Verteidigung genau dieses »Stils«:

> Doch lieber vergeben Sie mir immer, Herr Hauptpastor, eine Schwachheit, die mir zur andern Natur geworden ist. Jeder Mensch hat seinen eignen Stil, so wie seine eigne Nase; und es ist weder artig noch christlich, einen ehrlichen Mann mit seiner Nase zum besten haben, wenn sie auch noch so sonderbar ist. Was kann ich dafür, daß ich nun einmal keinen andern Stil habe? Daß ich ihn nicht erkünstle, bin ich mir bewußt. Auch bin ich mir bewußt, daß er gerade dann die ungewöhnlichsten Kaskaden zu machen geneigt ist, wenn ich der Sache am reifsten nachgedacht habe. Er spielt mit der Materie oft um so mutwilliger, je mehr ich erst durch kaltes Nachdenken derselben mächtig zu werden gesucht habe (...).

Wenn Lessing anschließend statt vom »Stil« von der »Wahrheit« sprechen will, ist das Ganze eine einzige Finte. Und die versteht man nur dann, wenn man weiß, dass sich Lessing mit seinen Worten keineswegs an Goeze wendet, sondern an das Publikum, das den Streit verfolgt. Dieses Publikum soll überzeugt, in Lessings Lager hinübergezogen werden, wozu eben nicht allein das bessere Argument zählt, sondern gerade auch die kühne Formulierung, das Feuerwerk der Gedankensprünge, wie es Goeze nur allzu richtig gesehen hat. Man kann dem Aufklärer Lessing zugutehalten, dass in diesem Streit keine Waffengleichheit herrschte, dass der Hauptpastor dem kleinen Literaten an Autorität weit überlegen war. Und so greift der zu einem Mittel, das schon immer den Davids gegen die Goliaths half: zur Frechheit. Was Garve »Satyre« nannte, ist eine geschliffene Polemik, bei der der Leser kaum Konzentration benötigt, vielmehr von Witz zu Witz gezogen wird.

In den elf Stücken des *Anti-Goeze* hat Lessing dieses Genre perfektioniert. Schon im ersten Stück redet er den Hauptpastor auf eine Weise an, die ihm die Ernsthaftigkeit der Gegnerschaft nimmt: *Lieber Herr Pastor, poltern Sie doch nicht so in den Tag hinein: ich bitte Sie.* Teils spricht Lessing mit dem Gegner, teils spricht er über ihn, teils unterbricht er die Unterhaltung, indem er sich an eine andere Person wendet und diese vor Goeze warnt. Genauso geschieht es in den weiteren Stücken. Immer wieder verändert Lessing die Perspektive und sorgt damit für Überraschungen. So wechselt die direkte Anrede, eingeleitet durch *Mein Herr Hauptpastor*, mit kommentierenden Einwürfen wie *Der Herr Hauptpastor verweisen mir (...)* Am bissigsten die Charakterisierung des Gegners, der mit seiner Art, durch Verdammen die Seligkeit zu erreichen, einer Hure gleiche, die durch Kinderzeugen ihr Heil zu erlangen hoffe.

Von genialer Boshaftigkeit auch die Anspielung auf die Zusammenarbeit des Hauptpastors mit dem *Altonaer Reichspostreiter*. Lessing nimmt den Namen der Zeitung wörtlich und wendet sich nun an ein Pferd, dem er sein Leid mit Goeze klagt:

> Ueberlege es doch nur selbst, lieber – Gaul. Denn was brauchst du viel, dieses zu können, ein Houyhnhnm [besonders intelligentes Pferd aus Jonathan Swifts *Gullivers Reisen*] zu seyn, der du doch einmal nicht bist? Ueberlege es nur; und suche es dem Herrn Hauptpastor so gut du kannst begreiflich zu machen (...).

Die Darstellung läuft am Ende auf die Schlussfolgerung hinaus, dem Pastor müsse es sogar am *gesunden Pferdeverstand* mangeln.

Von luftigen Hoffnungen zur Gedankenfreiheit

Keine Frage: Lessing hat mit dieser Sprache das Feuilleton erfunden, die Verbindung von Information mit anregendem

Witz. Er war keineswegs der Einzige in seiner Zeit, der diesen Ton beherrschte. Ein weiterer Meister der leichtfüßigen Darstellung ist Christoph Martin Wieland, der vor allem im Roman neue Wege einschlug, aber auch das »Philosophieren« liebte und beherrschte.

Als 1783 nach der Erfindung der Luftschifffahrt durch die Brüder Montgolfier in Europa ein Rennen auf Rekorde einsetzte, schrieb Wieland einen glänzenden Artikel unter dem Titel *Die Aeropetomanie.* Darin ist von den *luftigen Hoffnungen* der Pariser die Rede, von einem *eben von Lyon ankommenden Stück Taft,* das, obwohl eigentlich *zum Unterfutter für ein Paar neue Kleider bestimmt,* zum Ballon entfremdet wird. Breit erzählt Wieland, wie die rivalisierenden Erfinder *dem dringendsten Befürfniss der Pariser Welt, dem Durst nach neuem Zeitvertreib Nahrung verschaffen,* und gibt dann genüsslich das wenig eindrucksvolle *Experiment* wieder, bei dem vor dem versammelten Versailler Hof ein Hammel, eine Ente und ein Hahn ganze 27 Sekunden lang in ihrem Korb zum Himmel aufstiegen. Anschließend wird der *aerostatische Bürgerkrieg* geschildert, bei dem die Kontrahenten *in freyer Luft und auf den Wolken des Himmels Zelte gegen einander aufschlagen.* Das Ganze endet mit einer Persiflage, bei der ein Onkel mithilfe von *ein paar Klystierspritzen* mit brennbarer Luft aufgeblasen wird, bis er sich zur Decke erhebt und niemand in der Lage ist, den *Davonfliegenden* einzuholen.

Und nicht nur der witzigen Unterhaltung kam die neue Sprache der Aufklärung zugute. Sie half auch, wissenschaftliche Themen auf eine Weise zu formulieren, die den akademischen Stil der Vergangenheit abstreifte. Man kann dies gut an Schiller verfolgen, ja in seinem Fall lässt sich sogar von einer Entwicklung sprechen. Als Professor für Geschichte an der Universität Jena hielt er 1788 eine Vorlesung, die auch in Buchform erschien: *Die Geschichte des Abfalls der vereinigten Niederlande.* Wenn man die ersten Sätze der Einleitung liest, fühlt man sich an den schweren rhetorischen Stil der frühen Aufklärung, wenn nicht gar barocker Zeiten erinnert:

Eine der merkwürdigsten Staatsbegebenheiten, die das sechszehnte Jahrhundert zum glänzendsten der Welt gemacht haben, dünkt mir die Gründung der niederländischen Freiheit. Wenn die schimmernden Taten der Ruhmsucht und einer verderblichen Herrschbegierde auf unsere Bewunderung Anspruch machen, wie viel mehr eine Begebenheit, wo die bedrängte Menschheit um ihre edelsten Rechte ringt, wo mit der guten Sache ungewöhnliche Kräfte sich paaren und die Hülfsmittel entschlossener Verzweiflung über die furchtbaren Künste der Tyrannei in ungleichem Wettkampf siegen. Groß und beruhigend ist der Gedanke, dass gegen die trotzigen Anmaßungen der Fürstengewalt endlich noch eine Hülfe vorhanden ist, dass ihre berechnetsten Pläne an der menschlichen Freiheit zu Schanden werden, dass ein herzhafter Widerstand auch den gestreckten Arm eines Despoten beugen, heldenmütige Beharrung seine schrecklichen Hülfsquellen endlich erschöpfen kann.

Vor allem die »schweren« Adjektive (*schimmernden, verderblichen, edelsten* etc.) haben etwas Rhetorisches, die gestelzte Syntax mit ihren Parallelismen (*wo ... wo ...*) tut ein Übriges. Demgegenüber klingt der Anfang von *Über Anmut und Würde* nur fünf Jahre später trotz der Schwierigkeiten flüssig:

Die griechische Fabel legt der Göttin der Schönheit einen Gürtel bei, der die Kraft besitzt, dem, der ihn trägt, *Anmut* zu verleihen und Liebe zu erwerben. Eben diese Gottheit wird von den Huldgöttinnen oder den Grazien begleitet.
Die Griechen *unterschieden* also die Anmut und die Grazien noch von der Schönheit, da sie solche durch Attribute ausdrückten, die von der Schönheitsgöttin zu trennen waren. Alle Anmut ist schön, denn der Gürtel des Liebreizes ist ein *Eigentum* der Göttin von Gnidus; aber nicht alles Schöne ist Anmut, denn auch ohne diesen Gürtel bleibt Venus, was sie ist.

Auch beim Wortschatz hat Schiller Wert auf Verständlichkeit gelegt und nach Möglichkeit Fremdwörter gemieden (wogegen seine Briefe viel Französisches zeigen). *Form* und *Stoff, Schein* und *Erscheinung, lebende Gestalt* und vieles andere mehr gehen auf ihn ebenso zurück wie *Staatenbund, Staatensystem, Machtgleichheit, Wahlfreiheit, Selbsthilfe, Nationalcharakter, Gedankenfreiheit.* Wie man Lessing und Wieland bei ihren literarischen Feldzügen feuilletonistische Fähigkeiten zuschreiben kann, so Schiller bei seinen philosophischen Arbeiten essayistische. Der Hintergrund aber ist in beiden Fällen der gleiche: Es ging um eine Einbindung größerer Leserkreise mit den Mitteln sprachlicher Eleganz. Dabei hatte es Schiller bereits mit Kant zu tun, mit einer Philosophie, die sich statt an den Gegenständen selbst an den Bedingungen ihrer Erfassung orientierte. Angesichts dieser Abstraktionslage sollten Forderungen nach Verständlichkeit und Popularität auf eine harte Probe gestellt werden.

POPULARITÄT UND MAULWURFSAUGEN

Es ist lehrreich, den großen Zusammenstoß zwischen der Popularphilosophie und Kants neuen Ideen als eine Art »Sprachkrise« zu verfolgen. Tatsächlich hagelte es über die *Kritik der reinen Vernunft*, die 1781 erschien, Verrisse, und alle zielten in die gleiche Richtung: Kant wurde ein unnötiger und sogar eitler Jargon, eine Privatsprache mit Verachtung des Lesers vorgeworfen. Wieland hielt das ganze Werk für völlig indiskutabel, attackierte Kants Ausführungen als »philosophisches Rotwelsch, das weder teutsch ist noch sich in irgendeine Sprache, ohne sie zu destruieren, übersetzen lässt«. Der einflussreiche Verleger Friedrich Nicolai, der mit Lessing und Mendelssohn zur »Berliner Aufklärung« gerechnet wird, sprach höhnisch von der apriorischen (also erfahrungsunabhängigen) Philosophie Kants als von der »vonvornigen«. Und prompt finden wir Garve in der vordersten Reihe der Gegner.

Ein Verriss der *Kritik der reinen Vernunft* machte den Anfang.

Als Kant scharf antwortete, entschloss sich Garve immerhin zu einem auf Aussöhnung bedachten Brief:

> Aber das ist auch jetzt noch meine Meinung, vielleicht eine irrige; daß das Ganze Ihres Systems, wenn es wirklich brauchbar werden soll, populärer ausgedrückt werden könne; und daß die neue Sprache, welche durchaus in demselben herrscht, so großen Scharfsinn auch der Zusammenhang verräth, in welchen die Ausdrücke derselben gebracht worden, doch oft die in der Wissenschaft selbst vorgenommene Reform, oder die Abweichung von den Gedanken andrer, noch größer erscheinen mache, als sie wirklich ist.

Es überrascht, wie defensiv sich Kant daraufhin Garve gegenüber verhielt. So bringt er zunächst entschuldigend vor, sein Buch sei noch nicht »der allgemeinen Faßlichkeit genugsam angemessen ausgearbeitet worden, als wozu noch wohl einige Jahre erforderlich gewesen wären«, um dann zur vorsichtigen Verteidigung überzugehen:

> Die erste Betäubung, die eine Menge ganz ungewohnter Begriffe und einer noch ungewöhnlicheren, obzwar dazu nothwendig gehörigen neuen Sprache, hervorbringen mußte, wird sich verlieren.

Sogar einen »gerechten Vorwurf« räumt Kant angesichts der Anmahnung von Popularität ein und weist selbst auf die Möglichkeit hin, dass sich unter einem »Dunst von scheinbarem Scharfsinn« möglicherweise »Unsinn« verberge. Kant hat diese temperierte Haltung auch öffentlich zum Ausdruck gebracht, insbesondere in den Vorreden zu seinen Werken. Allerdings hat er sich auch energisch gegen »Popularität« und »Volksbegriffe« ausgesprochen, und zwar »als ekelhaften Mischmasch von zusammengestoppelten Beobachtungen und halbvernünftelnden Prinzipien (…), daran sich schale Köpfe laben«. Kant hielt Allgemeinverständlichkeit alles in allem wohl für erstrebenswert, aber kaum mehr für eine unabdingbare bzw. erfüllbare Anforderung im Bereich wissenschaftlichen Forschens. Er hielt es für einen »Skandal der Philosophie«, wie früher »mit Maulwurfsaugen« auf die Realität zu blicken, will sagen: ohne die neue Brille geschärfter Begriffe bzw. ganzer Begriffssysteme.

Garve hat in seinem Aufsatz *Von der Popularität des Vortrages* auf diese Verteidigung reagiert und nun umgekehrt den Anforderungen einer Systemphilosophie Rechnung zu tragen versucht, indem er die Schwierigkeiten mit denen verglich, die in einem Fach wie der Mathematik unvermeidlich und auch anerkannt sind. Nur bestand er darauf, dass die (wie er sich ausdrückte) »esoterische Philosophie« irgendwann in eine »gemeinverständliche« übersetzbar sein müsse:

> Käme es nie dazu: so würde die entdeckte Wahrheit dem menschlichen Geschlecht unnütz seyn; weil sie nur unter einer so bestimmten Form denkbar, oder überzeugend wäre, die niemals der Natur aller Menschen angemessen seyn kann. Geschieht es aber: so wird alsdann das Gerüste des Systems abgebrochen, und die technische Sprache des Erfinders mit der gemein verständlichen vertauscht werden können.

Es klingt so überzeugend und hat sich doch in der Geschichte als so unerfüllbar herausgestellt. Die »Gerüste« sollten sich eben doch nicht als abbaubar erweisen. Kant ließ sich nie vereinfachen, bis jeder ihn verstehen konnte.

Um 1800 begann sich vielmehr eine Schere zwischen Wissenschaft und Alltagswissen zu öffnen, die immer weiter auseinanderging. Die Wissenschaften entwickelten ihre eigene Sprache, ohne die Begrifflichkeiten des Alltags, die aus der Welt der unmittelbaren Anschauung stammten. Zwischen den Denker und den Gegenstand seines Denkens schob sich die Methode, Wahrheit ließ sich nicht länger ohne methodisches Vorgehen verfolgen, wie es Hans-Georg Gadamer in seinem berühmten Werk *Wahrheit und Methode* auf den Begriff brachte. Das aber war mit der Zumutung einer eigenen Sprache verbunden, die den Kritikern als ärgerlicher »Jargon« erschien.

TIEFE ODER UNSINN

Diese Polemik gab es sehr bald nicht nur in einer Richtung: als Verurteilung der neuen Sprache von Philosophie bzw. Wissenschaft. Kant-Schüler wandten sich vielmehr nun umgekehrt vehement gegen die Popularphilosophie, besonders gegen Garve.

Friedrich Schleiermacher unterstellte ihm ein »Chaos von Unphilosophie und Geistlosigkeit«, Friedrich Schlegel verhöhnte Garves Werk, indem er ihm ironisch »Unverständlichkeit« vorwarf. Mit dem Anschluss an Kant bildete sich in Deutschland eine neue Form von »Schule«, die anders als die alte Schulphilosophie Allgemeinverständlichkeit geradezu verachtete. Nicht Kant selbst, aber die Kantianer waren stolz, ihre eigene Sprache zu sprechen. Und bald sollte Schule auf Schule mit gleichem Anspruch folgen, ja Unverständlichkeit zu einem Markenzeichen werden, wie es etwa die Hegelianer auszeichnete. Was das europäische Ausland so nicht kannte, gehört ebenfalls zum »deutschen Sonderweg«: eine Sprache der »Tiefe«, bei der schon Kant die Gefahr des »Unsinns« angemahnt hatte. Wenn 1788 das erste Lexikon zur Kant'schen Terminologie erschien (in dem für »Vernunft« 23 Bedeutungen aufgeführt sind), wenn ganze Zeitschriften zur Verteidigung (und Widerlegung) des Kantianismus gegründet wurden, war die Frage, wie sich mit diesen Schwierigkeiten (und einem wechselseitigen Missachten) auf Dauer leben ließ.

Allerdings gab es auch im Lager der Wissenschaft von Anfang an Unterschiede. Nicht alle teilten die Vorliebe für Dunkelheit und privatsprachliche Attitüde. Schopenhauer verabscheute Hegels Philosophie, gerade auch den »Jargon« seines Philosophierens, und schrieb selbst auf hohem, aber bemerkenswert verständlichem Niveau. Der Jurist Friedrich Carl von Savigny setzte bei der Abfassung der Gesetzeswerke, die er als preußischer Minister betreute, eine ausgesprochene Lesefreundlichkeit durch. Gegen eine Neukodifikation wie in Frankreich forderte er den Anschluss an das historisch gewachsene Gewohnheitsrecht, wandte sich dabei gegen »nichtssagende Kürze« und beharrte auf einer »Schönheit« der Darstellung. Historiker haben ebenfalls Verständlichkeit immer groß geschrieben. Theodor Mommsen brachte es 1902 mit seiner *Römischen Geschichte* zum Nobelpreis für Literatur. Noch Sigmund Freud war ein Autor, der bei aller fachsprachlichen Abstraktion auf den Stil achtete und seinen umstrittenen Aufsatz *Totem und Tabu* über alles stellte, weil er ihm stilistisch als besonders gelungen erschien.

Eine ganz andere Rolle spielten im 19. Jahrhundert die Naturwissenschaften, die Biologie, Physik, Chemie, die sich mit ihren Fachterminologien bald regelrecht vom Alltagsverständnis abkoppelten und nur mit oft trivialisierten Schlagworten Eintritt in die Gemeinsprache fanden. Nicht Popularisierung, aber Erklärung wurde die Devise, und eine ganze Branche entstand, um diese Aufgabe zu übernehmen: der Journalismus. Zwischen Publikum und Wissenschaft schob sich eine neue Macht, die für die Ausbildung der Sprache große Bedeutung gewann. Nicht die Sprache der Klassiker war es, die wirklich die Entwicklung bestimmte, sondern diese Sprache der Öffentlichkeit, in der alle wesentlichen Fragen diskutiert wurden.

Sprachverhunzung, Hegel'scher Schlamm und öffentliche Unzucht

Nur ergab sich gerade in Deutschland ein neues Handicap. Zeitungen und Zeitschriften unterlagen lange Zeit der Zensur, die sich vor allem im Bereich der Politik auswirkte. Schon Christian Schubart hatte in seiner seit 1774 erscheinenden Zeitschrift *Teutsche Chronik* »über die kriechenden Verbeugungen vor den Großen der Welt« geklagt, über die »Brand- und Mordgeschichten«, die die Stelle von wirklicher Information übernähmen – und büßte dies Jahre seines Lebens im Gefängnis des württembergischen Herzogs auf dem Hohenasperg bei Stuttgart. Nach 1789 formierte sich eine Propaganda in den Lagern der Befürworter und Gegner der Französischen Revolution, wurden Schlagworte mit Solidarisierungsfunktion erfunden und verbreitet, ehe der Staat alle Meinungsäußerungen brutal unterdrückte.

Die Märzrevolution von 1848 brachte eine erste Verbessung, 1874 hob das Reichspressegesetz die Zensur auf. In dieser Zeit entwickelte sich die Informationsflut zur Lawine: 200 Zeitungen an 150 Druckorten gab es um 1800, 3405 Zeitungen an 1884 Druckorten waren es um 1900. Binnen eines Jahrhunderts hat sich die Gesamtauflagenhöhe vervierzigfacht. Eine eigene Nachrichtensprache entstand, die nach dem *Lead*-Prinzip mit »Vorspann« aufgebaut war, um Spannung zu erzeugen und damit das Verständnis zu erleichtern. Neben den Tageszeitungen, von denen einige sogar mehr mals täglich erschienen, sorgte seit 1853 eine erste illustrierte Zeitschrift, die *Gartenlaube*, für eine vertiefte Information. Technische Erfindungen, die sich in dieser Zeit überstürzten, wurden sofort besprochen: die Dampfkraft, das Telefon, die Telegrafie, immer garniert mit unterhaltsamen Kommentaren, die uns heute oft genug bizarr anmuten (wie etwa eine Persiflage über Liebesschwüre per Telefon als Kritik am Telefonieren). 1876 lag die Auflagenhöhe der *Gartenlaube* bei 382 000 Exemplaren, wobei noch berücksichtigt werden muss, dass Druckerzeugnisse damals im versammelten Familienkreis vorgelesen wurden.

Die Presse beobachtete jedoch nicht nur die intellektuelle Szene, sondern diese beobachtete auch gewissermaßen zurück. Es ist interessant, dass das neue Medium heftig kritisiert, die Zeitungssprache als sprachverstümmelnd und Inbegriff des Jargons verunglimpft wurde. Arthur Schopenhauer führte 1851 in seiner Schrift *Ueber Schriftstellerei und Stil* regelrech-

te Lästerkataloge zur Beschimpfung der Journaille an: Von
»hirnlosen Tintenklecksern« liest man ebenso wie von deren
»vandalischer Zerstörungswut«, von »stumpfen Tölpeln« wie
von deren »Lumpenjargon«. Einen Höhepunkt der Invektiven
gegen die »Zeitungsschmierer« dürfte der folgende Passus darstellen:

> Seht daher, wie sie schwelgen in der Sprachverhunzung, diese edeln
> Söhne der »Jetztzeit«. Seht sie nur an! kahle Köpfe, lange Bärte, Bril-
> len statt der Augen, als Surrogat der Gedanken ein Cigarro im thie-
> rischen Maul, ein Sack auf dem Rücken statt des Rocks, Herumtrei-
> ben statt des Fleißes, Arroganz statt der Kenntnisse, Frechheit und
> Kamaraderie statt der Verdienste. Edele »Jetztzeit«, herrliche Epigo-
> nen, bei der Muttermilch Hegel'scher Philosophie herangewachsenes
> Geschlecht! Zum ewigen Andenken wollt Ihr euere Tatzen in unsere
> Sprache drücken, damit der Abdruck, als Ichnolith, die Spur eueres
> schaalen und dumpfen Daseyns auf immer bewahre.

Friedrich Nietzsche, ein Schüler Schopenhauers, hat munter
mit auf die Journalisten eingeprügelt. In einer seiner *Unzeitge-
mässen Betrachtungen* von 1874 lesen wir vom »Schleim dieser
Zeitungs-Sprache«. Noch mehr zog er allerdings gegen die
Literaten seiner Zeit zu Felde, die Bücherschreiber gleich welchen Fachs. So wendet er sich gegen das »schamlose Sudler-
deutsch« eines Eduard Devrient, gegen das »Stil-Monstrum«
Karl Gutzkow und vor allem gegen den »nichtswürdigen Stilisten« David Strauß, dessen sprachliche Schnitzer ausführlich
kommentiert werden. Auch daraus eine Kostprobe:

> (...) denn das mag David Strauß zum Troste gesagt werden, wenn
> es ihm ein Trost sein kann, daß jetzt alle Welt so schreibt wie er, zum
> Teil noch miserabler, und daß unter den Blinden jeder Einäugige Kö-
> nig ist. Wahrlich, wir gestehen ihm viel zu, wenn wir ihm ein Auge
> zugestehen; dies aber tun wir, weil Strauß nicht so schreibt wie die
> verruchtesten aller Deutsch-Verderber, die Hegelianer, und ihr ver-

krüppelter Nachwuchs. Strauß will wenigstens aus diesem Sump-
fe wieder heraus und ist zum Teil wieder heraus, doch noch lange
nicht auf festem Lande; man merkt es ihm noch an, daß er einmal
in seiner Jugend Hegelisch gestottert hat (...). Damit hat er als Stilist
sein bestes Hab und Gut verloren und ist verurteilt, zeitlebens auf
dem unfruchtbaren und gefährlichen Triebsande des Zeitungsstiles
sitzenzubleiben – wenn er nicht in den Hegelschen Schlamm wieder
hinunter will.

Sprachkritik als Kritik an sprachlicher Unkorrektheit und stilistischer Unbeholfenheit war im späten 19. Jahrhundert ein
Dauerthema. Noch im 20. Jahrhundert ist ein weiterer Großer
zu nennen, der in den Feldzügen gegen den Ungeist seiner Zeit
das Problem in einer eigenen Zeitschrift zum Thema machte:
Karl Kraus mit seiner *Fackel*, die er zwischen 1899 und 1936
allein mit Artikeln füllte. Und auch hier sind es immer wieder bzw. immer noch die Journalisten, die er ins Visier nimmt.
Die Rede ist dabei vom »Tiefstand der Verkommenheit«, ja es
werde in den Zeitungen nur noch »gelallt« und »gekotzt«. Berühmt ist die Formulierung: »Es genügt nicht, keine Gedanken
zu haben; man muß auch unfähig sein, sie auszudrücken.« Ein
andermal heißt es: »Sprechen und Denken sind eins, und die
Schmöcke [Schwätzer, auch Winkeljournalisten] sprechen so
korrupt, wie sie denken«, bevor dann »straffe Bestimmungen
gegen die öffentliche Unzucht« eingefordert sind, »die mit der
deutschen Sprache getrieben werde«.

500 000 Reichsmark für eine Weltsprache

Woher diese Wut? Ob Schopenhauer, Nietzsche oder Kraus:
Es geht offenbar um die Verteidigung einer Bildungssprache
als Garant von Kultur.

Was auf den ersten Blick alte humanistische Vorstellungen
fortzusetzen scheint, gewinnt seine neue Kontur dadurch, dass

es nun nicht mehr um das internationale Latein geht, sondern um das nationale Idiom: bis 1871 das *einzige* Fundament der Nation Deutschland, auf jeden Fall aber das einzige, das über alle politische Misere erhaben sein soll. Wenn Sprache und Denken miteinander verbunden sind, wie die Sprachphilosophie seit Herder und Humboldt betonte, ist das Gefäß des Denkens umso kostbarer – und gefährdeter. Stil und Jargon sind nicht Alteritäten wie Dialekte, die nebeneinander herlaufen, der Stil kämpft gegen den Jargon um das Überleben von Kultur. Auf breiter Basis entwickelte sich eine Sprachkritik, die die Sprache umsorgte, das Deutsche pflegte wie einen Garten – weit über die Fremdwortfrage wie noch in barocken Zeiten hinaus. 1891 erschienen erstmals Gustav Wustmanns *Sprachdummheiten*, die einem breiten Publikum behilflich sein wollten, stilistische Schnitzer wie »Ungeziefer« zu vernichten, ja wie eine gefährliche »Seuche« zu bekämpfen (auch wenn Kraus das Buch selbst als Symbol der »Sprachverwirrung« anprangerte).

Dabei hatte sich die deutsche Hochsprache im 19. Jahrhundert überraschend problemlos durchgesetzt. Eine Institution nach Pariser oder Londoner Muster war nicht nur nie zustande gekommen, sie war sogar ausdrücklich nicht erwünscht. Als der große Historiker Leopold von Ranke sich 1858 mit dem Vorschlag der Gründung einer Sprach-Institution an Bismarck wandte, scheiterte er am Widerstand der Berliner Akademie der Wissenschaften, wo ein anderer Berühmter, Gustav Droysen, die Argumente für die Ablehnung lieferte. Schon rührend der Einsatz jenes Kaufmanns, der zur Einrichtung einer »Deutschen Akademie zur Normierung der deutschen Sprache und ihrer Weiterentwicklung zu einer Weltsprache« eine Geldspende in Höhe von 100 000 Reichsmark in Aussicht stellte und trotz Erhöhung auf 500 000 von den zuständigen staatlichen Stellen abgewiesen wurde. 1889 wandten sich 41 hochrangige Unterzeichner vor allem aus dem Universitätsbereich gegen die Einrichtung einer offiziellen Sprachbehörde.

Zu tief saß die romantische Überzeugung von der organi-

schen Sprachentwicklung als einzig angemessener. Tatsächlich war auf natürliche Weise, ohne staatliche Eingriffe eine
Hochsprache zustande gekommen, die alle Anforderungen an
Perfektion offensichtlich befriedigte. Vielleicht war es gerade
dieses »Wunder« der wie von selbst entstandenen Hochsprache, das deren leidenschaftliche Verteidigung ebenso wie die
Ablehnung jeder von außen kommenden Regulierung erklärt.

Dass sich diese Hochsprache im Laufe des 19. Jahrhunderts
über die dünne Schicht des gebildeten Bürgertums hinweg auch
auf breiter Basis durchsetzte, verdankte sich dem Ausbau des
Schulsystems, der Einführung der allgemeinen Schulpflicht.
Allerdings musste man für längere Zeit mit einer Art Zweisprachigkeit von Hochsprache in der Schrift und Dialekt im
mündlichen Umgang rechnen. Vor allem der Adel zögerte, auf
die bürgerliche Entwicklung einzugehen, und blieb bei seinem
Französisch unter Standesgenossen und einem derben Dialekt
gegenüber Untergebenen. Am anderen Ende der sozialen
Hierarchie fand die Arbeiterschaft erst allmählich Anschluss
an den gehobenen Standard, zuletzt aber in großem Tempo,
um Aufstiegschancen zu nutzen. Um 1900 kamen die Linien
zusammen und begründeten eine durchgehende Hochsprache,
die dann auch auf die Mündlichkeit abfärbte und die Dialekte
auf den häuslichen Gebrauch zurückdrängte.

Als äußeres Zeichen dieser hochsprachlichen Einheit kann
die einzige Reform betrachtet werden, die auf immerhin halb-
amtlichem Wege verwirklicht wurde: die der Orthografie. Offensichtlich als Reaktion auf die Reichsgründung war es der
Gymnasialdirektor Konrad Duden, der 1872 seine *Deutsche
Rechtschreibung* vorlegte, die gegen damalige radikale Vorschläge einer Vereinfachung im phonetischen Sinne die Tradition vorsichtig weiterzuentwickeln suchte. Während Klopstock 1778 in einem Artikel *Über die deutsche Rechtschreibung*
noch vorgeschlagen hatte, statt »nichts« *nichz* zu schreiben,
und 1876 Friedrich Wilhelm Fricke seinen *Algemeinen ferein
für fereinfahte rehtschreibung* gründete, der schon im Titel sein

radikales Programm andeutet, kam im gleichen Jahr 1876 die Erste Orthographische Konferenz in Berlin unter Mitwirkung des interessierten Druckgewerbes zustande.

Dort wurde keine Einigung erzielt. Daraufhin legte Duden 1880 sein *Vollständiges orthographisches Wörterbuch der deutschen Sprache* vor, das große Wirkung zeigte (obwohl Bismarck es ablehnte). 1901 waren auf der Zweiten Orthographischen Konferenz auch Österreich und die Schweiz vertreten und einigten sich im Wesentlichen auf die Rechtschreibung, die Duden im Jahr zuvor in der sechsten Auflage seines Wörterbuchs vorgegeben hatte. Als Duden 1911 starb, war die elfte Auflage gerade fertig, die zur Orthografie nun auch Bedeutungserklärungen hinzufügte und damit den *Duden* zu dem machte, was er bis heute blieb.

Um diese Zeit hatte auch die Hochlautung eine Normierung erfahren, und zwar durch den Germanistikprofessor Theodor Siebs. Der gebürtige Norddeutsche und Spezialist für das Friesische legte seine (aufgrund der Herkunft wieder einmal norddeutsch geprägte) *Deutsche Bühnenaussprache* erstmals 1898 vor. Schon im nächsten Jahr wurde das Werk für den Schulunterricht empfohlen und sollte später den Rundfunk prägen. Auch diese Seite der Normierung war also wieder einmal allein privater Initiative entsprungen. Um 1900 hatte die deutsche Sprache jedenfalls ein Ziel erreicht, das noch wenige Jahrhunderte zuvor undenkbar schien. Die Hochsprache war Wirklichkeit geworden, der Dialekt auf eine Art privates Register zurückgedrängt. Nun konnten Experimente stattfinden. Man musste nicht lange darauf warten.

LITERARISCHE MODERNE

Es ist immer Vorsicht geboten, wenn man die Literatur als Zeugnis der Sprachentwicklung nimmt. Schon die »Sprache der Klassiker« hatte sich als Phantom erwiesen, als sie als Fundament der Sprache des Bürgertums herhalten sollte. Noch größere Vorsicht scheint angesichts der literarischen Moderne angebracht. Literatur wendete sich in dieser Phase gegen jede Normalität, wollte experimentieren, wagte Kreativität bis zur Sprengung aller Konventionen. Was soll daran vorbildlich geworden sein? Die Antwort lautet: Die Literatur übernahm eine Vorreiterrolle. Ihre Experimente loteten Möglichkeiten aus, die, auf ein erträgliches Maß reduziert, die Normalität bereicherten, ergänzten. Die literarische Moderne war so gesehen das Exerzierfeld einer endgültig selbstbewusst gewordenen Sprache. Man könnte es sogar noch schärfer formulieren: Seither ist Normbruch kein Tabu mehr, sondern selbst Normalität.

Die Anfänge liegen dabei wieder einmal in Frankreich. Hier war es Charles Baudelaire, der mit den *Blumen des Bösen* von 1857 den Symbolismus begründet und damit eine Bewegung ausgelöst hatte, die sich vom Diktat, Literatur habe die Wirklichkeit wiederzugeben, löste. Gleichzeitig rebellierten bildende Künstler gegen den Historismus und Realismus ihrer akademischen Lehrer. Édouard Manet provozierte den ersten Skandal bei der Ausstellung im *Salon des Refusés* (»Salon der Zurückgewiesenen«), als er 1863 auf seinem Gemälde *Frühstück im Freien* eine nackte Frau zwischen bürgerlich mit Anzug und Hut bekleidete Männer setzte und statt mit sorgfältigen Farbübergängen mit harten Kontrasten arbeitete.

Auch auf Deutschland griff diese Bewegung über, auch hier ging es um eine Loslösung vom Realismus des 19. Jahrhunderts, der sprachlich wenig experimentierfreudig, um nicht zu sagen: konventionell verfahren war. Seit dem Ende des 19. Jahrhunderts ereigneten sich in rascher Folge literarische Revolutionen, die alles Dagewesene grundsätzlich erschütterten. Um 1890 tauchte der Begriff der »Moderne« in Proklamationen auf, seit 1892 erschien die Zeitschrift *Die Zukunft*. Es herrschte eine Aufbruchsstimmung, die sich gegen das 19. Jahrhundert wendete: gegen bürgerlichen Mief und abgestandenen Idealismus, gegen den Goethe-Schiller-Kult und wilhelminisches Säbelrasseln.

Die neuen Impulse kamen aus der Naturwissenschaft, aus Darwinismus und Vererbungslehre, aus Positivismus und Psychologie. Noch bevor sich dies mit einem sprachlichen Experimentieren verband, das zuletzt die Grammatik regelrecht auflöste, sollte der Neuanfang aus dem Bündnis mit der Wissenschaft hervorgehen: als Umsetzung von deren Erkenntnissen in die Literatur. Die Krise der Moderne wurde zunächst als Krise der bürgerlichen Gesellschaft wahrgenommen, die Literatur gewann ihre Sprengkraft aus der Infragestellung der überkommenen Ordnung mitsamt der Stellung des Künstlers in ihr. Die Anknüpfung an die Wissenschaft war nicht Selbstzweck, sondern verstand sich als Voraussetzung eines sozialkritischen Engagements.

Dafür stand zunächst der Naturalismus als erste große Protestbewegung überhaupt, die sich anfangs weniger in literarischen Zeugnissen als in Manifesten wie etwa Karl Bleibtreus *Revolution der Literatur* von 1886 artikulierte. Es war kein Zufall, dass der Naturalismus mit seinem Aufkommen sofort eine Flut weiterer Ismen auslöste, die den Protest jeweils lediglich auf andere und eigene Weise artikulierten: Symbolismus, Expressionismus, Futurismus und viele weitere Strömungen liefen nebeneinander her, stellten sich in Manifesten – was bald als *Manifestatismus* kritisiert wurde – gegenseitig in Frage.

Darwinismus im Sekundenstil

Was den Naturalismus auszeichnet, kann man sich an einer
kleinen Erzählung klarmachen, die bei ihrem Erscheinen wie
ein Erdbeben wirkte: *Papa Hamlet* von Arno Holz und Johannes
Schlaf aus dem Jahre 1889. Inhaltlich geht es um das Schicksal eines Schauspielers, der den Hamlet geben soll, jedoch an
seinem ärmlichen Milieu (und an der Trunksucht) scheitert.
Aber das Neue liegt nicht im Inhalt. Man muss nur die ersten
Zeilen lesen:

> Was? Das war Niels Thienwiebel? Niels Thienwiebel, der große, un-
> übertroffene Hamlet aus Trondhjem? Ich esse Luft und werde mit
> Versprechungen gestopft? Man kann Kapaunen nicht besser mäs-
> ten? (...)
> »He! Horatio!«
> »Gleich! Gleich, Nielchen! Wo brennt's denn? Soll ich auch die Skat-
> karten mitbringen?«
> »N… nein! Das heißt …«
> – – »Donnerwetter noch mal! Das, das ist ja eine, eine – Badewan-
> ne!«
> Der arme kleine Ole Nissen wäre um ein Haar über sie gestolpert. Er
> hatte eben die Küche passiert und suchte jetzt auf allen vieren nach
> seinem blauen Pincenez herum, das ihm wieder in der Eile von der
> Nase gefallen war.
> »Hä? Was? Was sagste nu?!«
> »Was denn, Nielchen? Was denn?«
> »Schafskopp!«
> »Aber Thiienwiebel!«
> »Amalie?! Ich …«
> »Ai! Kieke da! Also döss!«

Die »Erzählung« besteht fast ausschließlich aus solchen »Dia-
logen«, und die entbehren erkennbar jeder literarischen Formung. Stattdessen sind Abläufe in einer Art wiedergegeben,

die man als »Sekundenstil« bezeichnet hat. Der Leser wird mit ungefilterter und ungesteuerter Authentizität konfrontiert, die heute der Film ermöglicht. Sprachlich führt dies zur Übernahme von Dialekt, zum Stammeln, zu bloßen Lautäußerungen, wie es der immer auf Glättung bedachte Realismus so nicht gekannt hatte. Dass dabei *Hamlet*-Zitate einmontiert sind, kann als einziges »künstlerisches« Element betrachtet werden, wenn man nicht die unkünstlerische Wiedergabe der Realität selbst als Form von Kunst anerkennt. Holz und Schlaf haben diesen Stil im Drama *Die Familie Selicke* weiterentwickelt. Wieder liegt eine Milieustudie zugrunde (über eine Proletarierfamilie, der in der Weihnachtsnacht das Kind stirbt), und wieder geben die Dialoge nichts als die alltäglichste Wirklichkeit wieder.

Was naturalistische Sprache in dieser Hinsicht leistet, hat Gerhart Hauptmann in sieben Dramen zwischen 1889 und 1893 vorgeführt – ehe er sich anderen künstlerischen Formen zuwandte. Das erste, *Vor Sonnenaufgang*, entstand unmittelbar nach der Lektüre von *Papa Hamlet* und knüpft vor allem an die Thematik von Alkoholismus und Determinismus an. Aber Hauptmann suchte eben auch Anschluss an den von Holz und Schlaf erfundenen Sprachstil des »konsequenten Naturalismus«. Sein zweites naturalistisches Drama, *Die Weber*, schrieb er in der Urfassung von 1891 im schlesischen Dialekt seiner Heimat *(De Waber)*, ehe er es 1892 in ein bühnentaugliches Hochdeutsch übersetzte. Die Uraufführung auf der für den Naturalismus eigens geschaffenen Freien Bühne in Berlin löste 1893 den ersten Theaterskandal der Moderne (mit anschließendem Aufführungsverbot) aus. Dabei spielte wohl die soziale Dimension die Hauptrolle, die Kritik an der Ausbeutung der Weber durch einen Kapitalisten.

Wirklich innovativ aber war das Erscheinen des »Volkes« auf der Bühne, erstmals traten in einem Theaterstück Proletarier als Handlungspersonal auf, als gestaltlose, unterdrückte Masse (mit Figuren ohne wirkliche Namen wie die »erste Weberfrau«). Zu Beginn des I. Akts, als die Ware beim Fabrikanten abgeliefert wird, heißt es (nach einer peniblen, ganzseitigen Bühnenanweisung):

> KASSIERER NEUMANN, *Geld aufzählend*. Bleibt sechzehn Silbergroschen, zwei Pfennig.
> ERSTE WEBERFRAU, *dreißigjährig, sehr abgezehrt, streicht das Geld ein mit zitternden Fingern*. Sein Se bedankt.
> NEUMANN, *als die Frau stehenbleibt*. Nu? stimmt's etwa wieder nich?
> ERSTE WEBERFRAU, *bewegt, flehentlich*. A poar Fenniche uf Vorschuuß hätt' ich doch halt asu neetich.
> NEUMANN. Ich hab' a paar hundert Taler neetich. Wenn's ufs Nee-tichhaben ankäm' –! *Schon mit Auszahlen an einen andern Weber beschäftigt, kurz*. Ieber den Vorschuß hat Herr Dreißiger selbst zu be-stimmen.

Was Hauptmann hier ausarbeitet, wirkt wie protokollierte Beobachtung, wie »Material« für den Psychologen, der eine Handlung als Experiment inszeniert. Sprachlich kommt damit erstmals (Ausnahmen wie Georg Büchners 1836 entstandener *Woyzeck* nicht gerechnet) ungeschminkte Wirklichkeit zum Zuge. Proletariersprache gewährleistet die »wissenschaftliche« Exaktheit der Versuchsanordnung, ohne die Erkenntnis nicht mehr erreichbar scheint.

Dabei war das Spektrum naturalistischen Arbeitens breit. Arno Holz gab 1898/99 einen lyrischen Zyklus unter dem Titel *Phantasus* heraus, in dem die gleichnamige mythologische Ge-stalt (Phantasus ist der Sohn des Schlafes) seine dichterischen Halluzinationen ebenfalls im Sekundenstil äußert – diesmal in einer hochstilisierten Form, für die wieder nur ein paar Zeilen des Anfangs zur Anschauung dienen mögen:

> In
> letztem, tiefem,
> bannendem, webendem, lastendem
> Nachtschlaf,

durch

purpurn ... balliges

Gedicht,

aus überjenweltlichem Sphärenlicht ein erdleiblosgelöstes

Glanzgesicht,

raunte sich mir, kündete sich mir, gestaltete

sich mir

die

Gewissheit:

Sieben Billionen ... Jahre ... vor meiner Geburt

war ich

eine Schwertlilie.

Wenn Holz das lyrische Ich Entwicklungsstadien des Lebens durchwandern lässt, folgt er der damaligen biogenetischen Theorie, wie er in *Papa Hamlet* und der *Familie Selicke* der Milieutheorie folgte. Nur ist es jetzt ein Dichter, der im Sekundenstil aus der Zerschlagung der Sprache eine neue Wirklichkeit schafft – mit Wortungetümen wie *buntstachelspieß-blätterschopfigen, buntstachelspießblätterkopfigen, palmwedelwüchsig mastadonringelstämmigen Bluthariz-Drachenbäumen.*

LULLENDES LIED AUS ATTISCHEN LANDEN

Natürlich gab es Kritik am Naturalismus. Die *Familie Selicke* wurde als »Thierlautkomödie« verunglimpft, bei deren Veröffentlichung es »schade um das schöne Papier« sei. Auf hohem Niveau wandte sich Frank Wedekind gegen das »Unkünstlerische« des Verfahrens. Ausgerechnet der alte Realist Fontane erkannte in dem Stück jedoch »eigentümlichstes Neuland«.

Aber die wirkliche Alternative zum Naturalismus lag im gleichzeitigen Symbolismus, der aus der Ablehnung des Realismus eine völlig andere Konsequenz zog: die Flucht ins Schöne, in ein Reich der Kunst jenseits der Wirklichkeit und vor allem

jenseits harter sozialer Realität. Die Richtung stammte wieder
aus Frankreich, wo inzwischen Autoren wie Arthur Rimbaud
und Paul Verlaine das Erbe Baudelaires angetreten hatten.
In Deutschland gehört Stefan George zu Baudelaires Nach-
folgern, er übersetzte die *Blumen des Bösen* (aber auch Dantes
Göttliche Komödie und Shakespeares Sonette) ins Deutsche. Im
Gedichtband *Algabal* von 1892 suchte George unter dem leicht
abgewandelten Namen eines spätrömischen Kaisers die Atmosphäre der Dekadenz einzufangen. Die äußerst stilisierte Sprache (in Kleinschrift übrigens nach Jacob Grimm und in eigener
Typografie) steht in schärfstem Gegensatz zum Naturalismus:

> Da auf dem seidenen lager
> Neidisch der schlummer mich mied
> So bringt keine wundersager
> So will ich kein lullendes lied
> Der mädchen attischer lande
> Was mir vor monden gefiel.
> Nun schlingt mich in eure bande
> Flötenspieler vom Nil

Eine Art Kunstreligion, die sich gegen die soziale Realität
ebenso abgrenzt wie gegen den Funktionalismus der damals
entstehenden Industriegesellschaft, ist also lediglich eine andere Antwort auf die Krise der Moderne. Diesmal ist es der Rückzug aus der äußeren Welt mit der Konsequenz eines *l'art pour
l'art*, einer Kunst, die sich selbst genügt und gegenüber einem
realitätsversessenen Banausentum die Schönheit der Sprache
auskostet.

Man kann es genauso gut an Rainer Maria Rilke aufzeigen.
Sein bekanntes Gedicht *Der Panther*, entstanden 1902/03, zeigt
die Zivilisationsmüdigkeit am Dahinvegetieren eines einst so
vitalen Tiers. Schon die erste Strophe genügt, um die sprachliche Artistik zu vergegenwärtigen:

Sein Blick ist vom Vorübergehn der Stäbe
so müd geworden, dass er nichts mehr hält.
Ihm ist, als ob es tausend Stäbe gäbe
und hinter tausend Stäben keine Welt.

WORTE WIE MODRIGE PILZE

Mit solcher Art von Artistik verwandt sind Bestrebungen, die
man als »Wiener Moderne« zu fassen gesucht hat. Zu ihren
wichtigsten Vertretern gehört Hugo von Hofmannsthal. Er
empfing seine Anregungen in Paris, bewunderte Rilke und war
zeitweilig mit George freundschaftlich verbunden. Seine frühen Gedichte und lyrischen Einakter (wie der *Tod des Tizian* als
Totenfeier für den Maler Arnold Böcklin) bezeugen eine Verskunst in höchster formaler Strenge.

Hofmannsthals Dichtung ist dabei besonders eng mit phi-
losophischen Ideen verknüpft, die die Sinnkrise der Moderne
als Sprachkrise beschreiben. Dafür lieferte Fritz Mauthner in
seinen 1901/02 erschienenen dreibändigen *Beiträgen zu einer
Kritik der Sprache*, die Nietzsche stark beeinflusst hatte, die
Grundlage. Hofmannsthal antwortete darauf 1902 mit der
Schrift *Ein Brief*, die als »Chandos-Brief« eine ungeheure
Wirkung entfalten sollte. Der fingierte Lord Chandos bekennt
darin im Jahre 1602 dem Erzrationalisten Francis Bacon (nun als
Stellvertreter der als gescheitert geltenden Aufklärung) seinen
Ekel vor »abstrakten Worten«, die ihm »im Munde wie mod-
rige Pilze« zerfallen. Damit ist gemeint: Sinn existiert nur als
Sprache, womit sich die Erfahrung einer Art Gefangenschaft in
der Sprache verknüpft. Dass das Ich die Sprache steuert, wird
damit zur bloßen Fiktion.

Die literarische Umsetzung solcher Gedanken ist Hofmannsthals Mitstreiter Arthur Schnitzler etwa gleichzeitig mit
der Entwicklung sprachphilosophischer Theorien in der Prosa
gelungen. Schnitzler benutzte das Mittel des inneren Mono-

logs, um das Bewusstsein seiner in Klischees denkenden und fühlenden Figuren auszuloten (und schaffte damit den allwissenden Erzähler ab). Berühmt wurde seine 1900 erschienene Erzählung *Leutnant Gustl*, die im Sekundenstil die unmittelbaren Gedanken des Leutnants wiedergibt, der vor einem Duell steht. Die ersten Absätze beginnen folgendermaßen:

Wie lange wird denn das noch dauern? Ich muss auf die Uhr schauen … schickt sich wahrscheinlich nicht in einem so ernsten Konzert. Aber wer sieht's denn? Wenn's einer sieht, so passt er gerade so wenig auf, wie ich, und vor dem brauch' ich mich nicht zu genieren … Erst viertel auf zehn? … Mir kommt vor, ich sitz' schon drei Stunden in dem Konzert (…).
Was guckt mich denn der Kerl dort immer an? Mir scheint, der merkt, dass ich mich langweil' und nicht herg'hör' … Ich möchte's Ihnen raten, ein etwas weniger freches Gesicht zu machen, sonst stell' ich Sie mir nachher im Foyer! (…)
Ob ich heuer im Sommer wieder zum Onkel fahren soll auf vierzehn Tag'? Eigentlich langweilt man sich dort zum Sterben … Wenn ich die … wie hat sie nur geheißen? … Es ist merkwürdig, ich kann mir keinen Namen merken! … Ah, ja: Etelka! … Kein Wort deutsch hat sie verstanden, aber das war auch nicht notwendig … hab' gar nichts zu reden brauchen!

Der dargestellte Standesdünkel und die innere Leere dieses Leutnants wirkten übrigens so provozierend, dass Schnitzler aus der österreichischen Armee ausgeschlossen wurde.

MENSCHHEITSDÄMMERUNG MIT SCHWARZER VERWESUNG

Die größte Erschütterung der Moderne aber löste der Expressionismus aus. 1918 hielt Kasimir Edschmid seinen Vortrag *Expressionismus in der Dichtung*, im Jahr darauf gab Kurt Pinthus die Gedichtsammlung *Menschheitsdämmerung. Ein Dokument des Expressionismus* heraus, in der – in rasch folgenden Nachträgen anlässlich von Neuauflagen – eine ganze Generation von Autoren mit ähnlichem Programm versammelt war. Man hat dabei von einer »analytischen« Richtung gesprochen und einer weiteren, die das »O-Mensch-Pathos« vertreten habe. Die Klage über die Zerstörung des Menschlichen ist jedoch ein Motiv, das alle unter dem Begriff »Expressionismus« zusammengefassten Autoren eint.

Zu dieser Gemeinsamkeit gehört auch der Umgang mit der Sprache. Die naturalistischen Experimente verblassen angesichts dessen, was von den Expressionisten im Zerschlagen von Vertrautem bis hin zum bloßen Schrei gewagt wurde. Es ging gerade nicht mehr um Darstellung des Authentischen, sondern um eigene Konstruktion, um Auseinandernehmen und neues Zusammenfügen von Wortmaterial, in einer Weise, wie es die deutsche Sprache so noch nicht erlebt hatte. »Abstraktion« ist ein Stichwort, »Technizität« ein anderes. Dabei spielte gerade beim literarischen Expressionismus der Austausch mit der bildenden Kunst eine wichtige Rolle, in der die Sprengung gewohnter Vorstellungen noch viel radikaler erfolgte. Man hat sofort die Gemeinsamkeiten erkannt, in programmatischen Zeitschriften wie dem *Sturm* und der *Aktion* erschienen Gedichte neben Bildern etwa Wassily Kandinskys oder Franz Marcs. Die Maler beteiligten sich im Übrigen genauso an Manifesten bzw. theoretischen Entwürfen wie die Dichter.

Die Anfänge lagen noch vor Ausbruch des Ersten Weltkriegs. Georg Trakl veröffentlichte seine *Gedichte* (ursprünglich geplanter Titel: *Dämmerung und Verfall*) erstmals 1913. Ihr Kennzeichen ist eine chiffrenartige Sprache, die in oft schwer nachvollziehbarer Bildlichkeit eine Atmosphäre des Zerbrechens des Ichs an der Welt erzeugt. Die erste und letzte Strophe aus dem Gedicht *Ruh und Schweigen*, das Pinthus in seine Sammlung aufnahm, mögen es belegen:

Hirten begruben die Sonne im kahlen Wald.
Ein Fischer zog
In härenem Netz den Mond aus frierendem Weiher.

(...)

Wieder nachtet die Stirne in mondenem Gestein;
Ein strahlender Jüngling
Erscheint die Schwester in Herbst und schwarzer
Verwesung.

In der Zerstückelung der Sprache noch radikaler wirken die Gedichte von August Stramm, von dem Pinthus etwa den kurzen *Sturmangriff* für die *Menschheitsdämmerung* auswählte:

Aus allen Winkeln gellen Fürchte Wollen
Kreisch
Peitscht
Das Leben
Vor
Sich
Her
Den keuchen Tod
Die Himmel fetzen
Blinde schlächtert wildum das Entsetzen

Einen besonderen Ansatzpunkt fand die expressionistische Zivilisationskritik in der Darstellung der modernen Großstadt, dem »Riesensteinmeer«. Dafür mag Georg Heyms *Die Dämonen der Städte* stehen (ebenfalls bei Pinthus). Sprachlich wagt Heym weniger als Trakl oder Stramm, nur die Bildlichkeit geht über Gewohntes hinaus, wie die erste von zwölf Strophen deutlich macht:

Sie wandern durch die Nacht der Städte hin,
Die schwarz sich ducken unter ihrem Fuß.
Wie Schifferbärte stehen um ihr Kinn
Die Wolken schwarz vom Rauch und Kohlenruß.

Wie subtil das Spiel mit Sprache bzw. Bildern ausfallen kann, wenn es um die programmatische Darstellung von Untergang und Verfall geht, zeigt das Eröffnungsgedicht der *Menschheitsdämmerung*. Es ist Jakob van Hoddis' *Weltende* von 1911:

Dem Bürger fliegt vom spitzen Kopf der Hut,
In allen Lüften hallt es wie Geschrei.
Dachdecker stürzen ab und gehen entzwei,
Und an den Küsten – liest man – steigt die Flut.

Der Sturm ist da, die wilden Meere hupfen
An Land, um dicke Dämme zu zerdrücken.
Die meisten Menschen haben einen Schnupfen.
Die Eisenbahnen fallen von den Brücken.

Nicht die Grammatik löst sich hier auf, wohl aber die Semantik, die Bedeutung: Die Wörter »passen« nicht, wenn Dachdecker *entzweigehen* oder abstürzende Eisenbahnen mit einer simplen Schnupfenepidemie zusammengebracht werden. Das Weltende zeigt sich so gesehen als Verlust von Sinnvorstellungen, artikuliert als Auflösung der Sprache. Wenn es die Expressivität ist, die der Bewegung den Namen gegeben hat, dann muss man die sprachliche Seite betonen, die dieser Expressivität wesentlich zugrunde liegt: die destruierende, sezierende Arbeit an den Ausdrucksmöglichkeiten.

Ein Lyrik-Spezialist ist dabei zuletzt zu nennen, der das Sezieren in seinem eigentlichen Sinne kannte und auf sein Schreiben übertrug: Gottfried Benn. Als er 1912 seine ersten fünf Gedichte für die Sammlung *Morgue* (französisch »Leichenschauhaus«) verfasste, kam er buchstäblich aus dem Anatomiesaal des Berliner Krankenhauses in Moabit. Benn war der Überzeugung, dass es kein treffenderes, schockierenderes Bild für die moderne Sinnkrise, für das Grauen der Wirklichkeit gebe als die geöffnete Leiche. Pinthus nahm gleich zwei *Morgue*-Gedichte auf, neben *Mann und Frau gehen durch die Krebsbaracke* die im Folgenden zitierte *Kleine Aster*:

Ein ersoffener Bierfahrer wurde auf den Tisch
gestemmt.
Irgendeiner hatte ihm eine dunkelhellila Aster
zwischen die Zähne geklemmt.
Als ich von der Brust aus
unter der Haut
mit einem langen
Messer
Zunge und Gaumen herausschnitt,
muß ich sie angestoßen haben, denn sie glitt
in das nebenliegende Gehirn.
Ich packte sie ihm in die Brusthöhle
zwischen die Holzwolle,
als man zunähte.
Trinke dich satt in deiner Vase!
Ruhe sanft,
kleine Aster!

Sprachlich erinnert dies an naturalistische Beschreibungen, nur fehlen hier die Ingredienzien von Milieutheorie oder Vererbungslehre. Benn zieht seine Provokationen aus den Tabuzonen des Ekels und des Todes. Medizinische Beschreibungen konfrontiert er überraschend mit Poetischem: mit dem *Ruhe sanft!*, das nicht dem Toten, sondern der Aster gilt.

Darin kann man Zynismus sehen, wie er auch sonst Benns Nihilismus kennzeichnet, etwa in dem Gedicht *Schöne Jugend*, wo sich Ratten im Zwerchfell einer Mädchenleiche tummeln. Aber es geht wohl in erster Linie darum, mit der makabren Reduzierung des Menschen auf seine Körperteile (wie im Gedicht *Nachtcafé* aus dem *Morgue*-Band) den Sinnverlust der Moderne und die Entwertung des Menschen aufzuzeigen. Es ist keine Frage, dass die große Wirkung Benns mit seinem radikalen Desillusionismus zusammenhing, der sich auch gegen einen verbrauchten Idealismus und sogar gegen ein hohles Pathos des Expressionismus selbst wandte. Sprachlich gelang ihm dies in einer Darstellung von Realität, die auf hermetische Chiffrierung wie bei Trakl ebenso verzichtet wie auf eine Ästhetisierung, wie sie die Vorläufer George oder Rilke betrieben.

KARAWANE IM BISCHOFSKOSTÜM

Was sprachliches Experimentieren betrifft, so wurde der Expressionismus in seinen kühnsten Sprüngen aber noch von einer anderen Strömung übertroffen: dem Dadaismus, der in Hugo Ball seinen bekanntesten Vertreter hatte. Der erste Dada-Abend fand im Züricher Café Voltaire im Jahre 1916 statt. Ball hatte bereits in Berlin im Jahr zuvor ein *Literarisches Manifest* herausgegeben, das das Programm ausgab, die expressionistische Tendenz noch zu steigern: »Wir wollen: Aufreizen, umwerfen, bluffen, triezen, zu Tode kitzeln, wirr, ohne Zusammenhang, Draufgänger und Negationisten sein«, hieß es.

Was dann als Dadaismus herauskam, war die radikale Zurücknahme jeder Form von »Aussage«, wie es bereits der italienische Bruitismus (von französisch *bruit*, »Geräusch«) vorgemacht hatte. Schon das Wort »Dada« (der erste verbale Ausdruck eines Kleinkindes) soll durch zufälliges Blättern in einem deutsch-französischen Wörterbuch gefunden worden sein. Beliebigkeit galt als letztes Aufgebot einer Kunst, die sich von idealistischen Sinnansprüchen befreit hatte. Sinn*verweigerung* war die Devise, und sie kommt im berühmtesten dadaistischen Gedicht *Karawane* deutlich zum Ausdruck:

jolifanto bambla ô falli bambla

grossiga m'pfa habla horem

égiga goramen

higo bliko russula huju

hollaka hollala

anlogo bung

blago bung

blago bung

bosso fataka

ü üü ü

schampa wulla wussa ólobo

hej tatta gôrem

eschige zunbada

wulubu ssubudu ulu wassubada

tumba ba- umf

kusa gauma

ba- umf

Hugo Ball hatte bei der Rezitation ein Bischofskostüm aus Glanzpapier angelegt und trug einen blau-weiß gestreiften Schamanenhut auf dem Kopf. Schwer zu sagen, wie er die Attacke gegen die »ästhetisch-ethische Einstellung«, die er in einem nachfolgenden *Berliner Manifest* verkündete, mit dieser hochartifiziellen Präsentation verband. Allerdings hat Ball in seinem Manifest auch gegen Manifeste überhaupt polemisiert (was die Polizei nicht mehr verstand und die Bewegung kurzerhand verbot).

Wirklichkeit, die sich selbst erzählt

Die Sprachexperimente der verschiedenen modernen Strömungen unterschieden sich also erheblich, und nicht immer wollten sich die Autoren bestimmten Ismen zuordnen lassen. Franz Kafka etwa gehört zu denen, die nur sehr bedingt mit dem Expressionismus in Verbindung gebracht werden können, obwohl seine Realität und Fantasie vermengende Verfahrensweise die Verwandtschaft deutlich zeigt.

Dies gilt auch für einen weiteren dichtenden Berliner Arzt: für Alfred Döblin. 1913 erschien von ihm ein Erzählungsband, der sich nach der ersten Geschichte *Die Ermordung einer Butterblume* nannte. Als expressionistisch erscheint darin das Wagnis einer Schreibweise, bei der die Worte eine Eigendynamik erlangen, die ins Gewalttätige oder Fantastische reicht. Döblin hat diese Schreibweise in mehreren programmatischen Schriften reflektiert: am klarsten in *An Romanautoren und ihre Kritiker* von 1914. Dort entwickelt er als Erweiterung des Naturalismus das Konzept des »steinernen Stils«, bei dem der Autor sich möglichst zum Verschwinden bringt – Döblin nennt es »Depersonation« oder auch »Entselbstung«. Stattdessen geht es um eine Art »Mitschrift« von Ereignissen, um ein »Abfilmen« der Wirklichkeit, weshalb Döblin auch mit Seitenblick auf die zu Beginn des Jahrhunderts aufkommende Filmkunst vom »Kinostil« spricht. Es sind besonders Stil und Form, wodurch seine Werke moderne Sprachexperimente weiterentwickeln.

Als Beispiel mag die Titelerzählung dienen. Ein Mann geht spazieren, sein Stock verhakt sich am Wegesrand im Gesträuch, da schlägt er wutentbrannt auf das Hindernis ein. Ein paar Schritte weiter *exekutiert* er eine Butterblume. Doch die Szene der *Ermordung* geht ihm nun nach, lässt ihn nicht zur Ruhe kommen, verfolgt ihn noch zuhause. Da rettet er nach mehreren *Sühneversuchen* eine andere Butterblume vor dem *Verderben*, indem er sie bei sich aufnimmt, wo dann allerdings seine Haushälterin sie wegwirft. Doch der Mann fühlt sich vom Fluch befreit, geht wieder in den Wald, und zwar mit dem Vorsatz, erneut zu töten.

Döblin desavouiert in der Erzählung das Bürgertum und seine Vorstellung von einer Harmonie zwischen Mensch und Natur. Es kommt dem Autor offenbar auf die sprachlichen Möglichkeiten zur Wiedergabe der inneren Vorgänge, des

Widerstreits zwischen Affekt, Wille und Schuldgefühl an. Er verwendet Wiederholungen, die das Gehetztsein des Protagonisten darstellen: *Der Kadaver mitten im Walde musste fort. Fort,* heißt es und weiter: *es war etwas geschehen, es war etwas geschehen.* Reihungen treten auf: *Der Kopf musste fort, der Stiel zugedeckt werden, eingestampft, verscharrt oder suchte, wühlte schließlich blind im Gras, zerknäulte und zerkratzte die Blumen.* Auch Wortschöpfungen müssen helfen, den Ausnahmezustand des Mannes auszudrücken: *Er dumpfte lange vor sich hin, seine Blicke gifteten.* Auffällig ist die fast naturwissenschaftliche Genauigkeit, mit der Körperbewegungen beschrieben werden, die nicht mehr der Herrschaft eines autonomen Subjekts unterliegen, sondern von der Natur ausgelöst werden:

> Die hellbraunen Augen, die freundlich hervorquollen, starrten auf den Erdboden, der unter den Füßen fortzog, und die Arme schlenkerten an den Schultern, daß die weißen Manschetten halb über die Hände fielen. Wenn ein gelbrotes Abendlicht zwischen den Stämmen die Augen zum Zwinkern brachte, zuckte der Kopf, machten die Hände entrüstete hastige Abwehrbewegungen.

Es ist dieser Sprachgestus der Steuerung von außen, der auf subtile Weise die »normale« Verbindung von Subjekt und Prädikat in Sätzen auflöst. Eine Blume lockt *seinen Blick, seine Hand, seinen Stock* – als wenn eine Blume aktiv werden könnte. Wenig später heißt es: *Inzwischen gingen seine Füße weiter. Die Füße begannen ihn zu grimmen. Auch sie wollten sich zum Herrn aufwerfen.* Indem wiederum die Füße Handlungsträger sind, löst sich das Ich auf. Demgegenüber belebt und verselbständigt sich die Natur, wobei sich zwischen äußerer und innerer, realer und fiktiver Wirklichkeit nicht mehr trennen lässt. Zwar glaubt der Mann anfangs, er könne wieder Herr der Situation werden: *Ich bin nicht berauscht. Der Kopf darf nicht fallen, er muss liegen bleiben, er muss im Gras liegen bleiben.* Er unternimmt sogar selbst eine Interpretation: *Die Stadt macht mich nervös, die eigenwilligen Gedanken wollte er schon unterkriegen: Selbst-beherrschung* – um letztendlich doch zu scheitern. Der Mann verschwindet zum Schluss *in dem Dunkel des Bergwaldes*, verliert den letzten Kontakt zu einer Realität, die ihm zunehmend zum Rätsel geworden ist. Aber dies wird eben nicht als »Aussage« formuliert, sondern wird einer Sprache anvertraut, die die Sicherheit des Benennens und Aussagens vor den Augen des Lesers buchstäblich verliert.

Döblin hat mit seinen sprachlichen Verfahren weiter experimentiert, sie im Roman *Berlin Alexanderplatz* von 1929 zur Technik des *Stream of consciousness* (Bewusstseinsstrom) ausgearbeitet, für die James Joyce wenige Jahre zuvor in seinem tagebuchartigen Roman *Ulysses* das Vorbild geliefert hatte. Das Erzählen löst sich in die Wiedergabe von Sinneseindrücken auf, wie es die berühmte Todesszene der Hauptfigur Franz Biberkopf verdeutlichen mag:

> Und im Blitzen des Lichts und während es schwingt und blitzt und hackt, kriecht Franz und tastet die Leiter, schreit, schreit, schreit Franz. Und kriecht nicht zurück. Schreit Franz. Der Tod ist da.
>
> Franz schreit.
>
> Es schreit Franz, kriecht an und schreit.
>
> Er schreit die ganze Nacht. Ist in Marsch gekommen, Franz.
>
> Er schreit in den Tag hinein.
>
> Er schreit in den Vormittag hinein.
>
> Schwing fall hack.
>
> Schreit in den Mittag hinein.
>
> Schreit in den Nachmittag hinein.
>
> Schwing fall hack.
>
> Schwing, hack, hack, schwing, schwing, hack, hack, hack.
>
> Schwing, hack.
>
> Schreit in den Abend, in den Abend. Die Nacht kommt.
>
> Schreit in die Nacht, Franz in die Nacht.
>
> Sein Körper schiebt sich vor. Es werden auf dem Block geschlagen von seinem Körper Stück um Stück.

Die Sätze klingen wie eine Litanei, Franz' Todeskampf wird als – auch noch lautmalerisch vergegenwärtigtes – zentimeterweises Zerhacktwerden vorgeführt. Kein Autor »erzählt«, es ist die Realität (der Großstadt), die nach Döblins Worten »sich selbst erzählt«.

In 40 Jahren – von 1889 bis 1929 – bot die literarische Avantgarde in Deutschland eine sprachliche Innovation, wie sie nie zuvor gewagt worden war. Ein Hauptgrund liegt in philosophischen Anregungen, die man als *linguistic turn*, als Wende von einer Philosophie des Seins zu einer Philosophie der Sprache, zusammengefasst hat. Ein weiterer Grund liegt in den wissenschaftlichen, politischen und sozialen Entwicklungen dieser großen Krisenzeit. Für Deutschland sollte der literarischen Avantgarde bald ein jähes Ende bereitet werden, als die Nationalsozialisten alles als »entartet« verfolgten, was nicht ihren Vorstellungen von Normalität entsprach. Anpassung oder Emigration war die Alternative.

Aber natürlich überlebte diese Literatur auch Verfolgung und Bücherverbrennung. Ihre Sprachtechniken wie etwa Zerstückelung und Montage fanden später, dann freilich ohne das einstige Pathos der Desillusionierung, auch Eintritt in die Praxis des Journalismus und die Werbung. Als bloßes Handwerkszeug stehen sie nun einer Sprache der Öffentlichkeit zur Verfügung. Das Experiment von gestern wurde in Teilen zur Norm von heute, literarische Avantgarde kehrt wieder als Lifestyle. Ohne die aufregenden Ismen der längst untergegangenen Moderne wäre die Sprache der Gegenwart kaum zu verstehen.

LINGUA TERTII IMPERII

Im Jahre 1947 erschien im Ostberliner Aufbau-Verlag ein Werk mit dem kryptischen Titel *LTI*, den auch der Untertitel nicht klarer machte: *Notizbuch eines Philologen*. Schließlich kannte damals wohl kaum noch jemand den Verfasser Victor Klemperer, der mitten in Deutschland als Jude die Nazizeit überstanden hatte, weil er mit einer Christin in »Mischehe« lebte. Klemperer war Romanist, hatte 1933 seinen Dresdner Lehrstuhl verloren, seither in »Judenhäusern« gelebt und in verschiedenen Fabriken als Handlanger gearbeitet. Den Verfolgungen im März 1945 im Anschluss an die Dresdner Bombennacht entging er durch Flucht. Nach dem Zusammenbruch des Deutschen Reiches wandte er sich der DDR zu, wurde wieder Professor (in Greifswald, Halle und Berlin), daneben Abgeordneter der Volkskammer und Mitglied der Akademie der Wissenschaften.

Seine heutige Berühmtheit aber verdankt Klemperer den Notizbüchern, die er in der Nazizeit angelegt und fortlaufend in sichere Hände geschmuggelt hatte. In ihnen hielt er minutiös Veränderungen der Sprache fest, die er in Zeitungen, Hörfunk und im mündlichen Umgang wahrnahm, und arbeitete das Material dann zu einer Studie über den Nazijargon aus. *LTI* steht für *Lingua Tertii Imperii*, für die Sprache des »Dritten Reiches«. Klemperer behielt die Abkürzung im Titel bei, die einst zum Schutz gegen allzu schnelle Entdeckung diente, aber auch eine Parodie auf die Abkürzungssprache der Nazis darstellte. Inzwischen sind neben der Buchform die originalen Notizen ediert, aber die Buchform mit ihren Kommentaren aus der Distanz nach der wiedergewonnenen Freiheit erscheint noch lehrreicher.

Dabei weiß man heute, dass Klemperer in einem entscheidenden Punkt von falschen Vorstellungen ausging: Er sah die Sprache als Verführerin, hielt einzelne Wörter für ein Gift, das das Bewusstsein der damaligen Leser und Hörer angriff und all die Verbrechen der Nationalsozialisten ermöglichen half. Als Philologe lebenslang mit nichts anderem umgegangen, sah er in der Sprache eine »Macht«, der selbst friedfertige und moralisch gefestigte Gemüter erliegen müssen. Mit einem Begriff wie *Heroismus* stecke man *tief im Gewölk des Nazismus*, war seine Auffassung, obwohl er selbst wusste und bekannte, dass der Heroismus seiner Frau ihm das Leben gerettet hatte. In Anlehnung an ein Schiller-Distichon von der *gebildeten Sprache, die für dich dichtet und denkt*, glaubte er an eine weitgehende Steuerung von Gefühl und Verstand durch Worte. Worte sind ihm *winzige Arsendosen*, die bei tausendfacher Wiederholung *in Fleisch und Blut übergehen*, den Sprecher förmlich willenlos machen.

Klemperer konnte nicht ahnen, dass genau diese gewissermaßen »wortmagische« Auffassung zum Argument der Verstrickten wurde, mit dem sie sich als schuldlos Verführte reinwaschen konnten. In Wirklichkeit hat ein halbes Jahrhundert sprachwissenschaftlicher Forschung gezeigt, dass die Mittel der Sprache begrenzt sind, dass Sprache nicht selbst »verführt« oder das Denken »lenkt«, sondern dass Verführung immer nur von den Benutzern der Sprache ausgeht – zum Beispiel in Form von verbrecherischen Versprechen. Eine viel zitierte Formel für diese Erkenntnis lautet: »Unschuld der Sprache und Schuld der Sprechenden« (Konrad Ehlich). Übrigens hat auch schon damals ein unmittelbar Betroffener seine Skepsis gegenüber dem Argument einer Verführung durch Sprache geltend gemacht. Es war Karl Kraus, der von der »Aufrichtung einer Diktatur« sprach, »die heute alles beherrscht *außer* der Sprache«.

Und doch ist Klemperers Buch lehrreich gerade aufgrund seiner Subjektivität. Man erfährt, wie ein äußerst aufmerksamer

Beobachter die NS-Zeit erlebt hat und sich als Philologe auf das Philologische konzentriert: auf die Wörter. Bei *Strafexpedition* kommt der erste Kommentar zustande: Klemperer notiert das Beispiel eines völlig unauffälligen jungen Mannes, der unter diesem Begriff von Kommunisten berichtet habe, die man *Spießruten laufen* ließ, *nichts Blutiges*, nur *Gummiknüppel* und *ein bisschen Rizinus*. Nicht einmal ein Euphemismus also wie bei den späteren wirklich blutigen *Polizeiaktionen*, aber dieses überraschend Gewalttätige bei gleichzeitiger Verharmlosung der Handlung fällt Klemperer auf, er hört ein *umstelltes Negerdorf* und *das Klatschen der Nilpferdpeitsche* heraus. Dann der nächste Reflex bei dem Wort *Staatsakt* anlässlich einer verlogenen Begräbnisfeier in der Potsdamer Garnisonkirche für einen in Ungnade gefallenen und tatsächlich umgebrachten Marschall. Bei der Beerdigung werde geheuchelt, Staatsakte lieferten die Gelegenheit für *Feiern*, für die nun Dauerbedarf bestehe, weil alles *historisch* sei unter dieser neuen Führung und Festakte die Realität ausschmücken müssten. Klemperer sieht hier einmal selbst, dass die »Sprache« der Nazis gerade nicht aus Sprache besteht, sondern aus Zeichen, aus Inszenierungen, die viel mehr Verführung bewirkten als die verbrecherischsten Worte.

Und so liest man sich durch die Notizen des ersten Jahres der NS-Herrschaft. Klemperer hält *neue Worte* fest. Am 27. März 1933 sind es die *Weltjuden*, das *internationale Judentum* – die Juden seien durch diese Bezeichnungen schon vor ihrer Vernichtung aus Deutschland vertrieben. Am 20. April, an »Führers Geburtstag«, wird das *Volk* angerufen – die fortan immerzu erklingende Vokabel finde Verwendung, so Klemperer, *wie Salz beim Essen*. Am 28. Juli kommt es zur Feier am Grab der, wie es so brutal-sachlich heißt, *Rathenaubeseitiger*, jener Rechtsradikalen, die den Außenminister der Weimarer Republik ermordet hatten: *Wie sicher muß man sein, wenn man eine solche Sprache führt*, fragt sich Klemperer und vermutet Angst, die hinter der *Hysterie* stecke. Unter dem Datum des 19. September ist die *Blutfahne* festgehalten, die beim Putschversuch von 1923 vorangetragen wurde und nun für ein Märtyrertum stehe, mit dem der Nazismus Anleihen beim christlichen Kult nehme und die Politik in eine *religiöse Sphäre* zu tauchen suche. Genauso verhalte es sich mit der Rundfunk-Formulierung anlässlich eines »Führerbesuchs« am 10. November: *In der dreizehnten Stunde kommt Adolf Hitler zu den Arbeitern.* Nicht um 13 Uhr, sondern »in der dreizehnten Stunde«, reinstes Bibeldeutsch, das den Menschen signalisieren solle: *Adolf Hitler, der Heiland, kommt zu den Arbeitern nach Siemensstadt.*

Klemperer hat eine ganze Reihe weiterer treffender Beobachtungen gemacht. Die Vorliebe der Nazis für Fremdwörter (für den *volltönenden Fremdausdruck*) ist wohl richtig gedeutet: *Garant klingt bedeutsamer als Bürge und diffamieren imposanter als schlechtmachen.* Vor allem aber konstatiert er die *Armut* als Grundeigenschaft der NS-Sprache, ja es scheint Klemperer, als habe man *ein Armutsgelübde abgelegt.* Zwar überschätzt er die Wirkung von Hitlers *Mein Kampf,* wenn er glaubt, die Primitivität seiner Sprache habe sich gewissermaßen fortgepflanzt, wo man heute weiß, wie wenige dieses Buch wirklich gelesen haben. Aber die Wiederholung der immer gleichen Phrasen gehörte tatsächlich zu dem, was den Sprachalltag im »Dritten Reich« beherrschte.

Klemperer analysiert diese Stereotypie als *Propaganda,* von der Reichsschrifttumskammer Goebbels' gelenkt und auf das wenige Erlaubte fixiert, das dann umso öfter *deklamiert* werde: *herausgeschrien* vom *marktschreierischen Agitator* mit dem einzigen Ziel der *Beschwörung.* Dessen Hauptkennzeichen sei der *Fanatismus,* und Klemperer widmet ein ganzes Kapitel der Wandlung, die dieser Begriff seit den Zeiten der französischen Aufklärer vollzogen hat. Er war fast immer negativ besetzt und wurde nun von den Nazis offen positiv verwendet. Man brauchte Wörter, die die Radikalität des Wollens zeigten, um die Gefolgsleute einzustimmen und die Mitläufer bei der Stange zu halten.

Andererseits konnte Radikalität nach Klemperers Meinung

auch gewissermaßen auf Samtpfoten daherkommen wie bei
all den Wörtern, die Individuelles und Persönliches »versachlichen«, etwa bei *aufziehen*. Wenn die Rede davon ist, dass *eine
Riesenorganisation aufgezogen* wird, sieht er darin eine *gänzliche
Unempfindlichkeit gegen den mechanistischen Sinn des Verbums*,
noch dazu im Widerspruch zur *Organisation*, die doch das Organische betone. Das Gleiche stellt er bei dem Verb *liquidieren*
fest, mit dem ein *Versächlichen der Persönlichkeit* vorgenommen
werde. Klemperer notiert immer wieder ähnliche Wörter, die
die Nationalsozialisten aus dem Bereich der Technik übernommen haben. *Gleichschalten* gehört dazu: *Man sieht und hört den
Druckknopf, der Menschen, nicht Institutionen, nicht unpersönliche
Behörden, in gleichförmige automatische Haltung und Bewegung
versetzt*. Auch *auf Hochtouren laufen* falle in die gleiche Rubrik,
obwohl ihm selbst aufgeht, dass schon in der Weimarer Republik die Rede davon war, dass die Wirtschaft *angekurbelt* werden
sollte.

VERGANGENHEITSBEWÄLTIGUNG PER WÖRTERBUCH

Klemperer hat Mitstreiter gefunden, die sofort nach dem Krieg
die Sprache des Nationalsozialismus systematisch und mit wissenschaftlichen Absichten durchforsteten. Cornelia Berning
tat dies 1964 in ihrer Untersuchung *Vom »Abstammungsnachweis« zum »Zuchtwart«*, neubearbeitet 1998 unter dem Titel
Vokabular des Nationalsozialismus (diesmal unter dem Namen
Schmitz-Berning). Was sie dabei als NS-Sprache herausfilterte, war in erster Linie ein spezieller Wortschatz für die ideologischen Ziele und die speziellen Aufgaben in Organisation
und Verwaltung. Als ausgesprochene Ideologiewörter lassen
sich nennen: *Anschluß, Arier, Blut und Boden, entartete Kunst*.
Aus Organisation und Verwaltung stammen *Ahnenpaß, Arbeitslager, BDM-Mädel, Blockwart*. Alle diese Wörter drangen in
den Alltag ein bzw. wurden ihm eingehämmert, gehörten zur

»Identität« des Regimes, andere wie *Endlösung* oder *Euthanasie* kursierten, wenn überhaupt, nur in Geheimdokumenten.

Dabei erwiesen sich die Neubildungen, die die Nazis vornahmen, aufs Ganze gesehen als überraschend gering. Von 170 überprüften Stichwörtern aus der Liste von Schmitz-Berning ließen sich fast hundert schon vor 1933 nachweisen, gerade radikalnationalistische oder antisemitische Begriffe wie etwa *arisch* reichen sogar tief ins 19. Jahrhundert zurück. Dies gilt auch für das Vokabular der Arroganz, das zur Unterstützung der ideologischen Ziele diente: *Aufbruch, Ausmerze, Ausschaltung, blindlings, brutal.* Spätere Untersuchungen zeigten wiederum, dass in vielen Fällen vorhandenes Wortgut lediglich umgewertet wurde. Hitler selbst hat noch rein negativ von *slawischen Fanatikern* oder von *internationalen Fanatikern* gesprochen, ehe vor allem Goebbels den Begriff des *Fanatismus* in Formulierungen wie der *fanatischen Hingabe an sein* (Hitlers) *Werk* oder der *fanatischen Entschlossenheit, diesen Kampf nur mit Sieg zu beenden* ins Positive wendete. Überhaupt erwiesen sich scheinbar typische Nazibegriffe als »Besetzungen« althergebrachter Wörter im Sinne der neuen Ideologie. *Gehorsam, Überzeugung, Treue* sind davon ebenso betroffen wie *Arbeit, Art, Charakter, Ehre.*

Im Falle von *Art* zeigte sich, dass diese positive »Besetzung« in vielen weiteren Wortbildungen verwendet wurde und damit selbst krassen Rassismus alltäglich bzw. gesellschaftsfähig machte: *arteigen, artfremd, artverwandt, artlos, entarten, Aufartung.* Eine spezielle Form dieser »Aufladung« von Bekanntem mit nazistischer Ideologie liegt in der Anknüpfung an religiöse Vorstellungen bzw. Sakrales. Begriffe wie *Glaube, Vorsehung, Sendung* etwa übertrugen die Aura von Würde in gleichem Sinne auf die nazistischen Ziele, wie es religiöse bzw. sakrale Inszenierungsformen bei Aufmärschen und Kundgebungen taten.

Eine gewisse Überraschung liegt demgegenüber darin, dass der Bereich des »Völkischen« eine geringe Rolle spielte, ja – nach anfänglicher Duldung von Vertretern aus dem Kreis des Deutschen Sprachvereins (als »nützliche Idioten«) – direkt zurückgedrängt wurde. Die Parteizeitung *Völkischer Beobachter* steht dazu nur scheinbar im Widerspruch, hatte man das Blatt doch in der Frühphase aufgekauft und wollte dann den Titel nicht mehr ändern, um keinen Zweifel an der »Konsequenz« der eigenen Bewegung aufkommen zu lassen. Deutsch- und Germanentümelei (auch hier mit »Ausnahmen« wie das SS-Zeichen in Runenform oder die Inszenierung von germanischen Sonnwendfeiern) waren den meisten Nazi-Führern suspekt, Hitler selbst sprach spöttisch von den »völkischen Aposteln«. Vergangenheit, auch germanische, passte nicht ins Bild einer auf »Aufbruch« zu trimmenden Gesellschaft. Auf dem ersten Höhepunkt des Sieges über Polen und Frankreich schaffte Hitler im Januar 1941 zum großen Erstaunen vieler Anhänger die »deutsche« Schrift, die seit Luther gepflegte Fraktur, ab. Übrigens sollte eine Rechtschreibreform folgen, die ebenfalls auf »Modernisierung« abzielte, in diesem Falle auf Einfachheit, Klarheit (woran die Reform von 1998 inhaltlich durchaus anschloss).

Sprache im Nationalsozialismus – so lässt sich zusammenfassen – kann in erster Linie nur »Prägung« der Sprache im faschistischen Sinne bedeuten, Verwendung von Wörtern im Kontext einer den öffentlichen Raum monopolisierenden Diktatur. Eine andere Frage ist es, wieweit diese »Prägung« nach 1945 weiterwirkte. Schon Klemperer hat von einer Fortführung der *LTI* durch eine *LQI* gesprochen, einer Sprache des »Vierten Reiches« also, die vom Erbe der Nazis nicht losgekommen sei.

Sprachkritik oder Sprachwissenschaft

Ein Fortwirken der NS-Sprache behauptet auch das berühmte *Wörterbuch des Unmenschen*, das Dolf Sternberger, Gerhard Storz und Wilhelm E. Süskind aus Aufsätzen zusammenstellten, die sie zwischen 1945 und 1947 für die Zeitschrift *Die Wandlung* geschrieben hatten. Auch darin wird die Auffassung vertreten,

dass *der Verderb der Sprache* für *den Verderb der Menschen* verantwortlich sei. In der Vorbemerkung zur zweiten Auflage von
1957 heißt es:

> Aber kein reines und neues, kein bescheideneres und gelenkigeres,
> kein freundlicheres Sprachwesen ist erstanden. Sondern der durch-
> schnittliche, ja, der herrschende deutsche Sprachgebrauch behilft
> sich mit diesen Trümmern bis auf unsern Tag. Das Wörterbuch des
> Unmenschen ist das Wörterbuch der geltenden deutschen Sprache
> geblieben.

Abgetastet sind entsprechend auch hier zentrale Einzelwörter,
34 insgesamt, anhand derer die spezifisch sprachliche Lenkung
und Verführung nachgewiesen werden soll. So wird die Entwicklung des Wortes *Lager* aufgezeigt, das von *liegen* abstammt
und »eigentlich« etwas *Verlässliches bezeichnete (Das Lager ist
eine Ruhestätte)*, unter den Nazis jedoch eine funktionelle bzw.
institutionelle Bedeutung erhielt. So seien das *Konzentrations-,
Schulungs-, Arbeits-, Flüchtlings- und Straflager* des Unmenschen
entstanden, der Leben in einen bloßen *Organisationszustand*
verwandele. Weiter sei durch die Übertragung des einst rein
persönlichen *Anliegens* auf moderne Verwaltungsakte eine *de-
plazierte Intimität und unanständige Aufdringlichkeit* geschaffen
worden, die das tatsächliche *Interesse* nur verberge. Bei *(jemanden) betreuen* sei der Zusammenhang mit demjenigen, dem man
persönlich treu sei, zerrissen worden: Man habe nun gleichsam
anonym »betreuen« können, zum Beispiel als Geheime Staats-
polizei die Juden.

Allerdings hat gerade diese letzte Deutung, die sich schon
bei Klemperer und auch bei Schmitz-Berning findet, eine interessante Diskussion hervorgerufen (die heute im Anhang des
Wörterbuchs des Unmenschen dokumentiert ist). Es ist keine der
üblichen Gelehrtendiskussionen, denn es geht letztlich um die
allgemein interessierende Frage, wo die Gründe für den Faschismus liegen und wie man seine Wiederholung verhindern

kann. Zum Glück entstand daraus keine Polemik nach Art des berüchtigten »Historikerstreits«. Kein Beteiligter hat einem andern Beschönigung des Faschismus vorgeworfen. Es ging vielmehr um den Beitrag der *Sprache* am »Dritten Reich«, um die Möglichkeit einer innersprachlichen Verführung bzw. Gewalt.

Die Sprach*kritiker* Sternberger, Storz, Süskind beriefen sich auf Erkenntnisse Humboldts über den Zusammenhang von Sprechen und Denken, wandten sich gegen eine reine Beobachterrolle der Wissenschaft, die sich Werturteilen entziehe und damit die Praxis verfehle bzw. sich selbst überlasse. Die Sprach*wissenschaftler* Herbert Kolb, Peter von Polenz und Werner Betz verwiesen demgegenüber auf die Gefahren einer Sprachkritik, die Wörter bzw. Verwendungsweisen von Wörtern moralisch auflade, statt sie im Zusammenhang mit Entwicklungstendenzen des Deutschen zu sehen. Ein Beispiel dieser unterschiedlichen Sichtweisen bietet das bereits erwähnte Verb *betreuen* mit seinem »institutionellen« Akkusativ: Während bei *jemandem die Treue halten* nach Ansicht der Sprachkritiker das persönliche Verhältnis zum Handelnden betont werde, stehe bei *jemanden betreuen* ein anonymer (bzw. eben institutioneller) »Täter« hinter der Handlung. Ergibt sich aber tatsächlich – so fragen die Sprachwissenschaftler – aus dieser *grammatischen* »Versachlichung« des Betreuens eine *moralische*, so dass *betreuen* nun aus sprachlichen Gründen seine einstige persönliche Prägung (vor allem den Zusammenhang mit *Treue*) verlieren konnte?

Die Sprachwissenschaftler suchen dies anhand langer Listen solcher Wörter zu entkräften, die die Entstehung von Verben mit institutionellem Akkusativ seit der Frühen Neuzeit belegen: *bedenken, begraben, beglaubigen* etwa. In dieser grammatischen Konstruktion liege eine Verknappung des Ausdrucks, *ich bevollmächtige jemanden* sei kürzer als *ich erteile jemandem eine Vollmacht*. Das Verb *betreuen* gehöre so gesehen wie viele andere auch zu einer Verwaltungssprache, die an Ökonomie und Präzision oder auch einfach an Bequemlichkeit interessiert sei. Nur lasse sich eben aus einer Entwicklung der Verwaltungssprache keine moralische Pervertierung ableiten. Die mit *betreuen* verbundene »Versachlichung« bei den Nazis müsse als ein Missbrauch bewertet werden, der mit den Zielen des Regimes verbunden gewesen sei, aber nicht der Sprache entspringe. Die Formulierung *einen Patienten betreuen* enthalte jedenfalls kein sprachliches Gift und liefere den Sprecher auch nicht der Sprache wehrlos aus. Mit *Treue* sei in diesem Zusammenhang schlicht nichts anzufangen.

In der Wissenschaft hat diese Argumentation überzeugt, was nicht bedeutet, dass damit das Problem eines Fortwirkens nationalsozialistischer »Prägungen« erledigt wäre. Einer genaueren Überprüfung dieser These widmet sich seit 2005 das Projekt eines *Wörterbuchs der deutschen Vergangenheitsbewältigung* an der Universität Düsseldorf.

PROPAGANDA STATT HETZE, KAMPFFLUGZEUG STATT BOMBER

Man kann aus diesen Erörterungen das Fazit ziehen, dass die Vorstellung einer »Sprache *des* Faschismus« oder einer »faschistischen Sprache« auf vielleicht undurchschauten, auf jeden Fall aber verfehlten Grundannahmen über Sprache beruht. Wenn man bedenkt, dass die Nationalsozialisten zwölf Jahre lang Deutschland beherrschten (selbst die NSDAP existierte nur 26 Jahre), erscheint es ohnehin unwahrscheinlich, dass sich in so kurzer Zeit die deutsche Sprache grundlegend im Sinne des Sprachsystems verändert haben sollte. Damit aber muss man nicht auf eine Analyse der Sprache *im* Faschismus verzichten.

An der Tatsache der Sprach*regelung*, wie sie insbesondere von Goebbels' Ministerium für Propaganda und Volksaufklärung der Presse und dem Rundfunk verordnet worden war, besteht kein Zweifel. In Reichspressekammer, Reichskulturkammer und Reichsfilmkammer wurden genaue Anweisungen formuliert, an die man sich halten musste. So hatten die Nationalsozialisten etwa die Wörter *Propaganda* oder *Kampfflugzeug* komplett für ihre Zwecke vereinnahmt, während bei den Gegnern von *Hetze* bzw. *Bomber* zu sprechen war. Aus *Flüchtlingen* wurden *rückgeführte Volksgenossen*, *Partisanen* verwandelten sich in *Heckenschützen* oder *Mordbrenner*, *Versorgungslücke* wurde durch *Engpaß* ersetzt. Andere Begriffe waren gewissermaßen reserviert: *Autobahnen* sollte es nur als deutsche geben, *Führer* auf Hitler beschränkt bleiben, die *Mischehe* existierte statt zwischen Protestanten und Katholiken nur noch zwischen »Ariern« und »Juden«. Schließlich wurde in wieder anderen Fällen restlose Streichung von Begriffen angeordnet. Dies gilt für *Alliierte*, *Katastrophe*, *Völkerbund*, bezog aber sogar *Drittes Reich* ein, weil ein viertes undenkbar sein sollte. Die Vorliebe der Nationalsozialisten für Fremdwörter war (wie an früherer Stelle bereits ausgeführt) ein Hauptgrund, warum sie den puristisch eingestellten Deutschen Sprachverein, der den Fremdwörtern gerade an den Kragen wollte, entmachteten.

Es ist auch interessant, dass sich das NS-Regime von einer behördlichen Sprachpflege überhaupt wenig versprach: Das Sprachpflegeamt, das 1935 gegründet wurde, führte von Anfang an ein Schattendasein. Goebbels setzte offenbar mehr auf die 1923 gegründete Deutsche Akademie zur wissenschaftlichen Erforschung und Pflege des Deutschtums, die 1932 das erste Goethe-Institut gründete und damit weltweit Einfluss auf die Verbreitung der deutschen Sprache nehmen sollte. Dieser Institution wurde 1941 das vom Deutschen Sprachverein so ersehnte institutionelle Sprachamt inkorporiert. Allerdings widmete es sich weniger Fragen der Sprachrichtigkeit als der Sprachpolitik: in diesem Fall einer brutalen *Entwelschungs-Kampagne* im Elsass mit *Entrümpelung des Straßenbildes* in Form einer Eindeutschung aller französischen Schilder, der Aufschriften auf den Grabsteinen und sogar von *froid* und *chaud* an den Wasserhähnen.

Wie die Sprache *im* Faschismus den Wortschatz beeinflusste, zeigt ein Blick auf die Entwicklung des *Duden*. 1929 war die zehnte Auflage erschienen, die den Stand der Weimarer Republik festhielt. 1934 brachte die von einem Nazi-Funktionär an der Spitze betreute elfte Auflage den Umschwung, der angesichts der Tatsache, dass die Diktatur sich gerade erst etabliert hatte, überraschend deutlich ausfiel. Institutionelle Bezeichnungen wie *NSDAP* oder *Gauleiter* waren ebenso aufgenommen wie *Arbeitsdienst* oder *Winterhilfswerk*. Das antisemitische Vokabular der zehnten Auflage, in der bereits *entjuden* oder *fremdvölkisch* zu finden sind, wurde mit *aufnorden*, *erbgesund*, *fremdrassig* und vielen anderen Eintragungen ausgebaut.

In der zwölften Auflage von 1941 kamen Wörter wie *Jud*, *Systemzeit* (Weimarer Republik), *Untermensch*, *Weltjude* hinzu. Vor allem stellte nun auch ein Vorwort das nationalsozialistische Programm als Grundlage der Wörterbucharbeit heraus. An den Bedeutungserklärungen lässt sich ablesen, wie bislang eher ungebräuchliche Wörter ihren speziell nazistischen Sinn erhielten. Das aus dem englischen Burenkrieg stammende *Konzentrationslager*, in der zehnten Auflage noch nicht vorhanden, wird in der elften als *Sammellager für Zivilgefangene, Volksschädlinge* erläutert und erhält in der zwölften nur noch den Zusatz *Anhaltelager*. Zu *welschen*, 1929 noch ohne Bedeutungserklärung, findet sich 1934 und 1941 *welsch, undeutsch reden; auch: radebrechen: in seine Sprache viele entbehrliche Fremdwörter einmengen.* Ein Wort wie *Faschismus* mutiert von *rücksichtsloser Nationalismus in Italien* 1929 über *schärfste nationale Erneuerungsbewegung in Italien* 1934 zu der *von Mussolini begründeten italienischen nationalstaatlichen Bewegung* 1941. Auch politisch weniger sensible Begriffe machten bemerkenswerte Entwicklungen durch, etwa *Feminismus*. 1929 lautet die Erläuterung: *Frauenemanzipation; Betonung des Weiblichen*, 1934 und 1941 dagegen: *überstarke Betonung des Weiblichen, Vorherrschaft unmännlicher Anschauungen.*

Vielleicht liegt allerdings der größte Skandal darin, dass die dreizehnte Auflage von 1947 zwar viel Nazi-Vokabular entfernt, aber ein Wort wie *Untermensch* tatsächlich ohne Erklärung hat stehen lassen.

Abbreviaturenmanie, Superlative und Namenpolitik

Es gibt weitere Bereiche der Sprache, die in der Zeit der nationalsozialistischen Herrschaft eine besondere Prägung erfuhren. Dazu gehört etwa die *Abbreviaturenmanie*, in der Klemperer das Signum einer *verschworenen Gemeinschaft* sah, selbst wenn natürlich auch schon vor den Nazis Abkürzungen kursierten wie etwa beim Berliner Kaufhaus des Westens, das bereits damals im Volksmund *KaDeWe* hieß. Außer solchen Letternwörtern wie vor allem *NSDAP* waren auch Abkürzungen wie *Ari* für *Artillerie* üblich, womit man wohl Eingeweihtheit und nebenbei Modernität signalisieren wollte. Allerdings lag darin auch ein Ansatz für »Widerstand« in Minimalform, wenn daraus Witze entstanden, mit denen man sich über das »Braunwelsch« lustig machte. So sollte *Popo* der neueste Gutenachtwunsch sein: als Abkürzung von *penne ohne Pause oben*. Auch der folgende Reim war als Karikatur gemeint:

Die deutsche Jugend dichtet flott
im B.d.M. [Bund deutscher Mädchen] und im Hajod [Hitler-Jugend]

Ein anderes Merkmal nationalsozialistischer Sprache ist immer im Hang zum Superlativ als »Monumentalstil« gesehen worden: seine ständige Wiederholung ebenso wie die Benutzung immer neuer Varianten, etwa *einmalig, großartig, gigantisch, unvergleichlich.*

Für alle Beobachtungen sprachlicher »Eigenheiten« gilt jedoch nicht nur der Vorbehalt, dass nationalsozialistisch weniger die Wörter als ihr forcierter Einsatz waren. Für fast alle Beispiele lassen sich auch Traditionen aufdecken, die den Gebrauch deutlich vor 1933 bezeugen – man hat deshalb mit Recht von einer Sprache »*zum* Faschismus *hin*« gesprochen (Peter von Polenz). Dies gilt auch für ein spezielles Feld des Antisemitismus, das unter den Nazis beispiellose Auswüchse erfuhr: die Namenpolitik, die zur perfiden »Stigmatisierung« (Dietz Bering) ihrer Träger wurde.

1812 hatte es im Zuge der Emanzipation der Juden ein Edikt gegeben, das jüdischen Mitbürgern freie Namenwahl zusicherte. Davon rückten die Behörden im Laufe des 19. Jahrhunderts Schritt für Schritt wieder ab: Juden durften keine »christlichen« Vornamen annehmen, das Recht der Namensänderung wurde nach immer zahlreicheren Anträgen aufgrund immer größerer Diskriminierung aufgehoben. Auf diese Weise erhielten Nachnamen wie *Cohn, Levy, Itzig, Cohen, Goldschmidt, Löwenstein, Rosenberg* und Vornamen wie *Isidor, Moses, Aron, Mendel, Levin, Bendix, Charlotte* eine klare antisemitische Assoziation und lieferten Juden schon bei ihrer Vorstellung der Identifizierung aus – mit allen daraus entstehenden Nachteilen. Als Goebbels während der »Kampfzeit« vor 1933 als NSDAP-Gauleiter von Berlin den jüdischen Polizeivizepräsidenten Dr. Bernhard Weiß attackierte, tat er dies, indem er ihm den Vornamen *Isidor* unterschob, den damals jeder als jüdisch identifizieren konnte. In 16 Gerichtsprozessen wurde Goebbels zwischen 1927 und 1932 wegen Beleidigung verurteilt. Die Perfidie verlor damit nicht ihre Wirkung, Weiß war gerade aufgrund seines Widerstands in weiten Kreisen der Lächerlichkeit preisgegeben.

Nach der »Machtübernahme« kam es sofort zu einer Verschärfung der alten Gesetze. Juden mussten nicht nur den Stern tragen, sondern wurden gezwungen, Zusatznamen anzunehmen: jeder Jude *Israel*, jede Jüdin *Sara*.

PAPIERSPRACHE UND URSPRÜNGLICHKEITSWORT

Nicht die spezifische sprachliche Form – dies ist immer wieder das Fazit –, sondern ihre Verwendung und deren Regelung lässt sich als faschistisch bezeichnen. Allerdings gibt es noch einen anderen Aspekt, der besonders für Hitler charakteristisch war: die Berufung nicht auf die Macht der Sprache, sondern auf die »Macht des Wortes«, womit er meinte: des gesprochenen, nicht geschriebenen Wortes.

Auch dazu gibt es eine Vorgeschichte, die wieder weit zurück ins frühe 19. Jahrhundert reicht. Unter dem Eindruck einer Schriftkultur, die damals die älteren mündlichen Traditionen regelrecht wegfegte, träumte die Romantik von einer Belebung des Gesprächs, der Kommunikation mit einem menschlichen Gegenüber. Angesichts der Industrialisierung im 19. und frühen 20. Jahrhundert fanden Gedanken dieser Art eine Wiederbelebung. Ewald Geißler, der 1941 Leiter des behördlichen Sprachamtes wurde, hatte sich buchstäblich seine Sporen mit Attacken auf die Schriftkultur verdient. Seit 1910 veröffentlichte er Bücher über Rhetorik, 1937 erschien die »Flugschrift« *Sprachpflege als Rassepflicht*. Weil der moderne Mensch *das wundervolle Leben der Sprache in eine tote Folge schwarzer Lettern verwandelt habe*, so liest man darin, sei die Orientierung verlorengegangen. Das gesprochene Wort wird Geißler dagegen zum *Zauberwort*, der Kampf gegen die *Papiersprache* die Voraussetzung einer *gesunden* Weltanschauung. Statt der *überfremdeten, entleerten Allerweltslässigkeit des 19. Jahrhunderts* gehe es mit dem Nationalsozialismus nun zurück zum *deutsch-volkhaften Ursprünglichkeitswort*:

Es ist die Rückkehr ins Ur des Wortes, in seine anfängliche, noch leibgebundene, blutdurchflossene, gefühlsdurchwebte Gestalt – gegenüber der zivilisatorischen Ablösung, die auch beim Sprechen stets aus der Späte des Druckwortes zu kommen scheint. Die Grundlage des Marxismus ist ein Buch in schlechtem Papierdeutsch, Hitler da-

gegen bleibt auch im Papier atmender Redner und schrieb erst und
nur, als er am Reden verhindert war.

Mit dem Papier war *Mein Kampf* gemeint, in dem Hitler schon
selbst die *Zauberkraft des gesprochenen Wortes* beschworen und
die *großen Redner* gegen die *großen Schreiber* ausgespielt hatte.

Ein Mitstreiter Geißlers, der ehemalige Schauspieler und
Regisseur Erich Drach, etablierte 1930 das Fach Sprechkunde
an der Berliner Universität, machte es zu einem Kernfach nationalsozialistischer Erziehung bei einem geradezu fanatischen
Kampf gegen Logik und Buchdruck. In seiner *Redner-Schulung*
von 1934 wird die *nationale Erneuerung Deutschlands* als Folge
des *lebenerzeugenden, volksformenden, gesprochenen Worts* gesehen, nicht ohne Polemik gegen die *jüdische Großpresse* mit ihren
schreibenden Giftmischern. Der *Duden* von 1934 bietet bereits
wie im Reflex als Stichwörter *papierene Sprache, papierener Stil,
papierenes Zeitalter*.

Nur darf man sich nicht täuschen. Die Mündlichkeit im
Nationalsozialismus war eine medial aufgerüstete Mündlichkeit. Sie bediente sich des Rundfunks und des Lautsprechers,
drang auf bislang unbekannte Weise in den letzten Winkel des
Alltags. Obwohl die entscheidenden Erfindungen in die Zeit
der Weimarer Republik gefallen waren, hatten die damaligen
Politiker noch Vorbehalte gegen die ungewohnte Technik, ja
lehnten eine Anwendung direkt ab. Bis 1933 erfolgte trotz entsprechender Anfragen und Mahnungen keine einzige Übertragung einer Reichstagssitzung im Rundfunk, der seit 1923
seinen Betrieb als *Unterhaltungs-Rundfunk* aufgenommen hatte.
Der Reichstag erhielt bis zu seinem Brand 1933 kein Mikrofon,
obwohl die technische Ausstattung seit zehn Jahren existierte.
Zu verstehen ist dies nur vor dem Hintergrund, dass die Politi-
kergeneration der Weimarer Republik in einer Bildungstraditi-
on stand, in der der Zusammenhang von Rede und Persönlichkeit noch tief verwurzelt war. In Autobiografien aus dieser Zeit
stößt man immer wieder auf die Betonung des Auftretens, zu

dem die natürliche Stimme als Zeichen von Authentizität un-
verzichtbar schien.

Allerdings stößt man auch auf die Beobachtung, deutsche
Politiker seien überhaupt eher schlechte Redner gewesen.
Ernst von Weizsäcker, deutscher Botschafter beim Genfer Völkerbund in den 1920er Jahren, hielt dies in seinen *Erinnerungen*
fest:

> Wir Deutschen hatten für Genf keine wirklich geeigneten Persönlich-
> keiten. Unsere Diplomaten waren des öffentlichen Sprechens unge-
> wohnt. Unsere Parlamentarier hatten oft mit den Fremdsprachen zu
> kämpfen. Der Deutsche ist überhaupt keine glückliche Kongressfigur.
> Seine Reden verhallen international; die Profite streichen die anderen
> ein.

Die Nazis mit Hitler und Goebbels an der Spitze aber waren
geübte Redner und gingen als solche den Pakt mit den Medien
geradezu bedingungslos ein. Binnen eines Jahrzehnts wurden
Rundfunk und Lautsprecher zum festen Bestandteil ihrer
Strategie. Von Hitler stammt das Wort: *Ohne Kraftwagen, ohne
Flugzeug und ohne Lautsprecher hätten wir Deutschland nicht erobert.*

Wenn man die »Macht der Sprache« kritisch sehen muss, so
ist die »Macht der Rede« unbestritten. Unverdächtige Zeugen
haben die suggestive Wirkung Hitlers schon in seiner frühen
Zeit beschrieben. Selbst bei scharfer Kritik hat der österreichische Publizist Karl Tschuppik (der schon 1933 auf der
»Schwarzen Liste« eines »schädlichen und unerwünschten
Schrifttums« stand) ihm Überzeugungskraft zugestanden:

> Rhetorisch schwach, gedanklich gleich Null, bleibt an Hitlers Rede
> als wirksamstes Moment nur seine Fähigkeit, Gefühlserregungen zu
> übertragen. Von den Griechen weiß man, dass sie an der Rede den
> guten Klang am höchsten schätzten, sie als »schönes Lied« emp-
> fanden; ähnlich verhalten sich Italiener und Franzosen: ihre großen

> Redner sind Sänger. Der Deutsche erliegt dem Gefühl, weil er, dem
> Schauspielerischen abhold, den Gläubigen, den Charakter sucht.
> Vielleicht glaubt Hitler was er spricht; jedenfalls ist's der Ton gefühls-
> mäßiger Überzeugung, der ihm den Erfolg bringt. Also die primitivste
> Stufe rednerischer Kunst und gewiß der Kindergarten der Politik.

Hitler selbst suchte rednerisch Anschluss an rhetorische Traditionen – bis zum Einstudieren der Gestik vor dem Spiegel. Im
Jahre 1936 berief er sich während einer Massenversammlung
in durchsichtiger biblischer Anspielung, aber auch unsäglicher
Blasphemie auf seine Stimme:

> Ihr habt einst die Stimme eines Mannes vernommen, und sie schlug
> an eure Herzen, sie hat euch geweckt, und ihr seid dieser Stimme
> gefolgt. Ihr seid ihr jahrelang nachgegangen, ohne den Träger der
> Stimme auch nur gesehen zu haben; ihr habt nur eine Stimme gehört
> und seid ihr gefolgt.

In den Nazi-Blättern *Völkischer Beobachter* oder *Angriff* ließ er
sich als Redner in geradezu antikisierenden Posen abbilden, das
Plakat *Hitler spricht!*, auf dem er ohne Mikrofon mit eindring-
licher Gestik inmitten einer unüberschaubaren Menschen-
menge zu sehen ist, wurde zum Markenzeichen. Neben dem
Gigantismus der Großveranstaltungen mit den aus Scheinwer-
fern gebildeten Lichtdomen und dem Fahnenmeer war es diese
romantisierende Idee einer aus der Mündlichkeit entspringen-
den Unmittelbarkeit, die Wirkung erzielte. Die Wörter hat
man jedenfalls überschätzt, die »Sprache« in dieser weiteren
Bedeutung spielte wohl die bedeutendere Rolle.

GETEILTES UND VEREINTES DEUTSCHLAND

POLEMIK WEGEN BROILER UND GRILLETTA

Als am 2. Mai 1945 Berlin kapitulierte, ging nicht nur das Deutsche Reich unter. Auch der alte Wunschtraum einer Einheit von Nation und Sprache war ausgeträumt. Aus dem einen deutschen Staat gingen drei hervor, in denen Deutsch die verbindliche Amtssprache bildete: die Bundesrepublik, die DDR und Österreich. Wenn es auch schon zuvor richtig war, von verschiedenen Zentren der inneren Entwicklung des Deutschen zu sprechen, so nahmen diese Zentren nun die Form von eigenen Staaten an. Die deutsche Sprache war erkennbar nicht nur plurizentrisch, sondern auch (über die alten »Ausnahmen« Liechtensteins, der Schweiz und Luxemburgs hinaus) plurinational geworden. Nicht nur, dass es wie eigentlich seit je an einer Instanz fehlte, die die Vielfalt an regionalen und sozialen Varietäten zusammenhalten konnte. Es existierten nun erstmals staatliche Instanzen, die es durchaus in der Hand hatten, die Einheit aufzukündigen.

Wie fast immer das, was möglich ist, zu verwirklichen gesucht wird, gab es auch in diesem Fall entsprechende Ansätze zur Verselbständigung. Sie kamen nicht in erster Linie von der Bevölkerung, sondern von den Politikern. Als sich 1948 zuerst die Bundesrepublik und kurz danach die DDR als je eigene Staaten gründeten und damit die Teilung Deutschlands Realität wurde, herrschte aufgrund des ideologischen Gegensatzes größtes Misstrauen zwischen den Vertretern der beiden deutschen Staaten. Dazu gehörte auch, dass man sich gegenseitig unterstellte, die andere Seite würde eine sprachliche Teilung betreiben, obwohl BRD wie DDR an der Perspektive einer Wiedervereinigung im Sinne des je eigenen politischen Systems festhielten. Anfangs wurde gerade im Osten der »Fortbestand der Spracheinheit«, die »gemeinsame Nationalsprache« betont, bevor Walter Ulbricht in den 1970er Jahren offen auf den Bruch hinsteuerte: »Die Sprache der Hitlergenerale, der Neonazis und Revanchepolitiker gehört nicht zu unserer deutschen Sprache, zur Sprache der friedliebenden Bürger der Deutschen Demokratischen Republik, die wir lieben, schätzen und weiterentwickeln«, hieß es damals. Eine eigene Orthografiereform scheiterte nur am Einspruch Moskaus, das seinen Germanistik-Studenten nicht zweierlei Schreibweisen aufhalsen wollte.

Allerdings folgte sehr bald ein Rückzieher, als man zur eigenen Legitimation an die vergangene Kultur anschloss und dabei auch die Sprache entdeckte. 1984 wurde die DDR als Bewahrerin der »besten Traditionen des deutschen Volkes« gefeiert, und man ging entsprechend von einer »deutschen Sprache in der DDR« aus. Auch in der Bundesrepublik folgte auf eine Phase scharfer Angriffe und rüder Beschimpfungen an die Adresse des anderen deutschen Staates ein eher nüchterner Umgang mit den neuen Realitäten.

Dann setzten auf beiden Seiten empirische Forschungen zum Sprachgebrauch ein (in Leipzig und Mannheim), die für die strittige Beurteilung von Einheit bzw. Unterschiedlichkeit neue und adäquatere Grundlagen zur Verfügung stellten. Man konzentrierte sich dabei vor allem auf das Vokabular, auf die Differenzen im Wortschatz zwischen dem DDR- und dem BRD-Deutsch. Tatsächlich waren diese nicht gering, man zählte je nach wissenschaftlichem Ansatz zwischen 800 und 3000 Abweichungen. Bei einem Sprachvergleich zwischen den Tageszeitungen *Die Welt* und *Neues Deutschland* ergaben sich beispielsweise für das aus dem Finanzbereich stammende Wort *Abschreibung* 181 Nennungen im westdeutschen und 0 im ostdeutschen Blatt. Bei *Aufsichtsrat* betrug das Verhältnis 231 zu 6, bei *Arbeiterklasse* 3 zu 589, bei *Arbeitsnorm* 1 zu 23. Die Unterschiede lassen sich ganz klar mit den unterschiedlichen Wirtschaftssystemen erklären.

Bei der Umgangssprache sahen die Verhältnisse durchaus anders aus. Allerdings stellten sich auch hier mehr Abweichungen heraus, als auf westdeutscher Seite in einer gewissen Euphorie der Gemeinsamkeit oder Blindheit für die tatsächlichen Verhältnisse gemutmaßt worden war. Dazu gehören nicht nur die unentwegt zitierten Beispiele *Broiler* (für *Brathähnchen*) oder *Plaste* (für *Plastik*). Im Verwaltungsbereich standen etwa *Arbeitnehmer* und *Werktätiger* nebeneinander, *Gebäude* und *Objekt*, *Zielsetzung* und *Zielstellung*. Es gab spezifische BRD-Begriffe ohne DDR-Entsprechung wie *Datenschutz* oder *Hauptschule*, umgekehrt *Kader* oder *operativ*. Im Verkehrsbereich hieß es im Westen *Bundesstraße* oder *Führerschein*, im Osten *Fernverkehrsstraße* und *Fahrerlaubnis*. BRD-spezifisch waren der *Verkehrsstau* oder die *Verkehrsberuhigung*, DDR-spezifisch die *Magistrale* oder der *Urlaubsplatz*. Und so lassen sich weiter lange Listen bilden im Bereich von Berufs- wie Alltagswelt. Man stößt dann auf BRD-DDR-Pärchen wie *Supermarkt* und *Kaufhalle*, *Team* und *Kollektiv*, *Tiefkühlkost* und *Feinfrostkost*, *Hamburger* und *Grilletta*.

Können solche Beispiele immer noch als bloß »regionale« Varianten gesehen werden, wie es sie in jedem größeren Land der Erde ohnehin gibt, so trifft dies beim Funktionärsvokabular der DDR nicht mehr zu. Hier zeigt sich, dass spezifische und routinisierte Verwendungen auf offizieller Ebene Zugehörigkeit signalisieren sollten, was dann auch in den Alltag eindrang. Teilweise spielt bei diesem speziellen Wortschatz eine Lehnprägung nach russischen Vorbildern oder gar direkte Übernahme aus dem Russischen wie bei *Datsche* und *Apparatschik* eine Rolle. Doch ist der Einfluss des Russischen auf das DDR-Deutsch insgesamt überschätzt worden.

Als prägend erwies sich dagegen die Terminologie, die aus der marxistisch-leninistischen Lehre stammte. Sie war seit 1968 in der Verfassung der DDR als verbindlich festgeschrieben, wurde allerdings auch im eigenen Land karikiert und im Westen als *Moskauderwelsch* oder *rotes Deutsch* verunglimpft. Mehr als auf einzelne Wörter bezieht sich diese Titulierung auf Floskeln und stehende Redewendungen, die in sperrigen Substantivbildungen daherkamen. So war die Rede von der *historischen Mission der Arbeiterklasse*, der *Wissenschaft des Klassenkampfes*, der *Durchführung der sozialistischen Revolution*, von *Errungenschaften der sozialistischen Landwirtschaft im Lichte der Beschlüsse des soundsovielten Parteitages der SED.* Als ritualisiert können auch Formulierungen gelten wie *unter der Führung der marxistisch-leninistischen Partei, die Erkenntnisse der Theorie in die Praxis tragen* oder die *Integration in die sozialistische Gemeinschaft.*

Eine verordnete Wort-Innovation wie die *Nietenhose* gegenüber der *Jeans* bildete wohl insgesamt die Ausnahme. Die offiziell gebotene Vermeidung des Begriffs *Staatszirkus der DDR* führte zu Witzen. Bei der angeblichen Ersetzung des *Dauerlutschers* durch *Fruchtstielbonbon*, des *Sargs* durch *Erdmöbel* oder gar des *Weihnachtsengels* durch *Jahresendflügelfigur* hat man auf die Erfindung von Kabarettisten getippt.

Noch weiter in den Alltag als solche Einzelprägungen oder Wortkombinationen reichten komplette sprachliche Rituale wie offizielle Begrüßungen, die in der DDR in Schulen aller Art bis hinunter zum Kindergarten üblich waren. Etwa die folgende: *Liebe Genossen! Wir überbringen euch unseren Bericht über die Pionierstafette »Immer bereit!«* Auch Losungen auf Plakaten und an Häuserwänden wie *Plane mit, arbeite mit, regiere mit* oder *Die Republik braucht alle, alle brauchen die Republik* waren allgegenwärtig. In der Volkskammer pflegte man einen pathetischen Vortragsstil, bei dem sich Superlative häuften, Erfolg und Harmonie mit Vokabeln wie *unverbrüchlich, unbeirrbar, ruhmreich* gepriesen und Spitzenpolitiker mit sämtlichen Titeln begrüßt wurden: besonders der *Erste Generalsekretär der Sozialistischen Einheitspartei Deutschlands, Vorsitzender des Staatsrates der DDR und Vorsitzender des Nationalen Verteidigungsrates, Genosse Erich Honecker.*

ANDERES DEUTSCH, NICHT ANDERE SPRACHE

Nur muss man sich angesichts dieser Beispiele immer wieder in Erinnerung rufen, dass die jeweiligen »Eigenheiten« mit dem politischen und sozialen Umfeld in Zusammenhang stehen, also nichts mit Sprache im Sinne des »Sprachsystems« zu tun haben. Genauso wie die DDR an den Kommunismus des Ostens anschloss, war die Bundesrepublik dem Kapitalismus des Westens gefolgt. Auch in der Adenauer-Ära hatte es eine Einübung in standardisierten Sprachgebrauch gegeben.

Dies zeigte sich unerwartet, als aus der Studentenbewegung von 1968 eine Neue Linke hervorging, die gegen das Establishment aufbegehrte und dabei auch neue Wörter einführte oder vertraute mit ihrer eigenen Sicht »besetzte«. Marxistisches Vokabular *(Proletariat, repressiv, autoritär)* grassierte, Begriffe wie *Demokratisierung* oder *Solidarität, Gleichberechtigung* oder *Mitbestimmung* erhielten einen bislang unbekannten Klang. Aus Psychologie und Soziologie kamen *Verdrängung* der NS-Vergangenheit, *Frust, Konsumterror* oder *Leistungszwang.* Gegen die Mentalität des *Wirtschaftswunders* wurden *Basis-Demokratie* und *Systemüberwindung* geltend gemacht. Im Übrigen wollte man *hinterfragen* und *ausdiskutieren,* suchte nach *Lebensqualität* und *Selbstverwirklichung.* Ritualisierte Formeln wie *Wandel durch Annäherung* kamen in Gebrauch und wurden zu Erkennungszeichen politischer Gesinnung. Die Frage stellte sich tatsächlich, inwieweit damit nicht doch verschiedene Sprachen entstanden waren.

Als es nach der Wende ein Fazit über das Ausmaß des Auseinanderdriftens von DDR- und BRD-Deutsch zu ziehen galt, war die Beurteilung jedenfalls geteilt. Es gab Stimmen, die die sprachlichen Abweichungen zwischen den bis dato getrennten deutschen Staaten leugneten bzw. als unwesentlich ansahen. In der Umarmung der Wiedervereinigung wurden Unterschiede unterschätzt bzw. die Anpassung einseitig dem Osten abverlangt. Im ersten gemeinsamen *Duden* von 1991, der 20. Auflage, waren nur die »politischen« Abweichungen als *ehemals in der DDR* markiert, während man andere lediglich als *regional* einstufte.

Tatsächlich übersah man dabei, wie sehr die Bevölkerung im Osten von einer insgeheimen »Zweisprachigkeit« geprägt war, einem offiziellen und einem privaten Sprachgebrauch. Entsprechend gab es erhebliche Probleme, sich in kürzester Zeit auf den westdeutschen Standard umzustellen. In zahlreichen Schlüsselwörtern wie etwa *Eigentum*, *Freiheit*, *Markt*, *privat*, *ökonomisch*, *sozial* schwangen und schwingen bei den Älteren immer noch unterschiedliche Wahrnehmungen mit, die nun nur noch in ihrer westlichen Variante als »normal« galten bzw. gelten. Bei den wenigen Übernahmen ostdeutscher Begriffe wie etwa *Exponat* oder *Kulturerbe* spielt auch noch eine ironische Verwendung eine Rolle. In einem Fall wie *real existierend* liegt dies auf der Hand. Die im wirtschaftlichen Bereich beklagten Hemmnisse einer wirklichen Einheit haben im sprachlichen eine vielleicht weniger bedeutsame, aber immer noch greifbare Parallele. Ein Wort von Wolfgang Thierse: »Ein anderes Deutsch ja, aber nicht eine andere Sprache« trifft den Sachverhalt, verdeckt aber auch Schwierigkeiten, die der Annäherung entgegenstanden und immer noch entgegenstehen.

Andererseits gibt es auch Grund, die Unterschiede herunterzuspielen. Bei der Wende im Herbst 1989 kam es zu einer aufschlussreichen »Sprachreflexion«. Nur wurde dabei mit Recht »Sprache« nicht an den bloßen Wortgebrauch gebunden, sondern umfassender verstanden. In der berühmten Rede von Christa Wolf bei der Kundgebung auf dem Berliner Alexanderplatz am 4. November hieß es: »Jede revolutionäre Bewegung befreit auch die Sprache. Was bisher so schwer auszusprechen war, geht uns auf einmal frei über die Lippen (…).« Und weiter: »Die Sprache springt aus dem Ämter- und Zeitungsdeutsch heraus, in das sie eingewickelt war, und erinnert sich ihrer Gefühlswörter.« »Ämter- und Zeitungsdeutsch«: Scheinbar lässt sich dies mit den Ämtern und Zeitungen beseitigen. Aber das

Tempo dürfte unterschiedlich sein. 1989 begann ein Prozess der gegenseitigen Annäherung, der auch sprachlich Geduld verlangt.

Kein Österreichisch, kein Alemannisch

Als Exkurs sei ein Blick auf zwei unserer Nachbarstaaten geworfen, in denen ebenfalls Deutsch gesprochen wird: auf Österreich mit Deutsch als alleiniger Amtssprache und auf die Schweiz, in der Deutsch eine von insgesamt vier Amtssprachen (neben Französisch, Italienisch und Rätoromanisch) darstellt.

Österreich war 1945 der dritte Staat, der aus dem nationalsozialistischen Deutschen Reich hervorgegangen war. In diesem Fall erfolgte die politische Trennung sofort und ohne die Option einer erneuten Vereinigung in der Zukunft. Damit war die Gemeinsamkeit der deutschen Sprache eine offene Frage geworden, und tatsächlich machten sich Bestrebungen bemerkbar, ein eigenständiges *Österreichisch* (oder *Sprache des Österreiches*) zu etablieren. Entsprechend fahndete man auch hier nach Abweichungen vom Sprachgebrauch des Nachbarlandes, um auf diese Weise zu einem *Österreichischen Wörterbuch* zu kommen, das erstmals 1951 erschien und gegenwärtig in der 41. Auflage vorliegt.

Allerdings halten sich die Austriazismen (also nur in Österreich gebräuchlichen Wörter) in Grenzen, sie machen mit etwa 4000 Einträgen nur 2 Prozent der Gesamtsprache aus. *Feber* statt *Februar*, *Fleischhauer* statt *Metzger* sind Beispiele, auch Redewendungen wie *Küss die Hand*. Hinzu kommen wienerische Regionalismen wie *Jänner* oder *Fiaker*, spezieller italienischer *(Kassa, Paradeiser)* und französischer Einfluss *(Billeteur, pressieren)*. All dies summiert sich kaum zu einer eigenen Nationalsprache, und tatsächlich arbeitet man in Wien seit Langem mit der *Duden*-Redaktion in Mannheim zusammen, um eine deutsche Sprache weiterzuentwickeln, die den verschiedenen

Nationen als gemeinsames Dach dienen kann. Wenn man liest, dass das *Österreichische Wörterbuch* 1987 knapp 35 000 Stichwörter enthielt, der *Duden* für Rechtschreibung dagegen mehr als 125 000, wenn von 36 im *Österreichischen Wörterbuch* aufgenommenen Austriazismen nur 5 im *Duden* fehlten, wird deutlich, dass jedenfalls auf der Wörterbuchebene kein Auseinanderdriften des Deutschen in Deutschland und Österreich zu erwarten ist.

Auf ganz andere Verhältnisse trifft man in der Schweiz. Hier ist die deutsche Hochsprache zu 99 Prozent Schriftsprache, gesprochen wird außer in offiziellen Verlautbarungen oder in den Medien Schwyzertütsch, das selbst wieder in regionale Dialekte zerfällt (Zürichdeutsch, Berndeutsch usf.). Der in den 1930er Jahren unternommene Versuch, aus diesem Schwyzertütsch eine eigene Nationalsprache Alemannisch zu machen, wurde aufgegeben. Es blieb allerdings bei der strikten Trennung zwischen Schreib- und Sprechsprache. Neuere Versuche, Schwyzertütsch auch im Fernsehen (beim Wetterbericht) zu etablieren, treffen auf Widerstand besonders der französischsprachigen Schweizer, die sich um ihr erlerntes Hochdeutsch betrogen fühlen. Im Übrigen nimmt die Schweiz hinsichtlich ihrer Schriftsprache an der Gesamtentwicklung des Deutschen ebenso weiter teil wie Österreich. Bei jeder neuen Auflage des *Duden* setzen sich die Nachbarn zusammen und beschließen die Geltung für ihre Länder gemeinsam.

EIN FLUG ÜBER DEN WOLKEN

Das gemeinsame Dach der deutschen Sprache muss aber nicht nur politische Grenzen überspannen. Ein anderes und möglicherweise gravierenderes Problem stellen die Fachsprachen dar. Faktisch entwickelt sich die deutsche Sprache als ein einigermaßen stabiler Kernbereich, den zahlreiche fachsprachliche Satelliten umkreisen, die die Aufnahmefähigkeit jedes einzelnen Sprechers bei Weitem übersteigen. Im Bereich des Rechts und der Verwaltung werden immer wieder (zunehmend hoffnungslosere) Versuche unternommen, den Bedürfnissen der Verständlichkeit Rechnung zu tragen. Verdeutschte Termini und eine übersichtlicher gestaltete Syntax führen gegen die faktische Komplexität des Gegenstands jedoch einen aussichtslosen Kampf. In der Technik, der Wirtschaft und vor allem in den Naturwissenschaften wie etwa der Biologie, Chemie oder Physik sind die fachlichen Fortschritte und die mit ihnen einhergehenden terminologischen Entwicklungen so rasant, dass sie auch die Spezialisten selbst vor Probleme stellen.

Die »poetische« Beschreibung des Problems durch den Soziologen Niklas Luhmann, der sich seine eigene Fachsprache geschaffen hat wie 200 Jahre zuvor Kant, ist mittlerweile berühmt geworden:

> Diese Theorielage erzwingt eine Darstellung in ungewöhnlicher Abstraktionslage. Der Flug muß über den Wolken stattfinden, und es ist mit einer ziemlich geschlossenen Wolkendecke zu rechnen. Man muß sich auf die eigenen Instrumente verlassen. Gelegentlich sind Durchblicke nach unten möglich – ein Blick auf Gelände mit Wegen, Siedlungen, Flüssen oder Küstenstreifen, die an Vertrautes erinnern; oder auch ein Blick auf ein größeres Stück Landschaft mit den erloschenen Vulkanen des Marxismus. Aber niemand sollte der Illusion zum Opfer fallen, dass diese wenigen Anhaltspunkte genügen, um den Flug zu steuern.

Es sind durchaus nicht die Fachtermini allein, die Schwierigkeiten machen, aber an ihnen ist das Problem besonders festgemacht worden.

Während in vergangenen Jahrhunderten lateinische Nomenklaturen (wie etwa in der Medizin) den Bedarf deckten, führen heute die Forscher bzw. Erfinder muttersprachliche Benennungen ein. Im Deutschen spielen dabei die Möglichkeiten der Komposition eine besondere Rolle, wie sie etwa in *Abflachschal-*

tung oder *Gleichstromsignal* vorkommt. Es ist aber keine Frage, dass der Hauptanteil des Fachvokabulars durch die weltweite Dominanz des Englischen bzw. Angloamerikanischen geprägt ist. Dabei werden nicht nur die Wörter in immer größerem Umfang übernommen, sie werden vor allem ohne Anpassung an das eigene Sprachsystem direkt übernommen: etwa als *Code* oder *Recorder* (nicht *Kode* oder *Rekorder*).

In der hochemotional geführten Diskussion um das auf diese Weise entstehende *Denglisch* (als Vermischung von Deutsch und Englisch) darf jedoch nicht übersehen werden, dass die Internationalisierung und Standardisierung von Fachsprachen etwas anderes ist als *Denglisch* im Alltag. Wenn eine neue Studie zur Sprache der Banken zeigt, dass das Angebot von den Kunden nicht verstanden wird (was sogar als Mitauslöser der Finanzkrise gilt), ist es richtig und wichtig, Alarm zu schlagen. In der Wissenschaft aber wären Umschreibungen nicht nur umständlich und ungenau, sie würden die Verständigung von Wissenschaftlern verschiedener Nationen enorm erschweren.

Natürlich ist damit der Weg zum »Fachchinesisch« geebnet, die Sprachbarriere gewissermaßen programmiert. Man kann sicher auch sagen, dass sich die Sprecher von der Benutzung wissenschaftlichen Vokabulars einen Prestigegewinn versprechen, so dass die Verfachwortung auch da zunimmt, wo sie vielleicht nicht unbedingt nötig wäre. Nur können gutgemeinte Appelle oder polemische Ausfälle gegen faktisches Imponiergehabe und leerformelhafte Jargonisierung die tatsächlichen Probleme nicht beseitigen. Die Bedürfnisse der Wissenschaftler und derjenigen, die nur Beobachter sind, lassen sich kaum mehr schmerzfrei vermitteln.

Wohl ist seit Langem eine Diskussion im Gange, die auf Milderung der Gegensätze und der babylonischen Sprachverwirrung hinarbeitet. Terminologische Normen werden zunehmend institutionell erarbeitet (DIN-Normen), die Fachsprachen haben ihre wissenschaftliche Betreuung in einer eigenen Disziplin gefunden. Mittlerweile entstehen immer mehr Wörterbücher, die an der »Übersetzung« und Vermittlung der Fachwissenschaften arbeiten (ein interdisziplinäres Wörterbuch, wie es Harald Weinrich vorgeschlagen hat, steht allerdings weiter aus). Vor allem die Medien sind als Vermittler gefragt, ein Wissenschaftsjournalismus zum Beispiel, der die Ergebnisse der Forschung zugänglich macht und möglichst terminologiefrei erläutert. Im Einstein-Jahr 2007 hatte man einen Preis für die verständlichste Erklärung der Relativitätstheorie ausgeschrieben.

Es wurde auch mit Recht angeregt, dass die Wissenschaftler selbst ihre Ergebnisse gewissermaßen zweistufig veröffentlichen: fachterminologisch für die Forschergemeinschaft und allgemeinverständlich für die Gesellschaft, die alle Forschungen mit ihren Steuergeldern letztlich ermöglicht. Im angelsächsischen Bereich hat dies eine gute Tradition, Stephen Hawkings *Eine kurze Geschichte der Zeit* ist eine ebenso brillante wie (in Grenzen) verständliche Einführung in Theorien zur Entstehung des Universums. Ein berühmtes älteres Beispiel stellt die Entdeckung der DNS-Struktur dar, die James D. Watson und Francis H. C. Crick auf gerade einmal zwei Seiten in der wissenschaftlichen Zeitschrift *Nature* veröffentlichten, ehe Watson 1968 in seinem Buch *Die Doppelhelix* eine Art Erlebnisbericht der Entdeckung für die Allgemeinheit vorlegte.

Aber auch aus Deutschland gibt bzw. gab es erfreuliche Beispiele. Physiker wie Werner Heisenberg oder Carl Friedrich von Weizsäcker haben ihre Erkenntnisse nicht nur in Fachbüchern, sondern auch in laiengerechter Manier formuliert – Heisenberg in *Physik und Philosophie*, Weizsäcker in *Zum Weltbild der Physik*. Nur darf man keine Wunder erwarten: Teilnahme von allen an allen Wissensbereichen, auch noch nach dem Konvoiprinzip, das sich an den Langsamsten hält, kann es kaum (mehr) geben. Jedes Land wird in Zukunft in dieser Hinsicht ein sprachlich mehrfach, ja zigfach geteiltes Land sein.

Ilsebills Nachsalzen und Rufmord an Woyzeck

Den entscheidenden Motor bei der Entwicklung des Standarddeutschen (jedenfalls im Schriftbereich) wird man demgegenüber in der Literatur und in den Medien sehen dürfen. Nach dem Schock der Moderne mit ihren Sprachexperimenten an der Verständlichkeitsgrenze geht die Gegenwartsliteratur vor allem auf dem Gebiet des Romans ruhigere Wege.

Nobelpreisträger wie Heinrich Böll, Günter Grass und Herta Müller sind für ihre Themen ausgezeichnet worden, nicht für ihre sprachlichen Innovationen. Dies muss nicht Verzicht auf Erzählkunst bedeuten. Doch liegt diese Kunst eher im Bereich des Perspektivischen, des Erzählens aus verschiedenen Blickwinkeln, der Zurückdrängung eines Autor-Ichs zugunsten einer Vielstimmigkeit der Vorstellungen und Ansichten. Sprachlich geht dies eher mit einfachen Sätzen einher, die Irritationen stammen nicht aus der Sprache, sondern aus der Realität. Grass' Roman *Der Butt*, kürzlich für den schönsten Romananfang in der deutschen Sprache ausgezeichnet, beginnt so:

Ilsebill salzte nach. Bevor gezeugt wurde, gab es Hammelschulter zu Bohnen und Birnen, weil Anfang Oktober. Beim Essen noch, mit vollem Mund sagte sie: »Wolln wir nun gleich ins Bett oder willst du mir vorher erzählen, wie unsre Geschichte wann wo begann?«

Literarisch ist weniger die Sprache als ein Erzählen, das die Ungewöhnlichkeit des Wirklichen ans Licht bringt.

Für diese Tendenz einer mit Experimenten zurückhaltenden Sprache kann man zahllose Beispiele in der Literatur der Gegenwart nennen. Elfriede Jelinek, österreichische Nobelpreisträgerin für Literatur, gibt in der *Klavierspielerin* sprachlich präzise Schilderungen einer sexuellen Perversion. Judith Hermanns vielbeachtetes Erzähldebüt *Sommerhaus, später* glänzt allein durch die nüchterne Wiedergabe von Alltagswirklichkeit

344 Geteiltes und vereintes Deutschland

mit ihren beziehungslosen Beziehungen. Julia Francks *Mittags-frau* geht der Unbegreiflichkeit nach, dass eine Mutter in der Zeit der Flucht des Jahres 1945 an einem Bahnhof ihr Kind zurücklässt. Daneben gibt es allerdings weiterhin auch das Experimentieren mit Sprache an der Grenze (oder auch jenseits) der Verständlichkeit. Botho Strauß webt scheinbar Unliterarisches wie alltägliche Routineformeln, Gesprächspartikel aus Straßenszenen oder Werbesprücheeinfälle in seine Prosatexte. Thomas Bernhard hat die Wiederholung zu einem Stilelement gemacht, lässt seine Sätze wie in Endlosschleifen um Wörter kreisen, worin sich offenbar die Sinnlosigkeit oder auch Banalität menschlicher Existenz ausdrückt. Die Sprache, so kann man angesichts solcher Experimente vielleicht auch sagen, dreht sich um sich selbst, wird zum Labyrinth, in dem jeglicher Sinn abhandenkommt.

Verständlichkeit und Objektivität verlangt man dagegen seit je von den Medien, besonders im Zeitalter der Massenmedien. Tatsächlich gehören Warnungen vor langen Sätzen und Klischeeausdrücken, Mahnungen zu Gliederung und Kürze zur Grundausbildung eines jeden Journalisten. Wer etwa das Buch *Deutsch für Profis* des langjährigen Leiters der Hamburger Journalistenschule, Wolf Schneider, aufschlägt, sieht sich mit Forderungen nach *gutem, interessantem* und *verständlichem* Stil konfrontiert. Auf der Wortebene werden Adjektive verteufelt (»Man gebe den Hauptwörtern den Rachen frei und erlaube ihnen, Eigenschaftswörter zu verschlingen«), Verben bevorzugt, Synonyme als gefährlich hingestellt und Marotten verboten. Auf der Satzebene gilt ein immerhin bedingtes Lob der Kürze, aber Hauptsachen gehörten auf jeden Fall in Hauptsätze, der Schachtelsatz sei der *Hauptfeind*. Zur Steigerung der Verständlichkeit gibt es Vorschläge zu tabellarischen Verdeutlichungen und einer klaren Interpunktion. Zu *gutem* Schreiben nach Schneider zählen Bilder und ein angenehmer Satzrhythmus.

Freilich zeigt sich auch, dass gute Journalisten nicht gute Kenner der Sprachgeschichte sein müssen. Wenn sich Schneider gegen *atlantische Tiefausläufer* als Geschwister von *mailichen Bäumen* oder *halbseidenen Strumpffabrikanten* richtet, übersieht er die seit alters als besonderes Stilmittel geschätzte »Vertauschung« der logischen Beziehung zwischen Adjektiv und Substantiv (in der Rhetorik *Hypallage* genannt). Jacob Burckhardts Buch *Weltgeschichtliche Betrachtungen* hieße also *nicht* besser *Betrachtungen zur Weltgeschichte*.

Schneider geht es wohl in erster Linie um die eigentlichen journalistischen Gattungen: Nachricht, Kommentar, Beitrag. Seit dem 19. Jahrhundert hat sich aber ein sprachlich innovativerer und wagemutigerer journalistischer Stil entwickelt, und zwar im Feuilleton (wörtlich: dem »Blättchen«) der Zeitungen, wo er anfangs »unterm Strich« einer Seite seinen Platz fand. Was hier mittlerweile Standard geworden ist, braucht den Vergleich mit der Literatur nicht zu scheuen. Am 18. August 2003 schrieb Gerhard Stadelmaier in der *Frankfurter Allgemeinen Zeitung* eine Rezension über Michael Thalheimers Salzburger Inszenierung des Büchner'schen *Woyzeck*. Unter dem Titel *Massenrufmord* las man darin Folgendes:

> Die Bühne des Salzburger Landestheaters: eine geschlossene Aluminium-Zelle. Vorne singt ein Rauh- und Rauchbein »Sag mir quando, sag mir wann« und »Si tu n'existe pas«. In der Zellenmitte grinst sich Woyzeck, weißes Hemd, schwarze Hose, eins. Weil er nicht existiert und sich alles nur im Kopf ausdenkt, dreht er, quando, quando, quando, der magersüchtigen Keifmegäre Marie den Hals um, schneidet dem Hauptmann, einem Kotz-Deppen, und dem Doktor, einem Lall-Idioten, die Kehlen durch, bringt den hängebauchschweinischen Tambourmajor dazu, sich das Blut literweise abzuzapfen, meuchelt die geile Käthe per Handkantenschlag, mittels Würgegriff aber seinen Kumpel Andres, der hier ein verhungertes T-Shirt-Girlie ist (…).

Wenn dann der *Rufmord an Woyzeck* als *Untat des Festspiel-Sommers*, ausgeführt *vom Spielvogt Michael Thalheimer und dem Hystero-Schmuddel-Ensemble des Hamburger Thalia* zusammengefasst wird, ist der Verriss perfekt – mit einer »Frechheit«, die wohl als literarische Satire gemeint ist. Man kennt die Gefahren dieses Stils: Selbstbespiegelung von Rezensenten. Man muss aber auch die Schwierigkeit verstehen, sich innerhalb eines grassierenden Infotainments oder auch einer allgemeinen Boulevardisierung des Schreibens Gehör zu verschaffen.

Von Kauffrauen, Schnallen und Trethupen

Wenn bislang die Spannweite des Deutschen im Alltag, in der Wissenschaft, in der Literatur, in den Medien beschrieben wurde, ging es um die Standardsprache. Daneben existiert jedoch ein weiterer Bereich, den man in der Forschung (nicht ohne Abgrenzungsschwierigkeiten) unter dem Stichwort Gruppen- bzw. Sondersprachen zu fassen sucht.

Im Prinzip ist dies nichts Neues. Es gab schon immer etwa eine Soldaten- oder eine Studentensprache, die eine Art zusätzliches Register im Chor der Gesamtsprache darstellten. Mittlerweile haben sich die Lebensstile und Milieus jedoch derart vervielfältigt, dass immer weitere Gruppensprachen auftauchen, sich zusehends verselbständigen, miteinander rivalisieren, jedenfalls den Standard auf eine harte Probe, um nicht zu sagen: in Frage stellen. Alternative Protestgruppen verständigen sich in eigenen Sprachwelten, die bei Erfolg in die Randzonen des Standards eindringen oder auch von Zeitungs- oder Werbefachleuten vereinnahmt werden. Schon immer hat Jargon zur Abgrenzung nach außen und Festigung nach innen gedient *(Müslifresser, Mantafahrer)*. Jetzt wird er in der Standardsprache zitierfähig und beerbbar. Nicht das sprachlich Neue ist das Neue, sondern die schwindelerregende Schnelligkeit seiner Produktion und des Verbrauchs.

Vorreiter hinsichtlich der Entwicklung solcher Sondersprachen war die Studentenbewegung der 68er, deren Rolle für den politischen Wortschatz bereits behandelt wurde. Sehr bald zerfiel die Bewegung in Untergruppen, die den Frieden oder die Ökologie, die Bekämpfung der Atomkraft oder die Frauenemanzipation ins Zentrum ihrer Bemühungen stellten. Von diesen Gruppen erlangte die zuletzt genannte die größte Wirkung, ja eroberte als *feministische Sprachkritik* bzw. *feministische Linguistik* Lehrstühle an den Universitäten.

Ein Ausgangspunkt der Aktivitäten lag in der sprachlichen Gleichbehandlung von Frauen und Männern bei der Verwendung etwa von Berufsbezeichnungen, angefangen mit dem Nebeneinander von *Student* und *Studentin* (mit Hybridbildungen wie den *StudentInnen*). Wenn heute kaum ein Politiker sein Publikum ohne die Formulierung *Bürger und Bürgerinnen* anspricht, verdankt sich dies der Tatsache, dass die Forderungen der Universitätslinguistik auf Ministerien und Parlamente übergriffen und zu entsprechenden Reaktionen führten. Auch Initiativen von Politikerinnen spielten eine wichtige Rolle. Rita Süssmuth, damals Bundesministerin für Jugend, Familie, Frauen und Gesundheit, verweigerte ihre Unterschrift unter eine Verordnung, in der die Rede war von einem *Arzt, der im Praktikum schwanger wird*. Elisabeth Schwarzhaupt war die erste Bundesministerin, die sich auch als *Ministerin* bezeichnete und bezeichnen ließ – die heutige *Frau Bundeskanzlerin* ist eine Selbstverständlichkeit geworden, die die frühere Auseinandersetzung kaum noch erahnen lässt. Mittlerweile sind auch die Probleme etwa mit der *Kauffrau* (auch *Kauffachfrau*), *Amtfrau*, *Professorin*, *Standesbeamtin* gelöst.

Keine Gruppe aber erwies sich auf Dauer produktiver als die vor- bzw. außerakademische Jugend. Unterscheidung um jeden Preis, vor allem Abgrenzung von der Erwachsenenwelt führten hier zu immer mehr sprachlicher Provokation und Tabuverletzung. Sexuelles Vokabular (*affengeil, Hirnwichser*) eignet sich dafür ebenso wie Fäkales (*Scheißbulle, arschgeil*). Interessanter erscheinen die stets neuen verhüllenden Wörter für Erotisches oder Sexuelles (*anmachen, anbaggern, scannen*). Männer/Jungen (*Macker, Spasti, Opfer*) und Frauen/Mädchen (*Tussi,*

Schnalle, Chica) müssen ständig umbenannt werden, ebenso soziales Verhalten *(rumhängen, Bock haben, abfahren auf)*. Ein durchgehender Grundzug ist die Steigerung oder Zuspitzung *(ätzend, beknackt, tierisch, voll)*, ein anderer die Unverbindlichkeit, die in Partikeln ausgedrückt wird *(irgendwie, praktisch, oder so)*. Ungrammatisches wie die Benutzung von Substantiven als Adjektive *(klasse, sahne)* ist ebenso beliebt wie Lautmalerisches, das besonders aus den Comics stammt *(ächz, würg, stöhn)*.

Mittlerweile ist diese Form von Jugendsprache lexikonfähig geworden. Der PONS-Verlag gibt seit 2001 ein jährlich bearbeitetes *Wörterbuch der Jugendsprache* heraus, in dem *480 brandneue Wörter* besprochen und in andere Sprachen übersetzt sind: im Jahre 2008 von *Aalkatchen* bis *Zockerweibchen*. Der *Straßenköter* vergangener Zeiten ist danach völlig out, der neue ungeliebte Kläffer heißt *Trethupe*. Zum Wissenswerten gehört dann auch, dass *Fummelbunker* mittlerweile uncool geworden ist und durch *Schnellficktreff* ersetzt wurde.

SKINHEAD-PÖBELEIEN UND KANAK-SPRAK-POESIE

Wer dies für nicht zitierfähig hält, wird im Folgenden auf noch härtere Proben gestellt. Zur Jugendkultur gehören seit Jahrzehnten Aussteigergruppen, die offen für Gewalt plädieren und sie auch ausüben. Die ersten waren die Skinheads, rechtsradikale Aufbegehrer aus Randzonen der Gesellschaft, die sich den Schädel kahl rasieren und die Gesellschaft mit rassistischen und auf jeden Fall proletenhaften Sprüchen provozieren. Unter dem Motto *Lieber mal eine Prügelei als ständige Schleimerei* geben sie sich mit Vorliebe als Bürgerschreck. Mit dem Lieblingsfluch *schwule Scheiße* bekommt man meist, was man will: Ablehnung, die dann umgekehrt auch deutlich formuliert wurde: »Ihr dumpfer Schlägerradikalismus erinnert an die Prügelorgien der SA in den zwanziger Jahren«, hieß es im *Spiegel*.

Dass der Affront gegen die »Scheinhöflichkeit der Bravbürger« um jeden Preis, dass »Grenzziehung und Selbstidentifikation« (Klaus Farin und Eberhard Seidel-Pielen) jugendlicher Protestler auch ohne Gewalt und rechte politische Instrumentalisierung möglich sind, zeigt demgegenüber die Punk-Bewegung. Sie entstand in den späten 1970er Jahren bei der Vermarktung von Bands, als sich unerwartet bloße Fans zu einer jugendlichen Aussteigergruppe weiterentwickelten, die ebenfalls durch ihr spezifisches Outfit (besonders die grün, pink oder rot gefärbten Irokesenhaare) und ihre Parolen gegen die bürgerliche Normalität rebellierte.

Skinheads und Punks sind nur als soziale Erscheinungen einer extrem komplex gewordenen Gesellschaft zu begreifen. Etwas wieder anderes stellt die Jugendszene dar, die sich im Lager der Migranten, speziell der dritten Generation, ausgebildet hat. Auch hier gibt es eine bemerkenswerte sprachliche Entwicklung. Der mittlerweile mit zahlreichen Literaturpreisen ausgezeichnete türkischstämmige deutsche Autor Feridun Zaimoglu hat dies in seinem Buch *Kanak Sprak* von 1995 beschrieben. Junge Türken, die gewohnt waren, als *Kanaken* beschimpft zu werden, haben den Begriff ins Positive gewendet und damit ihre zwischen den Kulturen changierende Sprache als Identitätssymbol aufgewertet. Zaimoglu führte nach eigenen Angaben Interviews mit Vertretern dieser Gruppe und hielt dabei deren Sprache fest, die sie selbst als »Kanak Sprak« bezeichnen.

In diesem Fall geht es weniger um ein Aufbegehren gegen gesellschaftliche Verhältnisse als um den Versuch, unter Verletzung von sprachlichen Standards die eigene Kreativität unter Beweis zu stellen. Diese jungen Männer sprechen weder standardisiertes Türkisch noch standardisiertes Deutsch. Aber sie sprechen eine lebendige Sprache, die mittlerweile dank medienwirksamer Präsentation bis ins (vom *Deutschlandradio/ Deutschlandfunk* und dem *Südwestrundfunk* produzierte) Hörspiel vorgedrungen ist. Dabei entwickelte sich der als *Kanak Sprak* bezeichnete migrantische »Dialekt« zur neuen Kiez-

Sprache, die an der Düsseldorfer Universität Gegenstand einer Einführung in die Soziolinguistik wurde. »Wie lebt es sich als Kanake in Deutschland?«, war die Frage, die Zaimoglu seinen Interviewpartnern stellte. Abdurrahman, ein vierundzwanzigjähriger Rapper, antwortete:

Bruder, den pop hab ich gefressen, so wahr wie mir nach kümmel is, nix übrig hab ich für's flachgepfiffene, ich will da nicht'n abgetragenes kleid tragen, bloß weil's null kostet. Und ich will, weil ich ne reale größe bin, nen realen anlasser, der mich auf touren bringt und'n bild von mir gibt, das rein und kraftvoll is. Ich hör's liebesgedudel auf allen frequenzen: »o, ich bin so allein, komm mich doch balde frein« oder »du gehst fort, und ich denk an mord« und so weiter. Was in gottes namen hat dieser dreck mit mir zu tun, was hab ich kanake mit diesem dreck zu schaffen, ich mit den schweren jahren auf'm buckel, ich mit'm willen, den keine naht so recht zusammenhalten mag. Gut, ich seh's ein, daß's pack von schlimmem problem gegängelt, vom nixtun und von der ollen maloche so richtig in'n plexus getreten, unterhaltung sucht, die es für'n paar groschenstunden vergessen lässt, was es wieder am nächsten tag anpacken muß oder was es auf ewig in scharfen krallen hat. Nur, die sache is die, daß's pack null naturzustand hat und im kopp statt grips weites weideland, wo magere gedanken grasen.

Man muss nicht übertreiben und darin eine neue *Werther*-Sprache sehen. Aber die Formulierungen sind ausgesprochen schöpferisch, die auf Provokation angelegten Bilder und Sprüche durchaus »poetisch«, wie auch die folgenden Beispiele belegen, die Zaimoglu in seinem Buch als Kapitel-Überschriften verwendet hat: *Den Fremdländer kannst du nimmer aus der Fresse wischen* oder: *Deutsches Land is ne salzige Puffmutti*.

Leider ist nicht klar, wie genau Zaimoglu diese Sprache protokolliert hat. Überprüfungen haben ergeben, dass in türkischen Jugendgruppen anders gesprochen wird als in seinen Aufzeichnungen, mit mehr Mix von Deutsch und Türkisch auf jeden Fall. Aber die Ausbildung einer Sondersprache nicht oder unzureichend assimilierter junger türkischstämmiger Jugendlicher, die mittlerweile von deutschen Jugendlichen nachgeahmt wird (und deren Eltern vermutlich mehr verschreckt als die türkischen), ist eine Tatsache. Politiker werden dies nicht begrüßen, nach denen der Erfolg der Integration von Migranten sich an deren Deutschkenntnissen bemisst. Auf der anderen Seite zeigt die *Kanak Sprak* einen Spielraum des Auch-Möglichen auf, der mit seiner Kreativität die deutsche Sprache erweitert.

Zaimoglu hat seinem Buch *Kanak Sprak* den Untertitel *Mißtöne am Rande der Gesellschaft* gegeben. Aus »Misstönen« besteht Jugendsprache jedoch immer. Möglich, dass ihr Erfolg gerade auf diesen Misstönen beruht, wie Provokationen eben immer Aufmerksamkeit erzeugten. Aus der Sicht der Sprachgeschichte dürfte die Pointe jedoch darin liegen, dass die deutsche Sprache an ihren Flanken Sonderbildungen erhält, die auf die eine oder andere Weise auch den Standard beeinflussen. Man muss darüber keineswegs in Panik verfallen.

UND NUN?

Zu Beginn des dritten Jahrtausends scheint die Zukunft der deutschen Sprache vielen Beobachtern eher düster. Manche Stimmen klingen verzagt, andere direkt apokalyptisch. Ein neues Wort macht die Runde: *Globalesisch*, ein Englisch in Schrumpfform, dafür über die ganze Welt verbreitet. Das Deutsche werde wie alle Nationalsprachen verdrängt von der alles aufsaugenden Sprache der Globalisierung.

An Anzeichen des Untergangs scheint es nicht zu mangeln. Die Anglizismen sind bereits überall, fressen sich hinein in die deutsche Sprache, bis der ausgelaugte Körper aufgibt und Platz macht für das große Einerlei. Das Sterben von Sprachen bzw. von deren letzten Sprechern macht regelmäßig Schlagzeilen in der Presse. 2008 war von Mary Smith Jones in Anchorage die Rede, nach deren Tod niemand mehr die Sprache der Ureinwohner Alaskas, *Eyak*, sprechen wird. Das Alaska Native Language Center sagt voraus, dass von den derzeit schätzungsweise 6000 gesprochenen Sprachen auf der Erde in den nächsten 100 Jahren 90 Prozent entweder ausgestorben seien oder unmittelbar davorstünden (was das Aussterben von Arten im Pflanzen- und Tierreich um ein Vielfaches überträfe). Natürlich legt dies die Frage nahe: Könnte auch die deutsche Sprache dabei sein?

Wer so direkt nicht an den Untergang glauben will, wird auf subtilere Weise verunsichert: Deutsch, so die These des Sprachwissenschaftlers Jürgen Trabant, sei auf dem Rückzug zum Dialekt. Damit ist wirklich Dialekt gemeint, die Schweiz dient als Vorbild. Dort dringe das Schwyzertütsch gegen das immer schon künstliche Hochdeutsch vor, habe sich etwa beim Wetterbericht im Fernsehen seinen Platz erobert. An die Stelle des Hochdeutschen als Hochsprache aber sei Englisch getreten. Für Business und alle weiteren ernsthaften Kommunikationen *Globalesisch*, für den Nahbereich der Familie Dialekt. Genau das stehe auch Deutschland bevor. Den Slogan der Schwaben – *Wir können alles außer Hochdeutsch* – liest Trabant als ein Zeichen des Übergangs zu schweizerischen Verhältnissen. Mit der Einführung des Englischunterrichts in den Kindergärten beginne der Abschied vom Deutschen. Die Schwaben seien nur die Vorreiter einer Entwicklung, bei der sich die Schere von Globalesisch oben und Dialekt unten immer weiter öffnen werde. Deutsch als Hochdeutsch – so das Fazit – werde verschwinden, das bisschen Dialekt – so ist wohl zu ergänzen – folgt dann bald nach. Angesichts solcher Jeremiaden können Zahlen für eine nüchterne Betrachtung sorgen.

Von den ca. 700 Millionen Europäern sprechen knapp 100 Millionen Deutsch als Muttersprache, wenn man die Österreicher und Liechtensteiner (mit Deutsch als alleiniger Amtssprache) sowie die deutschsprachigen Schweizer, Luxemburger, Belgier und Südtiroler einbezieht. Damit behauptet die deutsche Sprache den ersten Platz in Europa, sieht man von den ca. 110 Millionen Russen ab, die aber nur teilweise in Europa leben. Weltweit geht man von 121 Millionen Sprechern des Deutschen aus, womit es zu den zehn am meisten gesprochenen Sprachen gehört (das Ranking schwankt zwischen dem achten und zehnten Platz). Während in Europa das Englische mit ca. 61 Millionen Sprechern erheblich hinter dem Deutschen rangiert, übersteigt es weltweit das Deutsche mit ca. 427 Millionen Sprechern gewaltig.

Und es gibt noch weitere interessante Zahlen. 38 Prozent der EU-Mitglieder sprechen Englisch als Fremdsprache. Zusammen mit 13 Prozent Muttersprachlern summiert sich dies auf 51 Prozent. Die deutsche Sprache bringt zwar 18 Prozent

Muttersprachler auf die Waage, aber nur 14 Prozent haben Deutsch als Fremdsprache gelernt – zusammen sind dies 32 Prozent Deutschsprecher in der EU. Ähnlich sieht dies bei den Franzosen aus. Auch sie liegen mit 14 Prozent Muttersprachlern noch leicht vor den Engländern, Französisch aber wurde wie bei den Deutschen nur von 14 Prozent der Europäer als Fremdsprache gelernt, was sich auf 28 Prozent beim Gesamt addiert. Englisch – so lässt sich zusammenfassen – dominiert tatsächlich nicht nur weltweit, sondern auch in Europa bzw. der EU.

Also haben die Lamentierer doch recht? Nein, haben sie nicht! Die Perspektive ist einfach falsch. Es stimmt, dass die englische Sprache weiter verbreitet ist als die deutsche, dass sie eine Brückenfunktion innehat, Lingua franca, also »freie« Sprache geworden ist zwischen Sprechern, die Englisch nicht als Muttersprache beherrschen. Aber das ist doch wunderbar! Wir können in Venedig ein Hotelzimmer ohne unser Opern-italienisch buchen, in Lima nach dem Weg fragen, in Kyoto an einer Führung durch den kaiserlichen Garten teilnehmen. Genau dies hat es in der sehr viel kleineren Welt des alten Europa schon einmal gegeben: mit Latein. Englisch *ist* das neue Latein, auch wenn die Unterschiede bei Lichte betrachtet groß sind. Vor allem wiegt eines schwer: Latein war (nach der Antike) nie Muttersprache. Englisch ist es – und genau darin wurzeln ganz erhebliche Probleme, zum Beispiel beim Nationalstolz. Seit Europa den Nationalstaat erfunden hat, in dem die Lo-sung *ein Land, eine Sprache* gilt, ist kaum eine Betrachtung der sprachlichen Lage frei von Empfindlichkeiten, die durchaus Neidniveau unter sonst ganz vernünftigen Menschen erreichen können.

Die Frage nach der Zukunft des Deutschen (wie jeder anderen europäischen Sprache auch) muss einfach anders gestellt werden: Welche Rolle spielt das Deutsche als Sprache *neben* der Lingua franca Englisch? Gibt es eine Bedeutung des Deutschen wie aller anderen Sprachen auch, wenn man das un-

sinnige Wettrennen mit einem längst feststehenden Sieger aufgegeben hat? Betrachten wir unsere Muttersprache als das, was
sie wirklich ist: als eine der großen Sprachen Europas und der
Welt. Wie ist sie für diese Aufgabe gerüstet? Wer hilft bei der
Bewältigung der Probleme, die sich stellen?

Wachsamkeit einer Akademie

Wer als Erstes nach Institutionen fragt, könnte auch in diesem
Punkt enttäuscht sein. Nach den Erfahrungen im Nationalsozialismus war weder in der jungen Bundesrepublik noch in der
DDR ein neues Sprachamt eingerichtet worden. Wohl aber
hatten sich nach 1945 Vereinigungen gebildet, die ausdrücklich
nicht als staatliche Institutionen an der Sprachpflege arbeiten.
Was in der Frühen Neuzeit eher von Nachteil war, wie der
Vergleich mit Frankreich und England lehrt, erweist sich mittlerweile als Vorteil: Es gab und gibt keine Sprachlenkung durch
die Politik, nur Beobachtung und kritische Aufmerksamkeit
durch Experten – und das angesichts der sonstigen föderalen
Ordnung ausdrücklich länderübergreifend.

Diese Aufgabe übernahm die Deutsche Akademie für Sprache
und Dichtung in Darmstadt (gegründet im Goethe-Jahr 1949),
die vor allem durch die jährliche Vergabe des renommierten
Georg-Büchner-Preises für Literatur und des Sigmund-Freud-
Preises für wissenschaftliche Prosa in Erscheinung tritt. Die
gleiche Zielsetzung verfolgt die Gesellschaft für deutsche Sprache (GfdS), die mit der Verkündung des Wortes des Jahres regelmäßig auch ins öffentliche Bewusstsein dringt. Das ehemalige Ostberliner Zentralinstitut für Sprachwissenschaft wurde
geschlossen, 23 Mitarbeiter gingen zum Institut für deutsche
Sprache in Mannheim (IDS).

Während diese Vereinigungen gewissermaßen nach innen
gerichtet sind, die Sprachentwicklung *in* Deutschland beobachten, nehmen andere die Vertretung der Interessen im Ausland

wahr: Das Goethe-Institut (in der alten DDR das Herder-Institut) mit seinen 16 Inlands- und 150 Auslandsvertretungen in 78 Ländern bietet Sprachkurse an und wirbt gleichzeitig für die deutsche Kultur. Der Deutsche Akademische Austauschdienst (DAAD) organisiert den Austausch von deutschen und ausländischen Wissenschaftlern in der ganzen Welt.

Auf Anregung u. a. der Gesellschaft für deutsche Sprache wurde 2003 der Deutsche Sprachrat gegründet, der sich die Aufgabe stellt, »durch Sensibilisierung des Sprachbewusstseins die Sprachkultur im Inland sowie die Stellung der deutschen Sprache im Ausland zu fördern«. Einer breiteren Öffentlichkeit sind Projekte bekannt geworden, die sich der Fremdwortfrage angenommen haben. Unter dem Stichwort *ausgewanderte Wörter* wurden in andere Sprachen übernommene deutsche Wörter aufgespürt, darunter *kaffeepausi* im Finnischen oder *arubeito* für einen Studentenjob im Japanischen. Umgekehrt wurden unter dem Stichwort *eingewanderte Wörter* besonders gelungene Übernahmen ins Deutsche gesucht und dabei drei Kandidaten auf die Spitzenplätze gewählt: *Tollpatsch* (früher übrigens viel besser *Tolpatsch*, weil das ungarische Wort *tolpas*, »breitfüßig«, zugrunde liegt, das zum Spitznamen für Soldaten wurde), *Currywurst* (aus dem Englischen) und *Engel* (aus dem Lateinischen). Als »schönstes« Wort der deutschen Sprache kamen schließlich aus mehr als 22 000 Einsendungen aus 111 Ländern die *Habseligkeiten* auf den ersten Platz.

Das mögen Spielereien sein. Wie wachsam bei allem, was die Entwicklung der Sprache angeht, aber gerade die Deutsche Akademie war, zeigte sich beim großen Zusammenprall mit der einzigen annähernd staatlichen Institution, die wir seit 1998 besitzen: mit der *Duden*-Redaktion und der von ihr durchgesetzten Rechtschreibreform. Offenbar beflügelt von der gerade erreichten deutschen Einheit bekam eine schon länger schwelende, aber nie zum Abschluss gekommene Diskussion über eine Reduzierung und Vereinfachung der orthografischen Regeln neuen Schwung. 1996 legte eine aus Wis-

aller betroffenen Länder gebildete Kommission ihre Ergebnisse vor. Obwohl (oder vielleicht gerade weil?) die Empfehlungen den meisten Experten und einer informierten Öffentlichkeit aufgrund der Willkür und Widersprüchlichkeit der Regeln als katastrophal erschienen, beschlossen 1998 die Kultusminister (mit anschließender Bestätigung durch das Bundesverfassungsgericht), dass zur Verabschiedung keine parlamentarische Ermächtigung notwendig sei. Damit erhielt das Regelwerk amtlichen Charakter. Im Wiener Vertrag wurden auch Vertreter aus Österreich und der deutschsprachigen Schweiz in den Rat für deutsche Rechtschreibung (mit Sitz am IDS) aufgenommen, der fortan die Fachkompetenz vertritt.

Man kann sich heute nur noch wundern, wie alle Warnungen der Akademie (die sich vor allem auf die künstliche, nicht in der historischen Sprachentwicklung wurzelnde Regulierung bezogen) einschließlich eigener Gegenvorschläge in den Wind geschlagen wurden. Erst als das Kind im Brunnen lag, als Zeitungen wie die *Frankfurter Allgemeine Zeitung* nach dem Aufruf der Akademie, die neue Rechtschreibung zu boykottieren, zur alten Orthografie zurückkehrten, machte sich die Mannheimer Kommission ans Zurückrudern. So kam es im Jahre 2006 zu einer Reform der Reform, die nun endgültig (für Schulen und amtliche Stellen) Verbindlichkeit besitzt.

Am bekanntesten ist die Schreibung von *ss* statt *ß* nach kurzem Vokal *(muss, Riss)*, während das *ß* nach langem Vokal erhalten blieb *(Maß, Ruß)*, so dass sich immerhin unterscheiden lässt, ob jemand Wein *in Massen* oder *in Maßen* trinkt (aber andererseits mit der Konjunktion *dass* statt früherem *daß* eine Fehlerquelle ersten Grades gegenüber dem *das* in Relativsätzen entstand). Nach der Angleichung von Schreibweisen aufgrund von Verwandtschaft haben wir nun die *Gämse* oder *behände* (nach *Gams* und *Hand*), während man an den *Eltern* (trotz der klaren Beziehung zu *alt*) nicht rüttelte.

Besondere Schwierigkeiten entstanden bei der Groß- und Klein- sowie bei der Getrennt- und Zusammenschreibung.

Hier wurde die anfänglich radikale Lösung vor allem bei vermehrter Getrenntschreibung zurückgenommen. Dass jetzt neben empfohlenen erlaubte Schreibungen stehen bzw. wieder stehen (*blankputzen* neben *blank putzen*, *brustschwimmen* neben *Brust schwimmen* zum Beispiel), wird vor allem korrigierenden Lehrern kaum weiterhelfen. Ähnliches gilt für die Regelung der Fremdwort-Schreibung: Wie soll man sich merken, dass *Bluejeans* aufgrund des Wortakzents zusammenzuschreiben sind, *Mixed Pickles* dagegen getrennt (aber auch als *Mixedpickles* erlaubt)?

Nach einer Umfrage, die die Gesellschaft für deutsche Sprache 2008 beim Institut für Demoskopie Allensbach in Auftrag gegeben hat, wird die Reform von 9 Prozent der Bevölkerung befürwortet, von 55 Prozent dagegen abgelehnt (auch die große Zahl der Meinungslosen spricht Bände: reine Kopfschüttler eben). Die meisten dieser Ablehner werden kaum wissen, dass sich die Entwicklung der deutschen Rechtschreibung als ein Prozess der Selbstregulierung vollzog, dem die amtliche Bestätigung stets erst nachträglich folgte. Der Widerstand gegen die amtliche Neuregelung folgte so gesehen fast »instinktiv«.

DAUERBRENNER ANGLIZISMEN

Es gibt noch ein weiteres Problem von großer öffentlicher Beachtung, bei dem unsere professionellen Sprachbeobachter Stellung bezogen – gemeint sind die Anglizismen, die Aufnahme englischen Wortguts in die deutsche Sprache mit dem Ergebnis eines *Denglisch* (im Gegensatz zu einem kompletten Übergang zum Englischen im Sinne von *Globalesisch*).

In diesem Punkt betrieb man entgegen modischen Pressemeldungen seit Langem Abwiegelung, die auch dem Stand der wissenschaftlichen Forschung entspricht. Es stimmt, dass die Übernahme englischen Wortguts enorm zugenommen hat. Teilweise erklärt sich dies jedoch lediglich aus einem Entwicklungsstau, der im Purismus des 19. und 20. Jahrhunderts wurzelt: Die deutsche Sprache war lange Zeit künstlich von der internationalen Entwicklung ferngehalten worden und holt nun nach, was andernorts bereits Normalität ist. Im Übrigen löst die gegenwärtige englische Dominanz nur die ältere französische ab (Goethe: »[Die französische Sprache] ist die Sprache des Umgangs und ganz besonders auf Reisen unentbehrlich, weil sie jeder versteht und man sich in allen Ländern mit ihr, statt eines guten Dolmetschers aushelfen kann«). Zwischen 1800 und 1980 schrumpfte der Anteil des Französischen innerhalb der Übernahmen insgesamt von über 58 Prozent auf 8 Prozent, der des Englischen stieg von 8 Prozent im Jahre 1800 auf 88 Prozent im Jahre 1980.

Dabei kommt in diesen Zahlen nicht zum Ausdruck, dass die Übernahme erstens auf den Gesamtwortschatz bezogen immer noch gering bleibt (weshalb der Begriff *Denglisch* eine arge Übertreibung darstellt). Zum anderen spielt die dem Deutschen eigene Verarbeitung des Entlehnten eine ganz hervorragende und vor allem ständig wachsende Rolle. Beispiele wie *quantifizierbar* (mit deutschem *-bar* also) oder *Robustheit* (mit deutschem *-heit*) haben stark zugenommen, die fremden Bestandteile wurden also mehr und mehr mit deutschen vermischt.

Und schließlich am wichtigsten: 80 Prozent der sogenannten Anglizismen erwiesen sich als Wörter, die selbst im Griechischen, Lateinischen oder Romanischen wurzeln – man hat treffend von »Eurolatein« gesprochen. Viele übernommene Wörter sind im Übrigen schlicht Internationalismen, die in fast allen europäischen Sprachen zuhause sind und in gewissem Sinne die Vielfalt reduzieren. Den deutschen *Tourismus*, den wohl niemand weder als Tatsache noch als Wort abschaffen möchte, gibt es als englischen *tourism*, französischen *tourisme*, spanischen *turismo*, niederländischen *toerisme*, dänischen *turisme*, polnischem *turystyke* und so weiter. Die Allensbach-Umfrage von 2008 förderte eine ziemliche Gelassenheit der Deutschen gegenüber den Anglizismen zutage: Etwas mehr als ein Drittel fühlte sich von ihnen gestört, die Mehrheit jedoch sah in ihnen keine Gefahr, sondern eher eine Bereicherung.

Dies erscheint deshalb bemerkenswert, weil sich zeigt, dass der Versuch, Anglizismen mithilfe von Gesetzen abzuwehren, eher kontraproduktiv ist. Das macht ein Blick auf unsere französischen Nachbarn deutlich. Dort ist der Staat zwar mit einer Orthografiereform am Widerstand der Öffentlichkeit gescheitert, wohl aber gab es einen staatlichen Feldzug gegen die Anglizismen, gegen die französische Variante unseres *Denglisch*, das *Franglais*.

Nach dem Zweiten Weltkrieg hatten sich angesichts einer angeblichen »Krise des Französischen« regelrechte Organisationen zur Sprachverteidigung *(Défense de la langue française)* gebildet, die »fremde« Sprachformen als *Schmarotzertum*, *Verrat*, *Kollaboration*, *Laxismus* beschimpften. Unter Giscard d'Estaing wurde 1975 ein Sprachgesetz mit offiziellen Wortersetzungen *(néologismes officiels)* verabschiedet. Die Franzosen sollten im Sinne eines Verbraucherschutzes vor »manipulierten« Bezeichnungen wie *CDs* geschützt werden, die nur noch als *disques audionumériques* angeboten werden durften – bei Nichtbefolgung drohten den Anbietern hohe Geldstrafen (nach einem Betrugsparagrafen). 1992 wurde ein neuer Artikel 2 in die Verfassung aufgenommen, der das Französische als Sprache der Republik (nicht »Frankreichs«, wie immer fälschlich zitiert!) festlegte. 1994 folgte schließlich ein weiteres und gegenüber 1975 verschärftes Sprachgesetz zum Schutz des Französischen (nach dem zuständigen Minister als *Loi Toubon* bezeichnet), das vom eigenen Verfassungsgericht als bedenklich eingestuft wurde und abgeändert werden musste.

Genützt aber hat dieses Gesetz so wenig wie die Vorgängergesetze, die Öffentlichkeit verhielt sich gleichgültig bzw. ablehnend. Dabei ging die Verfolgung des *Franglais* mit der Unterdrückung von Minderheiten im eigenen Land (und in den ehemaligen Kolonien) zusammen, weil Frankreich als einziger

Staat der EU nicht den Schutz für sprachliche Minoritäten (Provençalisch, Okzitanisch, Italienisch, Katalanisch, Baskisch, Bretonisch, Deutsch) unterschrieb. Auch bei uns wurde nach der Bundestagswahl im November 2009 die Festschreibung der deutschen Sprache als Verfassungsgrundsatz diskutiert (als Ergänzung von § 22 des Grundgesetzes über die Bundesflagge). Jutta Limbach hat als ehemalige Präsidentin des Bundesverfassungsgerichts darauf hingewiesen, dass mit einer Grundgesetzänderung nur eines provoziert würde – Tausende Klagen pro Jahr. Wer zum Beispiel etwas gegen bilingualen Unterricht hätte, könnte sich dann darauf berufen, dass das Grundgesetz Deutsch als Sprache in Deutschland vorschreibt. Was übrigens wenige zu wissen scheinen: In § 23 des Bundesverwaltungsverfahrensgesetzes ist die deutsche Sprache in Parlament und Gerichten längst verpflichtend gemacht.

Nun mögen die Ängste angesichts der Anglizismen trotz ständigen Hochspielens in der Presse zu beschwichtigen sein. Aber die Ängste sitzen ja tiefer: Hinter dem *Denglisch* droht ja das Englische insgesamt mit Übernahme, und es gibt durchaus ein Terrain, auf dem sie tatsächlich bereits weitgehend vollzogen ist: in den Wissenschaften, besonders in den Naturwissenschaften. *Die Spitzenforschung spricht englisch* lautete die Überschrift eines Beitrags zu einer Fachtagung schon im Jahre 1985 (Hartwig Kalverkämper, Harald Weinrich). Zwei Drittel der weltweiten medizinischen Fachliteratur beispielsweise lagen damals bereits auf Englisch vor. Die Notwendigkeiten eines raschen Austauschs in Schrift und Vorträgen, die Karriereplanung der Beteiligten und vieles andere mehr haben zu dieser Form von Monokultur beigetragen.

Am Faktum ist nicht mehr zu rütteln, gefragt sind allenfalls Abmilderungen wie die Aufforderung zu zweisprachigen Publikationen (für Welt und Region) oder die Gründung englischsprachiger Fachzeitschriften in deutscher Regie, um Wettbewerbsnachteile deutschsprachiger Wissenschaftler zu kompensieren. Dabei geht es nicht nur um die Beteiligung

von Wissenschaftlern, die nicht englische Muttersprachler
sind, sondern auch um die Vertretung einer anderen als nur
angloamerikanischen Wissenschafts*kultur* mit einem anderen
Sprach*stil* (weniger essayistisch), der in der globalisierten Gemeinschaft nicht wegfallen soll.

VERRAT, ANBIEDERUNG UND EIN
BISSCHEN CHAOS

Das heikelste Problem bei der Selbstbehauptung der deutschen
Sprache im internationalen Sprachenkonzert liegt allerdings
dort, wo sie traditionell immer am schwächsten aufgestellt war:
in der Politik.

Schon im Völkerbund ließ sich Deutsch als Verkehrssprache
nicht durchsetzen. In den nach dem Zweiten Weltkrieg gegründeten internationalen Institutionen war Deutschland entweder überhaupt nicht (wie in der UNO bis 1973) oder nur in
schwächstmöglicher Form vertreten. Zwar formulierte die Europäische Gemeinschaft bei ihrer Gründung 1957 die sprachliche Gleichberechtigung aller ihrer Mitglieder, aber unter den
ersten vier Amtssprachen Deutsch, Französisch, Italienisch,
Niederländisch dominierte das Französische als Arbeits- bzw.
Verhandlungssprache.

Als 1973 Großbritannien beitrat, trat schlagartig das Englische an seine Stelle, wogegen die Franzosen einen ständigen,
aber wenig erfolgreichen Kampf führten. Immerhin wurde
das Französische zusammen mit dem Englischen Arbeitssprache, das Deutsche trotz der zahlenmäßigen Repräsentanz
Deutschlands nicht. Dies änderte sich erst nach dem Vertrag
von Maastricht, der das Deutsche seit dem 1. Januar 1993 mit
dem Englischen und Französischen gleichstellt (und damit von
den weiteren Mitgliedern abhebt) – allerdings ohne große Auswirkungen in der Praxis. Am Standort von Brüssel, Luxemburg
und Straßburg (in französischsprachigen Gebieten) lag dies

nicht, in der Europäischen Zentralbank in Frankfurt wird sogar ausschließlich englisch gesprochen.

Der Grund für diese heftig umstrittene Dominanz des Englischen ist letztlich einfach. Schon nach dem Zusammenbruch des Kommunismus, als die EU bei zwölf Mitgliedstaaten neun Amtssprachen besaß, belegen Berichte von Mitarbeitern ans Chaotische grenzende Verhältnisse. Damals waren 1200 Übersetzer und 650 Dolmetscher im Sprachdienst tätig, mit weiteren Hilfen zusammen 3000 Beamte, was ein Viertel aller EU-Beamten mit Hochschulausbildung ausmachte. Die knappe Million Seiten Texte pro Jahr (Verträge, Sitzungsberichte, Ausschreibungen, Reden usf.) ließen sich teilweise nur mit Hilfskräften bewältigen. Pannen waren an der Tagesordnung, wenn etwa eine *selbstschuldnerische Bankbürgschaft* zur *selbstverschuldeten* wurde oder deutsche Übersetzer die Anweisung erhielten, auf Konjunktivgebrauch zu verzichten. Mittlerweile aber ist die EU auf 27 Mitgliedstaaten mit 23 Amtssprachen von Bulgarisch bis Ungarisch angewachsen. Für die sich daraus ergebenden 23 mal 22, also 506 Sprachkombinationen wurde die Zahl der Konferenzdolmetscher auf 800 (plus 2700 Freierufler) aufgestockt.

Wie dies funktioniert oder eben nicht, kann man nur erahnen. Trotzdem spielt die Forderung nach Deutsch als dritter Arbeitssprache neben Englisch und Französisch weiter eine wichtige Rolle. Tatsächlich gibt es dafür auch einen nachvollziehbaren Grund: die Mehrsprachigkeit Europas, die auf jeden Fall als wesentliches Merkmal, ja Wesensmerkmal der EU beibehalten werden soll. Beim Symposion *English only?*, das der Sprachrat 2008 im Brüsseler Goethe-Institut veranstaltete, sprach sich nicht nur die anwesende Beraterin für Vielsprachigkeit am Europäischen Parlament gegen eine »arbeitspraktische« Einsprachigkeit aus. Mehrsprachigkeit wurde mit der »Akzeptanz des europäischen Gedankens« gleichgestellt, die Sprachenvielfalt als »Aushängeschild« Europas propagiert. Die Verwendung von drei Amtssprachen solle, wie es Jutta

Limbach in ihrem Buch *Hat Deutsch eine Zukunft?* formuliert hat, »symbolisch« die Vielsprachigkeit Europas zum Ausdruck bringen. Leider war in diesem Zusammenhang bei der sonst so abgewogen urteilenden Juristin auch die Rede von der »anbiedernden Bereitschaft«, aufs Deutsche zu verzichten, von mangelnder »Sprachtreue«, von »Sprachflucht«, von »Sprachverrat« und Ähnlichem – bei starker Betonung der zahlenmäßigen Stärke der Deutschen und am Rande eingeflochtenem Hinweis auf unsere Rolle als größter Nettozahler.

Noch einmal: Das Argument ist zu verstehen, die Vielsprachigkeit Europas *ist* wesentlich. Nur muss man sich fragen, ob ein *symbolischer* Ausdruck angemessen ist, wenn daraus erstens Chaos folgt und zweitens wiederum nur einige wenige von dieser Symbolik begünstigt werden. In *einer* Sprache *muss* man sich unterhalten, bei jeder weiteren wird die Rechtfertigung zum Eiertanz. Hinweise auf Zahlen haben immer einen faden Beigeschmack, die Berufung von Limbach aber auch noch auf die Sprache Goethes und Kants ist doppelt ärgerlich, weil diese Sprache in Brüssel erstens nichts zu suchen hat und man sich zweitens fragen muss, was man den Italienern sagen soll, wenn sie Dante anführen. Der langjährige EU-Beamte Marcell von Donat hat 1992 den Verweis auf das »unschätzbare Kulturerbe« Sprache trocken beantwortet: »Alles ein Schmarrn« – und dann doch das »bisschen Chaos« ohne nähere Begründung über die englische Monokultur gestellt. Die Wichtigkeit der Effizienz ist überall anerkannt, das Zögern vor der Einsprachigkeit aber hat weniger mit Symbolik als mit Prestige zu tun – insofern mit dem 19. Jahrhundert.

Tatsächlich setzt sich diese Effizienz hinter dem Rücken der Symbolik zunehmend durch, weil es anders gar nicht geht. Bezeichnend, dass nach den Wahlen vom November 2009 zur EU-Kommission der Kommissar für Mehrsprachigkeit gestrichen werden soll. Warum also die Energie auf ein Unternehmen »Symbolik« setzen, das zum Scheitern verurteilt ist, weil Menschen nun einmal angesichts der Auswirkungen von Babel

überfordert sind? Warum muss Brüssel ein *neues* Babel werden,
wenn die längst etablierte Lingua franca existiert und die nie
zu beseitigenden Sprachschwierigkeiten wenigstens lindern
kann?

Denn dies ist das entscheidende Argument: Die Vielsprachigkeit Europas kann – und muss – anders ausgedrückt werden. Vor allem in einem Punkt ist dies möglich: als Förderung
aller Sprachen der Gemeinschaft, auch der kleinsten (wie
Slowakisch und Katalanisch). Worauf die Energie besser verwendet werden sollte, ist mit anderen Worten die Förderung
der Mehrsprachigkeit in Europa *in jedem einzelnen Land*, die
gelebte Mehrsprachigkeit nicht in den zur Handlung (und auch
zur Sparsamkeit) verpflichteten europäischen Institutionen,
sondern bei den europäischen Bürgern selbst.

Sprachenlernen bei uns und bei den anderen

Denn darin liegt der wirkliche Skandal: Während seit Jahren in
Brüssel über mangelhafte Verwendung des Deutschen geklagt
wurde, drückte man gleichzeitig in Deutschland selbst den
Fremdsprachenunterricht auf ein immer niedrigeres Niveau,
mit leichter Abwählbarkeit der zweiten Fremdsprache an den
Gymnasien. Das entsprach im Übrigen durchaus einem Trend.
Entgegen einer beliebten Legende, die Deutschen seien die großen Fremdsprachenlerner und ihre Nachbarn, zum Beispiel die
Franzosen, sämtlich Sprachmuffel, belegen die Zahlen außer in
England, wo das Sprachenlernen tatsächlich stark rückläufig ist
(man wird noch sehen, was man davon hat), etwas ganz anderes.
In den 1980er Jahren besaßen nur 14 Prozent der Deutschen,
die sich auf Stellenausschreibungen beworben hatten, Fremd-
sprachenkenntnisse. Die deutschen Bewerber rangierten damit
sechs Prozentpunkte hinter dem europäischen Durchschnitt
und ganze 16 hinter Frankreich – nur in Polen gab es noch
schlechtere Ergebnisse als bei uns.

Dabei ist der Wert von Mehrsprachigkeit mittlerweile unbestritten, die Polemik, die in Deutschland einmal von Leo Weisgerber, in den USA von der Sapir-Whorf-Hypothese ausging (wonach man nur in einer Sprache »natürlich« sein könne und Mehrsprachigkeit Identitätskonflikte auslöse), kann als überholt gelten. Eine breite sprachpsychologische Forschung in der ganzen Welt hat belegt, dass Sprachenlernen (besonders in der Form von früher Mehrsprachigkeit) kognitive Vorteile hat, dass sich die Fähigkeiten in der Muttersprache verfeinern, von einer grundsätzlichen Offenheit gegenüber Unterschieden und größerer Freiheit von Vorurteilen ganz zu schweigen. Selbst wenn man solchen Überlegungen gegenüber Zweifel hat: Die europäische Integration und die internationale Mobilität schreiten in Riesenschritten voran und machen Sprachkenntnisse immer dringlicher, aber auch interessanter. Junge Menschen erfahren Sprachenlernen nicht nur als Belastung, sondern auch als Chance zur Kommunikation – heutzutage einer der höchsten Werte überhaupt. Glücklicherweise scheint insgesamt Besserung in Sicht. Sowohl die Zahl der Deutschlerner im Ausland wie der Deutschen, die Fremdsprachen erwerben, ist seit Kurzem wieder im Steigen begriffen.

Zwar kommen die Zeiten nicht wieder, in denen Deutschland auch mit seiner Sprache einmal Export(welt)meister war und sich das Deutsche als drittstärkste Fremdsprache in der Welt behauptete, fast gleichauf mit Englisch und Französisch – dieses Prestige ist in zwei Weltkriegen verspielt. Immerhin konnte sich die deutsche Sprache bislang als eine regionale Lingua franca in Osteuropa halten, wo sich die Nachwirkungen der Donaumonarchie immer noch bemerkbar machen: Vor allem bei den Ungarn, aber auch bei den Tschechen blieb Deutsch beliebt und dient der Verständigung auf den alten Handelswegen, schon weil Ungarisch als nichtindogermanische Sprache für sämtliche Nachbarn schwer erlernbar ist. Nach der »Wende« flackerte diese Tradition wieder auf (auf Kosten des Russischen). Die Goethe-Institute konnten den Ansturm auf die Deutschkurse kaum bewältigen, zwölf neue Dependancen wurden in Osteuropa gegründet (etwa in Krakau). Mittlerweile hat aber auch dort das Englische gleichgezogen bzw. befindet sich auf der Überholspur, nachdem das British Council mit sechs Millionen US-Dollar nachgeholfen hat (auf deutscher Seite liest man von 500 000 DM).

Aber immer noch ist Osteuropa eine Region des Deutschlernens. In Polen gehört Deutsch weiter zur am meisten nachgefragten Fremdsprache, in den baltischen Ländern wie auch in Russland gibt es an den Universitäten eine zwar äußerst schlecht ausgestattete (wie man sich etwa im litauischen Klaipeda überzeugen kann), aber immer noch rege Germanistik. Die Gesamtzahl der Deutschlerner in der Welt liegt gegenwärtig bei 15 bis 20 Millionen, wobei die Tendenz bislang noch überwiegend steigend war (nur nebenbei: die Zahl der Chinesischlerner hat die 20 Millionen längst überschritten und bewegt sich nach vielleicht übertriebenen Kalkulationen auf 100 Millionen in den nächsten Jahrzehnten zu). 2008 lag Englisch zwar weiter an der Spitze, Deutsch aber hat zu Französisch aufgeschlossen, bewegt sich mit ihm zusammen in einem oberen Mittelfeld (die Schweden, Dänen und Letten sind uns beim Sprachenlernen deutlich voraus).

Auch das Bild des Fremdsprachenlernens bei uns hat sich erfreulich verbessert. Der Grund dafür liegt darin, dass eine breite Förderung etabliert wurde. Schüleraustausch, Kulturabkommen, Maßnahmen wie die *Hamburger Empfehlungen für eine sprachenteilige Gesellschaft* zeigen Wirkung. Die Pädagogik hat das »interkulturelle Lernen« entdeckt, das in Europaschulen zum Unterricht einzelner Fächer in einer Fremdsprache führt.

Die Formel, die die EU in ihrer Barcelona-Empfehlung 2002 ausgegeben hat, lautet: Dreisprachigkeit mit Englisch als Verkehrssprache und der Sprache des jeweiligen Nachbarn als weiterer Sprache. Das Modell ist bereits vielfach in die Tat umgesetzt worden: Im Saarland hat Französisch wieder angezogen, im Ruhrgebiet wird Niederländisch gebüffelt, in Bayern je nach Lage Tschechisch oder Italienisch. Aktionen wie die von der EU ausgegebene Empfehlung, jeder solle sich eine persönliche Adoptivsprache erwählen, mögen Folklore sein. Interessanter (wenn auch stark umstritten) ist die Tatsache, dass der Englischunterricht in Grundschulen und sogar Kindergärten Einzug hält. Für 2002 wird eine Verdreifachung des Angebots gemeldet, der europäische Durchschnitt liegt allerdings immer noch höher (wobei die Zahl der Unterrichtsstunden bei unseren Nachbarn ohnehin höher ist).

Dreisprachigkeit in Europa, die der EU-Bildungskommissar 2002 in Barcelona als Ziel formuliert hat, dürfte noch lange Zeit in weiter Ferne liegen. Aber die Wichtigkeit dieses Ziels lässt sich kaum bestreiten. Wer an Europa Gefallen findet, sollte auch an seiner Sprachenvielfalt Gefallen finden. Lernen lohnt sich. Den Stolz auf die eigene Sprache aber schmälert dies nicht, sondern im Gegenteil. Nehmen wir uns ein Beispiel an unseren Nachbarn in den Beneluxländern: Beneidenswert vielsprachig, wie sie sind, sind gerade sie als Vertreter »kleinerer« Länder mit großem Vergnügen doch Belgier, Niederländer, Luxemburger. Und da sollen Deutsche Probleme haben, wenn sie in Brüssel Englisch sprechen?

NATION-HOPPING UND WURZELPFLEGE IM HERZEN EUROPAS

Ein anderes und besonders schwerwiegendes Problem spielt die Sprache der Nachbarn im eigenen Land. Mittlerweile leben in Deutschland mindestens 15 Millionen Personen mit Migrationshintergrund, darunter Deutsche aus dem Ausland (»Spätaussiedler«), nach Deutschland Eingewanderte mit eigener Migrationserfahrung und Deutsche mit Migrationshintergrund durch ihre Eltern. Die daraus resultierenden Sprachprobleme wurden lange Zeit nicht erkannt bzw. nicht genügend berücksichtigt. Vor allem bei der zahlenmäßig besonders starken Gruppe von Personen mit türkischem Migrationshintergrund (man rechnet mit 2,5 Millionen insgesamt, darunter knapp 1 Million Deutsche) mangelte es an geeigneten Angeboten in beiden Richtungen: Das Lernen der deutschen Sprache wurde zu wenig gefördert, aber auch der Unterricht in der eigenen Muttersprache blieb vernachlässigt. Der wichtigste Austragungsort dieser Probleme war und ist die Schule. Erst die PISA-Studien haben die Öffentlichkeit aufgerüttelt und ein Umdenken eingeleitet.

Die Problematik gerade deutsch-türkischer Kinder ist dabei vielfach beschrieben worden, etwa von Cem Özdemir in *Currywurst und Döner* oder *Deutsch oder nicht sein?*. Seyran Ateş hat in Büchern wie *Der Multikulti-Irrtum* gezeigt, wie sehr Integration von Sprachkenntnissen abhängt, aber auch, dass diese Integration nicht einseitig von Seiten der Migranten geleistet werden kann. Nicht die Ausbildung einer türkischen Identität führt in eine Parallelgesellschaft, sondern der Mangel an Akzeptanz dieser Identität in der Aufnahmegesellschaft. Migranten müssen in Deutschland Deutsch lernen, ohne auf ihre Muttersprache zu verzichten. Begriffe wie »Transkulturalität« oder »transnationale Identität« mögen alle jene verschrecken, die noch von einer Übereinstimmung von Sprache und Nation im Sinne des 19. Jahrhunderts ausgehen. Dieses Modell wird jedoch immer wirklichkeitsfremder. Deutschland ist seit Langem ein Einwanderungsland, braucht Einwanderung dringlicher denn je und muss sich auch in seiner Sprachpolitik darauf einstellen.

Der deutschen Sprache wird also einiges zugemutet: Von außen kommt das Englische, von innen steht es mit zahlreichen Sprachen aus Europa und der Welt im Wettbewerb. Für viele ist dies eine ebenso ungewohnte wie ungemütliche Situation, andere begrüßen es mit einem Multikulti-Eifer, der rasch an den Realitäten zerschellt. Wenn man einmal unabhängige Experten befragt, hellt sich das Bild jedoch durchaus auf. Der neuseeländische Germanist Michael Clyne hat in zahlreichen Beiträgen das Bild einer mehrsprachigen Weltgesellschaft gezeichnet, bei der das nationalistische Erbe des 19. Jahrhunderts überwunden ist. Sein Urteil gründet sich auf Erfahrungen, die das Einwanderungsland Australien machte: äußerst negative mit einer aggressiven Assimilierungspolitik und äußerst positive mit der Wende zu Mehrsprachigkeit und Multikulturalität. Vielleicht ist die wichtigste Erkenntnis Clynes die, dass die neuen Formen sprachlicher und kultureller Vielfalt den Zusammenhalt einer Nation nicht schwächen müssen – sogar das Bruttosozialprodukt in Australien ist beim Übergang zur Mehrsprachigkeit nicht gesunken. Für eine solche Erkenntnis muss man im Übrigen nicht nach Australien gehen, ein Blick auf die Schweiz genügt, um zu sehen, dass Nationen mit verschiedenen Sprachen zurechtkommen.

Die Zukunft des Deutschen liegt jedenfalls darin, sich in einem vielsprachigen Europa und einem mehrsprachigen Deutschland zu behaupten. Was man sich früher nur als unlösbaren Widerspruch oder Katastrophe vorstellen konnte und was entsprechende Ängste hervorrief, muss heute zusammengedacht werden: Einheit *und* Vielfalt. Möglicherweise sind die damit verbundenen Belastungen allerdings auch der Grund für die »Wiederkehr der Dialekte«, die der globalisierten Welt die Nestwärme der Regionalität entgegensetzen: »Nation-Hopping« und »Wurzelpflege«, wie man lax, aber treffend gesagt hat. Die Herausforderung ist nicht, die eigene Identität aufzugeben, sondern sie mit anderen zusammenzubringen. Das Falscheste angesichts von Vielheit wäre Leisetreterei (von Defätismus oder Selbsthass erst gar nicht zu reden). Vielheit bedeutet Wettbewerb, Vielheit ist attraktiv, wenn die Wettbewerber so viel aus sich machen wie möglich. Die deutsche Sprache soll sich alles andere als verstecken.

In gewissem Sinne werden im Übrigen nur Verhältnisse wiederkehren, die wir schon einmal hatten: *vor* dem (in sprachlicher Hinsicht auf jeden Fall trostlosen) 19. Jahrhundert.

Deutschland war Mehrsprachigkeit gewöhnt, um 1800 sprach jeder Gebildete Französisch. Und wer noch ein paar Jahrhunderte weiter zurückgeht, stößt auf Latein. Was heute neu ist, ist die »Demokratisierung« der Mehrsprachigkeit, eine Mehrsprachigkeit, die nicht von den Gebildeten ausgeht, sondern von der Globalisierung allen aufgezwungen wird. Gut, dass die deutsche Sprache dies in einem Moment erlebt, in dem sie selbst gefestigt ist. Im 18. Jahrhundert traf die Mehrsprachigkeit zusammen mit einem noch ziemlich bunten Dialektgemisch, mit einer reichlich unausgegorenen Hochsprache. Von Goethe gibt es Bemerkungen, er habe an den Unvollkommenheiten der deutschen Sprache gelitten. Davon kann heute nicht die Rede sein, jedenfalls leiden Grass und Co. höchstens an der Rechtschreibreform.

Die deutsche Sprache – so wollen wir zum Schluss zusammenfassen – ist für die Zumutung der Mehrsprachigkeit im eigenen Lande durchaus gerüstet. Der Weg zu diesem Deutsch war schwieriger als bei unseren Nachbarn, ist (bis auf die Ausnahme der Rechtschreibreform) ohne staatliche Direktiven gelungen. Voraussetzung dafür aber war Öffnung. Dem Land »im Herzen Europas« blieb auch kaum etwas anderes übrig. Nun wird wieder und noch viel mehr Öffnung verlangt. Wer die Geschichte des Deutschen kennt, braucht sich davor nicht zu fürchten.

LITERATURVERZEICHNIS

Die Literatur zur deutschen Sprachgeschichte ist riesig, es können nur Hinweise gegeben werden. Im Folgenden wird zunächst Grundlegendes genannt, danach sind wichtige Bücher und Aufsätze kapitelweise aufgeführt.

GRUNDLEGENDES

Werner Besch, Anne Betten, Oskar Reichmann, Stefan Sonderegger (Hgg.): Sprachgeschichte. Ein Handbuch zur Geschichte der deutschen Sprache und ihrer Erforschung. 2., vollständig neu bearb. und erw. Aufl. 4 Bde. Berlin, New York 1998–2004 (Handbücher zur Sprach- und Kommunikationswissenschaft. Hg. von Hugo Steger und Herbert Ernst Wiegand, Bd 2.1–4), abgekürzt: HSK

Wolfgang Fleischer, Gerhard Helbig, Gotthard Lerchner (Hgg.): Kleine Enzyklopädie Deutsche Sprache. Frankfurt/M. 2001

Andreas Gardt (Hg.): Nation und Sprache. Die Diskussion ihres Verhältnisses in Geschichte und Gegenwart. Berlin, New York 2000, abgekürzt: Gardt, Nation

Gotthard Lerchner: Geschichte der deutschen Sprache. In: Wolfgang Fleischer, Gerhard Friedrich Maurer, Heinz Rupp: Deutsche Wortgeschichte. 3., neubearb. Auflage. 2 Bde. Berlin, New York 1974, abgekürzt: Maurer/Rupp, Wortgeschichte

Peter von Polenz: Deutsche Sprachgeschichte vom Spätmittelalter bis zur Gegenwart. 3 Bde. 2., überarb. und erg. Aufl. 2000, abgekürzt: von Polenz, Sprachgeschichte

Ders.: Geschichte der deutschen Sprache. Berlin, New York 1977

VORBEMERKUNG

Ulrich Ammon: Geltungsverlust und Geltungsgewinn der deutschen Sprache seit der Mitte des 20. Jahrhunderts (HSK 2.2, Nr. 155)

Utz Maas: Sprache und Sprachen in der Migrationsgesellschaft. Osnabrück 2008

Peter von Moos (Hg.): Zwischen Babel und Pfingsten. Entre Babel et pentecôte. Wien, Berlin 2008

von Polenz, Sprachgeschichte (I 1.1–2)

Oskar Reichmann: Sprachgeschichte: Idee und Verwirklichung (HSK 2.1, Nr. 1)

DER NAME *deutsch*

Hermann Jakobs: Diot und Sprache. Deutsch im Verband der Franken-
reiche (Gardt, Nation, S. 7 ff.)

Ingo Reiffenstein: Bezeichnungen der deutschen Gesamtsprache (HSK
2.3, Nr. 156)

Ders.: Metasprachliche Äußerungen über das Deutsche und seine Sub-
systeme bis 1800 in historischer Sicht (HSK 2.3, Nr. 157)

Elmar Seebold: Indogermanisch – Germanisch – Deutsch: Genealo-
gische Einordnung und Vorgeschichte des Deutschen (HSK 2.1,
Nr. 58)

Heinz Thomas: Sprache und Nation. Zur Geschichte des Wortes
deutsch vom Ende des 11. bis zur Mitte des 15. Jahrhunderts (Gardt,
Nation, S. 47 ff.)

ALPHABETISIERUNG

Abrogans, in: Wilhelm Braune: Althochdeutsches Lesebuch. 14. Aufl., bearb.
von Ernst A. Ebbinghaus. Tübingen 1962 (S. 1 f.)

Notker der Deutsche, in: Wilhelm Braune: Althochdeutsches Lesebuch
(S. 61 ff.)

Tatian, in: Wilhelm Braune: Althochdeutsches Lesebuch (S. 46 ff.)

Werner Betz: Der Einfluß des Lateinischen auf den althochdeutschen
Sprachschatz. I. Der Abrogans. Heidelberg 1936

Ders.: Lehnwörter und Lehnprägungen im Vor- und Frühdeutschen
(Maurer/Rupp, Wortgeschichte I, S. 135 ff.)

Wilhelm Braune: Gotische Grammatik. 16. Aufl., neu bearb. von Ernst
A. Ebbinghaus. Tübingen 1961

Klaus Grubmüller: Sprache und ihre Verschriftlichung in der Geschichte
des Deutschen (HSK 2.1, Nr. 17)

Stefan Sonderegger: Althochdeutsch als Anfang deutscher Sprachkultur.
Freiburg/Schweiz 1997

Ders.: Sprachgeschichtliche Aspekte der europäischen Christianisierung
(HSK 2.1, Nr. 64)

Jochen Splett: Lexikologie und Lexikographie des Althochdeutschen
(HSK 2.2, Nr. 73)

ERSTE DICHTER

Heliand und die Bruchstücke der Genesis. Übers. von Felix Genzmer, hg. von
Bernhard Sowinski. Stuttgart 1989

Hildebrandslied. In: Wilhelm Braune: Althochdeutsches Lesebuch (S. 84 f.)

Otfrid von Weißenburg: Evangelienbuch. Althochdeutsch/neuhochdeutsch. Hg.
von Gisela Vollmann-Profe. Stuttgart 1987

Helmut de Boor: Die deutsche Literatur von Karl dem Großen bis zum Beginn der höfischen Dichtung. München 1962
Wolfgang Haubrichs: Die Anfänge – Versuche volkssprachlicher Schriftlichkeit im frühen Mittelalter. In: Geschichte der deutschen Literatur von den Anfängen bis zum Beginn der Neuzeit. Hg. von J. Heinzle. Königstein 1988, 2. Aufl. Tübingen 1995
Dieter Kartschoke: Geschichte der deutschen Literatur im frühen Mittelalter. München 2000
Peter-Erich Neuser: Das karolingische »Hildebrandslied«. In: Architectura poetica. Hg. von Ulrich Ernst und Bernhard Sowinski. Köln, Wien 1990

RITTERTUM

Heinrich von Veldeke: Eneasroman. Hg. von Dieter Kartschoke. Stuttgart 1986
Walther von der Vogelweide: Leich, Lieder, Sangsprüche. Hg. von Christoph Cormeau. Berlin u.a. 1996
Wolfram von Eschenbach: Parzival. Hg. von Wolfgang Spiewok. Stuttgart 1981

Richard Baum: Französisch als dominante Sprache Europas (HSK 2.2, Nr. 67)
Joachim Bumke: Geschichte der deutschen Literatur im hohen Mittelalter. München 2004
Ders.: Höfische Kultur. 2 Bde. München 1986
Siegfried Grosse: Reflexe gesprochener Sprache im Mittelhochdeutschen (HSK 2.2, Nr. 97)
Klaus Grubmüller: Gegebenheiten deutschsprachiger Textüberlieferung bis zum Ausgang des Mittelalters (HSK 2.1, Nr. 18)
Thomas Klein, Cola Minis: Zwei Studien zu Veldeke und zum Straßburger Alexander. Amsterdam 1985
Edmund Wießner, Harald Burger: Die höfische Blütezeit (Maurer/Rupp, Wortgeschichte I, S. 187 ff.)

PROSA

Berthold von Regensburg: Vollständige Ausgabe seiner Predigten. Hg. von Franz Pfeiffer, mit einem Vorwort von Kurt Ruh. 2 Bde. Berlin 1965
Ders.: Vier Predigten. Hg. von Werner Röcke. Stuttgart 1983
Sachsenspiegel. 2 Bde. Hg. von Karl August Eckhardt. Hannover 1995

Bilderhandschriften des Sachsenspiegels – Niederdeutsche Sachsenspiegel. Hg. von Egbert Koolman u.a. Oldenburg 1995 (darin bes. der Beitrag von Jürgen Goydke)

Harald Burger: Deutsche Sprachgeschichte und Geschichte der Philosophie (HSK 2.1, Nr. 12)

Thomas Kramer: Geschichte der deutschen Literatur im späten Mittelalter. München 2000

Volker Mertens, Hans-Jochen Schiewer: Die deutsche Predigt im Mittelalter. Tübingen 1992

Ruth Schmidt-Wiegand: Deutsche Sprachgeschichte und Rechtsgeschichte bis zum Ende des Mittelalters (HSK 2.1, Nr. 5)

Mystik

Mechthild von Magdeburg: Das fließende Licht der Gottheit. 2 Bde. Hg. von Hans Neumann. München 1990

Meister Eckhart: Werke. 2 Bde. Hg. von Niklaus Largier. Frankfurt/M. 2008

Walter Haug: Mündlichkeit, Schriftlichkeit und Fiktionalität. In: Modernes Mittelalter. Hg. von Joachim Heinzle. Frankfurt/M. 1994

Hermann Kunisch: Spätes Mittelalter (Maurer/Rupp, Wortgeschichte I, S. 255 ff.)

Grete Lüers: Die Sprache der deutschen Mystik des Mittelalters im Werke der Mechthild von Magdeburg. München 1926

Kurt Ruh: Geschichte der abendländischen Mystik. 4 Bde. München 1990–99

Ders. (Hg.): Abendländische Mystik im Mittelalter. Stuttgart 1986 (darin bes. die Beiträge von Walter Haug, Paul Michel und Alois M. Haas)

Schriftdialekte

Rudolf Bentzinger: Die Kanzleisprachen (HSK 2.2, Nr. 119)

Werner Besch: Entstehung und Ausformung der neuhochdeutschen Schriftsprache/Standardsprache (HSK 2.2, Nr. 159)

M. M. Guchmann: Der Weg zur deutschen Nationalsprache. Teil 2. Berlin [Ost] 1969

Frédéric Hartweg: Die Rolle des Buchdrucks für die frühneuhochdeutsche Sprachgeschichte (HSK 2.2, Nr. 121)

von Polenz, Sprachgeschichte (I 4)

Hans-Joachim Solms: Soziokulturelle Voraussetzungen und Sprachraum des Frühneuhochdeutschen (HSK 2.2, Nr. 110)

Werner Wegstein: Die sprachgeographische Gliederung des Deutschen in historischer Sicht (HSK 2.2, Nr. 158)

Dieter Wolf: Lexikologie und Lexikographie des Frühneuhochdeutschen (HSK 2.2, Nr. 113)

Norbert Richard Wolf: Phonetik und Phonologie, Graphetik und Graphemik des Frühneuhochdeutschen (HSK 2.2, Nr. 111)

LUTHERS BIBEL

D. Martin Luthers Werke. Kritische Gesamtausgabe. Weimar 1883 ff. III.
  Abteilung: Die Deutsche Bibel. Weimar 1929
Luthers Werke in Auswahl. Hg von Otto Clemen. Studienausgabe. 8 Bde.
  (Sendbrief vom Dolmetschen in Bd. 4). Berlin 1967

Werner Besch: Die Rolle Luthers in der deutschen Sprachgeschichte.
  Heidelberg 1999
Ders.: Die Rolle Luthers für die deutsche Sprachgeschichte (HSK 2.2,
  Nr. 123)
Martin Brecht: Martin Luther. 2 Bde., Stuttgart 1986
Johannes Erben: Luther und die neuhochdeutsche Schriftsprache
  (Maurer/Rupp, Wortgeschichte I, S. 507 ff.)
Heimo Reinitzer: Biblia deutsch. Luthers Bibelübersetzung und ihre
  Tradition. Wolfenbüttel, Hamburg 1983
Stefan Sonderegger: Geschichte deutschsprachiger Bibelübersetzungen
  in Grundzügen (HSK 2.1, Nr. 15)
Hans Volz: Martin Luthers deutsche Bibel. Entstehung und Geschichte
  der Lutherbibel. Eingel. von Friedrich Wilhelm Kantzenbach, hg.
  von Henning Wendland. Hamburg 1978
Herbert Wolf (Hg.): Luthers Deutsch. Sprachliche Leistung und
  Wirkung. Frankfurt/M. u. a. 1996

HUMANISMUS

Sebastian Brant: Das Narrenschiff. Studienausgabe. Hg. von Joachim Knape.
  Stuttgart 2005
Friedrich Dedekind: Grobianus. Verdeutscht von Kaspar Scheidt. Tübingen
  1982
Johann Fischart: Affentheurlich Naupengeheurliche Geschichtklitterung. Hg.
  von Hans Magnus Enzensberger. Frankfurt/M. 1997

Stephan Füssel: »Barbarus sermo fugiat ...« – Über das Verhältnis
  der Humanisten zur Volkssprache. In: Pirckheimer-Jahrbuch 1985,
  S. 71 ff.
Joachim Knape: Das Deutsch der Humanisten (HSK 2.2, Nr. 120)
Werner Koller: Übersetzungen ins Deutsche und ihre Bedeutung für die
  deutsche Sprachgeschichte (HSK 2.1, Nr. 14)
Hans-Friedrich Rosenfeld: Humanistische Strömungen (Maurer/Rupp,
  Wortgeschichte I, S. 399 ff.)

SPRACHGESELLSCHAFTEN

Martin Opitz: Buch von der Deutschen Poeterey. Hg. von H. Jaumann. Stutt-
  gart 2002

Justus Georg Schottelius: Ausführliche Arbeit Von der Teutschen Haubt-
Sprache. Hg. von Wolfgang Hecht. 2 Bde. Tübingen 1967

Willi Flemming, Ulrich Stadler: Barock (Maurer/Rupp, Wortgeschichte
II, S. 1 ff.)
Andreas Gardt: Die Sprachgesellschaften des 17. und 18. Jahrhunderts
(HSK 2.1, Nr. 20)
Ferdinand von Ingen: Philipp von Zesen. Stuttgart 1970
Alan Kirkness: Das Phänomen des Purismus in der Geschichte des
Deutschen (HSK 2.1, Nr. 27)
Karl F. Otto: Die Sprachgesellschaften des 17. Jahrhunderts. Stuttgart
1972
von Polenz, Sprachgeschichte (II 5.6)
Claudia Maria Riehl: Sprachkontaktforschung. Eine Einführung.
Tübingen 2004
Thorsten Roelke: Der Patriotismus der barocken Sprachgesellschaften
(Gardt, Nation, S. 139 ff.)
Klaus-Hinrich Roth: Positionen der Sprachpflege in historischer Sicht
(HSK 2.1, Nr. 24)

Hofberedsamkeit

Abraham a Sancta Clara: Astriacus Austriacus. In: Werner Welzig (Hg.):
Predigten der Barockzeit. Texte und Kommentar. Wien 1995
Christian Weise: Politischer Redner. Leipzig 1683 (ND Kronberg/Ts.
1974)
Ders.: Neu-Erleuterter Politischer Redner. Leipzig 1684 (ND Kronberg/
Ts. 1974)

Wilfried Barner: Barockrhetorik. Untersuchungen zu ihren geschicht-
lichen Grundlagen. Tübingen 1970 (ND 2002)
Georg Braungart: Hofberedsamkeit. Studien zur Praxis höfisch-politi-
scher Rede im deutschen Territorialabsolutismus. Tübingen 1988
Willi Flemming, Ulrich Stadler: Barock (Maurer/Rupp, Wortgeschichte
II, S. 1 ff.)
Volker Sinemus: Poetik und Rhetorik im frühmodernen Staat. Sozial-
geschichtliche Bedingungen des Normenwandels im 17. Jahrhundert.
Göttingen 1977

Aufklärung

Johann Christoph Adelung: Versuch eines vollständigen grammatisch-kritischen
Wörterbuches Der Hochdeutschen Mundart, mit beständiger Vergleichung
der übrigen Mundarten, besonders aber der Oberdeutschen. 5 Theile.
Leipzig 1774 (ND Hildesheim 1970)

Joachim Heinrich Campe: Wörterbuch der Deutschen Sprache. 5 Theile.
   Braunschweig 1807–1813 (ND Hildesheim 1969)
Johann Christoph Gottsched: Die Vernünftigen Tadlerinnen. Leipzig 1725–
   1726 (ND Hildesheim u.a. 1993)
Gottfried Wilhelm Leibniz: Deutsche Schriften. Erster Band. Leipzig 1916

Harald Burger: Deutsche Sprachgeschichte und Geschichte der Phi-
   losophie (HSK 2.1, Nr. 12)
Andreas Gardt: Nation und Sprache in der Zeit der Aufklärung (Gardt,
   Nation, S. 199 ff.)
Alan Kirkness: Probleme des Purismus (HSK 2.1, Nr. 26)
August Langen: Der Wortschatz des 18. Jahrhunderts (Maurer/Rupp,
   Wortgeschichte II, S. 31 ff.)
von Polenz, Sprachgeschichte (II 5.10)
Stefan Sonderegger: Ansätze zu einer deutschen Sprachgeschichtsschrei-
   bung bis zum Ende des 18. Jahrhunderts (HSK 2.1, Nr. 27)
Herbert Ernst Wiegand: Historische Lexikographie (HSK 2.1, Nr. 38)

LITERATURSPRACHE

Goethes Werke. Hamburger Ausgabe in 14 Bdn. Hg. von Erich Trunz.
   Hamburg 1951
Friedrich Schiller: Sämtliche Werke. Hg. von Herbert G. Göpfert. München
   1962

Eric A. Blackall: Die Entwicklung des Deutschen zur Literatursprache
   1700–1775. Stuttgart 1966
Peter Ernst: Die sprachliche Leistung und Wirkung der deutschen
   Klassik (HSK 2.4, Nr. 197)
Karl-Heinz Göttert, Oliver Jungen: Einführung in die Stilistik. Mün-
   chen 2004, S. 212 ff.
Friedrich Kainz: Klassik und Romantik (Maurer/Rupp, Wortgeschichte
   II, S. 245 ff.)
Volker Meid: Das Reclam Buch der deutschen Literatur. Stuttgart 2004
von Polenz, Sprachgeschichte (II 5.10)

GERMANISTIK

Jacob Grimm: Deutsche Grammatik. Erster Theil. Göttingen
   1819. Erster Theil, Zweite Ausgabe. Göttingen 1822. Zweiter Theil.
   Göttingen 1826. Dritter Theil. Göttingen 1831. Vierter Theil. Göttingen
   1837. Erster Theil, Dritte Ausgabe. Göttingen 1840
Ders.: Geschichte der deutschen Sprache. 2 Bde. Leipzig 1848
Jacob und Wilhelm Grimm: Deutsches Wörterbuch. 16 Bde. Leipzig 1854–
   1960 (ND München 1984)

Jacob und Wilhelm Grimm: Deutsches Wörterbuch. Elektronische Ausgabe der Erstbearbeitung (Der Digitale Grimm). Frankfurt/M. 2004 (mit Einleitung, Hinweisen sowie Wilhelm Grimms Bericht über das Deutsche Wörterbuch und Jacob Grimms Über das pedantische in der deutschen sprache)

Alfred Bammesberger: Geschichte der etymologischen Forschung seit dem Beginn des 19. Jahrhunderts (HSK 2.1, Nr. 42)
Ulrike Haß-Zumkehr: Die gesellschaftlichen Interessen an der Sprachgeschichtsforschung im 19. und 20. Jahrhundert (HSK 2.1, Nr. 21)
Dies.: Das Deutsche Wörterbuch von Jacob Grimm und Wilhelm Grimm als Nationaldenkmal (Gardt, Nation, S. 229 ff.)
Walter Jens: Das Vorratshaus der Deutschen. Zur Geschichte und Bedeutung des grimmschen Wörterbuchs. München 1984
Alan Kirkness: Geschichte des Deutschen Wörterbuchs 1838–1963. Stuttgart 1980
Wolfgang Putschke: Die Arbeiten der Junggrammatiker und ihr Beitrag zur Sprachgeschichtsforschung (HSK 2.1, Nr. 29)
Stefan Sonderegger: Sprachgeschichtsforschung in der ersten Hälfte des 19. Jahrhunderts (HSK 2.1, Nr. 28)

NATIONALISMUS
Andreas Gardt: Sprachnationalismus zwischen 1850 und 1945 (Gardt, Nation, S. 247 ff.)
Ulrike Haß-Zumkehr: Die gesellschaftlichen Interessen an der Sprachgeschichtsforschung im 19. und 20. Jahrhundert (HSK 2.1, Nr. 21)
Alan Kirkness: Das Phänomen des Purismus in der Geschichte des Deutschen (HSK 2.1, Nr. 26)
von Polenz, Sprachgeschichte (III 6.3–7)
Christian Schmitt: Nation und Sprache: das Französische (Gardt, Nation, S. 673 ff.)
Rainer Wimmer: Das 19. Jahrhundert. Sprachgeschichtliche Wurzeln des heutigen Deutsch. Berlin, New York 1991 (darin bes. die Beiträge von Siegfried Grosse, Angelika Linke und Dietz Bering)

STIL UND JARGON
Christian Garve: Popularphilosophische Schriften. Hg. von Kurt Wölfel. Stuttgart 1974
Immanuel Kant: Werke in sechs Bänden. Hg. von Wilhelm Weischedel. Wiesbaden 1956
Arthur Schopenhauer: Ueber Schriftstellerei und Stil. Parerga und Paralipomena II (S. 548 ff.), Zürcher Ausgabe. Werke in zehn Bänden X, Zürich 1977

Karlheinz Jacob: Maschine, Mentales Modell, Metapher: Studien zur
    Semantik und Geschichte der Techniksprache. Tübingen 1991
Max Mangold: Entstehung und Problematik der deutschen Hochlautung
    (HSK 2.2, Nr. 127)
Klaus J. Mattheier: Die Durchsetzung der deutschen Hochsprache im
    19. und beginnenden 20. Jahrhundert (HSK 2.2, Nr. 136)
Norbert Nail: Zeitungssprache und Massenpresse in der jüngeren Ge-
    schichte des Deutschen (HSK 2.2, Nr. 151)
von Polenz, Sprachgeschichte (III 6.3 und 6)
Uwe Pörksen: Deutsche Sprachgeschichte und die Entwicklung der
    Naturwissenschaften (HSK 2.1, Nr. 13)
Ruth Schmidt-Wiegand: Deutsche Sprachgeschichte und politische
    Geschichte (HSK 2.1, Nr. 7)
Werner Heinrich Veith: Bestrebungen der Orthographiereform im 18.,
    19. und 20. Jahrhundert (HSK 2.2, Nr. 126)
Kurt Wagner: Das 19. Jahrhundert (Maurer/Rupp, Wortgeschichte II,
    S. 493 ff.)

Literarische Moderne

Hugo Ball: Gedichte. Hg. von Eckhard Faul. Göttingen 2007
Alfred Döblin: Die Ermordung einer Butterblume: Sämtliche Erzählungen.
    Hg. von Christina Althen. Homberg 2001
Ders.: Berlin Alexanderplatz: Die Geschichte von Franz Biberkopf. Hg. von
    Werner Stauffacher. Homberg 1996
Stefan George: Gesamtausgabe der Werke. Endgültige Fassung. Berlin
    1927–34
Gerhart Hauptmann: Sämtliche Werke. Hg. von Hans-Egon Hass. Bd 1
    Dramen. Darmstadt 1966
Arno Holz: Phantasus. In: Werke. Hg. von Wilhelm Emrich. [Ort] 1961
Arno Holz, Johannes Schlaf: Papa Hamlet. Hg. von Theo Meyer. Frank-
    furt/M. 1979
Kurt Pinthus: Menschheitsdämmerung. Ein Dokument des Expressionismus.
    Hamburg 1959
Arthur Schnitzler: Die Erzählenden Schriften. In: Gesammelte Werke. Frank-
    furt/M. 1961

Karl Eibl: Deutsche Literatursprache der Moderne. In: Hans Peter Alt-
    haus u.a.: Lexikon der Germanistischen Linguistik. 2. Aufl. Tübingen
    1980 (Nr. 89)
Manfred Kaempfert: Grundlinien einer literarischen Sprachgeschichte in
    neuhochdeutscher Zeit (HSK 2.4, Nr. 196)
Hugo Moser: Neuere und neueste Zeit (Maurer/Rupp, Wortgeschichte
    II, S. 529 ff.)
von Polenz, Sprachgeschichte (III 6.13)

Peter Sprengel: Geschichte der deutschsprachigen Literatur 1870–1900. München 1998

Ders.: Geschichte der deutschsprachigen Literatur 1900–1918. München 2004

LINGUA TERTII IMPERII

Gerhard Bauer: Sprache und Sprachlosigkeit im »Dritten Reich«. Köln 1988

Dietz Bering: Der Name als Stigma. Antisemitismus im Deutschen Alltag 1812–1933. Stuttgart 1988

Ders.: Kampf um Namen. Bernhard Weiß gegen Joseph Goebbels. Stuttgart 1991

Cornelia Berning: Vom »Abstammungsnachweis« zum »Zuchtwart«. Vokabular des Nationalsozialismus. Bonn 1964, Neubearbeitung: Cornelia Schmitz-Berning: Vokabular des Nationalsozialismus. Berlin, New York 1998

Konrad Ehlich (Hg.): Sprache im Faschismus. Frankfurt/M. 1995 (darin bes. die Beiträge von Gerd Simon und Wolfgang Werner Sauer)

Ders.: »…, LTI, LQI, …« – Von der Unschuld der Sprache und der Schuld der Sprechenden. In: Das 20. Jahrhundert. Sprachgeschichte – Zeitgeschichte. Hg. von Heidrun Kämper und Hartmut Schmidt. Berlin, New York 1998

Karl-Heinz Göttert: Wider den toten Buchstaben. In: Zwischen Rauschen und Offenbarung. Hg. von Friedrich Kittler u.a. Berlin 2002

Ders.: Geschichte der Stimme. München 1998

Victor Klemperer: LTI. Notizbuch eines Philologen. Stuttgart 2007

Utz Maas: Sprache in der Zeit des Nationalsozialismus (HSK 2.2, Nr. 138)

von Polenz, Sprachgeschichte (III 6.16)

Ders.: Sprachpurismus und Nationalsozialismus. In: Germanistik – eine deutsche Wissenschaft. Frankfurt/M. 1967

[Dolf] Sternberger, [Gerhard] Storz, [Wilhelm E.] Süskind: Aus dem Wörterbuch des Unmenschen. Neue erw. Ausg. mit Zeugnissen des Streites über die Sprachkritik. Hamburg, Düsseldorf 1968

Gerhard Voigt: Bericht vom Ende der »Sprache des Nationalsozialismus«. In: Diskussion Deutsch 5, 1974

GETEILTES UND VEREINTES DEUTSCHLAND

Günter Grass: Der Butt. Darmstadt und Neuwied 1987

Niklas Luhmann: Soziale Systeme. Frankfurt/M. 1984

PONS Wörterbuch der Jugendsprache. Stuttgart 2008

Wolf Schneider: Deutsch für Profis. Hamburg 1984

Gerhard Stadelmaier: Massenrufmord. In: FAZ vom 18. August 2003
Feridun Zaimoglu: Kanak Sprak. Hamburg 1995

Wolfgang Brandt: Sprache in Hörfunk und Fernsehen (HSK 2.2, Nr. 152)

Klaus Farin, Eberhard Seidel-Pielen: Skinheads. In: Höflichkeit. Hg. von Ruthard Stäblein. Bühl-Moos 1993

Lothar Hoffmann: Die Rolle der Fachsprachen seit der Mitte des 20. Jahrhunderts (HSK 2.2, Nr. 139)

Hartwig Kalverkämper, Harald Weinrich (Hgg.): Deutsch als Wissenschaftssprache. Tübingen 1986

Gotthard Lerchner: Nation und Sprache im Spannungsfeld zwischen Sprachwissenschaft und Politik in der Bundesrepublik und der DDR bis 1989 (Gardt, Nation, S. 274 ff.)

Norbert Nail: Zeitungssprache und Massenpresse in der jüngeren Geschichte des Deutschen (HSK 2.2, Nr. 151)

von Polenz, Sprachgeschichte (III, 6.11–16)

Gerd Schank, Johannes Schwitalla: Ansätze neuer Gruppen- und Sondersprachen seit der Mitte des 20. Jahrhunderts (HSK 2.2, Nr. 140)

Hartmut Schmidt: Entwicklungen und Formen des offiziellen Sprachgebrauchs der ehemaligen DDR (HSK 2.2, Nr. 142)

Wolfgang Thierse: »Sprich, damit ich dich sehe« – Beobachtungen zum Verhältnis von Sprache und Politik in der DDR-Vergangenheit. In: Joachim Born und Gerhard Stickel (Hgg.): Deutsch als Verkehrssprache in Europa. Berlin, New York 1993

Harald Weinrich: Wege der Sprachkultur. Stuttgart 1985

Und nun?

Cristina Allemann-Ghionda: Interkulturelle Bildung. Zeitschrift für Pädagogik 36, 1997 (S. 107 ff.)

Ulrich Ammon: Geltungsverlust und Geltungsgewinn der deutschen Sprache seit der Mitte des 20. Jahrhunderts (HSK 2.2, Nr. 155)

Ders.: Die internationale Stellung der deutschen Sprache. Berlin, New York 1991

Seyran Ateş: Der Multikulti-Irrtum. Berlin 2008

Joachim Born, Wilfried Schütte: Die Stellung des Deutschen in den europäischen Institutionen (HSK 2.2, Nr. 154)

Joachim Born, Gerhard Stickel: Deutsch als Verkehrssprache in Europa. Berlin, New York 1992 (darin besonders die Beiträge von Michael Clyne, Ulrich Ammon, Walter Volz und Marcell von Donat)

Michael Clyne: The German language in a changing Europe. Cambridge 1995

Ders.: German as a pluricentric Language In: Ders. (Hg.): Pluricentric Languages. Berlin, New York 1992

Martin Haspelmath u.a. (Hgg.): The World Atlas of Language Structures. Oxford 2005

Hartwig Kalverkämper, Harald Weinrich (Hgg.): Deutsch als Wissenschaftssprache. Tübingen 1986

Jutta Limbach: Hat Deutsch eine Zukunft? Unsere Sprache in der globalisierten Welt. München 2008

Utz Maas: Sprache und Sprachen in der Migrationsgesellschaft. Osnabrück 2008

von Polenz, Sprachgeschichte (III 6.5–7)

Claudia Maria Riehl: Sprachkontaktforschung. Eine Einführung. Tübingen 2004

Christian Schmitt: Nation und Sprache: das Französische (Gardt, Nation, S. 673 ff.)

Jürgen Trabant: Was ist Sprache? München 2008

Otto Winkelmann, Uta Helfrich, Claudia M. Riehl (Hgg.): Mehrsprachigkeit in Europa – Hindernis oder Chance? Wilhelmsfeld 1994

PERSONENREGISTER

SACHREGISTER